本书由安徽大学创新发展战略研究院、合肥区域经济与
城市发展研究院、合肥市人民政府政策研究室资助出版

QUYU JINGJI YU
CHENGSHI FAZHAN YANJIU BAOGAO
2020-2021

REUD智库丛书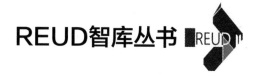

区域经济与城市发展研究报告
2020~2021
——服务地方的路径与策略研究

胡 艳 黄传霞 主编

经济管理出版社
ECONOMY & MANAGEMENT PUBLISHING HOUSE

图书在版编目（CIP）数据

区域经济与城市发展研究报告（2020~2021）：服务地方的路径与策略研究/胡艳，黄传霞主编 . —北京：经济管理出版社，2022.7

ISBN 978-7-5096-8582-2

Ⅰ.①区… Ⅱ.①胡… ②黄… Ⅲ.①区域经济发展—研究报告—合肥—2020~2021②城市建设—研究报告—合肥—2020~2021 Ⅳ.①F127.541②F299.275.41

中国版本图书馆 CIP 数据核字（2022）第 120211 号

组稿编辑：张巧梅
责任编辑：张巧梅
责任印制：黄章平
责任校对：张晓燕

出版发行：经济管理出版社
（北京市海淀区北蜂窝 8 号中雅大厦 A 座 11 层　100038）

网　　址：www.E-mp.com.cn
电　　话：（010）51915602
印　　刷：唐山昊达印刷有限公司
经　　销：新华书店
开　　本：787mm×1092mm/16
印　　张：19.25
字　　数：454 千字
版　　次：2022 年 9 月第 1 版　　2022 年 9 月第 1 次印刷
书　　号：ISBN 978-7-5096-8582-2
定　　价：98.00 元

序　言

合肥，一座值得点赞的城市

——《区域经济与城市发展研究报告（2020~2021）》

合肥区域经济与城市发展研究院胡艳院长、合肥市人民政府政策研究室正处级调研员黄传霞邀请我为她们主编的《区域经济与城市发展研究报告（2020~2021）》写一篇序言，我于2020年初曾为《区域经济与城市发展研究报告（2018~2019）》写过一篇序言，题目是：合肥，一座值得研究的城市。当时是希望有更多的同仁关注合肥、宣传合肥、研究合肥，两年多时间过去了，这个愿望可以说是大体实现了。一段时间以来，报纸、杂志和网络关于合肥的报道、议论多不胜数；仅2021年各地来合肥考察、学习的团组就有650多批次；2022年安徽省委宣传部组织了重大专项"合肥现象研究"，由安徽省社科院院长曾凡银教授领衔；我也曾接受"东北振兴大讲堂"的邀请，专程赴沈阳为辽宁省政府部门及大学、研究机构做"创新驱动、转型发展之合肥路径"报告。合肥正在被更多的地方政府、研究机构、新闻媒体等所认识、所关注，也正在被更多的专家学者密切注视、持续跟踪、深化研究。

前几天，《重磅！比亚迪合肥基地第一辆整车下线》报道冲上了热搜，报道称：比亚迪合肥基地一期项目从谈判到签约仅用时23天，从签约到开工建设仅用时42天，从开工建设到整车下线仅10个月！6月30日上午7时许，比亚迪合肥基地项目迎来整车下线的标志性时刻！比亚迪合肥基地项目生产的车型是目前最畅销的秦PLUS DM-i，除整车外，核心的零部件，如发动机、电机及总成，均在合肥基地生产。23天、42天、10个月三个数字再一次刷新了"合肥速度"，又一次见证了"合肥奇迹"。

我还记住了另一组更有意义的数字：1949年到1978年，合肥市用了29年时间经济总量第一次达到10亿元；1978年到1994年，用了16年时间从10亿元到100亿元；1995年到2006年，用了12年时间从100亿元到1000亿元；2007年到2020年，用了13年时间从1000亿元到10000亿元。初步核算，2021年合肥生产总值11472.8亿元，同比增长9.2%，高于全国、全省的平均水平。

这一组组数字，标志着合肥的崛起、合肥的振兴、合肥的未来、合肥的荣耀。

— 1 —

今天，我想说的是：合肥，一座值得点赞的城市。

合肥的发展来之不易，它没有深圳那样的经济特区政策，也没有上海那样的历史沉淀，它还没有苏州、东莞那样的地缘优势。20 年前合肥能说得上的优势几乎都没有，值得为合肥点赞的是：没有条件自己创造条件。合肥市在战略性新兴产业领域加速发展，"无中生有"实现"弯道超车"，"小题大做"实现"跨越发展"，成功走出了一条"引进大企业、大项目—完善产业链—培育产业集群—打造产业基地"的合肥路径。

值得为合肥点赞的还有：合肥的发展不是某一领域、某个产业的局部崛起，而是从表面到内核，从硬件到思想的全方位发展。这个城市始终以科技创新提升发展高度，以产业创新夯实发展厚度，以扩大开放拓展发展宽度，以改善民生彰显发展温度。

促进合肥发展有很多因素，我觉得以下几条是最重要的：

第一，发展理念不断创新是合肥路径的思想基础。合肥取得今天的成就，得益于世纪之初合肥新一轮解放思想、更新观念大讨论，在思想解放中实现了观念的跨越，在深化改革中突破了思想的桎梏，在扩大开放中拓展了发展的空间。正是通过深化改革、扩大开放，扎实推进多项改革开放举措，实施了很多有影响力的先行先试之举，形成了源源不断的发展动力和活力。比如在城市不同发展阶段，适时提出工业立市、创新驱动、承接产业转移、结构转型、聚焦战略性新兴产业、布局未来产业等重大战略部署，申报全国科教基地、国家创新型试点市等，争取先行先试。在产业发展上，合肥把"无中生有、小题大做"的文章做好做足，靠的是"不求所有、但求所在"的开放理念，靠的是"内联外引、借梯登高"的创新举措，达到了存量盘活与增量扩张的双赢效果。

第二，全面深化改革开放是合肥路径的最大动力。2004 年，合肥被列为全国首个"国家科技创新型试点市"。合肥市用足、用活、用好这个金字招牌，各部门清醒地认识到科技创新不可能"单兵突进"，必须注重改革的关联性和系统性，必须用改革增创制度优势，力争取得最大综合效益。20 多年来合肥协同推进了 30 多项影响面大的改革举措，在行政审批制度改革上，先后进行 6 轮行政审批事项清理，同时推出全程代办制、重大项目代建制；在城市建设管理上，推行规划、设计、立项、招标、投资、建设"六分开"，实现"分权制约"；在投融资管理体制上，整合分散各部门的融资平台，严把资金"出口关"，项目建设与资金管理相分离。在打破行政区划对经济要素的"阻隔"方面，实现企业证照等 30 个事项跨省"一网通办"等。

第三，发展是第一要务是合肥路径的根本遵循。合肥市党政班子换了几届，但精气神没有变，始终坚持"发展是执政党的第一要务"，真正做到"一任接着一任干，一张蓝图绘到底"。始终坚持以发展为目标，紧密结合当地实践，咬定目标不放松，不达目的不罢休，形成了抓发展的最大合力效应。面对发展中遇到的困难和挑战，不胆怯，不退让，善于运用市场规律、产业发展规律，在挑战中寻找发展机遇，在困难中寻找应对之策，及时破解了发展中一个又一个难题。市委市政府注重激发争先创优的精神，以奖惩分明的考核机制，使干部保持昂扬向上的进取意识。注重弘扬善作善成的过硬作风，把改进作风与抓好工作紧密结合起来，形成了跨越发展的合力。

第四，创新驱动、结构转型是合肥路径的成功密码。2020 年 9 月，《自然》杂志发布"自然指数—科研城市 2020"排名，合肥跻身 20 强，评语是："非一线城市，有着一流的科研"。合肥在创新发展上，有着"下好先手棋"的眼光和"用心培土、静待花开"的韧劲。

合肥围绕提升能力抓创新，突出企业主体，依托大学、科研院所多的研发优势，充分激活本土要素，积极引进外部资源，促进了产学研用的有机融合，实现了高端研发、资源共享、创新服务的全方位嫁接。围绕产业升级抓创新，把创新贯穿于发展壮大新兴产业、改造传统产业、提升现代服务业等产业发展的全过程，打造了一批在全国领先的战略性新兴产业。围绕体制机制抓创新，把科技与产业、创新与创业、引进与内生相结合，有力促进了科技成果转化和高技术产业发展。

第五，有为政府与有效市场结合是合肥路径的制胜法宝。合肥产业的发展壮大，离不开有为政府的智慧，充分尊重产业发展规律，充分运用市场逻辑、资本力量、平台思维、系统观念，推动产业高地崛起。合肥以尊重市场规则和产业发展规律为前提，以资本纽带、股权纽带作为突破口和切入点，政府通过财政资金增资或国企战略重组整合打造国资平台，再推动国资平台探索以"管资本"为主的改革，通过直接投资或组建参与各类投资基金，带动社会资本服务于地方招商引资，形成产业培育合力。企业得到政府投资基金加入，缓解了资金瓶颈，有政府信用为其背书，带动大批社会资本融入，企业实现了快速发展。政府投资基金也像滚雪球一样，越做越大，投资能力越来越强，实现了企业与政府的双赢。

第六，更优营商环境是合肥路径的不懈追求。合肥牢固树立"环境比投资更重要"的理念，尊重市场规律，顺应企业需求，着力规范政府有形之手，创造了良好的投资和营商环境。用政策配套优化环境，建立统一高效的招投标交易平台，消除各种潜规则，打造公平公正的法治环境；用完善服务优化环境，持续开展机关"效能革命"，优化审批流程，大大提高了办事效率；用城市形象优化环境，以"大建设"推动城市形象的大变化，构建了内外循环的交通网络，打造了生态宜居的环湖城市，营造了宜居宜业的投资环境。

第七，人才为上是合肥路径的精髓要义。合肥坚持"城市养人""科研引人"，出台"创新之都20条"和战略性新兴产业"333"人才集聚工程实施意见，配套制定"国内外顶尖人才引领计划"等34项实施细则，形成既"顶天立地"又"铺天盖地"，覆盖各类别、各层次、各发展阶段的人才政策体系。每年近10万名高校毕业生来合肥就业，累计引入国内外顶尖产业高层次人才近2000人，两院院士123人，享受国务院特殊津贴专家900人。

我们之所以为合肥点赞，更看重的是合肥崛起对中国绝大多数城市的示范推广有意义，以及对中国区域经济学科的丰富完善有实践意义。我们相信合肥能做到的，其他城市也一定能够做到。

是为序。

中国区域经济学会副会长、
安徽大学特聘教授、
博士生导师
2022年7月8日

目　录

2021 年项目

第一篇　重大课题研究报告

第二篇　重点课题研究报告

第三篇　储备性课题

第四篇　白皮书

第一篇

重大课题研究报告

▶ 合肥市基层治理创新案例研究

▶ 创新驱动合肥制造业转型升级发展研究

合肥市基层治理创新案例研究

安徽大学社会与政治学院课题组

党的十九届四中全会审议通过的《中共中央关于坚持和完善中国特色社会主义制度、推进国家治理体系和治理能力现代化若干重大问题的决定》，对新时代国家治理体系的现代化建设进行了系统性的顶层设计，其方略与举措将国家治理的政治定位提升到一个新的历史高度。2020 年 8 月，习近平总书记在主持经济社会领域专家座谈会时进一步强调，"要加强和创新基层社会治理，使每个社会细胞都健康活跃，将矛盾纠纷化解在基层，将和谐稳定创建在基层"。习近平总书记精辟地指出，基层治理是国家治理的具体化、在地化，关乎社会主义制度的效能发挥和民族伟大复兴的目标实现，在根本上决定着国家治理的现代化水平。作为一座常住人口达 800 余万的特大城市，自党的十八大以来合肥市积极开展一系列基层治理创新试点工作，探索出了有一定影响力且独具特色的治理模式。本课题聚焦于合肥市近年来较为典型的基层治理创新案例，总结经验，反思不足，为提升合肥市基层治理水平进而凝练可让其他地区借鉴与推广的基层治理模式，给出有关对策和建议。对合肥市基层治理案例创新予以深入探究，是学习贯彻习近平总书记 2020 年 8 月视察安徽重要讲话精神、推进合肥市融入"长三角一体化"发展、落实市委市政府关于基层党建与治理"1+8"文件精神、提升合肥市城市综合治理与服务能力的应然之举。

一、合肥市基层治理创新的主要经验

近年来，合肥市基层治理积极吸纳全国较具共性的治理经验，诸如党建引领基层治理创新、治理重心下移、打造多元治理共同体等，并在本市生动的治理实践中大胆探索、勇于改革且不脱离群众生活，既"接地气"之实又"领风气"之先，形成了许多重要经验。其中，最核心的一点就是"三治融合，精准服务"：以制度改革为保障，以百姓需求为导向，以公德良俗为价值，以信息技术为工具，实现德治、自治与法治的互嵌共进，为人民群众提供生活化（即人性化）的精准服务。

（一）合肥市基层治理创新的主要路径

作为一座高度现代化的省会城市，合肥市自党的十八大以来实现了高质量发展，成绩斐然，不仅城市面积与总人口快速增加，而且人民的幸福指数不断提升，基层治理日益现代化，进行了许多富于创新的实践探索。这使作为全国文明城市的合肥在光昌流丽的城市形象下，充满了以人为本、深具中国特色社会主义现代文明的内涵，其主要表现就是基层治理路径的不断创新与优化。

1. 创新党建引领基层治理的制度模式

在合肥市基层治理"1+8"文件所构成的治理体系中，党建毫无疑问起着极为关键的引领作用。党建在基层治理中不仅是政治保障，更是一种最为有效的资源整合方式和具体的社会服务形式。城市基层党建是一个系统工程，市、区、街道、社区四级党组织是这一工程的主体架构。要推动整个城市基层党建运转起来，加强党建引领在基层社区创新中的作用，合肥市走出了一条极具特色的道路，不断延伸"党建+"基层治理的外延与内涵，将党建置于基层治理的方方面面，不断地使党建嵌入社会治理中，将党建的力量发挥在基层治理中，以党建的"1"统合基层治理的"8"，基层治理有了政策指引与顶层设计的路径依赖，破解了许多治理的难题，将分散化的治理权力整合在党建引领的框架之下，如包河区万年埠街道的"一米阳光党群服务中心"建设，堪称党建引领基层治理公共空间建设的典范。

2. 创新社会资源的整合方式

在所调研的几类典型的基层治理案例中，以政府为主导的共建共治，特别注重整合多维度的基层治理资源，实现"1+1>2"的整合效果。基层社区在政府和专家的指导与赋能下，都能采用灵活多样的形式将社会资源有机整合进基层治理过程中。比如：辖区党员的在地化服务、与驻地单位的合作、扩大青年志愿者队伍等，形成了人人参与、人人共治的格局，较为科学地将行政化逻辑与市场化逻辑、制度理性与社会常情有机结合，积极吸纳和学习市场化的管理经验，充分整合和运用社区内外的社会关系网络，将各种资源优化配置于治理机制和治理行动中，形成富有活力的治理资源创新格局与治理模式。

3. 创新社区共同体意识的培育路径

无论是位于滨湖的现代化社区，还是位于乡村的马郢社区，都将培育社区共同体意识作为社区治理的重要手段和目标。滨湖新区成立较晚，且以回迁农民与外来人口为主，文化冲突较为激烈，社区共同体意识薄弱。因此，如何通过行之有效的治理机制与治理活动的开展来培养社区共同体意识，就成为基层治理的内在要求。否则，居民就像是"放在口袋里的马铃薯"那样，没有形成一个整体，袋口一开，则满地散乱。包河区在滨湖世纪社区"亲情六敲门"等熟人社区打造经验的基础上，提出了"八到家服务"，不仅建立了独具特色的治理模式，更使居民形成了强烈的社区认同感，愿意参与社区内大大小小的事务。长丰县马郢社区在发展现代产业过程中，面对乡村地区空间的陌生化（原来的乡村空间因产业发展必须进行改造）和人口的陌生化，在专家的指导下，努力打造以留住乡愁为核心的社区文化，培养社区认同感与归属感，收到了良好的治理效果。

4. 积极孵化、培育社会组织

基层治理重在自治，自治的机制不仅在于道德情感的维系，也在于各种以兴趣与服务为核心的社会组织。包河区的滨湖新区以安徽省现代社区治理创新实验区建设的第一批试点小区为载体，积极开展社区社会组织的培育，挖掘社区资源，并进行社区营造。大量的草根社会组织和登记、注册的社会组织的培育，使社会力量空前壮大起来。社会组织的活动涉及居民社会生活的方方面面，不仅丰富了社区的精神生活，也整合、扩展了社区的社会空间，使个体化的居民变成各种社会组织中的"组织人"，大大提高了居民对社区公共事务的参与率，创建了居民参与基层治理所必需的社会平台。社会组织的发展极为重要地帮助了基层政府更好地管理和服务社区居民。以滨湖世纪社区为例，该社区有社区公益创投、社区社会组织发展、社区协商民主等230个居民自治项目，形成独具特色的社区治理模式。

5. 积极创建智慧城市与智慧社区

伴随着5G时代的到来，互联网在社区治理中的作用日益提升，"互联网+基层治理"不断产生新的业态与模式。在调研中发现，智慧社区在基层治理过程中扮演了重要角色，且各个社区的智慧平台各具特色，针对社区内不同人员、不同需求形成了特色化、人性化的社区服务模式。尤其是在最近几年新冠肺炎疫情防控期间，智慧社区建设都发挥了日益重要的作用，实现了精准大数据匹配与"治理留痕"的效果，极大地提升了服务的效率和质量；而且在非应急状态下，智慧平台通过单向指示和双向互动完成了对社区大小事务的综合治理。

（二）合肥市基层治理创新的具体举措

1. 创新党建引领基层治理的鲜活方式

党建联盟。以"四联四定"为核心的党建联盟，最大化地整合党员资源，将不同单位性质、职业群体的党组织共同凝聚在党委和政府主导的党建联盟下，围绕"治理"这一主题展开丰富多彩的党建活动，既提高了政治站位，又促进了党建参与治理的效能发挥。

功能党建。通过智慧党建，围绕服务做文章，着力打造智慧党建的新家园，并在线下做实。推动区域化党建进小区，形成"片区化、开放式、功能型"等不同形式的居民区党建工作站、党小组，进而发挥其不同的功能，通过社区党校，开设专职党务工作者研习班和党员专题轮训班，夯实党建工作基础，将党员的先进性、模范性发挥在不同的业务技能之中。

党建的精细化治理。"四联四定"带来的党建资源极大地推动了精细化治理。通过联络不同单位与职业群体的党员，把管理和服务渗透进城市的每一个角落和空间，覆盖所有不同类型的人群。党建的精细化治理使得党组织延伸至基层治理的"最后1米"，既弥补了政府部门之间"条块关系"参与治理的不足，又超越了技术治理的限制。

2. 改革基层治理体制

以新型社区制取代传统街居制，变"区—街道—社区"三级管理为"区—社区"两级，推行"党委领导、多方共治、居政分离、扁平高效"的运行机制，比如"世纪社区"在全国创出基层社会治理体制改革的"合肥世纪模式"。

3. 构建自治与共治良性互动机制

倡导新街坊邻里主义社区文化，开办社区治理学院，居委会去行政化运行，推进"红色领航、四美一好"楼组建设，开展"红色家访、党群串门"，健全党支部领导下的居委会、物业公司、业委会、楼组长协会四方联席机制，演绎自治与共治的交响。

4. 创新"微治理"手段

按照"居政分离、居民自治"原则，通过社工介入居民自治，逐步形成"社区—社会组织—社会工作—社会资本—社区自治"的"五社联动"微治理模式。成立全省首个以 PPP 模式组建的"乐治方兴"专项基金,开展社区微公益创投,实施"幸福邻声""滨湖 e 家人""梦想启航"等公益项目,在居民自治这场"演出"中,社区"搭台",居委会"监制",居民由原来单纯的"观众"变成了自治的"导演"。

5. 加强大共治平台建设

大共治信息平台,将辖区内各网格主动采集上报的案件纳入其中。所有案件均通过平台派遣、流转、处置和结案。它实现了从"人的协调"到"数据的流转"的转变,基层工作效率大大提升。大共治将各种异质性的治理难题化约成信息的最优化处理,有效地解决了治理过程中权力分散的问题。

6. 实施精准治理

通过"1+8"文件的实施,治理主体把基层社区的方方面面纳入治理的范围,加之"网格化治理"的完善,不断延伸治理的内涵与外延,许多社区都把"问题清单"转化为"成效清单",解决了社区居民生活中的很多"微痛点"。

7. 从多元参与到多元合作

从多元主体的有限参与到多元主体的相互合作治理,是合肥市基层治理的一大亮点。辖区中的事业单位、市场组织、社会组织等都能有效地合作,充分利用自身的资源参与社区治理。尤其是疫情防控期间,各治理主体之间的合作机制日益彰显,可以有效地协调基层治理过程中各要素的高效运转。

8. 社区治理智慧化

合肥市智慧社区创建水平在全国省会城市中处于领先地位。面向街道社区、居民、企业三类主体,以数据为驱动,以平台为核心,以应用为抓手,以信息流带动人才流、资金流、技术流、商流、物流,实现了多"流"高效汇聚,打造效能社区、智管社区、宜居社区、平安社区等,形成了全省领先、国内一流的智慧社区样板。

9. 积极挖掘社会资源

以党建为抓手,充分挖掘社会资源参与到社区治理中。调动不同年龄、性别、职业、群体的社区居民参与社区治理的积极性。在实际治理过程中,充分摸清社区的"家底",采取有效措施激活这些资源,将社区潜在的"人"与"物"变为积极参与基层治理的重要力量。

10. 以"家访"强化社区情感建设

通过各种形式的"家访",打通基层治理的"最后 1 米"。既延伸了社区治理中的情感向度,又最大限度地保持了与居民的互动,调动了居民参与社区治理的积极性,增加了社区的社会资本。

(三) 新时期合肥市基层治理创新的主要特色

合肥市基层治理创新是深入贯彻中央"社会治理"顶层设计的结果,也是因地制宜充分考虑城市快速发展的现实背景与地域特色,进而进行科学的空间布局、人力资源重组、体制机制创新的基层治理成效使然。综观合肥市基层治理的实践探索,我们认为其显著特征可以概括为以下几点:

1. 互动性

社会治理与社会管理的最大区别就是，前者是多元治理力量平等双向的互动性治理，后者是政府绝对主导自上而下命令式治理。合肥市基层治理的互动性体现在治理过程中通过各种形式充分发挥人民群众和社会组织的主体性作用，鼓励群众参与到社会治理中来，并运用创新机制引入市场力量积极融入社会治理这一系统性的社会工程中。合肥市各基层治理单元，在党委和政府的引领与支持下，创建了各种互动机制与民主协商形式，积极吸纳群众的观点与意见，无论是"四个一"（庐阳区龚湾社区"四个一"工作法：一事一提，居民代表在协商会上提出问题；一事一议，居民协商会议对提出的问题进行商议，形成决议；一事一办，根据决议，由街道职能部门具体处理相关事宜；一事一评，居民对事情办理的结果进行评议），还是党员的"红色家访"，抑或是智慧平台的大数据技术，形式不一的背后是在治理过程中充分实现主体之间、主客之间双向互动的统一理念。强调治理过程中的互动性而非传统的强制性，不仅可以充分听取群众的意见，调动群众参与社区治理的积极性，还有利于培育居民的社区共同体意识与社区情感。据统计，合肥市城区基层治理的居民参与率达87%，多数群众反映的问题都能有效地得以解决。在访谈中，能够明显地感受到人民群众真正建立起一种主人翁式的共治共建共享的体验感。

2. 灵活性

灵活性是指在基层治理创新过程中，以基层政府和社会组织为代表的治理主体，不再拘泥于传统的手段与方式，不受条条框框的形式制约，在坚定地坚持正确政治方向和政策框架的前提下，充分尊重地方性、主体性和群众的需求，不搞千篇一律，主张灵活性地因地制宜。基层是社会的基本单元，应是社会最具生命力的创新之地。在调研中发现，基层很多行之有效的治理方法都是来源于群众那里最为质朴的"点子"与"妙招"，这些基层治理手段的微创新都是对治理规则的灵活运用，非常具有社会想象力，非常接地气，也丝毫不乏原则性与制度性。在合肥市基层创新案例较为典型的滨湖新区，作为外来人口较多的新建住宅小区，唯有破除传统的管理理念与狭隘的本土观念，充分发挥多元治理的灵活性，规避行政化可能导致的刻板性，才能建立起适应快速城市化发展需要的现代治理模式。滨湖世纪社区、方兴社区以及烟墩街道、万年埠街道等地的基层治理创新皆充分体现了这一特色。

3. 多元性

社会治理的多元性是指治理主体参与的多元性，在城市基层社区中，不仅存在着政府的行政力量与居民的群众力量，还存在大量的企业单位、社会组织等力量，以及以社会资本形式呈现的社会精英的个体性力量。多元主体参与社会治理重在参与治理的机制与效能上。调研中发现，在合肥市基层治理创新较为显著的社区中，都能最大化地充分挖掘、整合社区内企事业单位以及社会组织和社会精英的力量。比如包河区滨湖世纪社区在不扩充编制的情况下，极富成效地将驻地单位中党员干部、社区精英的力量调动起来，融入基层治理；经开区回迁安置的临湖社区，在基层治理中创新性地将党支部书记与物业公司总经理合二为一，积极赋权物业公司参与社会治理，在党建引领下，促使物业公司的公益性得以充分彰显，将社会治理主体的多元性落到实处，真正实现多元主体的协同共治。

4. 智慧性

以互联网为代表的信息技术彻底改变了人们的生存方式，不仅在物质活动中改变了人们的经济行为和产品销售乃至生产，而且在日常社会交往和信息传递维度上深入改变了人们的生活。在基层治理中，各治理主体能够充分感受到信息给社会带来的深刻变化，因此政府高度重视互联网、人工智能等智慧化技术在基层治理中的重要作用，积极利用互联网新技术，建设信息平台，实现治理中的信息共享和智慧化。在调研中发现，凡是治理创新取得较为突出成就的典型社区，其互联网参与社会治理的程度都比较高。合肥市政府对现代信息技术在智慧行政、智慧治理乃至智慧城市建设方面的广阔前景保持高度敏感，及时出台了《合肥市智慧社区建设规划（2019-2021 年）》，各区县和街道纷纷跟进。包河区方兴社区早在 2015 年就确立了智慧社区的建设方案，几年来的先行先试取得了突出成就。社区配备了大数据检测平台，建立了共享的数据池；社区工作人员以及志愿者经常会给老人普及 APP 使用规则；遍布小区公共空间的二维码以及各种公众号平台，使人民群众随时随地触手可及地参与信息化基层社会治理。社区实现了真正的"智慧"，基层治理成本因而大大降低。

二、合肥市基层治理进一步创新的对策建议

（一）新时期合肥市基层治理理念的新转向

近年来，合肥市基层治理创新取得了重要成果，在较短时间内形成了具有合肥特色的治理模式，这是党委和政府科学的顶层设计与积极的资源投入所取得的显著成效，当然也是基层治理工作人员与社区居民以及专家学者协力共治的结果。但是作为一座人口依然持续快速增长、社会加速深刻转型、融入"长三角一体化"发展的新一线城市，随着大规模都市化所带来的社会流动与空间重组，各种不确定性和风险因素进一步凸显，合肥市基层治理在现有实践成果的基础上依然面临着一些严峻的挑战，主要有：专业化人才缺失、治理主体的多元性不足、基层治理的风险意识不强、行政化与市场化两种治理逻辑的冲突、国际化治理水平不足等。这需要主动应变，科学决策，转危为机。

1. 基层治理中贯彻"全周期管理"意识

习近平总书记 2020 年在湖北武汉视察时强调，"要着力完善城市治理体系和城乡基层治理体系，树立'全周期管理'意识，努力探索超大城市现代化治理新路子"。"全周期管理"意识一方面是指城市治理应该以人民为中心，将城市治理视为一项系统工程，遵循城市发展规律和城市治理逻辑，把握城市治理的整体性和周期性，并采取与全局相一致又具有针对性的措施；另一方面以特定事情（任务）为中心，也涉及事情和任务处理的事前、事中、事后等，在这一过程中工作侧重点存在着明显差异。这就要求我们在城市管理和基层社会治理中，既要树立全周期意识又要把握过程性要求，既要保证任务完成又要重视把握时机。

2. 强化社会风险的研判能力

习近平总书记指出"疫情是对我国社会治理的一次大考"，在疫情中我国的社会治理

暴露出一系列问题，值得我们去反思与改进。基层是社会矛盾的多发地，随着社会的快速发展，各种潜在的社会风险接踵而至。在基层治理中要善于研判各种风险，树立风险意识。研究发现，许多源于基层的社会风险或社会事件都是因为基层矛盾没有及时化解并最终扩大的结果，而化解这些矛盾既需要国家政策层面的改革，也需要基层治理工作人员对社会风险的准确研判。

3. 重视基层舆论治理与社会心态引导

基层治理不仅是一种物质上的治理与社会关系的调节，也是社会舆论的治理与社会心态的引导。随着网络社会的发展，各种网络群体诞生，在社区中基于各种兴趣与利益的微信群、QQ群等逐渐风靡。基层舆论治理应是一种"软治理"，要密切关注基层舆论，倾听民众的声音。社会心态的变化往往不容易被及时发现，随着社会生活节奏的加快、工作压力的增大、"996"工作模式的普遍化，社会心态容易被一些负面信息或事件带偏，这就需要在基层治理工作中高度重视社区居民的心态引导，加强精神社区建设，在社会服务中重视一些旨在增强居民幸福感、存在感的"暖心工程"，建设和谐有序、温暖有爱的社区氛围。

4. 重视流动社会的治理

传统的社会治理是一种在场的社会治理，无论是治理的主体、客体，还是治理的社会资源，均是以地理空间的在地化为特征的。随着社会的转型发展与网络社会的崛起，各种资源、关系开始流动起来，具体表现为不确定性因素骤然增加，各种缺场与脱域的资源及关系与在地化的治理空间相关联，在场的、在地化的矛盾和缺场交往带来的矛盾相互交织。为此要突破单一地点静态空间的治理思维，形成流动空间与在场空间相叠加的治理思维。

5. 区分基层治理中的"常态"与"应急"

"常态"与"应急"是社会治理的两种形态，常态化是基层治理最为常见的模式，而应急治理则是考验基层治理工作的非常态模式。区分"常态"与"应急"两种治理，需要基层治理工作人员在常态化治理中摸清基层社区的基本情况，做好各种应急演练，正确估算基层承担风险的能力。为了打好应急化治理的群众工作基础，恰恰需要在常态化治理过程中下足功夫、未雨绸缪，建立两种治理机制与治理模式的相应配套设施以及工作机制。

6. 深刻融入长三角一体化

合肥市的发展是与长三角一体化发展深度融合的。长三角一体化发展是一个持续不断的过程，需要合肥市抓住机遇，将社会建设的各个领域与长三角一体化发展有机结合，促使合肥市域小社会与长三角大社会高度融合。从合肥市社会治理作为长三角一体化社会建设的重要实践维度来看，需要将社会治理的客观环境与治理效能深刻融入长三角一体化进程中，比如在医疗、养老、教育、住房、家政、人才引进等领域与上海、南京、杭州相结合，实现资源、人才、信息等领域的无缝对接，为合肥市乃至安徽省融入长三角一体化发展构筑坚实的社会基础。

（二）合肥市基层治理再创新的策略及举措

1. 强化基层党建对基层治理的整合力度

社区是基层治理的基本单元，也是党和政府联系、服务居民群众的"最后一公里"。

合肥市"1+8"文件奠定了党建在基层治理中的重要地位，党建中的政治领导、组织领导、思想领导得到了很大程度的提升，但是党建与社区治理中的力量整合还需进一步提升，基层治理有关负责同志在党建引领嵌入社会治理的能力方面，还需要进一步提高。就党建对基层治理多元力量的整合来看，不仅需要重点整合社会精英以及驻地单位的力量，还需要关注普通群众，需要创建多种平台与机制关注普通群众与流动人口的正当诉求。就党建嵌入社会综合治理的水准来看，需要着力提升基层党员尤其是支部负责人的综合素质，提升党员在各领域的先进性、模范性和组织能力、协调能力。

2. 赋权基层治理主体

国家治理重心的下移不仅是工作重心以及关注点的下移，也是权力的下移、资源的下移。在调研中发现，除部分街道（大社区）的基层治理部门具有较为自主的基层治理权力，能够基本实现对相关治理力量的整合以实现联防联治外，大多数基层治理部门没有相应的权力，人和事都调动不了。因此要积极赋权基层，同时采取必要的激励措施，让专业化人才能够服务基层并愿意扎根基层。建议在城市将区级以下与基层治理相关的权力移交给基层街道（大社区），同时选派区级以上的政府优秀人才到基层锻炼，必要时可根据基层治理改革的需要，针对某些特殊治理任务，让区有关部门的副科级领导兼任社区（副）主任，有效解决社区治理的疑难杂症，特别是回迁社区以及流动人口聚集的社区所面临的治理困境和治理难题。基层治理走向善治的关键在于自治能力的提升，要不断给基层社区"松绑"、减负和赋权，将一些诸如社区社会组织发展、重点人口保护等权力交给基层社区，适当剥离不该交付基层的一些事项。

3. 提升社区治理的韧性

社区治理的韧性是指在治理过程中社区的自我修复能力，基层治理重在自治，坚持矛盾不上交，在地化解决矛盾是基层治理的理想模式。提升社区治理的韧性能有效消解基层重大突发事件以及公共安全事件对社区治理造成的"后遗症"；能够较为理想地解决民众心理空间的营造与社区治理参与积极性的调动问题；能够较为有效地防范基层治理中令人头痛的"等靠要"思维。提升社区治理的韧性需要从积极建构社区内生型发展模式入手，要深入挖掘社区内一切可以参与的社会资源，扩大各种类型的志愿者队伍，培育社区社会组织，建立从义务到有偿的阶梯形社会服务队伍。加强与各类社会公益组织的合作，为公益组织提供各种服务场所。在流动人口聚集的社区，应该建立流动人口之家，为那些外来人口解决生活适应方面的难题。要注重提升基层对抗风险的社会免疫力，重视对群众的心理疏导、社会教育，以及重视公共伦理和新市民公约的建立与实施。

4. 树立风险治理意识

综合考虑各种社会风险，树立治理中的风险前瞻意识，将风险化解在萌芽之中。提前规划治理的任务，针对各种传统与非传统风险开展积极的预案设计；针对人口老龄化、人口流动、二孩政策等人口问题做好服务预测；针对各种家庭矛盾与高空抛物、宠物饲养等带来的社区矛盾，要及时构建各种调解机制与社区防护措施。在基层治理中要高度重视各种显在、潜在的矛盾，敢于面对矛盾，善于化解矛盾，而不能侥幸地认为群众的心理韧性可以让他们生活中呈现的小矛盾自生自灭，最终导致矛盾升级甚至不可控制。所谓"群众服务、群众工作无小事"，其题中应有之义就是要牢固树立风险意识。

5. 重视家风治理

基层治理重在基层，家庭是基层社会的最基本单元，也是个人生活的初级群体，良好的家风不仅能使个人养成正确的"三观"，也能使基层矛盾在家庭中解决。在调研中发现，除龚湾社区老年人口比重较大外，世纪社区、方兴社区、临湖社区等均以核心家庭为主。基层治理的落脚点应该在家庭，要为这些家庭做好服务，以家庭为单位积极开展各项治理工作。要重视对群众的家风观念培养，通过社区引导、学校教育、工作单位宣传等方式构建温暖和谐的家风，以社区教育为纽带，整合学校教育、家庭教育和社会教育，将社会主义核心价值观转换为社区内的各种生活服务和社区行动，营造家庭内温暖有爱、邻里间和睦相处、社区里和谐有序的积极氛围，基层社会治理就会水到渠成，事半功倍。比如：包河区滨湖世纪社区、方兴社区通过评选"模范家庭""好媳妇""好婆婆""中国好人"等形式，在社区内营造良好的家风家教氛围，显著地助推了基层治理目标的实现。

6. 挖掘弘扬合肥治理文化的优良传统

合肥市地属皖中，有悠久的文脉，更不乏创新的现代基因。在社会治理维度蕴含着丰富的治理文化，集中体现于一些古代和现当代的人物身上，如北宋包拯的清正廉洁、淮军杰出将领的治国治家思想、小岗村第一书记沈浩以人民为中心的服务理念、数量众多的"中国好人""道德模范"所诠释的道德文明等，这些是基层治理十分重要的文化资源，奠定了社会认同不可或缺的心理空间之基础结构。充分挖掘合肥市优秀的治理文化，弘扬其传统，营造社区向善向美的人文环境，构建基层治理"一切为了人民"的价值基础与社会氛围。这是基层治理最为倚重的精神引领。滨湖新区在短短十多年时间内建成国内知名的新城区，彰显了特色鲜明的时代风貌与创新精神，这种都市社会的精神气质业已凝聚为当代合肥基层治理的文化底蕴，需要深入挖掘和系统整理，在基层社会治理中逐步模塑成一种走向善治所必需的、和谐的治理文化。

7. 做好情感治理

社区是群众生活的基本单元，是一个充满生活感、人情味的实体区域。基层治理不仅是实施国家和省市政策，落实有关制度规定，对社会予以必要约束的刚性治理过程，也是一种以情感为纽带、以认同为基础、以关系为形式的柔性治理即情感治理过程，这在重视人伦情理的中国社会中表现得尤为明显。随着基层治理工作精细化程度的加强、社会资源整合程度的进一步提升，多元治理的参与者逐渐增加，互动更加频密且逐渐非正式化，这就需要在治理过程中重视情感介入，对服务对象多点关爱与理解，积极开展各种形式的"送温暖"等帮扶行动，引入专业社会工作者和心理咨询师的专业服务，使基层治理中充满社会互助与社会关爱，在社区治理中积极融入生活逻辑和情感逻辑，进而高效地培育居民的社区意识，强化社区认同，形成充满活力的社会共同体。

8. 注重培育社区组织

社区组织不同于社会组织，前者是在社区内或者商品房小区内的趣缘群体，其外延与活动范围有一定的空间限制；后者是指在政府民政部门登记注册的基于多种类别的社会团体，其正式化程度高，外延与活动范围较大，也不局限于某一特定社区。当前社会组织参与社会治理的呼声日益高涨，但忽视了社区组织的作用，尤其是在商品房小区中，社区组织应扮演重要角色。以小区精英、小区邻长、楼长等为骨干建立社区组织，尤其是广场舞组织、宝妈社群等非正式社区组织，可以卓有成效地丰富居民的日常生活，为社区搭建各类活动平台，营造和谐的社区社会空间，整合社区资源，维系居民情感。社区组织有利于培养邻里之情，增强社区的社会资本，培育社区共同体。

9. 提升基层治理的国际化水平

长三角一体化发展是国家区域战略发展的重要举措，彰显着我国社会发展的高端化与国际化。合肥作为一座长三角一体化发展格局中的重要城市，近些年在区域竞争中的国际化水平不断提升，引进人才的能力日益增强，越来越多的高端人才涌入合肥这座创新高地。滨湖新区作为省级开发新区，会聚了众多国际化人才与高端人才，其治理也应该顺应这种国际化发展的趋势，未雨绸缪，尤其是在深刻融入长三角一体化城市发展进程中，要充分做好国际化治理的布局与谋划，更新治理理念，创新治理形式。同时，向上海、南京、杭州等国际化水平较高的城市学习先进的国际化治理手段，在公共服务、文化设施、宜居环境等领域扎实做好工作。将合肥打造成国内著名、国际知名的创新型科教名城是其未来发展的应然之举，而做好国际化治理是实现这一举措的后勤保障。

三、基层治理创新中必须高度重视的几组重要关系

基层治理的实践创新一方面要积极回应国家顶层设计的方略，另一方面必须尽力满足社会尤其是人民群众的切实需求。本课题基于合肥市社区治理创新案例的深入调研，结合当前国内外学术界对基层治理普遍关注的相关议题，认为合肥市乃至全国其他地区在后疫情时期的基层治理中必须面对和妥善处理以下六组关系，才能更好地实现政府主导下的"以人民为中心"的共建共治共享目标。

（一）基层治理中"党组织"与"行政组织"的关系

从中央的顶层设计到地方的治理实践，均将党建引领作为治理创新的第一原则与核心要义。基层治理强调居民自治与多元共治，自治的前提是政府的行政力量逐渐从前台移到幕后，取而代之的是党建力量的凸显，党建引领不是党组织直接参与具体的治理，而是发挥党的政治优势、组织优势与领导优势，将党建的先进精神与创新能力融入到基层治理中，将党员的模范性嵌入治理的效能之中。在一般意义上，政党作为一种权力组织，其本身就具有明显的科层制组织特点，具有强大的内部整合与动员能力，这种科层制政党组织的政治逻辑与基层社会中的生活逻辑明显分离。

基层治理本是由自治组织参与的治理，城市社区居民委员会是居民直接选举的自治组织，但随着经济社会的发展，上级政府下派的临时性、阶段式、运动式治理任务增加，基层自治组织的行政化特色明显，带来的科层制弊端日益显现，在一定程度上抑制了基层治理的活力与创新动力，难以适应基层自治的理念与实践要求。而且，政府力量过度介入基层治理，也会增加政府自身的负担，使其成为无限责任政府，这在事实上是不可能的。

党建引领基层治理的优势是党组织可以延伸至基层"最后1米"（比如，合肥市包河区万年埠街道的"1米阳光党群服务站"），通过楼宇建立党组织、商圈建立党组织等形式发挥党组织的整合功能。党组织引领多元主体合力开展基层治理可以弥补政府"条块

关系"的不足。在实际情况中，党建引领基层治理要想发挥其突出优势，就必须超越传统的科层制组织限制，将党建更好地嵌入基层社会治理实践中，以适当的在场形式参与治理，以政治的高度权威性整合社会治理的多元力量，以政治的统合性弥补社会空间由阶层分化和流动性增强所导致的离散甚至对立。

党建引领基层治理创新，要想超越传统科层制的束缚，就必须要求基层真正"上接天气、下接地气"，党员在治理过程中的角色要做出适应性转换，以一种柔性的方式参与基层治理，改变传统的"硬嵌入"、机械"说教"模式，党员应以一种先进性的居民身份渗透进社会治理的全过程中。在调研中发现，基层党建在治理过程中超越传统科层制的束缚还存在着一定程度的困难：第一，就社区正式编制的党员工作人员来说，其工作逻辑依然受制于所谓的行政逻辑，在与群众的互动中，依然保持科层制的分工色彩；第二，就普通社区党员来说，其政治身份因为所在单位的区隔（他们不是社区专职工作人员，而是分别隶属不同的单位），使得党员的先进性和主动性在基层治理中难以有效地凸显出来，实际上党员与普通志愿者没有显著的区别。

（二）基层治理中"技治"与"人治"的关系

技术治理是随着互联网大数据技术的发展而诞生的一种治理类型。无论是在精细化治理、网格化治理、大数据治理等基层社会治理的新理念中，还是在项目制、运动式治理和行政发包制等城市基层治理传统中，技术治理都大行其道。尤其是面对流动性、复杂性的社会背景，技术治理能够网罗社会信息，为治理提供一定的事实基础。在技术治理中，避险与避责是其基本动机和理想选择，将复杂过程简易化的"化约主义"是其行动哲学，追求工具理性是其价值取向，数字民主是其政治遵循。技术治理企图实现中国社会的"理性化"，将一切社会因素都变成可计算、可量化、可预期的数据，为政府治理提供"账目式管理"。

"人治"是传统的治理模式，是面对面有人参与的"在场治理"，通过在场的组织、协调、管理、资源获取等形式，实现治理主体、客体之间良性、有序的情感互动，能及时了解社区居民的行为逻辑、情感动态、认知方式等。"人治"随着网络技术的发展以及治理任务的增加而逐渐式微。

在基层治理中需要破除技术治理至上的错误理念，给技术治理"祛魅"。首先，在以流动人口与回迁农民（城市新居民）为主体的社区中，技术治理的化约主义容易忽视差异化的利益与潜在的心理矛盾，而且极易使社会治理陷入内卷化的困境，难以实现治理创新，往往就是在网络平台增加一些服务功能。其次，技术治理是一种单向互动，或者是"人—机"互动，这种互动模式难以实现真正有效的协商治理，难以及时化解基层矛盾，也没有实现群众人人参与、共治共享的局面。最后，技术治理的数字化呈现忽视了居民的情感需求与行动逻辑。在转型社会中，个人的身份与角色不断转换，尤其是大规模的回迁居民与城市流动人口，其行动逻辑不仅受客观社会制度的影响，还十分显著地受到传统文化尤其是原有乡风民俗的制约，技术治理难以全面捕捉到个人的行动逻辑。

（三）基层治理中"政府权力"与"社会权力"的关系

基层治理的核心主体是政府，主要客体是社会，前者具有自身的政治逻辑、价值理性，后者是基于各种关系的日常生活世界。基层社会治理的宏观目标之一就是保持社会秩序与活力，这种秩序与活力依赖于两种权力的作用机制，即"政府权力"与"社会权力"如何相互配合，形成合力与良性互动。政府权力来自科层体系的强制权威，而社会权力则来自社会契约与协商认同。在基层治理中，"政府权力"则适用于维护和构建纵向的社会秩序，而"社会权力"则适用于横向的社会稳定与发展，二者的有机互动与相辅相成必须建立在社会公正与社会认同的前提之下。面对"质"和"量"均快速发展的城市化，基层治理需构建一定程度上的"大政府"与"大社会"的平衡关系，"大政府"作为一种纵向的"政府权力"，需要适当地隐居后台，进而充分发挥其提供公共服务与宏观调控的作用，而让基于社会契约与协商认同的"社会权力"最大化地发挥其效用，真正实现党的十九届五中全会所强调的协调发展，"推进以人为核心的新型城镇化"，使"人民平等参与、平等发展的权利得到充分保障"。

（四）社会治理共同体中多元主体之间的关系

党的十九届四中全会提出，坚持和完善共建共治共享的社会治理制度，保持社会稳定，维护国家安全，建设人人有责、人人尽责、人人享有的社会治理共同体。在社区居民构成异质性所带来的阶层多元化、利益需求多样化、交往个体化的背景下，如何打造治理共同体是当前基层治理面临的一个重要难题与困境。传统社会中的共同体是基于乡土社会中形成的文化共同体来维系的；而我们国家在政治生活中建构起来的共同体依靠的是执政党"不忘初心"的政治领导力，这个共同体难以简单地化约为小规模的治理共同体。社会个体是在小规模社会中生存的，面对的是日常生活世界里的人和事，"过日子"才是其生活常态。

在倡导打造基层社会治理共同体的过程中，必须明晰的是，治理共同体的前提是生活共同体，因此基层治理必须要在居民生活共同体上下功夫。要加大对居民生活于其中的小规模社会的情感整合力度，多些情感慰问，少些指令宣传，形成邻里互助、社区帮扶的友好氛围。既要防止居民产生基层治理"与我无关"的社会心理，也要保证基层治理工作的公开、透明，防止"搭便车"现象。同时，要积极打造和完善由"多元参与治理"向"多元合作治理"模式的转变。

（五）"流动社会"与"静态社会"的关系

流动的社会是指资源、信息、人口快速流动带来的社会结构变迁与社会利益格局变动，最终带来社会心理变动的社会形态。当代社会的这种流动性随着网络的发展而更加显著；流动社会的机制是网络技术发展带来的时空变动，时间不再是线性的、不可回溯的，空间也不仅有物理性质的，还有数字化的。以网络空间为标志的流动社会使一切所谓的"权威"逐渐消失，取而代之的是各种"去中心化"的趋势引领社会发展。传统的社会治理模式是一种在地化的静态治理，适应的是"低流动性""确定性"的"静态社会"，难以适应流动社会带来的种种不确定性。适应流动社会的基层治理需要建立起流动的社会治理主客体，创新治理过程中的时空机制，将治理的逻辑置于社会流动的逻辑之中。

（六）基层治理三种理念维度的关系

1. "管理—治理"维度

管理与治理的区别在于主体的权力大小与受众的自主性权限。在人口高度集聚的我国城乡社会，强有力的社会管理在公共安全事件发生时能够发挥巨大的作用。但社会治理是社会发展的大势所趋，创新国家治理体系重视的是社会治理，所以在社会治理中要有"管理—治理"双重维度和视角。

2. "线上—线下"维度

当前智慧社区建设如火如荼，网上办事大厅早已进入寻常百姓家，但在疫情防控期间我们看到，线上的基层社会治理仍有很大的发展空间，诸如各种 APP、微信群等线上服务平台都变得异常活跃。所以，在社会治理过程中要有"线上—线下"双重维度和双重治理逻辑。

3. "在场—脱域"维度

此处的在场是指社会交往的不同主体都同时存在于相同的时空环境中（而展开的交往行为），而脱域是指交往的各相关主体不在同一时空（而展开的社会互动）。当前社区居民的交往在很大程度上已不在社区内，个体社会活力的呈现已经不限于特定社区之内，而是往往在社区之外的其他场域中展开；同时社区的资源整合也不拘泥于本地社会之中，而借助于网络时空往往更容易实现治理资源的集聚，因此在基层治理过程中要有"在场—脱域"两种维度的有机整合。

三种维度三位一体，其关系如图 1 所示：

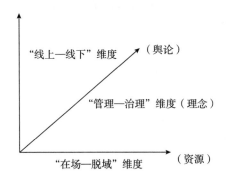

图 1　三种维度的关系

在基层治理过程中，治理的优劣关键在于把握几种维度关系的平衡点，在不同的时空情境中，找到一种符合政治逻辑、社会价值、居民需求的多维治理组合关系。

政治逻辑：贯彻政府的理念与政策，全周期管理。

社会价值：注重舆论导向和资源整合，有序协同。

居民需求：强调"自我"的满足程度，生活的自由度。

（主笔人：吴宗友）

创新驱动合肥制造业转型升级发展研究

合肥区域经济与城市发展研究院课题组

习近平总书记指出，"把制造业搞上去，创新驱动发展是核心"。2020 年 12 月召开的中央经济工作会议强调，"要依靠创新提升实体经济发展水平，促进制造业高质量发展"。以创新驱动战略推进合肥制造业转型升级发展，是顺应新一轮科技革命和产业变革的战略选择，是深化习近平总书记关于制造强国战略重要论述和决策部署的具体落实，也是常态化疫情防控中推进新经济高质量发展的现实需要。近年来，合肥坚持"科创+产业"和弦共振，一手抓科技创新策源，一手抓新兴产业集聚，发展势能实现历史性跃升。"十四五"时期是合肥加快高质量发展、实现争先进位的关键五年。围绕构建现代产业体系，打造全国重要的先进制造业高地的目标，当前和今后一个时期，必须坚持创新驱动制造业高质量发展，全面塑造合肥制造业发展新优势。

一、合肥制造业转型升级现状分析

（一）创新视角下的合肥制造业发展基础

1. 瞄准原始创新，打造科技创新策源地

近年来，合肥市着力推进综合性国家科学中心、滨湖科学城等建设，瞄准原始创新，围绕信息、能源、健康、环境四大领域，合肥国家实验室首批挂牌，聚变堆主机关键系统、未来网络实验设施等大科学装置加快建设，26 个协同创新平台集聚效应持续增强，量子技术全球领跑，墨子卫星实现 1200 公里的量子纠缠，"九章"量子计算原型机问世，一批国际前沿的重大创新成果不断涌现。

2. 坚持产业创新，打造先进制造业高地

一手抓新兴产业培育，一手抓传统产业改造升级。"芯屏器合""集终生智"成为合肥产业新地标。新型显示、集成电路、人工智能入列国家首批战新产业集群，居全国第4、省会第 2。新型显示是全球唯一拥有 4 条高世代面板产线，实现了从"跟跑并跑"到"领跑"的蝶变；集成电路形成全产业链布局，动态存储芯片、显示驱动芯片产能规模全国领先；智能语音及人工智能获批建设国家首批新一代人工智能开放创新平台，进入全球AI 最具创新力城市榜单中国城市第 4 位，"中国声谷"顺利实现营收和企业户数的"双千目标"。家用电器"四大件"产量连续 10 余年全国领先，冰洗产品占据国内 1/4 规模，智能化、绿色化家电产品不断出新。汽车产业形成千亿元规模，牵手蔚来、携手大众，拥有自主品牌的高端新能源汽车正从合肥走向世界。光伏首创"产业+应用"模式，装机规模居全国省会城市之首。

3. 聚焦企业创新，促进各类创新要素集聚

依托国家自主创新示范区、综合性国家科学中心等载体建设，围绕产业链部署创新链，一大批新型协同创新平台加快建设。企业技术中心、工程（技术）研究中心等研发机构总数超 1400 家，全市制造业研发机构数、研发投入额、研发人员数等占全市总量 70%，建成 54 个国家企业技术中心，大企业实现企业技术中心全覆盖；拥有 8 家国家级工业设计中心，数量居全国省会城市第一；已建设 15 家省级制造业创新中心，涵盖了人工智能、装备制造、新能源及光伏、节能环保等制造业重点领域。

4. 探索模式创新，优化产业链组织效率

项目招引环节，"基地+基金"协同，发挥基金的引导功能和撬动效应，先后牵头组建了合肥芯屏产业投资基金、合肥产投战略性新兴产业基金等一系列直投基金，打造总规模超过 600 亿元的基金丛林，保障京东方 10.5 代线、晶合 12 寸晶圆、长鑫存储等重大标志性项目的落地和建设。政策服务环节，"普惠+专项"助力，整合各类财政资金，出台"高质量发展""三重一创"等综合支持政策，在此基础上立足产业链个性需求，出台"中国声谷"、人工智能、集成电路、新能源汽车、光伏等专项支持政策，近 3 年来仅市级支持产业发展政策资金就超 70 亿元。布局未来，"平台+赛道"引领，在人工智能产业发展上，依托智能语音国家新一代人工智能开放创新平台、认知智能国家重点实验室、类脑智能国家工程实验室等一批公共服务平台，瞄准智能语音、机器视觉、智能芯片、大数据智能四个主流方向，集聚 175 万开发者总量、93 万应用，累计形成 30 亿终端用户数，形成行业引领优势。

5. 借力制度创新，打破科技成果转化藩篱

大力推进全要素、全方位的科技体制机制改革，破除制约科技发展的体制机制深层次障碍，全面激发创新活力。围绕技术创新、产业培育、平台搭建、人才建设加大布局力度，政策"组合拳"实现了研发、转化、应用各个环节的全覆盖。依托安徽创新馆等平台打通科技成果转化链条，推进"全创改试验"实现畅通转化，着力推动基础研究和成果转化应用有机衔接。

（二）合肥制造业产业结构现状

1. 规模质量持续提升

近年来，合肥工业经济总量连续跨越新台阶。2010 年工业增加值突破 1000 亿元，2013 年突破 2000 亿元，2017 年达 2758.81 亿元。2019 年工业增加值增速为 8.6%，分别高于全国、全省 2.9 个百分点和 1.3 个百分点，在省会城市列第三位。规模扩张的同时，提质增效成绩显著，战新产业和主导产业持续壮大。2011～2019 年，战新产业增加值年均增长 27.3%，六大主导产业增加值年均增长 17.7%，占全市比重始终保持在 60% 以上。

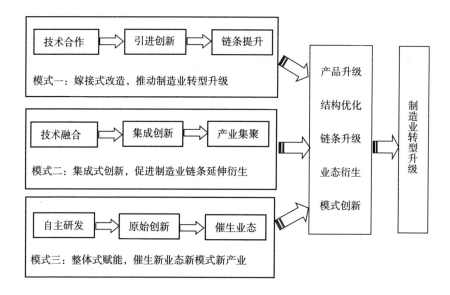

图 1　创新驱动合肥制造业转型升级的作用机理

图 2　2011～2019 年合肥市战略性新兴产业与六大主导产业增加值①

2. 产业结构不断优化

电子信息、智能制造、生物医药等高技术制造业集聚发展，合肥以"芯屏器合"产业为主导，不断完善现代制造业体系，实现产业结构优化升级和生产力整体跃升。传统制造业在工业占比逐年下降，以计算机、通信和其他电子设备制造业为代表的高技术产业迅速发展，占比不断上升，成为拉动制造业转型升级的重要力量。

3. 产业集群加速发展

现已拥有家电、智能语音、新型显示、新能源汽车 4 个国家新型工业化产业示范基地，新型显示器件、集成电路、人工智能 3 个产业入选首批国家战略性新兴产业集群。四大开发区主引擎作用不断提升，2019 年对全市增长贡献达 75%，较 2015 年末提升 17.1

---

①　资料来源：合肥市国民经济和社会发展统计公报。

个百分点。其中，经开区跻身国家级绿色工业园区，高新区获批国家应急产业示范基地，新站高新区成为全国首批产城融合示范区，具体如表1所示。

表1 合肥市高端制造业产业集聚情况①

	产业集群	园区企业情况
高新区	集成电路、软件及大数据、人工智能、高端装备制造、生命健康	市场主体突破3万家，高新技术企业超1000家，自主培育上市公司22家，境外世界500强投资企业22家
新站区	新型显示、集成电路高端装备制造、新能源、新材料	拥有入区企业1.5万家，其中高新技术企业73家，上市公司5家，境外世界500强投资公司5家
经开区	智能家电、集成电路及电子信息、汽车及新能源汽车、高端装备制造、生物医药及高端医疗器械、人工智能及大数据	拥有入区企业2.3万家，其中高新技术企业213家，上市公司11家，世界500强投资公司51家，日资企业39家，是中西部地区最大的日资企业集聚地

（三）存在的问题

1. 产业提升任务艰巨

传统制造业发展布局比较松散，产业集聚不明显，规模经济效益不显著，未来经济发展底子仍较薄弱，对经济增长的支撑尚不稳定。核心基础零部件（元器件）瓶颈、关键基础材料自给保障、先进基础工艺积累、工业软件支撑、新型基础设施配套等基础能力都亟须夯实。提升产业基础能力和产业链现代化水平任务艰巨。

2. 协同创新有待加强

企业产品研发与创新主要依靠内部投入，与高校或科研机构开展合作的比例较低，协同创新不足。合肥市制造业很多领域存在上下游合作还不够紧密、协同研发动力不足等问题，企业创新各自为战、合作交流不足，"孤岛现象"、碎片化问题比较突出，尚未形成协同联动、共赢共生的创新生态体系。另外，知识产权的保护力度不够也在一定程度上影响了企业自主创新的积极性。

3. 科技成果转化不足

创新投入、专利技术、企业与市场之间没有形成良好的产业链，科技成果不能有效地向产业集成转化，形成了科技产业"两张皮"——科研成果本地转化不足，要么束之高阁，要么远走他乡。一方面，原创性突破较多，应用型创新偏少，科技成果向现实生产力转化不畅；另一方面，"墙里开花墙外香"的现象较为普遍，很多领域科技创新源头在合肥，却在其他省份落地转化。

4. 创新人才仍较缺乏

当前人才竞争激烈，沿海发达地区的人才政策和发展环境更加优越，量子、类脑科技、核聚变等领域的人才成为其他省份重点招引对象，合肥高层次人才流失严重。就合肥制造业人才结构本身而言，研发管理人才和工程技能型人才都比较缺乏，人才需求和劳动力供给之间还存在结构性失衡。

---

① 资料来源：合肥市投资促进局2020年8月发布。

5. 创新机制不够完善

合肥市制造业尚未形成创新资源集聚机制，科技优势转化为经济优势的障碍仍需进一步破解。创新在一定程度上依赖政府支持，包括资金支持、财税优惠措施等。企业和科技服务机构之间，普遍存在数据与信息公开不够、共享程度不足的现象。

二、国内外创新驱动产业转型升级发展的经验借鉴

（一）发达国家创新驱动发展模式

1. 美国：全面推动的市场牵引

美国拥有最发达的资本市场，市场体系成熟。通过充分发挥市场机制的作用，参与科技创新的企业与个人可以迅速获得资金支持，将技术创新有效地转化为经济产出效益，既提高了经济效率，也降低了创新风险。在市场的全面牵引下，美国建立了多元化的产学研协同创新机制，打造技术、科学、产业一体化的合作载体，使得技术创新不断产业化，成为经济增长的引擎。同时，政府发挥弱干预效应作用，为市场调节下的创新驱动发展模式提供完善的政策保障机制和良好的制度环境。美国一直强调战略与规划对国家创新驱动的引领和中枢调节作用，自2008年金融危机之后，连续发布三个版本的《美国国家创新战略》，强调建立创新生态系统以及打造服务型政府的重要性。在产学研协同创新上，形成了企业孵化器模式、大学科技园模式、工业—大学合作研究中心模式、工程研究中心模式等。在政策设计及制度安排方面，通过加大财政政策投入力度、提高税收政策激励效果、注重知识产权保障质量，有效保障科技成果转化。美国把人才和知识作为推动实施创新驱动发展最重要的战略资源，采取选择性移民政策和留学生资助政策大力引进人才，以探究式学习的教育模式培养创新型人才，运用市场经济规律对人才进行使用和管理，营造鼓励创新、包容失败的文化氛围，从而达到良性循环。

近年来，美国积极搭建创新驱动平台，提出再工业化战略，在全面分析制造业优劣势之后，选取清洁能源、精准医学、大脑计划、智慧城市、先进制造业等为优先发展领域，制定发展计划和新技术标准，成立创新委员会及创新中心对前沿技术进行研发。通过设立驻外机构、国际研究与教育伙伴关系项目等，与英国、法国、德国、俄罗斯、日本等国保持密切科技合作关系。在充分发挥信息技术和先进制造技术综合优势的基础上，通过工业互联网强化发展主导权和竞争力，密切关注关键技术的发展态势，结合未来市场需求潜力和自身科研优势，提前布局未来产业，抢占技术制高点。

2. 德国：以点带面的双重引导

20世纪80年代以来，德国十分注重创新驱动产业发展，推出了一系列战略法规，不断强化战略规划对科技创新的引领作用，以制造业的传统产业优势为突破口带动社会经济复苏，使得德国在欧债危机和金融危机下仍有着良好的发展。2013年，德国正式推出"工业4.0"战略，是德国面向未来竞争的总体创新发展战略方案。

相较于美国的全面市场牵引，德国是市场机制和政府作用相结合的双重引导。经过多年的发展，德国已经形成官产学研一体化的协同创新模式，在联邦政府与州政府的相互配

合以及公共科研机构的努力下，政府、高校、企业实现协同合作。在政策设计及制度安排上，德国十分重视加强技术创新投入和组建技术创新联盟，德国创新体系最大的特色就是拥有一大批具有强大创新能力的大型企业。在市场机制的作用下技术创新有效转化为现实生产力，政府则通过经济扶持和制定政策等干预手段发挥重要的引导作用。同时，德国注重营造多元同构、个性绚烂的创新环境，重视职业教育，鼓励校企联合培养人才，为创新人才建立完善的市场信息系统。

随着"工业4.0"计划的深入落实，德国致力于利用工业革命所累积的制造业优势，发展以物理信息系统为基础的智能化生产。围绕能源、生物技术、纳米技术、健康研究等领域制定行动计划，组建战略性产业研发联盟，启动前瞻性项目，积极搭建新兴产业创新平台。在落实国际合作创新方面另辟蹊径，强调合作中的国别政策，根据合作对象特点制定国际科技合作项目，完善科技合作顶层规划，产业集群竞争力不断提升。通过信息网络与物理生产系统的融合改变当前工业生产与服务模式，推进服务平台的整体化搭建和数字技术对产品服务的深入与再应用，德国从单纯围绕产品制造的产销模式向基于大数据分析与应用的智能制造模式转变，由此促进德国向制造业智能化、服务化发展。

（二）国内先发地区创新驱动发展模式

1. 上海：市场驱动+政府支撑

作为直辖市，上海凭借独特的区位优势、良好的产业基础和科技资源禀赋，在政府的强势引导下，走出了一条开放创新的发展之路。上海积极发展以"新技术、新产业、新模式、新业态"为特征的现代产业体系，注重基础研究投入，科技发展领先一步，抢占未来制高点的同时，加强以应用为导向的自主创新。

为迎合新经济的跨界、融合、协同、自主创新、动态变化等特性，上海更加注重无形资产、核心团队、智慧发展和核心竞争力。在经济业态方面，推进互联网+专项行动，加快人工智能、3D打印、卫星导航、物联网等新技术引领的新产业培育。在载体建设方面，依托张江综合性国家科学中心，聚焦国际科技前沿领域，布局大科学设施、高校和科研机构，大力发展市场化、专业化的众创空间。在服务支撑方面，完善创新功能型平台和共性技术研发支撑平台，搭建互联网信息查询应用平台和专业数据分析系统，构建市场信用服务体系，促进开放和共享。在政策引导和管理制度方面，深化落实创新生态系统建设的政策，积极发挥产业转型升级投资基金和创业投资基金的引导作用。健全问题发现解决机制，探索创新宽松监管方式，进一步简化项目审批和管理流程。一系列组合拳多管齐下推动新兴服务模式和服务技术在制造领域广泛应用，丰富了价值链向外衍生的范围，成为制造领域新的增长点。

除此之外，凭借全国经济中心和金融中心的地位，上海市吸引外资的能力始终排在国内前列，外资的技术溢出效应得到充分发挥，企业创新能力不断增强。上海目前已经初步形成创新资源与要素集聚的空间载体，建成长三角大型科学仪器设备协作公共网络，满足本市、长三角乃至全国的科技创新公共服务需求。上海市政府强势介入和推动科技创新，从政策、资金、技术上大力支持重大科技战略项目落地，引领科技发展前沿，完善以"科创板"为引领的科技金融体系，推进科技成果转移转化。

当前，上海以"建设具有全球影响力的科技创新中心"为重点，全面推进张江综合性国家科学中心建设，以文化创新为基因，科技和产业创新先行，重点围绕体制机制改革、创新人才发展等，"补短板、促提升"。聚焦无人工厂、工业物联网、在线研发设计、远程办公、新型移动出行等重点领域，瞄准掌握核心技术、拥有自主知识产权、具有国际竞争力等要求，加快培育高成长性创新企业，催化在线新经济发展，推动创新产品市场化和产业化。产业门类齐全、企业创新踊跃、应用场景丰富的创新型经济逐渐发展壮大。

2. 深圳：市场主导的开放式创新

深圳作为改革开放后设置的经济特区，开放程度高，市场机制较为成熟，是典型的市场主导的开放创新模式。通过行政和立法手段规范市场行为，政府减少对市场的干预，致力于构建"大市场、小政府"，为企业创新提供服务。

深圳将创新驱动作为城市发展的主战略，深化科技创新供给侧改革，逐步实现从应用技术创新向关键技术、核心技术、前沿技术创新的转变。在市场"无形的手"的推动下，深圳建立了以市场为主导、产业化为目的、企业为主体，产学研一体化的自主创新模式，利用互联网平台、云计算、大数据等新技术，将技术创新与市场需求紧密结合，有效促进科技创新转化为经济发展成果，打造强大的创新型经济。围绕制造业数字化转型，重点发展工业互联网、数字技术与制造业融合、新兴数字化服务、区域智慧轨道交通等产业。同时，凭借毗邻香港的地理优势，与国际市场接轨，积极构建"深港创新圈"，以高度开放的市场化和国际化创新创业环境"倒逼"企业提高自主创新能力。在政策服务方面，深圳积极推进新型数字基础建设和高效共享，建立健全数字经济发展重点保障体系。秉持"宽进严出"的监管态度，加强过程性监管，减少前置性监管。

深圳已逐步建立适应创新发展需求的金融支持体系，形成风险投资到创业板完整的"创投资本链"，创业、创新、创投组成"铁三角"，实现了技术创新与金融创新的"双轮驱动"。政府致力于营造开放包容的创新创业环境，不断加大科技创新型政策供给，切实降低实体经济成本和创业门槛，加强知识产权保护，让创新活力竞相迸发。多元化的创新主体不断形成，"高精尖缺"创新人才加速集聚，为源头创新提供坚强有力的人才保障和智力支持。

目前，深圳积极推进综合性国家科学中心建设，从以技术创新见长逐渐转向注重基础研究。以更有力、更有效的政策举措加大基础研究、应用基础研究的投入力度，在5G、人工智能、网络空间科学与技术、生命信息与生物医药等领域高起点布局一批重大创新载体，为高质量发展增添原动力。同时，继续发挥深圳协同创新优势，从制约发展最关键、企业需求最迫切的领域着手，集中突破一批关键核心技术，着力提升产业竞争力。积极参与粤港澳大湾区国际科技创新中心建设，打造全球科技创新高地和新兴产业重要策源地。

3. 苏州：技术与市场同频共振

党的十八大以来，苏州主动适应经济发展新常态，全面加强国家创新型城市和苏南国家自主创新示范区建设，支持先进制造业重大项目实施、加强企业技术改造、淘汰低质低效产能、促进新产品产业化和自主品牌建设，在推动产业结构战略性调整和经济全面转型升级方面取得了积极进展。

苏州坚持技术和市场"同频共振"，以需求为导向推动前瞻性基础研究，突出前沿引领技术、颠覆性技术、关键共性技术、现代工程技术创新等。立足"专业化"，鼓励企业持续加大研发投入，提升自主创新能力。坚持"高端化"，围绕新一代信息技术、生物医药、人工智能等重点领域，支持领军企业牵头组建国家技术创新中心、国家企业技术中心等高能级平台，促进产学研合作。凸显"国际化"，推动创新型企业走向全球，打造高效国际协同创新网络。

以开放型经济见长的苏州，较早地融入全球产业布局，建立起门类齐全、基础雄厚的制造业体系。苏州致力于实现核心技术自主化，增强全产业链把控力和竞争力，打造先进制造业体系。围绕人工智能、先进制造、医学工程等重点产业，加强人才引进、技术攻关、产学研合作，促进互联网、大数据、云计算等现代信息技术与实体制造业不断融合，培育打造一批高水平科技产业园，推进产业集群式发展。以场景开放为牵引、以应用创新为突破口，苏州积极推进新技术融合应用。加快物联网、大数据及超级计算等发展，夯实万物智能互联底层硬件基础。重点推进智能制造领域试点应用，深化两化融合。推广应用社区信息模型平台和未来社区智慧服务平台，通过提升基础能力、硬件生态和服务生态，实现人、物、空间、场景的数字化连接。同时，政府积极优化创新生态，加大财政科技投入力度，出台全链条孵化政策，强化发展实效评估，为产业创新发展提供完善的体制机制保障。

当前，苏州抢抓长三角一体化发展深入推进的历史性机遇，大力集聚高端创新资源，努力实现动能转换，推动制造业高质量发展。政府充分发挥财政资金的引导作用，撬动金融资源向先进制造业、战略性新兴产业等领域倾斜。政策组合拳服务企业"全生命周期"，且科学的考评体系、包容审慎的监管措施，使得一大批创新型企业得以实现跨越发展。依托地理位置优势，苏州深度实施科技资源开放共享与协同发展行动计划，主导对接长三角 G60 科创走廊等平台，更高水平融入全球先进制造网络、全球科创城市网络，全力推动经济社会实现高质量发展。

（三）经验与启示

1. 科技创新与产业发展对接

创新并不只是技术创新的过程，还包括创新成果产业化的过程。在这个过程中，科技创新是基础，而科技创新转化为最终的现实生产力应用于产业发展上才是最关键的部分。产业发展的需求就是科技创新的方向，科技创新应该从现实和未来需求出发。

创新驱动发展战略下的制造业转型升级，关键是要防止创新驱动与制造业产业发展之间脱节。当前，合肥市正处于创新驱动发展的过渡期，很多科技创新仅仅是简单模仿和改进，创新基础不牢，不能转化为生产力。科技创新应与当地的产业发展对接。一是加速科技成果转化，加快技术创新与市场的对接，促进技术创新到产品成果的转化，打造产学研一体化的合作载体，促进研发机构、企业、高校多元化协同合作。二是推动中介服务发展，在创新成果开发到产业化的过程中，中介机构也扮演着重要的角色，要加强完善科技中介机构的体系与职能，充分发挥中介机构的桥梁作用。三是以市场需求为导向，开展前瞻技术开发，形成二者良性互动。以高新技术创新带动高端制造业集群化发展，促进产业结构升级与合理化，使社会资源得到最有效的配置，这样才能使科技创新与产业发展进入一个良性循环，最终促进地区经济的高质量发展。

2. 坚持市场主导加政府引导

政府是产业创新制度安排的决定者，起到引领和调控的作用。综观国内外创新驱动产业发展模式，其共同点都是各创新主体在政府引导和组织下协同创新发展，政府主要起到宏观调控作用，致力于提高产业创新管理和服务水平，促进创新成果和产业发展有机衔接。以企业为主体，充分发挥市场机制的作用，政府做好协调与支持，有助于充分激发企业创新活力，满足市场与社会需求，驱动产业快速实现转型升级。

合肥制造业应以市场化为导向来实施创新驱动发展战略，政府提供发展平台和政务服务。一方面，完善市场体系，促进经济发展。构建宽松市场准入规则和严密市场监督规则并存的现代市场体系。在地方权限范围内，有目的地放宽对民营企业经营或投资范围的审核批准，逐步提高营商便利化。对幼稚产业领域，政府应加强监管，促进资金、技术、人才等各类资源的充分涌流，帮助其逐渐提升竞争力。另一方面，加强政府引导。按照"项目本土化、资金多元化"的思想，广泛吸引国内外优质产业资本、金融资本进入合肥，充分调动风险投资、民间投资。立足本市，面向全国甚至全世界开辟各类创新要素流动的渠道，促进创新资源在更宽领域和更高层次上共享。同时，将合肥科技资源方面的优势与制造业产业基础相结合，通过搭建创新平台，形成产学研的有效结合，促进科技成果形成现实生产力。

3. 打造产业创新生态体系

体系完善、开放共享的成熟创新生产体系能够促进技术、人才、信息等创新资源充分涌动，也能够提高资源利用效率，释放创新主体活力。例如，有"中国硅谷"之称的深圳致力于打造"基础研究+技术攻关+成果产业化+科技金融"全过程的创新生态链，聚焦基础研究和重大创新载体建设助力产业创新能力提升，建设国际科技产业创新中心提升链接全球创新资源的能级。此外，还深入拓展深港科技创新合作，促进深港创新主体融合发展。

合肥要打造制造业产业创新生态体系，首先，完善新型基础设施建设，面向制造业高质量发展需要，提供数字转型、智能升级、融合创新等基础设施体系。以5G、工业互联网等信息基础设施集聚新型显示、集成电路、人工智能等战略性新兴产业，以智慧能源、智慧城市等融合基础设施培育云制造、共享制造、线上制造等新兴业态，以重大科技基础设施、科教基础设施、产业技术创新基础设施等催生量子信息、未来网络、离子医学等未来产业。其次，整合利用合肥科教资源优势，通过高校、科研机构、企业多元合作，形成以企业为主导的产学研协同创新体系。再次，串联创新链与产业链，精准对接资金链，强化人力资本的支撑作用，实现政策链对科技创新的全覆盖，促进创新链、产业链、资金链、人才链、政策链融合衔接，形成相互交织、相互支撑的立体创新体系。最后，加强开放合作，主动参与全球研发分工，构建开放式科技创新体系，在全球范围内积聚高端创新资源，打造国际科技创新合作生态圈。

4. 加强创新人才队伍建设

无论是发达国家还是国内先发地区，都十分重视创新人才的引进和培养。综观世界各国发展态势，创新驱动实质上是人才驱动，人才是创新的根基，也是创新的核心要素。创新驱动制造业转型发展，必须以人才引领创新，坚持从实际出发，根据重点产业、重点领域不同特点，精准实施重点人才计划和重大人才行动，促进人才有序流动和高效配置，加强人才队伍建设。

充分发挥合肥科教资源优势，集聚高端科技人才，增强科技创新原动力。首先，实施科教兴皖战略，培养引进符合制造业转型升级方向和创新需要的高层次人才、创新团队和产业紧缺人才。重视本土人才培养，政、企、研合作培养和储备专业型人才。不断优化人才发展环境，激发人才创新创业活力，为新时代制造业高质量发展提供源源不竭的人才支持和智力支撑。其次，优化高校专业设置、学科建设，打造创新人才培育基地。开展前瞻性基础研究，为科技源头创新奠定坚实基础。建立与市场应用相结合的人才培养体系，满足企业多元化用人需求。加强和完善职业技术教育，大力培养应用型专业人才。最后，鼓励科研人员将科技成果向企业转移、向产业转化，为科研人员知识价值实现提供完备的保障。推进高校与科技园区的产学研合作走向深入，提高创新推动创业、知识价值实现的实际效果。

三、创新驱动合肥制造业高端化转型的重点领域和路径

（一）创新赋能产业

1. 总体思路

将科技注入产业，依靠核心竞争优势环节的经营和新技术研发，实现产品快速更新迭代。围绕整个产业链，以龙头企业为主导，以项目建设为支撑，向产业链两端环节延伸，打造良好的产业生态。基于汽车、家电、装备制造等现有产业基础，发挥5G、人工智能等赋能效应，推进技术工艺革新、信息技术融合和制造模式创新，促进智能生产线和智能工厂建设，对典型应用场景整体化升级改造，积极推广柔性制造、云制造、共享制造、远程运维服务等智能制造新模式。

2. 重点领域

①工业机器人。加快本地化供应链体系建设，助推企业固链强链稳产增产。通过加强整机、零部件与系统集成的协同发展，补齐产业链短板。积极打造行业领军企业，推动重点领域智慧转型，有效拓展工业机器人应用市场，强化示范推广。通过不断调整现有存量，增加有效投入，推动机器人产业做大做强，促进产业发展迈向高端化。②智慧家电。利用智能机器人、现实增强、工业物联网、大数据分析等技术对家电产品生产过程实行智能管控和实时回馈，打造智慧工厂和数字化车间。在夯实传统家电产品的基础上，进一步促进高端家电制造业与服务业的融合，推动智能、绿色家电产品的研发、生产和销售。以个性化定制与规模化生产协同为目标，鼓励企业推出智慧家居私人定制、共享家居等服务，实现大规模制造向大规模定制的转型。③新能源汽车。以"电动化、智能化、轻量化、共享化"为方向，持续推进电池、电机、电控等关键核心零部件技术升级、成本降低，不断壮大产业体系，提前布局氢燃料汽车和智慧物联网汽车。以项目为抓手，招商引

资布局新能源汽车生产企业,积极引进国内外著名品牌及产业链上重要配套关联企业落户。加强充电桩设施建设,改善新能源汽车应用环境,打造更具竞争力的未来大型移动终端。④高端医疗器械。瞄准产业重点、聚焦关键环节,扶持龙头企业开展技术创新、业务拓展和优化重组,提高产业集中度。通过组建产业联盟组织扩大优势,打造龙头企业带动产业链发展。以合肥离子医学中心等在建、续建项目为基础,加大高端创新项目招引,增强内生发展动力。推进产业创新共享信息化平台建设,通过开展产研医对接、投资对接、技术对接实现产业跨越式发展。⑤光伏及新能源。依托中科院合肥物质科学研究院、教育部光伏系统工程研究中心、中科大先进技术研究院、可再生能源电能变换技术国家地方联合工程研究中心、智能能源创新平台等科研及创新服务平台,积极开展光伏新能源技术研发与产品创新,重点发展光伏电池片、组件、逆变器及储能产品、光伏生产设备、辅材制造等产业,完善产业横向配套,打造高端光伏产品产业体系。

(二)应用驱动产业

1. 总体思路

针对市场指向强、应用领域广、技术难度大的产业,政府通过招商引资和推动创新的方式,对高频使用场景、需求紧迫区域优先建设、优先布局,继而带动周边地区电商物流、柔性制造、数据处理、智能制造等关联产业发展。立足合肥实际,以应用为牵引,做大做强新型显示、集成电路、人工智能等高端优势产业,培育形成若干世界级产业集群。利用5G、云计算、虚拟现实、工业互联网等新兴技术,加速千行百业数字化,丰富应用场景,催生市场需求,实现制造业多元业态联动发展的格局。

2. 重点领域

①新型显示。坚持创新引领、龙头带动、配套提升、集聚发展,强化以企业为主体的自主创新体系建设,着力突破新型显示材料、器件、设备等关键核心技术。聚焦上游关键配套环节,大力推进核心项目建设,着力培育产业生态。积极向下游终端延伸,加大新产品开发力度,加快前瞻性技术布局,以尖端科技抢占产业制高点。同时,将新型显示与智能网联、5G、工业互联网、大数据、云计算等数字产业相融合,积极布局车载显示、手机显示、虚拟现实等新兴应用,以行业融合应用促进新型显示产业发展。②集成电路。借助5G、物联网等先进终端应用,加快推进高速大容量存储芯片、晶合显示驱动芯片等重大项目建设,支持企业技术创新和产品迭代升级。促进产业链上下游协作配套,支持设计企业与整机应用企业协同发展,促进化合物半导体、智慧传感器、新型存储等新兴领域创新发展。加强芯片设计与制造关联度,形成芯片设计企业与汽车、家电等整机应用企业联动发展的机制。以终端市场应用为牵引,搭建集成电路企业与产业终端的对接平台,加速科技创新落地应用,带动合肥集成电路产业高速发展。③智能语音和人工智能。紧抓人工智能技术和应用爆发式增长的重大机遇,积极布局新一代人工智能生态体系建设,巩固先发优势。做大做强人工智能基础产业,向类脑智慧、移动互联网等领域延伸,发展便捷高效的智慧服务和社会智能治理等配套产品。开展前瞻性技术研究,积极布局量子保密通信、类脑智慧等未来产业。深化基础研究,催生更多的惠民应用,推动

产业融合发展。在智能制造、教育、大健康、公共安全、社会治理等领域，深化拓展智能化场景应用。

（三）科技催生产业

1. 总体思路

依托大科学装置、颠覆性技术的发展，推动新技术集成应用。以顺应需求和创造需求为着力点，加强应用场景的塑造与挖掘，引领和创造新的制造业态。聚焦量子信息、类脑智能、基因医药等前沿领域，统筹布局一批重大科技基础设施和科技成果转化平台，围绕大科学装置形成与技术突破、产业应用需求有效衔接的组织机制和嫁接平台。集聚创新力量，梳理"卡脖子"技术清单并聚焦主攻方向，实现颠覆性创新的"变道换向"。积极主动配置产业发展方向，打造高能级未来产业发展生态。

2. 重点领域

①量子信息。依托量子信息国家实验室建设，围绕"量子通信与量子计算机"等重大项目，在全球范围内集聚技术、资金、人才等创新资源，通过柔性流动、聚合裂变形成一大批原始创新成果。搭建科技成果转化平台，将科技资源与企业技术需求精准匹配，孵化培育若干量子领域龙头企业，引导更多量子技术科技成果有效转化，源源不断释放出高质量发展新动能。②类脑智能。围绕脑成像与分析、类脑智能技术和类脑芯片等技术积极展开探索，为构筑全球人工智能战略高地提供技术活水源头和产业固实基底。联合类脑智能国家工程实验室和中科类脑公司，建立智慧技术和智慧产业的创新环境平台，形成科学研究、创新创业、产业升级的良性循环。将实验室作为重要支点，助推合肥高新区打造全国类脑智慧产业发展先行区和智慧产业高地。③精准医疗和生物医药。推进合肥大基因中心项目建设，充分联结全球创新资源，整合优质高校、科研院所、医院及企业资源，瞄准基因检测、抗体药物研制、基因治疗和细胞治疗等方向开展基础研究、技术攻关和成果转化，加速形成产业共性服务平台、智能诊疗生态系统等高端业态。

四、创新驱动合肥制造业转型升级的对策建议

（一）围绕"三就地"，促进科技成果转化

1. 加快技术熟化，推动就地交易

引导本地企业和社会力量加大产业化前期的研发和孵化投入、参与科技研发的全过程，从源头提高研发针对性。支持高等院校、科研机构设立概念验证中心，为实验阶段的科技成果提供技术概念验证和评估等服务。支持龙头企业和开发区建设专业性和综合性小试中试基地，开展实验室成果开发和优化、投产前试验或者试生产服务，以市场为导向，实现科技成果与企业需求的有效链接。

2. 加快产品开发，推动就地转化

加快推进安徽科技大市场和科技成果转移转化基地建设，推动市县联动、线上线下一体化运营。支持大科学装置"沿途下蛋"、挖掘大科学装置成果就地转化潜力。鼓励本地

龙头企业和小巨人企业牵头承接产品开发。加强与长三角创新资源的协同配合，积极吸引长三角与合肥优势产业匹配的成果来合肥转化落地，对于企业购买高等院校、科研机构的科技成果在合肥就地转化的给予支持和奖励。

3. 加快场景建设，推动就地应用

重点围绕智能交通、智慧医疗、城市管理、政务服务、线上教育、产业升级等领域，定期梳理发布本市应用场景，组织实施应用场景与应用示范项目，加快成果示范推广。创新产品政府采购机制，放宽使用国有资金采购创新产品和服务招投标限制。

（二）突出金融支撑，推动科技金融融合

1. 构建多层次资本市场

完善服务创新驱动发展的多元化融资渠道，建立从种子轮、天使轮到上市的完整资本扶持体系，拓展保险资金投资创投基金、区域性股权市场、创业板市场、政策性银行的扶持信贷等支持。以多层次资本生态圈为纽带，畅通资本和科技的对接通道，打造覆盖企业全生命周期的"基金丛林"。

2. 优化投融资市场机制

建立符合创新驱动发展要求的高效投融资机制。突破信贷资金风险与创新企业风险不匹配的难点，针对初创期企业设立创新贷、青创资金、天使投、政保贷、信用贷等，并采用直接金融的方式来支持。对于成长、成熟期的企业，采用间接金融的方式即银行融资予以支持。加强信用违约、资金链断裂等金融风险防范。

3. 加强科技金融服务

建立新型科技金融服务体系。鼓励拓展知识产权抵押、股权质押、债券融资、信用担保等业务范围，创新推出声谷贷、雏鹰贷、瞪羚贷等新金融产品。搭建金融服务创新驱动的平台与体系，打造涵盖天使投资、孵化器、加速器、众创空间、路演中心的一站式科技金融服务基地，实现金融与科技、投客和创客共生发展。推动"互联网+"科技金融发展，积极发挥融资担保增信功能。

（三）政策精准发力，加大财税政策支持

1. 优化财政科技投入结构

加大对基础性科学创新研究的稳定支持，管好、用活财政科技资金。建设财政科技投入信息管理平台，加快实施资金数据实时共享和高效监管，增强财政科技资金配套使用的实效。

2. 实施鼓励创新的财税激励政策

完善政府财税优惠的政策体系，分阶段调整财税激励政策的申报门槛，逐步放宽限制条件。在实行财政补贴、税收抵免的基础上，加大政府采购对高技术企业的支持力度。借助税收大数据和第三方大数据，让税收优惠政策"精准定位"企业，精准施策、助企纾困。

3. 建立财税政策执行跟踪问效机制

进一步完善各级政府财政科技资金监管机制，加强财政资金使用管理，切实提高资金

使用效益。逐步建立科技成果专项项目的阶段性评估机制，加速科技成果向科技应用转化。加大财政资金预算执行力度、专项资金使用绩效审查力度，及时发现问题并整改完善。

（四）引进培育并举，集聚创新人才力量

1. 强化高端人才引进

深入实施高端人才引进计划，优化"产业紧缺人才引进计划"等人才项目工作流程，提高政策落地效率。利用中科大、合工大、中科院等校友资源，鼓励第三方机构精准引才，拓展人才引进渠道。促进能够适应产业结构调整和技术进步需求的各类蓝领人才的开发和引进，满足经济社会快速发展对技能人才的需求。

2. 重视市地人才培养

坚持"科教兴皖"，积极营造尊重知识、尊重人才的社会氛围，加快对本地人才的培养。建立适应数字经济发展的新知识体系，突出产才融合、多元育才和项目用才导向，推行科教融合、产教融合、校企合作、工学一体的培养模式。夯实高校毕业生等基础性人才储备，促进人力资源之间形成良性互补互动，弥补区域发展的人才短板。

3. 提高配套服务水平

优化创新创业环境，促进技能人才评价政策与专业技术评价相衔接。进一步加大人才安居保障力度，切实解决人才住房、医疗、配偶就业、子女入学等政策落实和服务工作，保证人才既能引进来，又能留得住。打造人力资本和人口红利竞争高地。

（五）紧扣国家战略，深化区域分工合作

1. 全面等高对接长三角

立足合肥制造业发展优势，全面对接长三角一体化国家发展战略。聚焦智能家电、新能源汽车、集成电路、新型显示、智能语音等优势领域，构建全方位多层次的跨区域合作交流平台，加强产业合作对接。高位推进 G60 科创长廊建设，加强科技创新联合攻关，协同推进科技成果转移转化，形成相互促进、梯度有序的区域产业链协同创新体系。

2. 营造良好营商环境

营造稳定、公平、透明、可预期的营商环境，完善法治化营商环境制度框架。继续简政放权，围绕优化市场秩序、提高政务服务、规范监管执法等关键问题，明确基本操作规范。加强知识产权保护，营造宽松、公平的创新创业氛围。推进政府治理能力和治理体系现代化，营造高效透明、诚信法治的政务环境。

3. 招商与"哺育"并重

紧抓安徽自贸试验区建设机遇，实施高精尖技术领域实体和科研机构引进计划，深化国际科技交流合作。梳理培育本土发展速度快、创新能力强、经济效益好的企业，完善要素保障、研发补助、市场开拓、税收扶持等各项政策。发挥龙头企业溢出效应，带动本土配套企业发展。

表2 2011~2019 年合肥市制造业细分行业结构变动状况 单位:%

产业名称	2011 年		2013 年		2016 年		2019 年		比例变动
	比重	排序	比重	排序	比重	排序	比重	排序	
农副食品加工业	4.5	10	4.2	10	3.2	10	1.7	10	-2.8
食品制造业	0.7	18	0.7	19	0.6	18	0.6	14	-0.1
酒、饮料和精制茶制造业	0.8	16	0.7	18	0.7	16	0.2	23	-0.5
烟草制品业	1.1	14	1.2	14	0.9	15	0.7	13	-0.4
纺织业	1.0	15	0.8	16	0.6	19	0.3	21	-0.7
家具制造业	0.5	21	0.6	21	0.7	17	0.6	15	0.1
造纸和纸制品业	0.5	20	0.3	22	0.4	22	0.3	22	-0.2
印刷和记录媒介复制业	1.2	13	1.4	12	1.2	13	0.6	16	-0.6
文教、工美、体育和娱乐用品制造业	0.1	24	0.2	24	0.2	24	0.1	24	0.0
化学原料和化学制品制造业	5.6	6	5.6	5	5.2	5	4.0	5	-1.6
医药制造业	0.8	17	1.0	15	1.0	14	1.2	11	0.4
化学纤维制造业	1.5	12	1.4	13	1.4	12	1.0	12	-0.5
橡胶和塑料制品业	5.5	7	4.4	9	4.4	7	3.1	9	-2.4
非金属矿物制品业	4.7	8	4.5	8	3.5	9	3.4	8	-1.3
黑色金属冶炼和压延加工业	2.1	11	3.1	11	2.0	11	0.6	17	-1.5
有色金属冶炼和压延加工业	0.5	22	0.6	20	0.5	20	0.4	20	-0.1
金属制品业	4.5	9	5.2	6	4.5	6	3.7	7	-0.8
通用设备制造业	7.6	4	6.9	4	5.3	4	4.6	4	-3.0
专用设备制造业	6.6	5	5.1	7	3.9	8	3.9	6	-2.7
交通运输设备制造业	9	3	10.3	3	10.1	3	8.3	3	-0.7
电气机械及器材制造业	17.1	1	17.2	1	18.0	2	16.6	2	-0.5
计算机、通信和其他电子设备制造业	11.4	2	13.1	2	20.8	1	32.4	1	21.1
仪器仪表制造业	0.6	19	0.7	17	0.5	21	0.5	18	-0.1
其他制造业	0.4	23	0.3	23	0.4	23	0.4	19	0.0

资料来源：历年《合肥统计年鉴》。

（主笔人：孟静 王玉燕）

第 二 篇

重点课题研究报告

▶ 一体化背景下合肥旅游业与长三角其他城市协同发展研究
▶ 培育壮大合肥县域特色产业集群研究
▶ 合肥绿色农产品供应体系研究
▶ 合肥市消费趋势研究

一体化背景下合肥旅游业与长三角其他城市协同发展研究

安徽大学创新发展研究院课题组

本课题从城市这一微观地理单元出发，重点探讨合肥市旅游业在长三角一体化战略背景下的机遇和挑战。通过经典案例梳理、量化模型实证、专家访谈与实地调研等方法明晰现阶段合肥市旅游业面临的关键问题以及和长三角其他城市的发展差距，进而提出科学性、创新性、前瞻性的有效对策。

一、研究背景与意义

（一）抓住长三角一体化战略机遇，促进区域旅游业高质量发展

2018 年长三角一体化被上升为国家战略，2019 年中共中央、国务院印发的《长江三角洲区域一体化发展规划纲要》明确指出长三角应构建现代化经济体系，推进更高层次的对外开放引领全国经济的高质量发展。习近平主席在扎实推进长三角一体化发展座谈会中指出一体化和高质量是长三角发展的关键词，各地应聚焦区域经济的高质量发展，提升城市发展质量。旅游业作为现代服务业中的重要组成部分，业态更新速度较快、产业关联度较广，可以有效带动大众创新创业，实现多产业交叉融合现代化经济体系的建立。入境旅游业在带来旅游外汇的同时，也为外国游客了解旅游目的地的政治、社会、文化打开了窗口，这是一地推进高水平对外开放的重要产业。旅游业凭借自身生产过程环保可控等特点，可以将生态优势转化为经济效益，是践行"绿水青山就是金山银山"的先导产业，在优化产业结构、深化对外开放、推动绿色发展方面能够发挥重要作用。总而言之，旅游业是合肥市实现经济高质量发展的重要抓手。

（二）加速旅游业态升级，提升游客游览体验

尽管"十三五"期间合肥市旅游业取得了显著成绩，但与长三角旅游业先发城市相比仍然存在较大差距。传统的观光游业态无法为旅游目的地带来较大的经济效益，游客"走马观花"的旅游形式和"穷游"思维无法为旅游供应商带来业态创新的动力，旅游产品供给受限，导致游客体验较差，极大限制了目的地旅游业态的升级迭代。只有优化旅游环境，对旅游产品和服务推陈出新，刺激游客旅游购物、休闲娱乐等新兴消费业态的增

长，才能活跃旅游市场的创新氛围，增强合肥对游客的吸引力。由图 1 可知，2019 年尽管合肥市旅游购物费占比为 42%，但是交通费、住宿费、餐饮费等旅游刚性消费总比例超过了 50%，远远高于旅游购物费，说明大部分来合肥游客旅游消费缺乏弹性，也从侧面反映了当前合肥市旅游业仍然处于粗放发展阶段，缺少知名的旅游景点和旅游服务品牌，大部分传统的旅游业态无法对游客消费产生有效的拉动作用，亟须创新旅游业态提升游览体验。

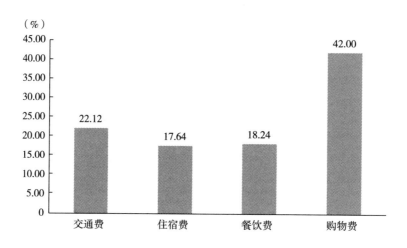

图 1　2019 年合肥市国内旅游消费结构

（三）扩大合肥旅游业全球影响力，共建世界知名旅游目的地

共建世界知名旅游目的地是长三角旅游一体化的重要内容，长三角对外贸易发达，国际往来频繁，具有悠久的对外交往的传统和历史。长三角临海沿江、拥山抱湖，拥有众多河流、名湖、名山、名城等特色旅游资源和历史人文古迹，具备成为高品质休闲度假旅游区和世界闻名的东方度假胜地的基础条件。相较于上海国际大都市和南京、杭州等发达城市，合肥地处内陆，对外开放水平相对较低，导致入境游发展缓慢，缺乏一批具有世界影响力的旅游资源和满足境外游客需求的旅游业态。由图 2 可知，2018 年在长三角主要城市中，合肥市的入境旅游人数仅为 42.11 万人次，旅游外汇收入约为 3.12 亿美元，略低于无锡市和南京市，在 7 个城市中居于末位，与上海、杭州、苏州等差距更为明显。可见，提升合肥市旅游业国际化水平势在必行。

（四）整合省内旅游资源，强化合肥市旅游业门户枢纽地位

合肥市作为省会城市，是全省旅游业南北联动的中心区域，是全省旅游集散中心和旅游业创新创业的示范区域。合肥市东迎沪苏浙的长三角大客流，西邻大别山旅游腹地，南接皖南国际旅游文化示范区，能够利用自身的行政力量和区位优势充分整合自身及周边的优质旅游资源，突破行政区划界限，加强省内旅游板块开放融合。合肥市是安徽省旅游业的"发展重地"，2019 年合肥市国内旅游收入和国内旅游人次分别占全省的 24.56% 和

17.79%，远远超过了省内其他城市，旅游业首位度不断增强，决定了全省旅游业的发展趋势。只有强化合肥市全省旅游业的门户枢纽功能，才能形成安徽省和沪苏浙地区旅游业同频共振、协同发展的大格局。

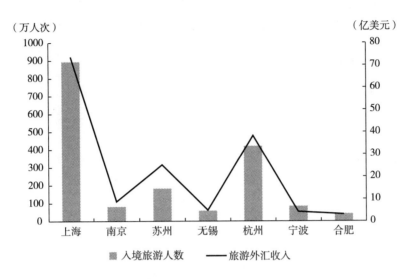

图 2 2018 年长三角主要城市入境旅游业发展情况

（五）推动旅游供给侧改革，增强旅游业有效供给

以往旅游业过度追求游客规模的粗放式发展，忽视了对游客个性需求的挖掘，导致景区服务滞后、管理效率低下、设施配套不足，制约了自身的健康发展。合肥市应利用长三角一体化机遇，向长三角旅游业先发城市主动学习旅游业供给侧改革的先进理念和举措，提升自身旅游业有效供给能力。不断强化与长三角其他城市的旅游政策协同，着力在要素供给、产品供给、制度供给等领域取得突破，促使合肥市旅游业实现跨越式发展。

二、趋势研判与问题剖析

（一）把脉趋势：合肥市旅游业深度融入长三角的新形势与新任务

1. 把握新趋势

跨区域旅游业协调发展是全域旅游的客观要求。全域旅游是旅游业未来发展的大势所趋。全域旅游需要各行业的深度合作，各部门的齐抓共管，全城居民共同参与，充分利用目的地所有旅游要素，为游客提供全过程、全时空的旅游产品与服务，满足游客的全方位需求。全域旅游目的地不能局限于某一个行政地理单元，应该用开放性和包容性的姿态携手周边地区服务游客。为了成功践行全域旅游，开展跨区域旅游合作，整合毗邻区域的旅游资源要素，拓展更大范围的市场空间势在必行。长三角一体化国家战略的实施，长三角区域合作办公室的组建，长三角旅游合作联席会议的召开，逐渐打破了不同城市间的行政壁垒，形成了长三角旅游一体化发展的合力，有力促进了长三角旅游业的跨区域合作和全域旅游的发展。这为合肥市与长三角其他城市在旅游业方面展开全方位的对接与合作，实现与省内外其他城市的协作共赢提供了战略机遇。

2. 塑造新样板

为区域旅游业协调发展提供可示范、可复制的样本。党的十九大以来，以京津冀、粤港澳大湾区等为代表的区域一体化建设如火如荼，两大区域的旅游一体化建设也取得了较大成效。京津冀旅游业发展协调机制议事规则的制定、粤港澳大湾区共同旅游市场的探索，都对两大区域旅游一体化的发展做出了巨大贡献。在众多产业中，旅游业是最能够拉动区域联动、推动公共服务衔接、促进生态可持续发展的产业。促使旅游业成为长三角协同发展的先行产业已是必然。合肥市应在旅游一体化各方面与长三角其他城市统筹发展，为省内其他城市旅游业深度融入长三角提供可参照、可模仿、可操作的制度蓝本和实践案例，形成规划一张图、建设一盘棋的发展思路，参与构建区域旅游业协调发展的"长三角模式"。

3. 定义新角色

与长三角其他城市共建世界知名旅游目的地。《长江三角洲区域一体化发展规划纲要》提出了长三角各省市通过深化旅游合作，统筹利用旅游资源，推动旅游市场和服务一体化发展等途径，共建世界知名旅游目的地的目标。长三角滨江临海，地理位置优越，拥有悠久的对外交流传统，是我国对外开放程度较高、对外贸易发达的地区之一。目前长三角形成了以上海市为核心，以南京、杭州、苏州、宁波、无锡等旅游发达城市为辅助的圈层式旅游目的地体系，其中上海迪士尼度假区、上海旅游节以及南京、杭州、苏州等地的人文旅游资源具有一定的国际影响力。合肥市应与长三角其他城市联合开展对外宣传活动，共同打造闻名世界、享誉全球的东方度假胜地，以此提升自身的国际化水平。

4. 树立新目标

依托旅游业繁荣假日经济和夜间经济。作为新一轮消费增长新动能，假日经济与夜间经济发展已成为调和人们日益增长的休闲需求与休闲产业发展不平衡不充分之间矛盾的重要抓手。做活假日经济、点亮夜间经济成为新常态下拉动内需、增加消费、推进文旅经济转型升级的重要内容。国务院办公厅印发的《关于进一步激发文化和旅游消费潜力的意见》明确提出应发展假日经济和夜间经济，推动落实带薪休假制度，优化节假日旅游交通服务，大力发展夜间文旅经济，建设一批国家级夜间文旅消费集聚区。合肥市应将旅游业培育为繁荣假日经济和夜间经济的重要产业，促进旅游消费扩容提质。尤其是在新冠肺炎疫情过后，更应注重旅游业对消费的带动作用，深挖假日消费和夜间消费潜力，多措并举提振旅游消费，促进实物消费和服务消费回补。

（二）摸清现实：合肥市旅游业的基本现状及发展难题

1. 基市现状

2019 年合肥市入境旅游人数 34.73 万人次，国内旅游人数 14606.23 万人次，旅游总收入 2054.27 亿元，旅行社企业数 361 家，星级酒店 52 家。旅游资源是旅游业发展的先决条件。表 1 为 2020 年合肥市 A 级旅游景区的分布情况，由于 A 级景区是由国家旅游景区质量等级评定委员会授权省文旅局，依照《旅游景区质量等级的划分与评定》国家标准进行评审决定的，可以较好地反映旅游资源的品质，且具有较强的市场知名度，因此选取合肥市 A 级旅游景区评估合肥市旅游资源现状。2020 年合肥市 A 级景区一共 56 家，5A 级景区 1 家，4A 级景区 24 家，3A 级景区 25 家，2A 级景区 6 家。包河区和蜀山区分别各拥有 4 家 A 级景区，高新区和经开区各 1 家，市区景点较少，巢湖市和四县景区较多。从类型来看，合肥市 A 级景区涵盖了自然、人文、乡村、休闲、历史等多种类型，形成了较为完整的旅游资源体系。

表 1　2020 年合肥市 A 级旅游景区名录

县区	景区名称	等级	县区	景区名称	等级
肥西县	三河古镇	5	蜀山区	合肥植物园	4
高新区	合肥野生动物园	4	长丰县	中国（合肥）非物质文化遗产园	4
包河区	合肥包公园	4	巢湖市	紫薇洞景区	4
经开区	安徽徽园	4	肥西县	肥西老母鸡家园	4
庐阳区	安徽博物院	4	庐江县	冶父山森林公园	4
长丰县	元一双凤湖国际旅游度假区	4	巢湖市	中国半汤郁金香高地景区	4
肥西县	紫蓬山国家森林公园	4	包河区	合肥滨湖国家森林公园	4
庐阳区	合肥三国遗址公园	4	巢湖市	巢湖姥山岛景区	4
肥东县	岱山湖旅游度假区	4	肥西县	官亭林海	4
庐阳区	李鸿章故居陈列馆	4	肥东县	长临古街景区	4
庐阳区	三十岗乡生态农业旅游区	4	肥西县	铭传故里景区	4
庐江县	金孔雀温泉度假村	4	长丰县	伊利集团合肥工业园	3
包河区	大圩生态旅游景区	4	肥西县	小井庄	3
肥东县	渡江战役总前委旧址纪念馆	4	蜀山区	大蜀山文化陵园	3
巢湖市	巢父生态园	3	巢湖市	洪家疃古村落	3
巢湖市	银屏山景区	3	包河区	罍街	3
肥西县	小团山香草农庄	3	蜀山区	刘园·古徽州文化园	3
蜀山区	1912 街区	3	庐江县	庐江名人馆	3
庐阳区	淮河路步行街	3	庐江县	天鸣花海景区	3
庐江县	周瑜文化园	3	长丰县	合肥杜集鸟岛景区	3
庐江县	中国稻米博物馆	3	巢湖市	冯玉祥旧居	3
肥西县	金三合农业科技示范观光园	3	长丰县	荣事达"双创"基地景区	3
巢湖市	李克农故居	3	肥西县	三岗乡村旅游景区	2
巢湖市	巢湖市博物馆	3	肥西县	堰湾山庄	2
巢湖市	东庵森林公园	3	肥西县	白马山休闲度假区	2
庐江县	虎洞生态旅游区	3	肥西县	鱼峰山庄	2
庐江县	果树老街	3	巢湖市	鼓山景区	2
肥东县	牌坊民族特色村寨	3	巢湖市	巢湖艺术馆	2

（1）政府间合作平台日益丰富。长三角地区各类联席会议的举办为各地政府搭建了合作平台。从1992年举办至今的长江三角洲城市经济协调会开启了长三角官方合作的序幕，该会议在1999年和2001年专门以旅游业为主题办会，从此旅游业的区域合作成了会议的重要内容。合肥市在2013年正式成为长江三角洲城市经济协调会的会员，并在2013年成功举办会议，省会城市的积极参与不但扩大了自身的影响力，也有力带动了省内其他城市与长三角地区的深度合作。从2011年开始举办的长三角地区旅游合作联席会议是专门针对长三角旅游一体化发展的政府间合作会议，合肥市在2011年11月成为举办该会议的第二个城市，在长三角旅游一体化进程中扮演了重要角色。长三角地区旅游合作联席会议在长三角旅游总体规划、共拓市场、共建品牌、共享资源等方面均取得了显著成效。除此之外，2020年长三角文化和旅游联盟联席会议就统筹推进疫情防控和文旅发展做出了详细的部署。各类合作会议的举行丰富了长三角政府在旅游领域的合作平台，有力推动了长三角旅游一体化的进程。

（2）区域旅游联合营销取得初步成效。长三角各级政府和旅游企业一直积极致力于区域旅游联合营销，《苏杭旅游合作框架协议》、《苏浙沪旅游手册》、《苏浙沪旅游交通图》、长三角旅游护照等都是联合促销的有效举措。各地也在不断创新合作方式，例如安徽在上海成立了旅游长三角深度营销中心，是安徽省在深化长三角区域合作上迈出的重要一步。近年来，安徽省和沪、苏、浙三地致力于开发区域旅游线路，陆续推出了"世博主题""茶香文化""心醉夜色""岁月余味"等旅游线路，取得了良好的市场口碑。就合肥市而言，对外旅游推介也成为全市旅游工作的重点，2019年合肥"美丽合肥　养人之城"旅游推介会在上海举办，将本地的精品文旅资源推向上海市场。同年该主题的合肥都市圈文旅推介会在芜湖举办，强化了合肥都市圈各城市的旅游互动。疫情之后，长三角部分旅游目的地城市加强了在合肥市场宣传，如湖州、温州等地在2020年7月集中在合肥开展旅游推介活动，有力促进了各地旅游业的交流与合作，加速了旅游市场复苏的步伐。

（3）企业和行业合作组织蓬勃发展。长三角旅游企业主动形成了一些区域行业自组织，有力推动了长三角旅游一体化进程。2016年1月，在上海铁路局和沪、苏、浙、皖三省一市旅游局支持下，中国（长三角）高铁旅游联盟在浙江丽水成立，着力培育"高铁+自驾游""高铁+公共交通"和"高铁+电动汽车分时租赁"等旅游新业态，充分挖掘了高铁的整合功能和服务功能，为长三角旅游业带来了"高铁红利"。同年，来自浙江、安徽、江苏、上海、江西的近100个旅游局、旅游景区、旅行社在浙江横店共同成立"泛长三角旅游景区联盟"，借此平台整合旅游资源，实现多方共赢。行业自组织的产生促进了长三角各地区旅游业的抱团发展，掀起了区域旅游合作的高潮。

（4）旅游项目投资持续增长。2019年合肥市旅游项目投资呈现出投资规模壮大、项目落地区域扩张、投资主体多元化等特征。2019年上半年合肥市在建旅游项目28个，总投资额约为312亿元，累计完成34.7亿元，其中16个项目入选省级旅游项目库，12个项目入选市级旅游项目库。县区是合肥市新增旅游项目的重点地区，合肥市三县、庐江县、巢湖市、包河区等地都迎来了旅游项目建设的高潮，反映了合肥市旅游业向周边地区蔓延的趋势，旅游项目投资的增长在夯实县区旅游业发展基础的同时，也促进了全市旅游业整体实力的提高。此外，本市旅游项目投资主体日趋多元，安徽旅游集团、祥源集团、中铁等大型企业持续追加在肥投资，民营企业的旅游项目投资增幅也较为明显，投资额约为103.9亿元，占总投资的比重为33%。

（5）旅游公共服务品质显著提升。旅游监管服务平台的应用、旅游信用体系建设、文明旅游和 A 级旅游景区质量管理、研学旅行基地服务规范等工作有力促进了合肥市旅游公共服务品质的提高。在市场监管方面，旅游协调执法力度进一步增强，旅游市场监管部门分批次开展了不合理低价游、零团费、强制购物等专项整治活动，并对违规操作的旅游企业进行限期整改。在信用体系建设方面，强化文明旅游宣传，开展旅游志愿活动，完成了旅游城市文明创建工作，及时公布旅游企业违法经营和失信行为。在旅游安全方面，严格落实旅游生产安全责任制，定期开展旅游包车安全自查自纠活动，合肥市在 2011～2017 年连续 7 年取得了全省旅游安全生产优秀单位的荣誉称号。在人才培养方面，持续举办"合肥旅游大讲堂"，4000 余名导游参加了培训，提升了自身的专业技能。种种举措提升了合肥市旅游公共服务的品质，缩小了本市旅游公共服务和长三角先发城市的差距。

2. 存在问题

（1）一体化推进主体模糊和缺失，体制机制建设纵深不足。目前合肥市和长三角其他城市旅游业合作尚局限在联席会议和政策文件等形式，不同地区文旅行政管理部门的交流、沟通较少，尚未形成高效的、具有高度执行力的合作机制。长三角地区并未建立统筹各城市旅游业发展的权威性机构。旅游行业管理涉及多领域、多部门，旅游部门"小马拉大车"的管理现状制约了长三角旅游业的协调发展。行政壁垒的存在、管理边界模糊、企业反应不积极等因素导致决策层、协调层的精神和部署无法得到有效落实。

（2）旅游业发展阶段不一致，合作目标及合作领域不匹配。长三角旅游先行城市在旅游发展理念、基础设施建设、公共服务配套等方面均处于前列，难以兼顾其他城市旅游发展目标。上海早已提出建设世界著名旅游城市的目标，"十三五"期间南京提出了要成为国际重要旅游目的地，杭州提出了要成为国际重要的旅游休闲中心，而合肥市主要聚焦建设成为长三角旅游中心城市。这反映了合肥市旅游产业基础薄弱，国际化程度较低的客观事实，合肥市如何克服认知、政策、市场等方面的障碍，在旅游业各项领域与先行城市实现有效合作，仍然需要实践性突破。

（3）旅游资源禀赋薄弱，与旅游目的地城市存在较大差距。与长三角传统旅游目的地城市相比，合肥市旅游资源禀赋较差，竞争优势不足。合肥市旅游资源短板主要体现在以下几方面：一是高品质旅游资源数量少，截至 2019 年，合肥市 5A 级旅游景区、全国重点文物保护单位、中国国家森林公园、全国重点烈士纪念建筑物保护单位一共 9 处，其中全国重点文物保护单位仅有 2 处（分别为渡江战役总前委旧址、银山智人遗址），数量远远落后于其他城市；二是旅游项目建设起点低，大部分城郊旅游景点只能满足本地市民的日常休闲，对于外地游客吸引力较弱；三是城市旅游缺乏品牌和"帽子"，目前合肥市尚不属于国家历史文化名城，缺乏响亮的城市旅游名片，市场影响力有限；四是旅游资源开发起步较晚，以三河古镇为例，其在 2015 年才成为合肥市唯一的国家5A 级旅游景区，加上沪苏浙地区同质化的古镇旅游产品，发展道路困难重重。薄弱的旅游资源禀赋是合肥市旅游业发展缓慢的直接原因，是合肥市成为成熟旅游目的地城市的一大障碍。

表2 长三角主要城市旅游资源数量（截至2019年）

旅游资源类别	上海	南京	无锡	苏州	杭州	宁波	合肥	黄山
国家5A级旅游景区	3	2	3	6	3	1	1	3
全国重点文物保护单位	20	26	12	20	21	19	2	14
中国国家森林公园	4	5	2	4	9	4	5	3
全国重点烈士纪念建筑物保护单位	2	0	0	0	1	1	1	0
是否为国家历史文化名城	是	是	是	是	是	否	否	是
是否拥有世界遗产	否	否	否	是	是	否	否	是

（4）旅游产业地位较低，政策支持力度有限。合肥市产业发展重点一直在工业制造业和高新技术产业，重点产业往往是决策层的关注焦点，也是政策扶持的主要对象，这在一定程度上削弱了旅游业的产业地位，挤出了旅游业的政策资源。尽管近年来合肥旅游业综合实力突飞猛进（2018年中国旅游城市排行榜第18名），接待游客数和旅游业总收入均出现了明显增长，但是旅游业对国民经济的贡献度仍然偏低，对相关行业的拉动力度有限，难以成为全市经济发展的支柱性产业，导致旅游业规划刚性不足，发展措施缺乏具体抓手，从决策到执行的环节不畅，政策落地效果较差。

（5）本土企业经营绩效不佳，外地企业投资意愿不强。由于旅游业容易受到宏观经济、自然灾害等外界因素的影响，导致旅游企业经营情况不稳定，市场出现剧烈波动时往往首当其冲。以合肥市星级酒店业为例，2015年亏损额将近2亿元，2018年亏损额约为1.3亿元，尽管经营状况得到改善，但是尚未扭亏为盈。此次新冠肺炎疫情又致使许多旅游企业陷入困境，市场主体数量大幅减少，2019年星级酒店亏损相对于2018年又有所增大。由于服务业整体环境、居民消费水平、旅游产业基础等方面均存在短板，外地企业投资合肥旅游业的意愿不够强烈。万达、华侨城等企业更多地通过旅游项目发展房地产，并不关注旅游项目的持续经营。而行业知名的露营、民宿等企业则聚焦于一线城市和传统旅游目的地城市，对于合肥缺乏投资热情。本市部分地区仍然存在政企合作渠道不畅、开发权力过于集中、旅游项目市场化接轨程度较弱等问题。以肥西县为例，重点旅游项目的经营权几乎都集中在政府手中，驴妈妈等旅游电商平台与政府沟通难度较大，企业无法介入旅游项目的开发与运营。

（6）从业人员待遇和专业技能较低，人才供给不足。本市旅游人才教育、待遇等方面与长三角先发城市存在较大差距，严重阻碍了旅游业的可持续发展。一是旅游教育起点低，合肥市旅游教育以高职教育为主，开设专业多且杂，主要服务于本土企业。高职学生占整个旅游就业市场的70%左右，行业高端人才匮乏。且大部分高职学生毕业后不在旅游行业工作，导致行业劳动力供需矛盾较为突出。二是行业薪资待遇低，加速人才外流。以旅行社为例，新进从业人员月基本工资处于1280～1500元，工资涨幅小且与沪苏浙地区差距明显，行业人才加剧流向发达地区。三是行业协会组织管理松散，对于旅游企业无调研、无措施，近年来对于全国性的旅游竞赛缺乏参与热情。四是校企合作不稳定，大部分旅游企业用于人才培养的资源较少，更多倾向于不停招人，对于人才的"短平快"需求导致岗位流动性较大。旅游人才培养单位无法根据企业的实际需求进行针对性的教育，导致学生实际留岗率一直处于较低水平。

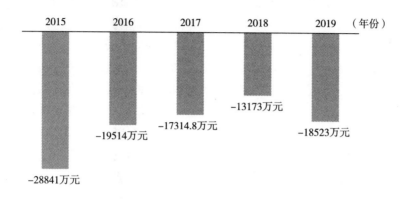

图 3　2015~2019 年合肥市星级酒店利润总额

三、发展路径

（一）共创长三角区域旅游一体化品牌

长三角各地应提炼以世界名城（上海魔都、南京六朝古都、杭州品质生活之城等）、画里乡村（黄山传统村落、江南古镇等）、东方园林（拙政园、狮子林、留园、网师园等）和锦绣山水（黄山、普陀山、九华山，西湖、太湖、巢湖、千岛湖、黄浦江、新安江、大运河等）为代表的四大核心资源体系，面向全球，推出"世界东方·诗画山水·乐迎天下"的长三角区域旅游一体化品牌，构建对外宣传的统一形象，形成外向竞争的合力。在沪苏浙皖相邻区域设立旅游集散中心、高速公路服务区、游客服务中心等场所，共同展示推介旅游产品，形成层级分明、功能互补、联动发展的一体化局面。合肥市应借助长三角国际性专业会议与论坛、重大旅游休闲节事活动，将合肥市的旅游形象嵌入到长三角旅游品牌营销体系当中。改变传统的"卖景点"营销模式，转向"卖交通""卖文化""卖空气""卖环境""卖服务"，全面挖掘游客需求。同时，综合运用图片、文字、视频等方式展示合肥市旅游业的魅力，把合肥市的文化底蕴和时尚元素传达给海内外游客，并向全球招募合肥旅游体验客，通过短视频、微博、微信等社交媒介展示合肥旅游新气象。

（二）树立具有合肥特质的旅游 IP 形象

整合大蜀山、紫蓬山、冶父山等山地旅游资源，共同打造全市核心山水旅游地标。落实《环巢湖国家旅游休闲区总体规划》，在巢湖周边地区植入古村镇、研学、康体养生、休闲运动等旅游业态，激活休闲消费市场。完善巢湖至周边重要旅游景点的交通线路，设计环巢湖地区至合肥中心市区的旅游线路，打造城湖一体、山水交互的文旅综合体。建设科技旅游园区，以工业遗存、高新技术博物馆、人工智能体验中心等项目为载体，通过生产线展示、新产品体验、户外拓展、亲子 DIY 互动等形式吸引游客。举办科技旅游节，推出创意集市，开展相关主题的诗歌绘画征集评选活动，打开青少年旅游市场。重点打造三大领域旅游 IP：一是文化旅游 IP，依托徽园、李鸿章故居、三国遗址公园、渡江战役总前委旧址纪念馆等项目凝练合肥的徽文化、淮军文化、三国文化、红色文化，通过文化主题的实景演艺、艺术创作、专业巡展等方式向游客展示合肥历史的变迁与传承；二是生态旅游 IP，依托紫蓬山、岱山湖、植物园、白马山等生态旅游资源，通过多线路串联以及城市马拉松、自行车比赛、电影广告取景拍摄等方式提升景区知名度，丰富生态旅游 IP "软广告"的植入方式；三是时尚旅游 IP，依托 1912 街区、合柴 1972、淮河路步行街等商业街区，融入创新创意元素和时尚消费业态，将其打造为年轻客群的打卡胜地；四是聘请专业的创意团队、规划团队、执行落地团队设计 IP 符号与内容，邀请知名主播现场直播旅游体验，引起游客对网红旅游城市的共鸣。

（三）落实联盟建设，构建优质旅游产品标准

长三角应联合设立推进旅游协作的领导小组或"秘书处"，负责合作事项的日常对接、协调联络、信息发布等工作。认真谋划年度重点合作事项，并在市场营销推广、旅游产品开发、旅游线路联通、旅游项目建设、旅游政策协同、公共资源共享等领域展开深度合作。合肥市应鼓励本土企业和景区积极加入国家级乃至世界级的行业协会与联盟，如国际山地旅游联盟、中国旅游协会、中国旅行社协会、中国旅游景区协会、中国旅游饭店业协会、中国旅游合作联盟等，加强与长三角各省市旅游协会的合作交流，拓宽自身视野，吸取先发地区旅游业发展与合作经验，在增强本土旅游行业主体凝聚力的同时，扩大本市旅游业在全国和长三角的影响力和知名度。合肥市应汲取沪、苏、浙等地的发展经验，针对民宿、自驾游、农家乐、邮轮、房车出台相应的质量规范要求，对于旅游产品的策划、设计、销售、执行、服务各个细节做到全面渗透，推动旅游行业整体质量的提升。通过标准化制定贯彻"品质旅游，理想消费"的理念，防止旅游企业触碰"低质量"红线，弱化游客的"选择无力"和"信任危机"，真正实现旅游业高质量发展。

（四）打破行政藩篱，推进旅游合作体制机制创新

重点开拓沪苏浙地区的旅游客源，突破行政边界的约束，吸引更多沪苏浙游客到访合肥。尤其是在疫情过后，沪、苏、浙等地均出台了居民旅游的优惠政策，比如居民游览本地景区可以享受一定金额的补贴，合肥市应和主要旅游目的地城市协商，扩大补贴的地域与对象，力争外地游客旅游合肥也能够享受到相应补贴。通过互惠互利的政策捆绑各方利益，进而加深长三角各地的自我认同。在安徽省内，合肥市应利用便利的交通枢纽向周边地区直接输送、间接转移客流。合肥市可以通过补贴的方式向黄山机场争取一部分航线资源，增加外来游客的过夜次数。再由高铁和大巴将游客转运至其他旅游目的地，发挥旅游

转运作用。同时加大旅游行业政企合作的制度探索，对于本市资源禀赋良好，但是前期投入较大的旅游项目打包给长三角有实力的旅游企业，适度下放开发与运营权力，遵循市场规律推动旅游业发展。在部分景区试点探索所有权、经营权、管理权三权分离，建立现代企业制度，完善法人治理结构。扩大景区的托管和租赁经营范围。一是将景区委托给景域、巅峰等咨询类旅游企业；二是委托给同程、中青旅等渠道类旅游企业；三是委托给宋城、华侨城、方特等旅游产业集团。此外，还可以从资产管理角度出发，探索扩大景区的租赁、代管、合作经营等方式，搞活景区营运，提升景区竞争力。

（五）引擎拉动，"合肥首发"，开拓未来旅游市场

通过旅游项目建设拉动旅游经济发展，重点推进巢湖姥山岛、包公园 5A 级景区建设，增加合肥高品质旅游景区数量。推动渡江战役总前委旧址、冯玉祥故居、李克农故居、张治中故居的提升改造工程，形成精品红色旅游线路。积极承接长三角自驾游、房车游旅游需求，弥补本市在该领域供给端的不足。创新水道旅游模式，整治巢湖蓝藻，美化湖岸环境，构建巢湖旅游"湖岸联动"新格局。抓住江淮大运河建设机遇，开设内河旅游航线和游轮，推动运河沿线旅游发展。创新旅游产品供给，撬动新兴旅游市场。合肥市应立足于本市工业、科教等新生旅游资源，创新旅游产品供给，挖掘新生代群体的消费潜力。加大力度创建工业旅游示范基地和科教旅游示范基地，将工业游和科教游作为本市未来旅游发展的主攻方向。深耕研学旅游市场，打造一批具有区域影响力的研学旅游品牌。把握观光游向休闲度假游转变的契机，开发受年轻人喜爱的户外运动、文化创意、夜间旅游等产品，提升合肥旅游在 90 后、00 后群体心目中的地位，将年轻客群转化为旅游消费主体，推动本市旅游业态的升级迭代。与沪、苏、浙各地联手规划精品旅游线路，展示长三角旅游魅力。遵循突出精品、凝聚特色的原则，主要设计以下精品旅游线路。

1. 长三角文化溯源游

串联长三角历史人文景点，让游客感受长三角城市历史脉络和人文底蕴，将此作为长三角文旅融合的着力点。

具体线路：李鸿章故居—古逍遥津—中山陵—明孝陵—苏州园林—灵隐寺—上海博物馆。

2. 休闲养生健康游

顺应当前游客对于休闲养生的强烈需求，整合长三角具有较高资源禀赋和知名度的山水旅游资源，为游客提供休闲养生好去处。

具体线路：大蜀山国家森林公园—汤山温泉—南山竹海—西溪湿地—崇明岛。

3. 深度研学体验游

融合科教旅游资源，设计寓教于乐的旅游项目，针对中小学生推广研学旅游产品。

具体线路：中国科学技术大学先进技术研究院—科大讯飞—淘宝城—上海科技馆—上海自然博物馆。

4. 不忘初心，红色革命之旅

整合长三角红色旅游资源，依托丰富的红色名人故居、纪念馆等景点，开展红色主题

教育旅游活动。

具体线路：渡江战役纪念馆—总统府—侵华日军南京大屠杀遇难同胞纪念馆—中共一大会址。

5. 长三角夜之旅

以年轻游客为目标群体，依托本市大型商圈，打造夜间灯光秀，展现酒吧和美食风情，激活夜间旅游市场。

具体线路：罍街—天鹅湖商圈—新街口—平江路—新天地—田子坊。

（六）文化塑魂，"新业态跟进"，抢占"注意力经济时代"的旅游阵地

挖掘合肥历史文化传统、建筑设施外貌和社会文化活动等特性，提炼符合城市气质的品牌 Logo。塑造令人印象深刻的城市品牌；着力打造 1~3 个具有地域文化代表性的景区、文化场馆、建筑等，形成城市打卡点，构建文旅地标；持续"引流"，通过策划举办具有地域文化特色的大型节庆活动、体育赛事吸引旅游客群；有效"传播"，利用央视等权威媒体实现品牌拉升，利用微博、微信、OTA、抖音等新媒体实现流量输送，将合肥市文旅信息传播给更多受众。面对海量信息刷屏，应该借助当下流行的传播渠道扩大合肥市旅游业的受众面。首先要强化旅游企业对信息资产的重视程度，确保旅游产品和服务的质量，与游客建立长期信任合作关系，增加游客重游率。通过旅游节庆、文化演艺、体育赛事等大型活动打造注意力经济载体，塑造长三角旅游业焦点事件。通过高颜值主播，流畅的语言表达，创新的直播内容与形式提升合肥旅游宣传效率。可以在景点进行现场直播，推广目的地品牌。并在直播时直接对景点门票、周边产品、优惠活动进行"带货"，增强旅游直播的用户"黏度"，将注意力有效转化为生产力。

（七）一体化，国际化，定向升级旅游基础设施和公共服务

首先，应提升本市旅游集散中心能级，建议在合肥南站、新桥机场周边选址建立旅游集散中心，实现游客从机场车站至景点酒店的无缝转运。其次，与长三角其他地区携手制定统一的全域旅游交通标识系统。推进"一图三牌"工程，即全域旅游指引总览图，旅游交通指引标识牌、旅游区导览标识牌、旅游服务设施标识牌，推出标准化、明晰化、有序化的标识系统，增强合肥旅游的识别度和视觉印象。最后，继续推进厕所革命，贯彻落实《旅游厕所质量等级的划分与评定》国家标准，开展旅游厕所的建设和评定工作，加大"以商建厕、以商管厕、以商养厕"的厕所管理模式的创新和应用，优化游客的如厕环境，提升合肥旅游的整体形象。在旅游公共服务方面，应借鉴长三角先发地区旅游行政管理部门的做法，逐步建立跨区域的省、市、县旅游联席会议制度；强化市场监管功能，塑造良好的旅游市场秩序。对于目前常见的低价游、强制购物等问题进行定期专项整治，严格按照《旅游法》处理旅游投诉，依法保障游客经济利益。同时应完善旅游业面对突发事件的常态化应急机制，尤其是在后疫情时代，将防疫工作落实到企业主体，分区分级开放景区景点，严格落实提前预约、游客限量、错峰游览等措施，防止疫情反弹。建立健全假日旅游预报制度和警示信息发布制度，确保游客人身安全。

（八）科技赋能，智慧服务，以"一机游"实现全域旅游的"软升级"

在旅游集散中心、核心景区、星级酒店等重要旅游场所设置 PC、触控屏幕、人工智能咨询服务等旅游信息互动终端，便利游客浏览旅游信息。建立合肥旅游数据中心，加强与大型网络搜索引擎和电商品牌合作，集成全市旅游业数据，服务政府部门管理。逐步实现与长三角其他城市旅游业数据的共通共享，实时把握长三角旅游业各项指标的最新动态。鼓励景区探索复合型综合电子票务系统，建立线上旅游分销网络。利用分销系统反馈的数据统计景区每天的客流量、游客组成和客源地等相关信息，助力景区管理决策。同时采用云酒店、云客栈、云呼叫中心、微信营销平台等系统，覆盖景区周边的吃、住、行、游、购旅游企业，为游客提供舒适便捷的旅游服务。打造"合肥旅游 APP"，通过该 APP、微信公众号、微信小程序，全面覆盖游客在合肥的游前、游中、游后的各项需求。保证游客通过 APP、公众号和小程序，享受旅游活动各环节中"一键订单""一码通行""一键投诉"等服务。根据"吃、住、行、游、购、娱""商、养、学、闲、情、奇"十二大旅游要素设置对应板块，提供海量图片和实景拍摄的短片介绍，增强游客对景区景点的直观感受。同时共享和长三角其他城市旅游 APP 的下载链接，实现长三角旅游信息相互推送。在景区景点、车站酒店等地提供旅游 APP 二维码下载，提高旅游 APP 的下载率和应用率。

（九）培养引进行业高端人才，建设区域一流的人才队伍

对标长三角旅游业先发城市，着力培养、引进行业高端人才，尤其是要加强在旅游策划、规划、设计等领域人才的培养。鼓励上海、南京、杭州等地知名的旅游咨询机构来合肥开办分公司，帮助本市引流长三角高端旅游人才。设立旅游智库专项资金，实施合肥市旅游智库计划，整合长三角各地官方、民间、高校人才资源，建立"三位一体"的合肥市旅游发展智库，打造全省乃至长三角地区一流的旅游智库品牌。成立"合肥市旅游职教联盟"，联合知名旅游企业在合肥合作办学，定向培养旅游专业技术骨干人才。与企业合作开设"订单班"，提升学生行业专项技能，确保学生毕业拥有充足的就业岗位。搭建旅游行政管理部门及协会公益培训平台，创建旅游人才研修"云课堂"，促进培训对象与培训主体的双向沟通。创建旅游龙头企业示范教育平台，增建旅游院校继续教育平台，提升全行业的学习氛围。政府和行业协会应定期开展旅游专业技术人才"大练兵""大研讨"等活动，促进专业技术人才知识更新。通过行业竞赛的荣誉和物质奖励激发从业人员提升就业技能的积极性。

四、政策建议

（一）定方向，树形象

区域旅游一体化品牌创建要做到长三角各地上位旅游规划的衔接，统筹旅游品牌的塑造和推广。应以创新的资源观重新审视、挖掘长三角各类旅游资源要素的新价值，尤其是

在世界层面具有高度影响力的自然和人文旅游资源，如世界自然、文化遗产。通过毗邻地区优质旅游资源的整合，核心产品的打造，整体环境的改善，树立全国领先、享誉全球的国际旅游目的地品牌。就合肥市本身而言，应围绕"大湖名城"的城市名片做好巢湖水文章，继续推进环巢湖国家旅游休闲区的建设和申报工作，以此为抓手，推进环巢湖旅游项目升级和整体环境优化。融入以"创新高地"为代表的城市精神，依托合肥高新技术产业，丰富完善旅游产品的内涵与价值，促使创新资源和创意元素服务旅游业发展，提升旅游产品和服务的附加值。聚焦原创 IP 的选择与切入，融入新时代创意潮流，打造新兴网红旅游城市。

（二）强体制，活机制

长三角主要城市可以在原有的长三角地区旅游合作联席会议和长三角文化和旅游联盟联席会议的基础上共同签订旅游发展战略合作协议，推动旅游跨区域合作进入实质性发展阶段。通过建设"认知共同体"形成利益共同体，构建合肥市和长三角其他城市旅游业资源共享、风险共担、利益均沾的新型合作格局。对省外应着力消除政策壁垒，重视统一规划与政策协同，逐步清理和废除妨碍区域旅游合作的制度和政策，统筹考虑不同地区旅游业发展目标，建立区域旅游互利互惠机制，注重各方利益合理分配的政策导向，理顺利益协调机制。在省内可以以合肥市都市圈旅游合作为突破口，牵头成立合肥都市圈旅游合作协调委员会，由圈内各地旅游行政管理部门主要领导协调日常工作，实现区域旅游项目建设和资源配置的"一盘棋"，推进旅游合作常态化，将合肥市都市圈建设为长三角旅游一体化的示范性区域。

（三）优产品，谋重点

合肥市应提炼长三角地区各省市旅游产品的成功属性，与其他城市共建优质旅游产品标准，将旅游标准化作为推动旅游一体化的重要抓手和旅游供给侧改革的重要推力。在省内合肥市应充分发挥省会引领作用，利用大别山的腹地旅游资源和环巢湖旅游区位优势，连接皖南国际文化旅游示范区，凸显合肥市在全省旅游发展中的作用与能级。着力将合肥都市圈打造成华东、华中旅游协作的枢纽区，安徽旅游南北联动的中心区，全省旅游集散中心，在长三角乃至全国具有影响力的旅游目的地。推动文旅融合，放大文旅产业互动效应，用文化赋予旅游活力，用旅游彰显文化魅力。建设一批以文化景区（主题公园、影视城、名人故居）、文化场馆、文化演艺为代表的文旅融合示范点，培育一系列以文博会展、文化节庆活动、会议论坛、数字文旅、动漫游戏、文创旅游为代表的文旅融合新业态。

（四）打基础，有聚焦

遵循标准化、人本化、共享化等原则，对标长三角旅游业先发地区，建设高水平的旅游基础设施。完善城郊旅游公路系统，增补国道、省道服务区的旅游服务功能。在本市旅游景区外围投放共享交通工具，提倡游客绿色出行。大力发展智慧旅游，利用互联网、大数据、人工智能等技术加速旅游业升级，推进城市旅游智慧化，提高互联网在旅游行业中的普及率和应用率。对旅游景点及其关联性基础设施实现 Wi-Fi 全覆盖，推进景区运营智慧化，为游客和市民提供全方位的旅游信息和动态资讯，让游客一部手机游合肥。每个景点均配备离线地图，让用户轻易制定行程、安心旅行。

（主笔人：唐睿）

培育壮大合肥县域特色产业集群研究

安徽省社会学学会（中共安徽省委党校）课题组

特色产业与特色产业集群是县域经济的根基。近年来，合肥县域特色产业集群不断壮大，县域经济实现较快发展。与此同时，县域特色产业及集群发展，仍存在着综合实力不强、基础薄弱等问题和挑战。进一步培育壮大合肥县域特色产业集群，对增强合肥县域经济综合实力，提升合肥城市能级具有重要意义。

一、县域经济与特色产业集群发展的现实基础

（一）区位交通较为优越

各县（市）区位优势明显，对外交通便捷，铁路网、公路网密集，拥有铁路、公路、航空、水运等立体交通体系，交通网络纵横交错、四通八达（见表1），吸纳、聚集了国内外原材料、资本、人才及技术等各类资源要素，对接承接市域主城区、开发区产业发展，如市县联动成功推动欧菲光等一批电子信息产业项目落地巢湖、肥东等。

表1 合肥各县（市）区位交通状况

名称	地理区位	交通条件
肥西	处于合肥都市圈和皖江城市带承接产业转移示范区的核心地带，县域与合肥市无缝对接	合安高铁、合武铁路、合九铁路、宁西铁路、沪陕高速、德上高速、206国道、312国道、405国道
肥东	位于安徽中部，合肥东大门，江淮分水岭南侧，是合肥都市圈与南京都市圈的双节点区域	沪汉蓉高铁、商合杭高铁、淮南铁路、京台高速、沪陕高速、沪蓉高速、合芜高速、合肥绕城高速
长丰	居合肥、淮南、蚌埠三市之间，县域整体位于合肥市北部，是省会辐射皖北的"桥头堡"、合淮同城化的"承接地"	京福高铁、商合杭高铁、淮南铁路、沪陕高速、沪蓉高速、合淮阜高速、滁淮高速、206国道
巢湖	位于合肥都市圈、南京都市圈双节点区域，是合肥东向融入长三角的先行区	商合杭高铁、淮南铁路、合芜高速
庐江	地处江淮之间、长江沿岸，交通便捷	合安九高铁、合九铁路、庐铜铁路、合铜黄高速、沪蓉高速

（二）创新驱动不断增强

各县（市）以创建国家和省级创新型县（市）建设为抓手，围绕自主创新主线，大力培育新兴产业，积极掌握产业核心技术、重点领域和新兴产业关键装备、技术标准，加速科技成果转化，创新支撑产业转型成效显著。2020年，肥西新增市专精特新企业32家、省级企业技术中心5家，全县市级以上技术中心96家，其中国家级3家、省级37家；肥东高新技术产业增加值增长25.1%，新认定高新技术企业44家，入选全国科技型中小企业库企业86家，新一代信息技术、节能环保、新材料等产业产值增幅达两位数；巢湖市入选国家首批创新型县（市）建设，2020年战新产业产值达51.1亿元；庐江县上市公司达3家。

（三）产业转型持续升级

第二、第三产业已成为支撑县域经济高质量发展的主导力量，具有竞争力的产业结构体系正在形成，逐步由工业主导迈向服务业主导（见表2）。在产业发展层次上，各县（市）正由以低附加值的一般加工业为主向高附加值的先进制造业、高新技术产业转变。如肥西县2020年计算机、汽车和家电三大主导产业产值超千亿元，占规模以上工业比重达71.9%，同比增长15.5%。在二产内部，形成食品及农副产品加工、电工电器、机械制造、新材料、新型化工等支柱产业，新能源、人工智能、新型显示等新兴产业快速发展，产业集聚效应逐渐显现（见表3）。

表2 各县（市）三次产业构成

名称	肥西县		肥东县		长丰县		巢湖市		庐江县		总计	
年份	2019	2020	2019	2020	2019	2020	2019	2020	2019	2020	2019	2020
一产	6.8	7.1	10.1	10.9	10.7	11.5	8.1	9.6	12.3	11.9	9.6	10.2
二产	42.6	41.4	35.0	33.0	40.6	40.3	38.9	36.8	34.7	33.8	38.4	37.1
三产	50.6	51.5	54.9	56.1	48.7	48.2	53.0	53.6	53.0	54.2	52.0	52.7

表3 各县（市）产业转型升级趋势

	主导（特色）产业	新兴产业
肥西县	电子信息、家电、汽车、装备制造	新能源、智能制造、生物医药、集成电路
肥东县	食品及农副产品加工、电工电器、机械制造、新材料、新型化工	人工智能、电子信息、新材料、机器人、生物医药、氢能源
长丰县	节能环保、先进制造、汽车零部件、生物医药、食品及农副产品深加工	新一代信息技术、新材料、新能源产业、节能环保产业和数字创意
巢湖市	渔网具、锚链及机械配件加工、食品及农副产品加工、建材、化工	新能源、高端装备制造、新一代信息技术
庐江县	新能源、新材料、智能装备及汽车零部件新型矿业化工及其循环经济、磁性材料及电子、现代食品及农业、文旅	新能源电池材料、磁性材料、装备制造、电子信息、新型化工

（四）产业载体功能趋于完善

各县（市）十分重视产业园区建设，完善产业聚集载体功能，已拥有一批层次高、功能完善的产业园区（见表4）。这些产业园区在支撑县域经济高质量发展，发展壮大龙头企业、培育创县域特色产业集群、促进产业升级等方面发挥了重要作用。如肥西经开区连续多年土地集约利用在全省工业主导型开发区中排名前列，2020年再次排名第一。肥东循环园获批创建省级化学原料药基地。

表4　合肥主要县域产业园区载体

	园区名称及建立时间
肥西县	肥西经济开发区（1991年）、合肥高新区柏堰科技园（2005年）
肥东县	肥东经济开发区（2002年）、合肥循环经济示范园（2006年）
长丰县	长丰双凤经济开发区（1993年）
巢湖市	巢湖经济开发区（1992年）、居巢经济开发区（2001年）
庐江县	庐江高新技术开发区（2006年）、庐江台湾农民创业园（2009年）

二、县域经济与特色产业集群发展中的制约因素

（一）经济结构不优，经济综合实力不强

1. 县域经济总量相对偏小

从省内看，2020年五县（市）全部入围全省县域经济总量（GDP）十强，肥西、肥东、长丰分别为870.2亿元、703.4亿元和659.4亿元，增速分别为5.7%、5.6%、6.3%（比全省县域GDP平均增速分别高1.8个百分点、1.7个百分点、2.4个百分点），包揽全省县域GDP总量和增速前三名。巢湖、庐江位次与上年持平，居第6位和第8位。但目前尚无GDP超千亿元、人均GDP超10万元的县（市），经济总量在全市所占比重持续下降（见表5）。

表5　2016~2020年合肥县域经济总量及其占合肥经济总量比重　　单位：亿元、%

年份	2016		2017		2018		2019		2020	
亿元	GDP	占比	GDP	占比	GDP	占比	GDP	占比	GDP	占比
肥西县	605	9.64	685.5	9.5	703.1	8.99	803.9	8.54	870.2	8.66
肥东县	528.7	8.43	596.1	8.26	619.5	7.92	655.7	6.97	703.4	7.00
长丰县	400.1	6.38	446.7	6.19	477.7	6.11	601.4	6.39	659.4	6.56
巢湖市	268.7	4.28	333.7	4.63	381.4	4.88	475	5.05	454.5	4.52
庐江县	245.3	3.91	284.9	3.95	317.7	4.06	457.8	4.87	481.4	4.79
合计	2047.8	32.64	2346.9	32.53	2499.4	31.95	2993.8	31.82	3169.0	31.55

2. 县域经济发展差距较大

与长三角慈溪、宜兴及中部地区长沙、南昌等百强县（市）相比（见表6），存在经济结构不优（一产比重偏高，二产发展相对不足）、财政总收入不高、利用外资能力不足等问题。

表6 合肥与周边县经济综合实力比较

名称		GDP（亿元）	GDP 增速（%）	人均 GDP（元）	三次产业结构	财政总收入（亿元）	实际利用外资（亿美元）
周边县域	慈溪市	1898.6	6.2	179181	2.9：60.4：36.7	352.5	3.3
	宜兴市	1770.1	7	163944	2.8：52.2：45.0	123.9	3.6
	长沙县	1710	8.2	209044	4.3：51.4：44.3	406.1	9.3
	南昌县	1027.8	8	97118	6.2：55.5：38.3	136.6	9.2
合肥县域	肥西县	803.9	6.7	95414	6.8：42.6：50.6	82.2	2.2
	肥东县	655.7	4.1	60606	10.1：35.0：54.9	72	1.4
	长丰县	601.4	8.9	75363	10.7：40.6：48.7	66	0.9
	巢湖市	475	8.2	55207	8.1：38.9：53.0	38.3	1.2
	庐江县	457.8	8.5	37785	12.3：34.7：53.0	36.3	0.9

资料来源：根据相关县（市）2019 年国民经济和社会发展统计公报数据整理，其中人均 GDP 统一按户籍人口计算。

（二）市场主体不强，产业发展层次偏低

1. 工业企业规模相对较小

县域企业以中小企业为主，体量大、牵动性强的大企业不多。如 2019 年末，肥西县和肥东县规模以上工业企业分别为 397 户和 349 户，产值超 10 亿元企业分别为 13 户和 5户；相比之下，2019 年末宜兴市规模以上工业企业 1038 家，平均产值达 3.18 亿元。

2. 产业层次总体偏低

传统产业比重大，新兴产业动能有限，如 2019 年肥西县战新产业产值增长 2.7%，低于规模以上工业增加值增幅（8.2%）。

3. 产业发展载体不优

县域产业园区能级较低，缺乏国家级的产业发展载体。相比之下，同为中部省会所辖的长沙县和南昌县都拥有国家级产业园区，如长沙拥有国家级长沙经济技术开发区和长沙临空经济示范区、黄花综保区、现代农业示范区等高端产业发展载体，南昌县也拥有国家级小蓝经济开发区。

（三）创新投入不足，创新驱动能力较弱

1. 创新研发投入偏少

从研发经费投入来看，规模以上工业企业研究与试验发展经费投入呈现"市强县弱"，5 县（市）仅占全市 21%。

2. 创新平台和载体建设滞后

县域创新平台和载体数量偏少，如 5 县（市）仅有院士工作站 5 家、博士后工作站 23 家，产学研对接机制不畅。

3. 企业创新主体地位不突出

县域高新技术企业总数少，2019 年总计 520 家，仅占合肥的 20.5%。

（四）产业同质化，产业分工协作不紧密

招商项目布局不清晰、贪多求全，"同质化""小而全"现象不同程度存在。如 5 县（市）均将装备制造列为特色招商产业，4 个县（市）将新材料列为主导或特色招商产业。产业发展缺乏特色化、连续性和稳定性。产业链、供应链上企业之间分工协作、产销供需、衔接配套不紧密，上下游产品关联度低，规模化和集群化效应不显著。

（五）体制机制不优，发展要素支撑不足

1. "放管服"改革不到位

县级审批部门自主权仍较小，部分事项审批程序复杂、环节较多，需要层层上报，审批时间较长。

2. 容错纠错机制尚未健全完善

部分干部干事创业积极性未能充分调动起来，个别单位与少数干部的工作状态与新时代新担当新作为的要求还存在一定差距，不作为、慢作为、不敢为、不担当等问题仍存在。

3. 人才支撑不足

各县（市）尽管毗邻合肥，但中高端人才往往引不来、留不住，人才短缺问题突出。此外，金融服务供给不足，县域金融机构授信审批链条长、环节多、融资贵，企业信贷利率通常高于平均水平十多个百分点。

三、加快培育壮大合肥县域特色产业集群对策建议

顺应"双循环"发展格局，立足县域资源禀赋和产业发展基础，以做实做强做优实体经济为主攻方向，围绕"十四五"规划"2833"产业集群培育工程，在产业链、供应链上聚焦对接，推动市县产业协同发展、传统产业转型升级、新兴产业发展壮大，做大做强县域特色产业。

（一）突出特色优势，加快推进产业高端化

1. 强化产业载体建设

全力推进肥西桃花工业园区、肥东经济开发区、长丰双凤经开区等争创国家级开发区，不断提升产业园区品质及产业发展载体能级，加强与市域开发区以及长三角区域内高端产业园区的合作，内联外通，增强园区项目对接与产业承接能力。

2. 发展壮大特色产业

如长丰、肥西在做强共建园区的基础上突出错位互补，肥东、庐江加快推动建材、农产品加工等传统产业绿色转型，巢湖市围绕欧菲光等项目做好产业上下游招商、配套工作。

3. 扩大特色品牌效应

借鉴"老乡鸡""王仁和米线"等品牌的成功经验，深入实施商标品牌战略，做大做强特色农产品，着力推动"吴山贡鹅""下塘烧饼""石塘驴巴""竹塘挂面""黄疃卤鹅""巢湖三珍""三河米酒""丰乐酱干"等一批特色品牌做大做强。

（二）坚持创新驱动，积极培育发展新动能

1. 加强创新平台建设

抢抓长三角一体化、合肥综合性国家科学中心建设等战略机遇，聚焦县域主导产业和首位产业，布局建设技术创新平台。

2. 强化创新主体作用

围绕县域主导（特色）产业以及县域在农产品加工、建筑施工等领域的良好发展基础，盯紧中小型科技企业，实行专项扶持、重点发展，聚焦新技术、新业态，培育一批县域专精特新"小巨人"。

3. 推动产学研用合作

定期向省内外编制发布企业技术需求、人才团队与技术项目合作清单，开展推介对接活动；主动对接国家级大院大所、省内外高校、科研院所及知名企业，开展联合攻关，吸引更多创新资源要素。

4. 加快创新人才集聚

紧盯产业集群发展需要，支持县域建设人才工作联络站、科研工作站、人力资源产业园等人才交流平台，畅通人才引进"绿色通道"，落实人才优惠政策，做到招得来、留得住。

（三）优化空间结构，构筑协调发展新格局

1. 积极推动城乡协调发展

坚持城乡一体化设计、多规合一、功能互补，围绕实现城乡要素双向流动和自由交换，完善产权制度和要素市场化配置，统筹城乡产业、基础设施、公共服务、资源能源、生态环境等布局，加快形成田园乡村与现代城镇交相辉映的城乡发展形态。

2. 加快推进特色城镇建设

坚持生产、生活、生态、生意"四生融合"，积极发掘长丰的下塘镇、吴山镇，肥东的长临河镇、撮镇，巢湖的黄麓镇、柘皋镇，肥西的三河县，庐江县的矾山镇、金牛镇、罗河镇等古镇的历史文脉，依托资源禀赋、区位优势、产业基础，打造一批特色城镇。

3. 构建市县协同发展空间新格局

以产业分工为纽带，构建"中心引领、两翼齐飞、多极支撑、岭湖辉映、六带协同"的市县协同发展空间新格局，推动肥东、肥西、长丰与市区一体化发展，提升巢湖城区、长丰县城、庐江县城等承载能力，打造市域三大副中心。

（四）无缝对接主城区，深化市县融合联动

1. 大力发展新型业态

加快发展总部经济、商贸物流、信息服务、科技研发、服务外包等生产性服务业，培育发展服务外包、文化创意、商务会展等新兴服务业，以田园综合体、民宿民居、休闲康养为牵引，大力发展有机农业、生态农业、观光农业、体验农业等新型业态。

2. 积极打造"飞地经济"

积极探索政府引导、企业参与、优势互补、园区共建、利益共享的"飞地经济"合作模式，积极承接产业转移、完善产业链条，推动市县联动，等高对接长三角产业供应链。

3. 推进建设产业发展带

在东向上，构建"合滁""合巢马"等产业发展带，沿途辐射肥东、巢湖；在西向上，加快构建"合六"产业发展带，经肥西北部连接六安；在北向上，构建"合淮""合蚌"等产业发展带，带动长丰全境、肥东北部；在南向上，构建"合安""合铜"等产业发展带，带动肥西和庐江。

（五）完善体制机制，激发高质量发展动力

1. 创新招商引资方式

推进特色园区"线上线下"双线招商，提升招商引资"精准度"，树立"产业链"招商思维，在招商中强链、补链、延链，把产业链"链长制"、产业集群"群主制"落到实处。

2. 持续创优营商环境

重视环境特别是软环境建设，努力做到门槛更低、服务更优，不断提升营商环境"满意度"，持续深化"一网一门一次"改革，常态化开展"四送一服"双千工程活动，以保姆式、订单式、一站式的全程代办服务，精准指导服务实体经济发展，积极构建亲清新型的政商关系。

3. 完善考核评价指标体系

建立科学合理的考核评价指标体系，注重县域特色产业集群发展考核，加大激励支持力度，激发县域特色产业发展活力，定期开展检查、督查与考评工作，增强激励效果。

4. 构建容错纠错机制

加快构建县域经济高质量发展容错纠错机制，切实解决一些干部"怕担责、怕出错，不敢为、不敢试"等问题，激励党员干部放下包袱、轻装上阵、勇于创新、敢于担当、大胆作为。

5. 理顺区划调整关系

通过撤县设区等行政区划调整举措，推进各县（市）向合肥主城区靠拢，增强发展向心力，提升行政管理和资源分配的匹配度和统一性，打破县域经济发展中的体制机制障碍。

（主笔人：王泽强）

合肥绿色农产品供应体系研究

安徽农业大学经济管理学院课题组

习近平总书记指出，推进农业绿色发展是农业发展观的一场深刻革命，也是农业供给侧结构性改革的主攻方向。2019 年 12 月，"长三角绿色农产品生产加工供应联盟"在上海揭牌成立，主要围绕开展绿色农产品生产合作、推进跨区域合作、推进物流体系一体化建设、开展品牌创建活动及开展农业科技交流合作五方面，共同推进长三角现代农业一体化发展。这是安徽、江苏、浙江和上海三省一市贯彻习近平总书记重要指示精神的具体行动。合肥作为安徽省省会，如何进一步把握机遇、主动作为、找准定位、扬己所长，高标准推进农业农村现代化，提高绿色农产品的生产与供给能力，既是打造长三角绿色农产品生产加工供应基地的内在要求，也是推进长三角一体化国家战略在安徽落地落实的重要举措。

一、合肥绿色农产品供给体系建设现状

（一）发展现状

1. 绿色农业综合生产能力大幅提高

全市有 7 家国家级龙头企业、96 家省级龙头企业以及 775 家市级龙头企业，新型农业经营主体增长突破 1500 家，逐步形成了"大基地、大龙头、大产业、大园区、大品牌、大融合"的都市现代农业产业化新格局。2019 年，全市食品及农副产品加工业增加值同比增长 3.9%，占全市比重为 8.4%。

2. 绿色农业生产布局日趋合理

依托合巢经开区中国合肥安全食品研发中心，按照"一心、七区"布局，构建食品及农副产品优势加工体系，重点打造肥东经开区食品工业园区、合巢经开区中国合肥安全食品产业示范园区、长丰双凤食品加工园区、经开区食品加工集中区、高新区种子加工集中区、环巢湖农产品加工集中区和庐江农副产品加工集中区 7 个食品及农副产品加工业集聚园区，不断完善产业链，形成重点企业和产业园区竞相发展、相互促进的格局。目前，肥东县经开区食品工业园和经开区食品加工集中区产值已超百亿元，规模以上食品及农副产品加工企业入园率达 80% 以上。

3. 绿色农业资源利用率明显提高

深入开展化肥使用量零增长行动，建立化肥减量增效示范区 428 个、示范片 395 个，设立耕地质量和病虫害监测点 142 个，全面提高测土配方技术覆盖率和绿色防控能力，2020 年主要农作物化肥利用率提高到 60% 以上。全面实施秸秆综合利用及产业化发展，2020 年农作物秸秆综合利用率达 92%，秸秆产业化利用率达 39.5%，秸秆能源化、原料化利用率达 27.8%，秸秆资源化利用年增加土壤含氮量 0.9 万吨。大力推广种养结合、优化轮作、清洁化生产等生态经营模式，农作物绿色生产等模式突破 130 万亩，减少肥药使用量 10% 以上。

4. 农产品质量安全水平稳中向好

实施质量兴农战略，把强化"三品一标"[①] 农产品质量安全认证作为推进农业供给侧结构性改革的重要抓手，截至 2020 年底，有效认证"三品一标"总数 788 个（无公害农产品 354 个、绿色食品 277 个、有机农产品 145 个、地理标志农产品 12 个）。"三品一标"生产基地认定面积 320 万亩，认证覆盖率 60%。有效绿色食品获证企业数达 109 家，认证产品产量 18 万吨，认证规模位居全省前列。

5. 绿色农业产业融合发展成效显著

截至 2020 年，已建成 24 家省级乡村休闲旅游示范点。家庭农场新增 1230 家、高星级农家乐增至 89 家，开设各类休闲农业线路 100 余条，休闲农业年接待游客人数接近 2000 万人次，休闲农业年经营总收入突破 20 亿元。

（二）存在问题

1. 基地建设水平不高

产业同质化严重、专业与规模化生产格局未形成，基地农业基础设施短板仍然存在，农田水利、农业科技等方面投入少、欠账多，大宗农产品生产受自然条件约束仍然较大。如巢湖市 2020 年受洪涝灾情影响，种植业受灾面积达 28.9 万亩，包括成灾面积 22.6 万亩、绝收面积 14.2 万亩，涉及市内 18 个乡镇、街道，造成直接经济损失 2.4 亿元。

2. 精深加工比重小

农产品加工技术与生产效率低，初级加工产品多。主导产品以原始的米面加工、粮油为主，初级、粗放、低档产品多，附加值不高。农副食品加工业产值在全市食品及农副产品加工业中约占一半。全市绿色食品产业企业小微型居多，且大多呈点状分布，行业集中度低于发达地区水平。

3. 产销一体化机制不健全

供需关系不紧密，营销服务体系不健全、人才队伍缺乏等问题严重制约了全市绿色农产品发展，如上海市在全国建立市外蔬菜主供应基地 38 个，江苏徐州有 16 家，合肥市仅拥有肥东 1 家。山东省滕州市 75 万亩马铃薯有 1200 名专业经纪人，相比之下，合肥市特色农产品农业经纪人数量明显不足。

---

① 以绿色食品、有机农产品、无公害农产品和地理标志农产品为代表的绿色认证农产品简称"三品一标"，是优质安全特色农产品供给的主要产出体现。

4. 品牌效益难以体现

市场主体自主品牌意识不强，优质产品贴牌生产、代工生产仍然较多，农副产品仍以"原字号"销售为主，区域公用品牌培育和宣传不够。全市农产品加工业产值与农业总产值比仅为 2.2∶1 左右，明显低于沪苏浙，如江苏已达 3∶1。景观农业、定制农业等新型业态发展与沪苏浙差距较大。

5. 绿色生产导向理念尚未普及

与沪苏浙相比，合肥市一些地区推进现代农业发展视野不宽，破解体制束缚的办法不多，抢抓发展先机的意识不强。部分农业市场主体缺乏现代经营管理理念，对市场细分研究不够，缺乏长远战略眼光。

二、长三角对标城市的成功经验

（一）上海市做法

着重从优化农业功能布局、提升农产品质量、强化创新驱动三方面来加强农产品供给体系建设。例如建立保障蔬菜有效供给、确保粮食生产功能、做强特色农产品目标，将粮食生产功能区、蔬菜生产保护区、特色经济作物优势区建成都市现代绿色农业的生态高效示范基地。创建绿色食品原料标准化生产基地，全面推行绿色、生态和环境友好型生产技术提升产品质量。完善农业绿色科技创新成果评价和转化机制，探索建立农业技术环境风险评估体系，加快成熟适用绿色技术的推广应用。

（二）南京市做法

注重从绿色农产品创新体系与绿色生产方式两方面来构造绿色农产品供给体系。出台相关方案，以产品创新和产品市场创新为中心，对技术含量高、市场潜力大、产品附加值高的绿色农产品予以重点扶持，加速产业化。增加绿色农产品科技创新投入，建立以政府投入为主、多渠道投入并存的绿色农产品科技创新投入机制。同时建立严格的耕地养护制度、大力发展节水农业、综合治理农业面源污染、加快农业废弃物资源化利用等保障农产品绿色生产。

（三）杭州市做法

从建设产业支撑体系、完善治理保障体系、构建推广体系三方面搭建绿色农产品供给体系。通过政策支撑、强化认证管控、加强地标登记等措施来夯实农产品品牌发展基础，提升绿色农产品质量。通过构建长效监管机制、搭建追溯体系、加强人才队伍建设来完善治理保障体系建设，确保绿色农产品品牌的公信力与权威性。"宣传周"推广、载体平台设立以及媒体资源的利用等措施来极大提升杭州市绿色农产品的知名度。

三、推进合肥市绿色农产品供应体系建设的重点任务

（一）健全生产体系，打造绿色农产品种养基地

1. 调整完善农业生产力布局，打造绿色农产品生产基地

注重绿色农产品生产技术示范推广体系建设，以巢湖麻鸭为重点，建设一批优质家禽基地；在长丰、巢湖等地建设一批稻渔综合种养基地；在肥东、庐江等地建立优质水稻基地等。重视建设绿色农业生态高效示范基地，在示范基地通过全面推行绿色、生态和环境友好型生产技术来提升农产品质量，绿色适用技术成熟之后迅速推广应用。

2. 培育绿色农产品品牌，构建市级农产品区域公共品服务平台

做起"合肥稻·健康米"，做响"合肥龙虾""庐江白云春毫茶"，做强"长丰草莓""三瓜公社"等区域农产品公共品牌。

3. 推进绿色农业全程标准化，发展生态健康养殖

全面实施稻渔综合种养百千万工程，推进生猪、家禽转型升级健康发展，引导农民转变栽培、耕作、养殖技术，提高农产品的质量和附加值。

4. 提高经营主体环保意识，全面普及农业绿色发展新理念

采取多种符合农村、农民特点的宣传教育手段，向农民传播农业绿色发展理念，提高农民参与农业绿色发展的意愿。

5. 推进农业清洁化生产，推广生态生产技术

集成配套推广节地、节水、节肥、节能、节药等实用技术，控制农业用水总量，减少化肥农药使用量。

（二）优化加工体系，建设绿色农产品加工聚集区

1. 培育龙头企业

力争产值超百亿元农产品加工企业实现零的突破。落实省"五个一批"工程，重点打造7个省级农业产业化示范基地，利用区位优势、资源优势和产业优势，实行分类指导、定位发展，重点发展粮油食品、方便食品、休闲食品、冷冻食品、健康食品加工和中央厨房，培育农产品加工业新的增长点。

2. 积极推进农业产业化、规模化发展

绿色农产品市场化的发展受限主要在于价格因素，可通过规模化、集群式发展加快产业化步伐以降低绿色农产品的成本和价格。

3. 积极进行绿色生产资料的研发

鼓励研发对土壤和生态环境影响小的新型农药和新型化肥，为农业绿色发展提供必要的技术支持，实现畜禽粪便、农膜、秸秆基本资源化利用，不断提升农业生态安全水平。

（三）完善配送体系，建设绿色农产品冷链物流网络

1. 加强物流规划建设

依托中国供销（庐江）物流园、中外运供销物流园等节点设施，打造一批覆盖范围广、带动能力强、设施齐全的农产品、食品物流园区。加强与沪苏浙电商企业、连锁超市等合作，开展直销连锁配送，共建长三角3小时鲜活农产品物流圈。

2. 加强重要流通点建设

加强在特色农产品生产区域如长丰、肥东和巢湖等地，建设面向水产品和果蔬的预冷库、重要物流节点冷链仓储。

3. 推动冷链物流标准化建设

依托合肥市水产、果蔬、畜禽等产业优势，加快推动农业龙头企业、冷链物流企业等制定生产、流通、包装等相关标准，提升质量。

4. 完善冷链物流信息化建设

建设完善以冷链物流节点为载体支撑的冷链信息服务和交易平台，对接沪苏浙地区冷链公共服务管理平台，共享关键物流和仓储信息，推广冷链产品可追溯机制。

（四）创新市场体系，实现产地与终端落地相结合

1. 强化产地市场建设

以合肥特色农产品优势地区为重点，提升徽商城农产品批发市场、周谷堆农产品批发市场等多个农产品交易中心的基础设施建设及装备技术、信息服务、综合配套水平；在庐江县、巢湖市等市场基础良好的地区，加快建设田头市场，实施田头市场标准化建设工程，重点开展地面硬化、称重计量、商品化处理、贮藏保鲜、质量检测、信息服务等基础设施建设。

2. 开拓以长三角区域为重点的国内外市场

高质量建设一批粮油、果蔬、中药材、畜禽、水产等绿色农产品外延供应基地，培育壮大以龙虾、薄荷醇、坚果等产业为主的区级农产品出口示范基地；鼓励和支持洽洽食品、安粮实业、丰乐香料等龙头企业在省外、境外主要销售市场建立农产品展销中心、设立代表处或销售机构等，构建合肥优势农产品国内外营销网络。

3. 融入长三角绿色农业高质量一体化发展

主动对接沪苏浙地区食品工业产业链，推动农产品加工和食品产业转型升级，加大农产品生产加工供应基地招商力度，开展农业园区合作示范，引进沪苏浙地区优质资本开展现代农业产业园和农业加工园建设。

四、保障措施

（一）落实要素投入的政策配套措施

加大绿色农产品科技创新投入，建立以政府投入为主、多渠道投入并存的绿色农产品

科技创新投入机制，提升绿色农产品产业化水平。建立绿色农业补贴机制，鼓励和引导绿色农业生产。落实农业设施用地政策，满足新型农业经营主体在仓储、加工、农业机械停放等方面的用地合理需求。支持发展农业托管服务、农田健康管理服务等新型服务方式。引进科技人员和社会资本下乡创业，鼓励农民工、大学生和退役军人返乡创业，发掘"田秀才""土专家"在乡村创业，不断注入绿色农业发展的活力因子。

（二）强化绿色农业发展的法律制度保障

全面规范和协调农业绿色发展，加快地方立法进程，修订体现绿色农业需求的法规规章制度，加强耕地保护、农业面源污染防治、农业生态保护、质量安全监管等方面的制度建设，强化促进绿色农业发展的法律支撑。

（三）动员社会全民参与绿色农产品的市场培育

重视治理保障体系建设，强化认证管控、加强地标登记等，构建长效监管机制、追溯体系，规范农产品品牌发展，确保绿色农产品品牌的公信力与权威性。着力搭建社会监督参与平台，积极引导农民、媒体、专家、公众、社会组织等各方面广泛参与绿色农产品供给工作，形成共同监督、共同参与的良好氛围。积极培育社会大众的绿色环保意识，培育社会大众的绿色消费意识，提升社会大众对绿色农产品的认知和购买意愿。

（四）做好政策等高对接

借鉴沪宁杭农业农村发展方面的好政策、好做法，结合合肥实际，大胆创新，重点在新型农业经营主体登记、招商引资、人才招引、土地管理、市场准入等方面，实现等高对接，逐步做到规则统一、标准统一、监管统一。

（主笔人：王艳荣 董春宇）

合肥市消费趋势研究

安徽大学商学院课题组

消费是最终需求，是经济增长的持久动力。内需已成为经济的"压舱石"，2019 年最终消费支出对国内生产总值增长的贡献率为 57.8%，且自 2014 年以来成为我国经济增长的第一拉动力，对经济增长的拉动作用明显。国家"十四五"规划、2020 年中央经济工作会议等都明确提出"坚持扩大内需的战略基点"。形成强大的国内市场是构建新发展格局的重要支撑，必须在合理引导消费、储蓄、投资等方面进行有效的制度安排。安徽省政府也将促进消费扩容提质，加快服务消费升级，鼓励引导汽车、家电、消费电子产品更新消费，培育智能消费、定制消费等新模式作为 2020 年重点工作之一。本课题围绕消费结构变动升级、新型消费发展及培育等核心问题，立足合肥市消费现状，深入分析合肥市消费发展的问题及趋势，提出促进合肥市消费发展的对策建议。

一、合肥市消费现状分析

（一）消费规模持续增大

合肥市社会消费品零售总额一直保持上升趋势，2019 年达到 3234.51 亿元，且在 GDP 中的比重整体也呈上升趋势，消费品市场增长趋势明显。

（二）消费构成变动明显

合肥市城乡居民消费构成变动明显（见图 1）。城镇居民食品烟酒的占比仍相对较高，但总体呈下降趋势且幅度最大，居住消费支出占比上升，衣着、生活用品及服务、教育文化娱乐、医疗保健及其他商品和服务的支出占比有所下降，交通通信支出占比有所上升。农村居民居住消费支出总额呈上升趋势，食品烟酒支出占比最高，但也呈下降趋势，交通通信、教育文化娱乐和医疗保健支出占比稳步上升。

（三）消费结构升级变动

合肥市城镇居民生活水平由相对富裕提升至富足水平，农村居民生活水平由小康提升至相对富裕水平，越来越注重食品"质"的消费。农村居民消费的总结构变动度（0.387）高于城镇居民（0.344）。从项目消费结构变动来看（见图 2），城乡居民在居住和食品烟酒上的消费支出变动最大,医疗保健消费变动贡献度最小。城镇居民居住消费支出变动度高于食品烟酒,而农村居民则相反。

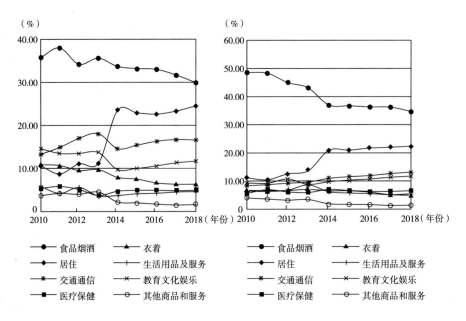

图1 合肥市城镇居民(左)和农村居民(右)消费支出占比

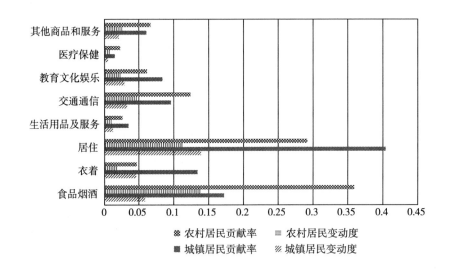

图2 2010~2018年合肥市城乡居民消费结构变动及贡献率

(四) 中高端需求趋势明显

居民消费由"生存型消费"向"发展与享受型消费"转变,消费向中高端及耐用产品转移。从限额以上商品销售情况来看,消费呈现出多样化、多元化趋势,中高端消费需求在多个领域增长趋势明显。2018年汽车类、家用电器和音响类、服装鞋帽和针织仿品类、石油制品类、粮油食品类等总额较大；烟酒类（31%）、化妆品类（23.1%）、体育娱乐用品类（26.2%）、家用电器和音响器材类（53.5%）增长幅度较大。

（五）电子商务蓬勃发展

合肥市坚持"市场主导、政府引导、产业联动、创新发展"原则，积极培育电子商务经营主体、普及电子商务应用、完善支撑服务体系，积极推动电子商务发展。截止到2019年，合肥市网络市场经营载体达213691家，商品交易总额达到612.18亿元，参与网络商品交易经营行为的网络经营载体数和电子商务交易额排安徽省第1名，长三角地区排第9名。

二、合肥市消费状况与对标城市的对比分析

（一）消费总量差距显著

合肥市社会消费品零售总额2019年达到3234.5亿元，占生产总值的38.6%，和与其经济体量相当的城市济南、福州、西安及长三角主要城市宁波、无锡、南京、杭州等相比（见图3）还存在较大差距。2020年合肥经济社会发展主要预期目标是全市地区生产总值迈上1万亿元台阶。对目前长三角的"万亿俱乐部"主要城市破万亿元当年分析发现，合肥市社会消费品零售总额总体规模及在GDP中的占比都较低。

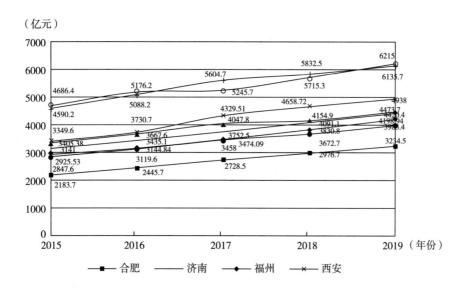

图3　2015~2019年合肥市及对标城市的社会消费品零售总额

（二）消费水平差距较大

从总体水平来看，2019年合肥市城镇居民人均消费支出达27319元，与济南（33439

元）、福州（32626 元）、宁波（38274 元）、无锡（37433 元）、南京（35933 元）和杭州（44076 元）相比，差距较大。农村居民人均消费支出达 13804 元，仅略高于济南（12300 元）。从发展的同一关键阶段来看，在 GDP 破万亿元当年宁波、杭州的人均消费支出均超 30000 元，无锡人均消费支出 29659 元，基本接近 30000 元，都远远高于合肥（23433 元）。

（三）消费支出构成差异较小

合肥市城镇居民和农村居民人均消费支出总额与济南、福州、西安、宁波、无锡、南京和杭州相比存在显著差异，但各类别占比差异不大。此外，从发展的同一关键阶段来看，2019 年合肥市城镇居民消费各项支出排序与无锡相同，与宁波和南京差异甚小。

（四）发展与享受型消费实绩较低

合肥市城乡居民的生存型消费虽占比逐年下降，居民消费升级趋势明显，但与对标城市相比，仅高于西安，发展与享受型消费实绩差距较大。从居民消费总结构变动度来看，与济南、福州和西安基本相同，高于同期的南京和杭州，但年均结构变动度低。

三、合肥市消费存在的问题

（一）消费规模相对较小

合肥市社会消费品零售总额与对标城市相比，差距较大。此外，2019 年合肥市商品零售总额 2809.74 亿元，在社会消费品零售总额中占比为 86.9%，与济南、福州、西安、宁波、无锡、南京、杭州等城市相比，总额差距较大，占比也有待进一步提升。

（二）县域消费发展不足

合肥市县域经济发展不均衡，2019 年合肥市长丰县、庐江县、肥东县、肥西县、巢湖市生产总值均低于 1000 亿元，且最低的庐江县仅有 457.8 亿元。合肥蜀山区、包河区、庐阳区均超千亿元，瑶海区为 887.7 亿元。合肥市县域经济发展差距较大。受经济总量的影响，各县域社会消费品零售总额也存在较大差距，2019 年各县社会消费零售总额均低于 200 亿元，而合肥市各区均在 400 亿元以上，社会消费品零售规模存在较大差距。

（三）商业布局不合理

合肥有一定数量的大型商业综合体，但布局严重不合理，缺乏具有引领和品牌示范作用的大型购物中心。2019 年全国购物中心销售百强排行榜中，南京过百亿元的购物中心 1 个；50 亿~99 亿元的购物中心中武汉 2 个，杭州 1 个，宁波 1 个；杭州 30 亿~49.9 亿元的购物中心中 2 个；20 亿~29.9 亿元的购物中心中宁波 1 个，南京 3 个，杭州 1 个，合肥仅在此规模拥有 1 个（万象城），且销售额仅在 20 亿元左右。合肥市严重缺乏销售体量较大的大型的甚至是地标性商业综合体，品牌的示范和引领作用严重不足。

（四）特色服务业发展不足

合肥特色餐饮街区打造梯队结构不够合理，虽头部特色餐饮商业街具有较好的知名度和影响力，但阶梯形梯队发展结构不合理，现有的尾部其他餐饮街区特色不鲜明。特色餐饮街区没有形成一个健康、稳定发展的生态，文化旅游开发相对不足，且受疫情影响，居民外出旅游的意愿还相对不足。

（五）商业流通设施不完善

合肥市新建城区和老城区的部分商业网点建设比较落后，缺乏统一科学的商业规划，定位不太清晰，物理环境不太优美，设施比较落后，导致发展状况并不太好。同时在农村地区，相关流通设施的建设投入力度也有欠缺，现代化、信息化的设施配套不足，也限制了农村消费品市场的发展。

四、合肥市消费趋势分析

（一）服务型消费快速升级态势显著

合肥市服务业增加值逐渐上升，服务行业消费规模较大，增长速度较快，对合肥市经济发展的拉动作用显著。同时在服务业中，合肥市传统服务业增加值与现代服务业增加值占比下降，到 2018 年下降至 32.1：67.9，现代服务业成为服务行业快速发展的重要推力。同时，在服务业整体发展规模不断壮大的条件下，服务业也朝着更加广阔、多样和品质的方向发展。教育培训消费、文化消费、旅游消费等迅速发展。

（二）绿色消费、共享经济蓬勃发展

调研发现，随着人们生活水平的提高和环保意识的增强，绿色消费这一新型消费展现出良好的发展态势。合肥市政府在 2019 年发布的汽车消费市场调研分析报告中指出，越来越多的消费者相较于购买一手新车，更倾向于通过租车、共享汽车等方式满足个体需求。

（三）信息消费产业稳步发展

从电信业务发展情况来看，合肥市电信业务总量呈波动增长，移动电话用户数及固定互联网宽带接入用户数则保持稳定增长。信息消费作为一种新型的消费领域具有一定的发展潜能，给信息产业带来新的增长点。

（四）品质与时尚消费备受追捧

随着居民对于美好生活需求的增加，时尚消费越来越受到大众的追捧，主要体现在以下三个方面：一是消费群体趋于年轻化，并且注重美的需求；二是对于高端消费、奢侈品需求的增加；三是消费趋于个性化、潮流化，注重设计感。

（五）健康消费愈加重视

合肥市城乡居民医疗保健的人均消费金额及其占比都呈上升趋势。调研发现新冠肺炎疫情的出现，进一步加深居民对健康的重视，越来越多的居民愿意为健康买单，健康消费市场未来可期。

（六）农村消费快速增长

合肥市农村居民消费性支出中生活用品及服务、医疗保健、教育文化娱乐支出增长较快，发展与享受型消费发展趋势明显。交通通信、教育文化娱乐对消费结构变动贡献率最大，农村居民对该类消费提出了更高要求。

五、促进合肥市消费发展的对策建议

（一）提高居民收入水平，确保消费稳定增长

1. 大力促进就业创业，增加工资性收入

落实就业优先战略和积极的就业政策，扎实推动就业促进工作，突出做好高校毕业生、农民工等重点人群就业工作。实施就业创业促进民生工程，创造更多高质量的就业岗位，全面贯彻党的教育方针，落实立德树人根本任务，促进教育公平，开展职业技能培训，强化就业帮扶援助。

2. 拓展渠道，增加投资性收入

增加居民财产收益，鼓励利用家庭生活闲置资金，积极投资固定资产并出租，获得不动产收益。

3. 强化托底保障，增加转移性收入

全面实施全民参保计划，扩大社会保障覆盖范围，提高社会保障待遇水平，完善精准兜底保障能力，提升公共服务惠民水平。

（二）顺应消费结构升级，实现市场提质扩容

1. 完善基础设施，鼓励创新发展

优化基础设施布局，加快生活服务设施建设；推动创新发展，围绕重点领域和重点区域进行突破，以点带面加快一体化进程，积极适应"互联网+"和分享经济发展新趋势，加快生活性服务业技术创新、管理创新、商业模式创新，提高企业自主创新能力和核心竞争力，为民众提供高品质产品与服务。

2. 促进绿色消费，打造绿色品牌

引导绿色发展，推进行业低碳转型试点，加大节能环保监督检查，加大绿色消费宣传，打造绿色服务产品品牌，促进服务过程和消费方式绿色化。

3. 释放健康需求，扩大消费市场

顺应健康消费发展及下沉趋势，深度挖掘城乡居民健康消费领域，推动健康消费市场

扩大。释放并推动疫情防控中的健康消费需求，完善健康消费品市场供应体系，进一步完善"云医疗"服务模式，推动线上线下一体化，推动"互联网+医疗健康"新业态的健康发展，扩大健康消费市场。

4. 发展服务性消费，培育壮大新业态

鼓励提高服务性消费，扩大教育培训、医疗保健、文教娱乐、旅游休闲、信息消费等服务消费和休闲消费。尤其进一步培育和壮大疫情防控中催生的"云教育""云旅游"等新业态，谋求线上线下教育、旅游等的有机融合，推动教育、旅游等行业转型升级。

（三）构建现代流通体系，合理化商业布局

1. 制定科学的规划，建立特色商圈

按照"一核引领、多级联动"的商业布局要求。在主要城区规划建设核心差异化商务区，发挥特色商务区的核心引领作用，建设具有一定的独特性的特色商圈。在各商圈内围绕供给侧结构性改革，在大力发展连锁店、专卖店和社区店的同时，持续建设高端百货店和城市商业综合体，形成大型商业网点向中心商圈集聚、特色消费向商业街区集聚、便民消费向社区商业集聚、大型市场向商贸功能区集聚。同时扩大开放，积极引进世界知名品牌和高端百货店，优化合肥市商业结构，提升消费档次，满足市区居民消费升级的需求。

2. 壮大流通主体，培育龙头企业

鼓励商贸流通企业通过转型升级、线上线下融合等多种途径做强做大，着力培育一批规模较大、档次较高的商贸流通龙头企业。同时也扶持一批中小商贸流通企业、成长性较好的个体工商户，实现龙头企业"顶天立地"和中小企业"铺天盖地"的良好格局。

3. 建设农村商品流通体系，加速产品流通

围绕全市新型城镇化、美好乡村建设规划，制定农村商品流通体系建设规划并按年度分步实施。组织、鼓励重点商业流通企业在农村乡镇建设商贸中心、商品配送中心和连锁店。实施农村电子商务稳固提升工程，加大现代化、信息化设施的配置力度，加快推进电子商务进农村网点建设和电商扶贫工作，实现电子商务全覆盖。同时通过举办产销对接现场会、搭建平台、入驻现有平台等方式全面推进农产品的产销对接，尽量减少中间环节，降低农产品的流通成本，此外，推进农产品的品牌化和包装化，融入现代信息技术溯源手段和产品推销手段（如直播等），实现产品质量的溯源、产品推广技术的提升。

（四）推动特色街区建设，实现商旅文体会联动

1. 推动特色商业街建设，培育示范街区

建设特色鲜明的餐饮、旅游等商业街区建设，加大对现有的商业街区的升级改造力度，合理规划并建设停车场、休息区等配套设施，适应消费升级新趋势，推动传统商业街升级转型，培育一批具有示范和带动作用的特色商业街区。

2. 丰富特色文旅产品，加大宣传推广模式

构建文旅产业多领域融合互动的休闲消费体系，构建文化产业和旅游产业融合发展示范区，打造具有合肥特色的旅游购物场所，提升当地特色旅游度假区品质和品牌影响力，

并结合合肥市的历史、文化、旅游和会展优势，依托特色商业街和旅游文化景点，推动"商旅文体会"联动，以展会聚人气、以文化提品位、以旅游扩影响、以体育促进交流、以商贸拉动消费，打造商旅文体会特色品牌，大力促进商贸业与旅游、文化、体育等产业的深度融合发展。同时加大对文旅产品的宣传力度，积极探索构建政府搭台、企业主导、线上线下融合、游客参与互动的全方位推广宣传模式。

（五）持续优化消费环境，推进消费健康发展

1. 强化经营管理，提供优质服务

构建放心舒心的消费环境，强化企业信用监督，健全商品和服务质量标准体系，经营者严格落实进货检查验收、商品退换货和售后服务、消费纠纷和解等制度，并积极推行首问负责制度、先行赔付制度。

2. 加大监管力度，营造良好的消费环境

监管部门加大检查力度，做到检查范围全覆盖；确保检查质量，力促监管效果最大化；延续检查后效，扩大市场监管影响力；健全投诉机制，有效解决消费者问题。强化宣传，提升消费者的维权意识。同时全面履行法定职责，推动网络消费维权制度健全和机制创新，开展网络消费教育和经营者自律，营造安全无忧的网络消费环境。创新投诉受理方式，充分发挥监督作用，加快受理解决消费纠纷方式的转变。

（六）构建智能消费生态，培育发展新型消费

1. 构建"智能+"消费生态，顺应消费升级

加快信息基础设施建设，推动"智慧商店""智慧街区""智慧商圈"建成，鼓励消费者使用绿色智能产品，倡导企业利用物联网、大数据、人工智能等技术带动各类电子产品智能化升级，建立城乡融合消费网络，激发农村市场消费潜力，提升市场发展持续性，支撑智能消费生态体系的建立。

2. 壮大新消费模式，促进经济快速增长

目前，网络购物尤其是以直播、社群营销等为代表的消费新业态、新模式展示出强劲增长潜力。构建以直播、社群为主要形式的新型业务发展模式，有助于释放消费潜力，培育并壮大疫情防控中催生的新型消费、升级消费能力，激发形成新动能，促进经济快速增长。

（主笔人：袁海霞　白琳　薛豪娜　吴瑞卿）

第三篇

储备性课题

▶ 合肥推进新型显示产业链现代化对策研究
▶ 合宁都市圈双核联动发展策略研究

合肥推进新型显示产业链现代化对策研究

合肥区域经济与城市发展研究院课题组

习近平总书记在中央财经委员会第五次会议上提出，要以夯实产业基础能力为根本，打好产业基础高级化、产业链现代化的攻坚战。党的十九届五中全会也强调，要"推进产业基础高级化、产业链现代化，提高经济质量效益和核心竞争力"。安徽省2020年政府工作报告指出，要坚持"巩固、增强、提升、畅通"的方针，推进"科创+产业"发展，加快产业基础高级化、产业链现代化。这些都为合肥市当前和未来一段时期的产业发展和产业升级指明了方向。目前，合肥市新型显示器件产业集群正成为全国面板产能最大、产业链最完整、技术水平一流的集聚发展区，实现了"从砂子到整机"的全产业链布局，然而仍面临新兴技术储备不足、本地配套能力较弱、产业链联动机制不畅等核心问题。本文以产业链安全性、稳定性、完整性等产业链发展问题为切入点，立足合肥市新型显示产业发展现状及存在问题，归纳总结发达国家以及国内先发地区发展模式，充分利用长三角一体化高质量发展以及安徽自贸区建设契机，围绕"建链、补链、延链、强链、固链"等关键问题，提出加快推动合肥市新型显示产业链现代化的总体思路、重点任务以及对策保障，为推进新型显示产业基础高级化和产业链现代化、加快新型显示产业高质量发展步伐提供决策参考。

一、合肥市新型显示产业链发展现状及存在问题

（一）全球发展形势

1. 产业规模不断扩大，营业收入不增反降

伴随着新一轮科技革命与产业革命浪潮，近十几年来新型显示产业规模不断扩大，营业收入也取得较快增长。如图1所示，2019年，全球新型显示产业总出货面积约2.3万平方米，较2016年增长近28%；营业收入约1200亿美元，较2016年增长5%左右。但2017年以来，随着智能手机和电视市场逐渐转变为存量竞争阶段，再加上后金融危机时代，全球经济不确定性加剧，全球新型显示产业虽然出货面积仍在持续增长，规模不断扩大，但由于面板价格下降较快，出现营业收入不增反降的局面。2017~2019年，全球新型显示产业总出货面积年均增长约7%，但营业收入年均下降约5%。

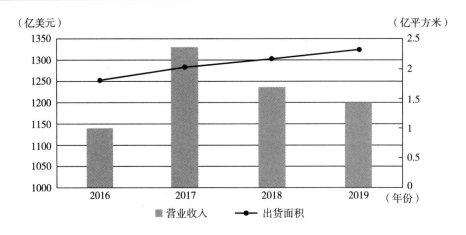

图1 2016~2019年全球新型显示产业营业收入与出货面积情况

资料来源:《新型显示产业发展白皮书》。

2. 市场需求依然旺盛,产品形态持续变化

在新产品、新需求的带动作用下,全球新型显示产业未来继续保持增长态势,市场需求依然旺盛。在国际市场带动和国内产业政策引导下,中国新型显示产业尤其是在 TFT-LCD 领域,已取得突破性进展,目前产能产量位居全球第一,AMOLED 量产进程稳步推进。与此同时,在存量竞争的背景下,尺寸大型化和形态柔性化成为当前显示产品市场的主要驱动力。全球电视面板出货平均尺寸增长较为迅速,从 2014 年的 39.0 到 2016 年的 41.2,再到 2018 年的 43.9,仍在不断扩大。并且未来几年柔性和曲面显示器市场呈现出强劲增长趋势,折叠手机、弯曲腕表、卷曲电视等产品已经开始陆续上市,市场的反应非常热烈。来自 Touch Display Research 的市场分析师预测,到 2023 年,柔性和曲面显示器将占全球显示器收入的 16%,而 2013 年只有 1%。

3. 各类技术竞相发展,产业应用宽泛多样

显示技术方面,显示行业正沿着 CRT→LCD→OLED 的轨道发展。目前在市场需求带动下,显示产业技术不断提升,各类技术并存竞相发展,主要包括液晶显示、高世代OLED、Mini/Micro-LED、AMOLED、全息显示、QLED 等(见图2)。前沿显示技术大量融合了高清视觉效果、虚拟显示、增强显示等技术,柔性显示技术作为最具颠覆性的创新科技之一,承载起消费者对于科技进步的高阶诉求。与 LCD 屏幕相比,AMOLED 屏幕明显的特点就是色彩更加鲜艳、对比度更高、色域覆盖更加广泛。柔性 AMOLED 是到目前为止"泛在屏"时代最优的解决方案之一。在新一轮科技革命和产业变革之下,LCD、OLED、激光显示、Micro LED 等多种显示技术竞相发展,未来的新型显示产业将呈现出多种技术互补的竞争格局。

产业应用方面,智能手机和电视市场逐渐转变为存量竞争阶段,超高清、大尺寸、柔性以及近眼等显示技术成为主要发展方向。智能手机市场近年来走向成熟,竞争日益激烈,屏幕成为竞争的焦点,差异化发展是企业竞相追逐的重点。根据《智能手机显示信息服务》(*Smartphone Display Intelligence Service*)报告,智能手机品牌商为了持续提升产品竞争力,将加大 AMOLED 在品牌各自产品线的渗透率。折叠屏作为产业发展的下一个

热点，将手机与平板电脑合二为一，不仅极大提升智能终端的使用范围，同时也将成为引领产业转型的方向。电视应用是 LCD、Micro-LED、OLED 以及激光显示等多种显示技术竞相追逐的目标市场，而 LCD 技术成熟、性价比高；OLED 电视技术进步不断成熟；Micro-LED 电视技术有待提升突破；激光电视成本不断降低，显示效果进一步提升。高清化、低成本化是电视液晶、OLED、激光等大屏显示技术的未来发展方向。智慧城市、智能网联汽车以及虚拟现实等行业的兴起，新型显示产业的应用范围得到进一步拓展，呈现出多样化的发展格局。

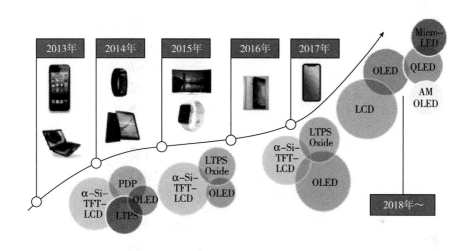

图 2　2013 年以来新型显示技术发展历程

资料来源：作者整理，下同。

4. "三国四地"竞争格局，企业分化错位发展

一直以来，全球新型显示产业以韩国、日本、中国生产厂商为主，形成了"三国四地"的竞争格局。但随着市场和技术的发展，传统的"三国四地"格局悄然发生变化，呈现出区位特色分化、错位发展的态势。从全球新型显示产业产能分布来看，2009~2018年，韩国产能占比由 44.3% 下降为 36.6%、中国台湾地区由 38.1% 下降为 25.7%、日本由 11.2% 下降为 10.3%，而中国则由 6.4% 上升为 27.4%。从平板显示产业产能分布来看，韩国、中国台湾地区、日本三地占比不断下降，而中国占比不断提升，尤其是从 2017 年开始，中国平板显示产能占比成为全球第一，呈现迅速增加态势，预计 2020 年将超过 50%，占据半壁江山。

从主要企业发展来看，日本最早将液晶面板商业化、最早实现 TFT-LCD 产业化，对液晶显示技术具有深厚的技术积累，代表厂商为日本显示公司（JDI）、夏普。1995 年后韩国面板厂商凭借高额的政府补助迅速占领市场，后来居上，主要企业为三星电子和乐金显示（LGD）两大巨头。近期，日本、韩国 LCD 面板大厂纷纷表示将停止该领域投资，从而转单中国。日本将聚焦 QLED、OLED 领域，面板产能逐渐收缩，但凭借在相关领域的长期投入和技术积累，仍把控上游核心环节。韩国将不断退出 LCD 市场，抢先布局新兴技术，专注溢价更高的 QLED、OLED 等面板的生产，将 AMOLED 作为其保持领先地位的重要选择，目前占有绝大多数的市场份额。中国台湾地区企业依靠日本转移技术发展壮大，主要有友达光电、群创光电、瀚宇彩晶。继续深耕 TFT-LCD 领域，但投资后劲不足，将发展重心转向了 Micro LED。随着日韩企业放弃 LCD 面板的生产，中国企业面板产能迅速提升，凭借着 G10.5 的量产，2019 年已超越海外面板企业成为全球最大的液晶面板生产基地，拥有较为完整的产业链，但上游材料国产化率仅 50% 左右，装备国产化率 10% 左右，重点关注 OLED、Micro LED 等技术。

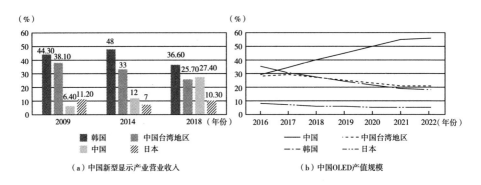

（a）中国新型显示产业营业收入　　　（b）中国OLED产值规模

图 3　全球新型显示产业及平板显示产能分布情况

表 1　全球新型显示产业分地区主要企业发展情况

地区	主要企业	生产线、技术及产品情况	未来发展战略
日本	日本显示公司 JDI	a-Si 生产线、3.5~6 代 LTPS 生产线；主要产品用于车载产品和高端手机；LTPS 技术优势明显	面板产能不断收缩，仍把控上游核心环节，聚焦 QLED、OLED 领域
	夏普	3.5~10 代 TFT-LCD 生产线、4.5 代 AMOLED 生产线；主要产品用于中高端电子消费产品；LCD 技术实力雄厚	
韩国	三星电子	TFT-LCD 生产线、4~6 代 AMOLED 生产线；主要产品为智能手机 AMOLED 面板和大尺寸电视；AMOLED 市场份额 90% 以上	抢先布局新兴技术，专注溢价更高的 QLED、OLED 面板，不断退出 LCD 市场
	乐金显示	TFT-LCD 生产线、4.5~8.5 代 AMOLED 生产线；主要产品为电视、平板电脑等大中小型尺寸面板；率先在大尺寸领域实现 AMOLED 产业应用	
中国	京东方	4.5~10.5 代 TFT-LCD 生产线，5.5 代、6 代 AMOLED 生产线；主要产品为大尺寸和标准化中小尺寸显示产品；国内显示面板龙头	未来的 LCD 面板订单数量将获大幅提升，产业规模快速增长，但核心技术研发任重而道远
	华星光电	8.5 代、10.5 代 a-Si 生产线、6 代 AMOLED 生产线；主要产品用于电视机大尺寸以及中高端手机终端；国内大尺寸 LCD 显示面板第二	
	深天马	2.5~6 代 TFT-LCD 生产线、5.5 代、6 代 AMOLED 生产线；主要产品为中小尺寸面板；国内中小尺寸面板出货量最大	
	中电集团	6 代 a-Si 生产线、8.5 代、8.6 代 IGZO 生产线；主要产品面向智能手机、平板电脑	
	维信诺	5.5 代、6 代 AMOLED 生产线；主要产品面向智能手机和智能穿戴设备；国内最早专业从事 OLED 研发生产企业之一	

续表

地区	主要企业	生产线、技术及产品情况	未来发展战略
中国台湾地区	友达光电	3.5~8.5代各世代生产线；主要提供1.1~85英寸显示应用面板，拓展LTPS在笔记本电脑和车载领域应用	中国台湾地区深耕TFT-LCD，在Micro-LED着力发展
	群创光电	3.25~8.5代各世代生产线；主要产品为电视、桌上显示器、手机及车载医疗显示面板；台湾面板双虎之一	
	瀚宇彩晶	独特规格的5.3代a-Si生产线；主要产品为手机、车载、工控TFT-LCD面板以及产品外挂式触控面板；在中小尺寸产品领域有一定份额	

（二）国内发展趋势

1. 产业规模持续增大，成为重要生产基地

近10年来，中国新型显示产业整体营业收入不断扩大，由2011年的573亿元上升到2019年的4300亿元，年均增长高达28.35%，2013年增速最快达到45%，预计2020年实现营业收入5500亿元。除了始终保持正的高速增长以外，整体增长速度已经连续多年超过全球产业增长速度。新型显示产业中OLED产值规模同样呈现不断增长趋势，产值由2012年的7.3亿美元增长到2019年的162.8亿美元，年均增长55.77%，增速2014年最高达到99%。目前中国新型显示产能占全球比重接近30%，尤其是在TFT-LCD领域，已取得突破性进展，产能产量位居全球第一，综合竞争力不断攀升。

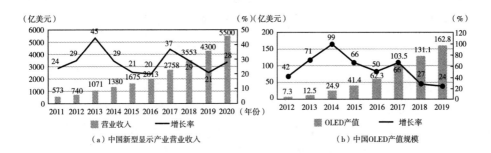

（a）中国新型显示产业营业收入　　　（b）中国OLED产值规模

图4　中国新型显示产业营业收入及OLED产值情况

2. 产品不断更新换代，AMOLED全力爆发

我国新型显示产业实现了跨越式高速增长，从初期面板基本靠进口"缺屏之痛"，到如今已成为全球重要新型显示生产基地，经历了脱胎换骨的蜕变。目前全球液晶电视产业正在向中国加速转移，韩国以及中国台湾地区电视面板出货量不断下降，而国内面板厂商出货量迅速增长，也带动了液晶电视上游产业的增长。新一轮科技革命和产业变革下，移动互联网、智能终端、人工智能和工业互联网为我国新型显示产业发展带来新的动能，在8K超高清、3D显示、柔性显示、透明显示等领域取得明显进步，高端TFT-LCD产业正在培养，中小尺寸AMOLED面板量产化进程正在推进，对量子点有机发光二极管（QD-

OLED）、印刷显示、Micro LED 显示、激光显示、电子纸等前瞻技术探索正在深入，持续提升创新能力。

随着京东方、天马、华星光电、和辉、维信诺 AMOLED 产品均已实现供货，我国的 AMOLED 产业规模得以迅速扩张。赛迪智库数据显示，截至 2019 年 10 月，全球已建成 AMOLED 生产线 23 条，在建生产线 6 条。其中，中国已建成生产线 11 条，在建生产线 4 条，总投资规模超过 4000 亿元。AMOLED 产品生产将全面爆发，到 2022 年，全球当前在建 AMOLED 产线全部建成并满产后，预计总产能将达到 3027 万平方米/年，其中中国总产能将达到 1686 万平方米/年，全球占比超过 50%。

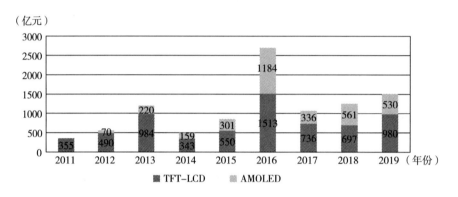

图 5　中国新型产业面板产线历年投资情况

3. 产业链条不断完善，配套能力持续增强

我国新型显示产业体系逐渐健全，上下游快速呼应为产业发展提供市场支持。上游材料方面，玻璃基板、驱动芯片、光学膜等关键材料研发取得进步，骨干企业的材料本地化采购率和配套率有所提升。下游终端方面，作为下游产品的核心器件，新型显示对我国消费电子产品的配套保障能力明显增强。我国是世界最大的消费电子生产制造基地，彩电、计算机、手机等领域的中国品牌的快速成长与上游新型显示器件互相促进，取得竞争力的整体提升。据群智咨询统计，中国面板市场对全球上游产业材料规模增长贡献率达到 70% 以上。国内面板企业在日趋激烈的市场竞争中将逐渐认识到上游产业的重要性，进而加快对上游产业链的渗透，玻璃基板、掩模版、光刻胶、偏光片、有机发光材料等领域的投资和并购将进一步增多，相关产品本土化程度有望得到大幅提升。

4. 政策扶持力度加大，形成四大产业集群

为推动我国新型显示产业发展，提升国际话语权，国家不断出台一系列政策予以扶持，具体包括《新型显示科技发展"十二五"专项规划》《工业转型升级规划（2011–2015年）》《国家中长期科学和技术发展规划纲要（2006–2020 年）》《新型显示产业发展计划》《超高清视频产业发展行动计划（2019–2022 年）》《促进制造业产品和服务质量提升的实施意见》等。地方政府同样也不断加大政策支持力度，例如《广州市黄埔区　广州开发区促进新型显示产业发展扶持办法》《深圳市 8K 超高清视频产业发展行动计划（2019–2022年）》，四川省印发的《集成电路与新型显示产业培育方案》《湖南省新型显示器件产业链发展三年行动计划（2020–2022）》《安徽省超高清视频产业发展行动方案（2019–2022

年）》《河北省新型显示产业创新发展三年行动计划（2018-2020 年）》等。

在政策有效推动下，我国新型显示产业实现了快速发展，产能不断增加。目前我国已形成以北京、固安为代表的环渤海地区，以合肥、上海、南京和昆山为代表的长三角地区，以重庆、成都、武汉为代表的中西部地区和以深圳、广州、厦门为代表的珠三角地区的四大新型显示产业集群格局。四大集群发展各有优势和特色，以北京为核心的环渤海地区，高校及相关科研院所遍布，产学研结合紧密；重庆、成都、武汉等中西部地区专注电子信息产业重点突破；上海、合肥、南京、昆山等长三角地区产业链上游基础良好，尤其是上海已成立"上海市新型显示工程研究中心"，将集中力量开发和掌握 AMOLED 显示关键技术，进一步打破 AMOLED 产业长期被国外垄断的局面；广州、深圳、厦门等珠三角地区贴近下游用户，形成新型显示的产业集群。

（三）合肥市发展现状

1. 产业链国内最完善，集聚效应较为显著

近年来，合肥市不断把握全球显示产业及技术发展趋势，坚持高站位谋划、大项目引领、全要素支撑，全力打造新型显示"产业地标"，逐步形成涵盖上游装备、材料、器件，中游面板、模组以及下游智能终端的完整产业链，形成了"从沙子到整机"的整体布局。合肥市先后获批新型显示国家集聚试点城市和首批国家级战略性新兴产业集群。产业链上游主要包括装备（核心装备、自动化装备）和材料（玻璃基板、光刻胶、化学材料、液晶材料、掩模版等）；产业链中游主要包括面板（TFT-LCD、OLED）和背光模组（导光板、LED 光源、模组组装）；产业链下游包括液晶/OLED 电视、电脑/车载显示器、笔记本电脑、手机/PDA、VR/AR 可穿戴设备以及激光电视等。

目前，新型显示产业集聚企业 93 家（不含驱动 IC 企业）：上游装备、材料、驱动控制企业 51 家，其中 44 家位于新站高新区；中游背光模组、面板企业 23 家，其中 17 家位于新站高新区；下游终端及配套企业 19 家，其中 8 家位于新站高新区。建成三条 TFT-LCD 量产线、一条有机 EL 试验线及一条硅基 AMOLED 小尺寸线，在建一条柔性 AMOLED 6 代线，实现了"从沙子到整机"整体布局。2019 年合肥市新型显示产业实现产值 843.33 亿元，其中面板产值达 370.6 亿元。2020 年 1~9 月，新型显示产业克服疫情影响，实现产值约 714.5 亿元，同比增长约 17.2%；新签约项目 11 个，投资 81.88 亿元。截至 2020 年上半年，全市显示产业链累计投资项目超过 120 个，完成投资超 1550 亿元。

2. 龙头企业逐步壮大，发挥示范带动作用

合肥市汇聚了京东方、维信诺、康宁、彩虹、视涯科技、乐凯科技、三利谱、江丰电子、奕斯伟、鼎材科技等行业龙头企业。其中京东方显示面板出货量已赶超 LGD、三星等国际巨头，跃居全球首位。视涯科技是目前国内仅有的两家从事 OLED 微显示器件研发、制造的企业之一，公司研发的基于硅基的 OLED 显示技术的微型显示器件，将半导体技术与 OLED 显示技术完美结合，具有高分辨率、高对比度、低功耗、高度集成、高可靠等特点。目前，产品已被广泛应用在头盔显示、智能眼镜等所有近眼显示应用系统应用领域，国内市场占有率位居第一。康宁是特殊玻璃和陶瓷材料的全球领导厂商，也是专注于电信、显示科技和汽车排放控制领域的世界五百强企业。康宁公司拥有 160 多年的材料

表2　新型显示产业重点企业配套关系梳理

序号	产业环节	企业名称	主要配套目标企业
1	面板	合肥京东方光电科技有限公司	京东方视讯、惠科、长虹、海尔
2		合肥鑫晟光电科技有限公司	
3		合肥京东方显示技术有限公司	
4		合肥维信诺科技有限公司	京东方视讯
5		合肥视涯科技显示有限公司	京东方
6	材料、器件	康宁显示科技（合肥）有限公司	京东方、维信诺
7		彩虹（合肥）液晶玻璃有限公司	京东方
8		合肥三利谱光电科技有限公司	京东方、维信诺
9		液化空气（合肥）有限公司	京东方、维信诺、晶合
10		住化电子材料科技（合肥）有限公司	京东方、维信诺、晶合
11		合肥清溢光电有限公司	京东方、维信诺
12		合肥江丰电子材料有限公司	京东方
13		合肥晶合集成电路有限公司	京东方、维信诺
14		合肥鼎材科技有限公司	京东方、维信诺
15		合肥先导电子材料有限公司	京东方
16		合肥彩虹蓝光科技有限公司	京东方显示光源、芯瑞达
17	装备	合肥欣奕华智能机器有限公司	京东方、维信诺
18		合肥通彩自动化设备有限公司	京东方、维信诺
19		合肥市商巨智能装备有限公司	京东方、维信诺
20	智能终端	合肥京东方视讯科技有限公司	海尔、联想
21		合肥惠科金扬科技有限公司	长虹、海尔、联想

科学和制程工艺领域研究积累，其在显示领域玻璃材料长期占据全球垄断地位，其中高世代玻璃基板全球市占率超过60%，居全球首位。京东方是全球显示产业领先企业，目前已在集群内建成三条高世代 TFT-LCD 生产线、一条有机 EL 试验线以及打印 OLED 技术平台，显示面板出货量占全球市场份额的1/4。彩虹集团是国内首家高世代玻璃基板研发企业，公司研发的 G6 代、G7.5 代玻璃基板产品率先打破国外垄断，填补了国内市场空白。鼎材科技拥有全国最大的有机发光材料和光阻产品研发生产基地，技术水平和产品质量国内领先，填补了国产大尺寸显示产品用高端电子材料技术空白，其中在 PMOLED 领域鼎材科技的市场占有率已达到40%以上。

3. 研发投入不断加大，创新能力持续增强

拥有特种显示技术国家工程实验室、薄膜晶体管液晶显示技术国家地方联合工程研究中心等31家省级以上创新平台，国家家电质量监督检验中心等19家省级以上公共服务平台。2019年，全市新型显示企业研发总投入达到31.9亿元，获得发明专利授权量1352件，其中国内发明专利授权991件、国际发明专利授权361件。京东方研制成功全球最大尺寸超高清氧化物显示屏产品，视涯推出全球最大、最清晰硅基 OLED 显示屏，彩虹液晶

成功下线国内首片拥有自主知识产权的溢流下拉法 0.5 毫米 G8.5+基板玻璃。

4. 重大项目相继实施，投资规模持续扩大

按照"领军企业—大项目—产业链—产业集群"的产业发展思路，相继实施了京东方 6 代线（总投资 175 亿元）、8.5 代线（总投资 285 亿元）、10.5 代线（总投资 400 亿元）、维信诺 AMOLED 6 代线（总投资 440 亿元）、超宽幅偏光片生产基地（总投资 100 亿元）等一批投资超百亿元重点项目。截至目前，全产业链累计投资项目超过 120 个，完成投资超 1550 亿元，在建重点项目 31 个，总投资 764.4 亿元。2021 年 1~9 月，全市显示产业完成固定资产投资约 108.4 亿元，同比增长约 5.01%。截至 8 月底，维信诺 AMOLED 6 代线项目，继续进行基础建设收尾工作，设备搬入累计完成总体计划的 74%；公司综合动力厂房已投入使用，屏体厂房部分搬入，目前正在进行主厂房家具安装、环境治理等行政后勤保障工作。

5. 积极探索运作模式，产业生态不断优化

探索出"引进专业团队—国有资本投资引领—项目落地—通过上市通道退出—循环支持新项目发展"的产业运作模式，运用国有资本撬动社会资本投入新型显示产业发展；成立芯屏基金，目前基金实缴规模已达到 234 亿元，累计对外投资 336 亿元，成为促进新型显示产业投资的重要资本力量。组建成立芯屏新型显示产业发展中心，指导企业建设创新平台、开展联合技术攻关，推动新型显示产业链共性技术研发及企业协同发展。建设合肥京东方医院、康桥国际学校等，进一步优化公共基础设施，更好留住新型显示产业人才。成功举办首届世界显示产业大会，产业开放合作迈入新阶段。2019 年新型显示产业实现进出口总额达到 90.9 亿美元，进口额为 29.1 亿美元，实际利用外资总额为 2.72 亿美元。

（四）存在问题

1. 缺乏专项产业政策支持

缺乏专项发展规划。国内一些重点城市都出台了新型显示产业政策或专项规划。广州发布《新型显示产业 10 条》、重庆发布超高清视频产业发展行动计划、上海发布《支持新型显示产业发展系列政策》、深圳发布《新一代信息技术产业施行扶持政策》等，各地区对新增产线和配套产业项目的争夺也依然非常激烈，但目前合肥市乃至安徽省均缺乏新型显示产业专项政策，在地域竞争中缺乏后劲支持。缺乏专项人才政策支持。合肥市新型显示产业人才流失问题较为严重，并且集成电路等领域均配有专项人才计划，急需出台新型显示专项人才政策。

2. 关键材料和核心设备国产化率较低

虽然目前合肥市已成为全国面板产能最大、产业链最完整、技术水平一流的集聚发展区，但新型显示高端设备领域完全不具备生产能力，曝光机、蒸镀机、刻蚀机等关键设备均需从国外进口。光刻胶等许多关键原材料国产化率不足 10%，仍需要依靠进口。

3. 产业生态有待进一步改善

目前，成都市有效整合完善产业链、价值链和供给链，构建贯通原辅材料、零部件、中间产品、关联产品、整机集成、运营服务的新型显示产业生态圈。重庆市级层面陆续组建了设计规模近千亿元的重庆市产业引导股权投资基金和重庆市战略性新兴产业股权投资基金。而合肥市目前在产业链上下游协作、资金保障、专项人才政策等方面仍存在不足，与发达地区存在较大的差距。

4. 外部环境不确定导致供应链风险较高

全球疫情持续扩散以及中美贸易摩擦导致贸易脱钩风险陡增，外部环境充满不确定性，新型显示某些产业链环节溶解甚至"断裂"，进而出现关键材料"断供"风险。一旦出现脱钩，新型显示企业将面临巨大生存风险。

二、国内外新型显示产业链发展模式及启示

根据市场占有率来看，目前全球新型显示市场已形成由韩国、日本、中国"三分天下"格局。本部分分别梳理韩国、日本、中国台湾地区以及中国的苏州、深圳、南京、重庆等地区新型显示产业发展历程及发展现状，归纳总结各地区新型显示产业发展模式，以期为合肥市推进新型显示产业链现代化提供启示。

（一）发达国家发展模式

显示产业世界市场目前主要由发达国家韩国和日本等控制，他们在显示行业有着起步早、技术高等优势，品牌效应深入人心。以韩国和日本为例，分析和总结发达国家显示产业发展模式。

1. 韩国：注重技术创新，崇尚合作共赢

韩国作为面板显示行业的领军国家目前在世界市场上的地位使人望其项背。韩国的显示产业离不开韩国电子业巨头——三星电子和 LG 电子。第一，快速更新产品，缩短产品生产周期。从三星显示器的发展历程来看，几乎每年都会推出新技术，并将新技术融入新产品，不断刷新显示产品市场的走向。第二，注重产品创新，不断迎合市场需求。不论是三星新推出的折叠软屏还是 LG 的带鱼屏，都是为了迎合消费者的最新需求。自全屏手机在手机市场上出现以来，非全屏手机很快就被淘汰出市场，但随着全屏手机的不断更新，手机屏幕越来越大，但三星软屏的推出为手机市场带来了又一次的革新，快速解决消费者的难题。第三，崇尚合作共赢，形成巨大品牌效应。电子产业与显示产业的相互合作增添了电子产品在外观和性能上更加吸引消费者眼球的能力，还尊崇"合作共赢"的思想，各个品牌集中生产自身所擅长的领域产品，虽然三星和 LG 作为彼此最大的竞争对手，但两者之间根据市场进行了专攻领域的划分，主动让出自身发展存在欠缺的市场份额。第四，加大研发投入，占据全球技术高点。虽然三星是最早开始研究 OLED 技术的厂家，正是考虑到 OLED 大尺寸屏在短期市场上的收益和先天的技术缺陷，三星显示将 OLED 这个显示技术重点应用到了移动终端。折叠、卷轴等各种形态的柔性屏决定以后手机形态将发生巨大改变。

2. 日本：注重政府扶持，保护国内市场

日本电子制造业一度领先世界，是日本人引以为傲的产业，曾占据世界市场份额的 52%，其非常出名的品牌有全球第三大半导体制造商的尔必达、NEC、夏普、三菱、松下和索尼等。第一，技术精益求精，生产经营体系严格把关。日本产品一直以来都以严谨和

精细为特点，公司对技术员工要求极高，对产品成果要求苛刻，在研发技术方面给予极大的资金支持。在海外设立的分公司和子公司进行制造生产，但对于核心技术和决策权利依旧由日本总公司负责。第二，对国内市场的保护主义。20 世纪 90 年代，日本为保护 NEC、松下等品牌和鼓励其快速发展，实行"闭关锁国"政策，这虽然加快了本土企业品牌的迅速壮大，但为与世界市场脱轨埋下伏笔。第三，过度重视研发而忽视产品推广。日本向来追求精益的技术，产品精密，但缺少营销推广创新，仍旧采取传统零售业的方式进行销售，虽拥有极好的技术，但传递给消费者的速度慢、准确度低，且市场定位方面存在劣势，索尼和夏普等品牌定位于中高端产品，但由于其精密的技术使得成本较高，产品市场价普遍高于其国外竞争者。第四，固守传统制造模式，缺乏创新。创新导向及体制与产业创新需求不匹配，过度重视硬件而忽视软件服务环节，在移动互联网时代，服务和商业模式日益重要的时代，日本单单过硬的电子制造业处于被动的局面。

（二）国内部分地区发展模式

国内显示产业最具悠久发展历史的应数中国台湾地区，不断承接来自国外产业转移，利用自身优势大力吸引外资，但一直面临着国外核心技术的封锁。中国优先发展显示产业的地区有苏州、深圳、南京、重庆等，主要通过产业园打造、吸引外资、政策支持、填补产业链上下游空缺和技术引进等方式打造中国显示产业品牌。苏州充分进行产业链的完善，进行产业集聚从而形成产业集群效应。广州从人才培养方面入手，吸引优秀专业人才，进行自主创新。南京在企业与学校合作方面进行努力，使得产业具有充足理论和技术支持。

1. 台湾地区：吸引外商投资，加强技术引进

第一，加强技术引进，开展国际合作。台湾地区面板行业起步早，一直以来都是通过引进外国技术，努力吸收内化。1976 年台湾地区敬业电子吸收来自美国技术，生产用于电子表等小型电器的 TN-LCD 液晶屏幕；20 世纪 80 年代，引进日本的夏普和爱普生等品牌技术，并雇用工人生产。虽面板发展结果都不尽如人意，但并没有浇灭台湾地区对显示行业的坚持，与日韩保持技术交流，并在大陆地区的扶持下建立自己本土品牌和专有技术。第二，利用自身优势，吸引外资。台湾地区依据自身的地理位置，获得国外厂商的青睐。不断接收来自美国、日本和韩国的技术转移。面对外商的投资，台湾地区选择接纳和吸收，努力培养核心技术人员。忽视外在因素，抓住其他国家惨烈竞争的机会，尽快增强自身的实力。

2. 苏州：完善产业链条，发挥集聚效应

近年来，苏州紧紧抓住国际新型平板显示技术与市场快速发展机遇，当地新型显示产业出现集群发展态势，形成上游显示材料和元件、中游显示面板和下游显示模组 LCM 完整的产业链。第一，扩大生产规模，完善产业链条。经过多年的发展，苏州新型显示产业已形成了较大的生产规模和完善的产业链，形成了以三星显示、友达光电、龙腾光电、国显光电等知名液晶品牌为首的产业集群，成为长三角区域中重要新型显示产业基地。苏州新型显示上游材料元器件产业中，驱动 IC 和背光模组等产业具有一定的优势。下游终端厂商众多，无论是大尺寸还是中小尺寸的液晶面板，应用渠道非常广泛，消费终端大部分来自世界各国的电子消费市场。第二，不断发挥产业集聚效应。苏州新型显示相关行业呈

现明显集聚态势，集聚多家知名企业。苏州集聚多家国际知名品牌，上游有旭硝子公司和默克电子等。中游包括三星显示和友达光电。下游聚集了明基电脑等电子消费品生产厂商。

3. 深圳：加强自主研发，注重人才培养

第一，广纳贤才、重点培养技术人才。华星光电打破引进国外技术与人才的常规路，通过自我组建技术团队，进行技术路线图的自我设计，打造了一条专属于华星光电的自由产业链条。依靠独特的三级人才梯队战略，在业内广纳贤良，公司会聚了中国台湾地区、韩国业内享有较高知名度的顶尖技术人才，各级优秀人才的聚集将是华星项目成功的最大保证。第二，加强自主研发，实现创新发展。2012年华星光电自主研制的全球最大110寸全高清3D液晶显示屏"中华之星"，奠定了依靠自主创新的华星光电在国内平板显示行业的领先地位。计划于2021年量产的华星光电第11代超高清新型显示器件生产线，设计产能90K，将弥补中国在8K超高清等先进产品的市场空缺。

4. 南京：完善基础配套，延伸产业链条

南京经济技术开发区以光电显示产业为核心，已成为国内同类行业的知名园区。作为2005年国家批准的首批"国家显示器件产业园"，以及江苏省政府命名的"江苏省电子信息产业基地"，开发区的液晶模组年出货量占全球市场份额的12%以上。第一，推行产业链本地化，完善产业格局。开发区集聚了一批科技含量和创新能力高、自主研发能力强的光电显示企业，并已初步形成了以液晶显示为主体、以新型显示为方向、以LED及太阳能为补充的产业格局。为进一步形成产业核心竞争力，南京经济技术开发区还在积极实施产业链本地化打造策略。第二，不断延伸产业链，实现高端升级。由液晶显示模组起步，开发区光电显示产业链条不断向上、下游及横向延伸。液晶显示产业链不断拉长，涉及了产业中下游的核心配套产品、一般配套产品的生产，让产业区的产业不断向高端发展。第三，成立行业协会。南京平板显示行业协会协助政府部门制定产业发展规划，提出行业发展重点和有利的政策、建议。参与行内重大项目的组织和决策，推广国外先进技术，提供产业增值服务，推动液晶显示行业的快速发展。

5. 重庆：培育产业集群，拓宽融资渠道

第一，加快集群发展，完善产业链条。近年来，重庆努力培养液晶显示产业的集群发展，陆续引进京东方、惠科和康宁等多家显示行业知名企业，目前已初步形成集玻璃基板、液晶面板和显示模组等产品研发、生产于一体的显示产业链条。液晶显示产业发展对整个电子信息产业产生了重要影响。第二，组建投资基金，拓宽融资路径。针对重庆液晶面板产业的发展规划，在重庆市政府的推动下，通过投资平台，2014年以来，重庆市级层面陆续组建了设计规模近千亿元的重庆市产业引导股权投资基金和重庆市战略性新兴产业股权投资基金。

（三）国内部分地区政策比较分析

1. 主要政策梳理

（1）苏州：减税收重补贴，实施产权保护。第一，减免税费收取，减轻企业压力。针对面板显示相关企业，经认定的企业拥有所得税"两免三减半"的优惠政策，对园区

科技局认定的单位和个人从事技术转让、技术开发业务等相关业务所得收入不征收营业税等方式减免税收负担。第二，给予质量认证补贴。鼓励企业通过 GB/T19000-ISO9000 系列的质量保证体系认证和 CMMI 认证，认证费用园区发展资金将给予 50% 的补贴，通过 CMMI2-5 级认证可享受 20 万~50 万元的奖励。第三，重视知识产权保护，加大专利费用资助。对于发明、实用新型和外观设计专利根据实际缴纳数进行专利申请费、审查费、授权费补贴。设立年度专利申请大户奖，充分保护发明创造的知识产权。

（2）深圳：实行专项扶持，供地引人减费。第一，充分发挥领导小组作用，引导资金流向作用，实施 8K 专项扶持计划，采用直接资助、股权资助、贷款贴息、风险补偿等多种扶持方式。第二，特批 30 平方公里的显示产业及其他产业用地，缓解深圳因地价贵、生产成本高等问题造成的产业"外迁潮"。第三，推出一批普适性政策，在全市范围内每年都会进行创新人才奖的评选和人才安居等工程的落实，各类人才专项资金超过 70 亿元。第四，为解决集成电路、面板行业和 8K 超高清视频等产业发展的瓶颈问题，深圳密集出台了一批精准化产业政策，围绕这些产业的前沿性和引领性技术实施悬赏制，开展一大批研制扶持计划，按总投资 40% 给予支持。

（3）南京：加大减税力度，积极吸引外资。一方面，积极落实国家减税政策，缓解企业经营压力。仅南京中电熊猫平板显示科技公司就收到 4.4 亿元的退税款，退税政策为企业今后的生产经营和科研投入提供了资金支持和发展信心。另一方面，支持知名跨国公司、外商投资企业设立研发机构、工程中心和实验室等，根据经营情况，财政给予不超过 200 万元的资金支持；对符合条件的外资研发中心进口科学研究、科技开发用品免征关税和进口环节增值税、消费税，对符合条件的外资研发中心采购国产设备全额退还增值税。

（4）重庆：强化用地保障，灵活融资制度。第一，强化产业用地供给，保障显示产业用地。对于显示产业用地给予优先、重点保障。对重点行业投资 5 亿元以上的重大工业投资项目，可根据企业需求，在 3~5 年内就近预留一定空间的工业用地。第二，采取灵活的融资制度。发挥科技风险投资资金的引导作用，形成超 100 亿元的创业投资基金规模。壮大私募基金规模，缓解企业融资困难。鼓励符合条件的大型企业到国内主板和海外上市，创造条件支持企业发行债券，引导金融机构加大信贷支持力度。

（5）合肥：加强政府补贴、吸引人才驻留。第一，采取基金、"借转补"、财政金融产品和事后奖补等多种投入方式吸引金融和社会资本，严格控制各种投入方式所占比重。第二，围绕人才稳岗安居的问题，突出重点产业、重要人群，通过提供免费租房、补贴购房等措施，营造良好的就业与居住环境。对高级管理人员进行奖励和新落户高企房租补贴。第三，加大对产业扶持的政策预算资金投入，根据企业投资额累进增加奖补比例，每家企业最高可获 500 万元补助金额；支持民营及中小微企业发展，对省级以上企业技术中心、工程研究中心等给予一次性 20 万元奖励。

（6）其他省份或地区。广州市出台专项扶持政策，对具有一定条件的新型显示龙头企业予以巨额奖金支持，并严格控制奖金的使用和监督企业的规范化生产。上海市金山区发布新型显示产业相关政策，其中除去奖金支持外主要还包括关于优秀人才购房和租房的补贴，设立产业基金等内容。四川省提出大力支持成都市建设"芯火"双创基地和新型显示创新服务基地，打造重点实验室、研究中心等创新平台，建立健全共性技术、加工测试、知识产权交易等公共性服务平台，并在制定人才创业政策、吸引人才落户和落实税收优惠政策等方面再接再厉。河北省统筹省专项资金及相关基金，把新型显示技术研发及产业化、重大技术改造项目作为重点予以优先支持。鼓励银行业金融机构建立适应新型显示产业特点的信贷管理和贷款评审制度，创新符合产业特点的信贷产品和金融服务。

2. 政策比较分析

（1）资金奖补方面。资金奖励是上述城市和省份都涉及的扶持方式，苏州、深圳和南京等城市通过奖金发放给企业直接方式和降税减费间接两种方式为企业带来资金活力。而合肥地区从工厂规模达标、产品创新创优、企业合格生产、技术改造升级等多方面进行财政资金输入行为多为政府出资的方式进行，方式较为单一，易使企业形成依赖惯性，可通过减税降费来减缓企业资金周转的困难，并适当引入社会资本，采取灵活的融资制度。

（2）吸引人才方面。合肥通过安置住房或住房补贴，完善医疗、健康、保险、子女上学的方式流露出迫切需要高素质人才的想法，但由于合肥综合实力还处于不断奋进阶段，工资水平与发达城市还存在一定差距且仅通过物质等硬件条件还无法达到理想状态，应配以文化精神层面的满足以达到事半功倍的效果。

（3）企业用地方面。深圳提出为企业优先批地，降低地租水平。重庆为工业园达标企业预留 3~5 年的工业用地，解决企业用地顾虑。针对合肥目前所出政策而言，在企业用地方面扶持政策与其他地区相比涉及不多。

（4）知识产权保护方面。显示面板产业属于资本密集型和技术密集型相结合的产业，其中技术重要性更甚，技术的突破不仅需要人才的加持，更需要无忧的政策保障，苏州、深圳等地分别进行知识产权相关法规的完善，强调知识产权的保护，充分体现该城市尊重知识成果的态度。合肥地区在此方面缺少充分的关注，加强对显示产业知识技术的法律法规保护是应有之义。

（四）对合肥市新型显示产业链现代化的启示

1. 实施关键核心技术攻关行动

韩国在折叠、卷轴等各种形态的柔性屏领先技术可以让三星在接下来 10 年依旧保持领先优势，日本同样在显示产业研发技术方面投入极大的资金支持。而中国台湾地区虽然积极承接来自日韩的产业转移，但由于核心技术工人和资金的缺乏以及市场的不认可，发展结果不尽如人意。党的十九大报告明确提出，要突出关键共性技术、前沿引领技术、现代工程技术和颠覆性技术创新。合肥市乃至国内新型显示企业唯有关键核心技术实现根本性突破，核心竞争力才能稳步提升。

2. 加快完善产业链条，提升配套能力

一方面，要改善目前终端能力相对落后的局面，在终端产品、内容供给等方面加大招引力度，建立集产品研发、生产及终端应用于一体的显示产业链条。另一方面，要不断强化产业链配套，引进更多的配套企业，加强产业配套能力，提升配套产业的层次，逐步实现高端材料的本地化生产。同时，积极推动产业链上下游交流，形成上下游配套齐全的完整产业链，通过紧密协作共同提升竞争力，使合肥市新型显示产业形成产品多元化、企业规模化、产业集群化的发展趋势。

3. 出台专项发展规划，加强政策支持力度

日本以及国内部分地区均给予新型显示产业较大的政策支持力度，成立专项基金，从而很好地保障产业做大做强。在国内外双重受压下，合肥市要出台新型显示产业发展专项规划，进一步厘清产业发展重点和路径。成立专项基金，围绕显示相关的产业链、创新链制定相关支持政策。

4. 构建完善的人才培养机制

新型显示产业未来的人才资源争夺将愈加激烈，尤其是在 OLED 领域。OLED 是快速发展的新兴技术，全球范围内都存在人才积累不够充分的问题，液晶产业通过引进外籍人才的手段难以解决人才不足的困难，韩国三星公司人才培养机制值得借鉴。三星在发展新型显示过程中，除了加强与国外先进企业人员的交流，同时十分注重与大学、研究院所的课题合作，积极提供实习岗位给在校学生，以及刚毕业的博士在企业任职，较短时间内即可承担相应研究和生产工作。

5. 建立协同创新合作机制

一方面，政府需加强对产业链上游材料的研发支持力度，充分发挥合肥高校、科研院所的优势为企业牵线搭桥，建立官产学研协作机制，共享研发资源、培养本地科技人员，掌握核心技术专利，实现高端材料的本地化生产。另一方面，加强与长三角其他地区的合作，推进配套协作。弥补市场对于显示产业的有效需求不足，积极创造条件，通过境内、境外招商，吸引上游产品制造商在合肥投资建厂。

三、合肥推进新型显示产业链现代化总体思路与重点任务

（一）总体思路

以习近平新时代中国特色社会主义思想为指导，全面贯彻党的十九大和十九届二中、三中、四中、五中全会精神，深入贯彻习近平总书记在中央财经委员会第五次会议讲话以及考察安徽重要讲话精神，落实省委、省政府部署要求，充分利用长三角一体化高质量发展和中国（安徽）自由贸易试验区建设契机，立足合肥市新型显示产业发展优势，按照"巩固、增强、提升、畅通"八字方针以及"建链、补链、延链、强链、固链"的工作思路，以重大项目为抓手，着力突破关键核心技术，加强技术协同创新，巩固新型显示基础优势，超前布局前沿显示技术，积极构建新型显示产业生态圈以及完整高效的供应链体系，加快打造全球技术一流的新型显示产业集聚区。

（二）重点任务

1. 突破关键技术

虽然，目前合肥市新型显示产业整体规模位列国内第一，产业链最为完整，但与发达国家相比还有较大的差距，尤其是关键技术领域"卡脖子"现象严重制约了未来进一步发展。因此，合肥市要以龙头企业为重点，聚焦部分重点领域，布局新一代的显示器件，突破一批关键装备技术瓶颈，尤其是在曝光机、蒸镀机、刻蚀机等关键设备和光刻胶等关

键原材料领域逐步摆脱对国外的依赖。

2. 加强终端应用

一方面，紧跟终端消费市场需求，找到新的增长点及"引爆点"，不断推出切合应用终端实际需求的多样化、高品质的新型显示产品，推动终端应用的变革。另一方面，加强新型显示技术在教育医疗、安防监控、智能家居等新兴领域的应用，优化用户体验，加大渗透力度，不断拓展产业发展链条。聚焦微显示领域未来发展方向，在终端产品、内容供给等方面加大招引力度，以终端应用带动合肥市微显示产业快速发展。支持产业链上下游企业通过项目合作、供需对接等方式加强产业链协同。

3. 做强龙头企业

京东方、维信诺、视涯、康宁、三利谱等企业相继在合肥汇聚，形成了涵盖全部生产环节的生产链条。要继续做强龙头企业，发挥引领作用，给予充分的政策和资金的扶持与激励，营造良好的发展环境。积极引导龙头企业，形成良好的竞争合作关系，在生产技术和组织管理方面相互交流学习，共同进步，形成强大协同力。做好显示企业服务工作，加强走访调研，帮助企业解决生产经营方面的困难和问题。

4. 落实重大项目

落实重点项目责任主体，建立重大项目推进机制。一方面，加大政策支持，优化营商环境，吸引更多重大项目落地合肥；另一方面，发挥龙头企业的引领作用，加速推动具有引领性、牵动性的重大项目建设。要多措并举推动全市在建、在谈及谋划的 72 个重点项目加快实施，推动维信诺 AMOLED 6 代线、ITO 靶材及其他薄膜材料生产基地等一批在建重点项目早日建成、尽快投产。

5. 汇聚高端要素

诸如人才、技术、信息和知识等高端要素的汇聚与交融，推动着生产要素的流动和产业结构的调整，有助于在更高层次上获得集聚的规模效应。首先要对接多层次市场。加强合肥与国内外地区的对接合作，打通银行、证券、保险等各类金融机构设立分支机构间的合作壁垒，推动生产要素的流通与配置，建立多层次资本市场服务示范基地。其次要出台专项科技创新和人才招引政策。对接上海张江、合肥两个综合性国家科学中心，围绕新型显示技术领域，不断加大政府资金支持和企业配套支持力度，着力引进一批显示领域海内外高层次人才和创新团队来合肥就业创业，提高科创团队孵化产业化水平。

6. 搭建创新平台

优化产业链运行模式，提升产业链治理能力，打造各项支撑新型产业发展的创新平台是当前乃至今后重要的发展任务。要进一步推动产业链上下游重点企业、科研院所围绕关键共性技术共建产业创新中心，建设新型显示关键共性技术研发平台，组建联合实验室或技术中心，实现创新资源共享、产业生态融通、供应链协同。支持建设新型显示产学研合作、信息发布、成果交流和交易平台。聚焦重点领域，建设一批重大新兴产业工程和重大新兴产业专项，支持显示产业加快研发产业化。

7. 深化开放合作

在国内、国际双循环背景下，合肥市要借助长三角一体化高质量发展以及安徽自贸区建设契机，深化新型显示产业的对外合作与交流，要充分利用好国内和国外两个市场资源要素，实现更高层次、更宽领域的开放合作、共赢发展。一方面，主动对接国家新型显示产业发展战略，积极融入世界级新型显示先进制造业集群建设，深化推动长三角一体化高质量发展战略，与江浙沪携手建立现代化新型显示产业体系；另一方面，落实安徽自贸区实施方案，在新型显示领域给予贸易投资和金融服务便利，优化贸易监管服务，支持参与建设新型显示技术创新中心。另外，深化与韩国、日本等发达国家的合作，学习借鉴科技研发、产业创新和供应链管理等领域的成果经验，补齐产业链发展的短板。

8. 加大政策支持

第一，尽快出台新型显示专项政策。目前省、市两级已在集成电路、生物医药、新能源汽车、人工智能等多个领域出台了专项政策，新型显示已获批首批国家级战略性新兴产业集群，因此也要针对新型显示出台专项政策，推动新型显示产业持续发展。第二，针对柔性显示、超高清显示、微显示等新型显示技术出台政策，给予营收奖励、研发费用补贴，鼓励企业进行创新。第三，对落户企业实施"一企一策"精准扶持政策，从技术研发投入、先进设备引进、厂房建设等方面给予补贴支持，为重大项目落地开辟"绿色通道"。

9. 健全运行机制

第一，健全政、产、学、研合作机制。新型显示产业需要大量科研资源的投入，建立政、产、学、研的深度合作机制，有助于解决新型显示产业发展前、中、后各阶段的难题，促进产业的快速发展。第二，健全人才培育与发展机制。高技术人才是产业竞争背后的内源性动力，营造人才辈出、人才能量迸发的软硬环境，对产业的发展至关重要。第三，健全责任落实机制。根据合肥市新型产业发展提出的各项计划和目标，细化考核和奖惩机制。

四、合肥推进新型显示产业链现代化的对策建议

（一）加强组织领导，优化顶层设计

1. 建立统筹调度机制

依托市领导联系调度机制以及链长调度机制，成立新型显示产业发展领导小组，就产业发展进行一线指导，通过组织协调将产业发展的各个环节任务分配给各级部门。以"链长制"为抓手，压实分工包片责任，细化量化任务目标，卡时间点推进落实。各级各部门要紧密配合、凝心聚力、上下联动、相互促进，切实形成助推产业发展的强大合力。此外，要充分发挥监督考核机制的"风向标"作用，建立健全奖惩机制，倒逼目标任务的落实。

2. 制定专项发展规划

目前，新型显示已获批首批国家级战略性新兴产业集群，具有良好的发展基础，为推动显示产业持续发展，进一步强化产业链建设，要尽快出台新型显示专项，并聚焦微显示领域技术创新、应用扩展、配套体系等。一方面，编制《合肥市微显示产业生态链建设方案》，加快下一代显示技术布局，积极争取工业和信息化部等部委将合肥市微显示产业

纳入国家战略布局。另一方面,横向借鉴其他新型显示产业实力较强的国家或国内地区的发展模式与思路,纵向遵循党中央、国务院提出的发展规划,针对目前合肥市新型显示产业发展中存在的问题,制定契合本市产业发展的规划。规划包括:一是分析合肥市新型显示产业现有的发展优势、短板环节、市场需求和资源配置等具体情况,在此基础上明确指导思想、发展目标和重点任务。二是细化阶段性的发展步骤,将产业发展的目标框在具体的时间范围内,确保产业发展有条不紊地进行。三是要前瞻性布局产业的未来发展,把握新一轮的发展机遇,加强与 AR/VR 整机制造、军用模型组、光学检测等行业的合作,抢占发展的先机。

3. 组建产业协调体系

建立系统的组织协调体系,加强对地方新型显示产业的专业化管理和指导,促进产业发展规划与产业基础和本地资源优势的良好协调与对接。首先要协调好政府与市场的关系。牢牢把握以市场为主体、政府扶持为辅的原则。新型显示作为发展潜力巨大的行业,受政策倾斜性的支持。但是要继续保持新型显示产业发展的活力,需要在市场竞争中不断完善发展。其次要协调好各合作机构的利益关系。在各合作平台中坚持待遇平等原则的同时根据不同成员的贡献度制定合适的利益分配机制,这不仅是维系合作关系的基础也是重要的前提。最后要协调好发展与资源环境的关系。产业发展不能以环境资源的破坏为代价,应合理控制铅、汞、镉等有害物质的使用,提高废水处理技术,最大限度做到环保生产。

(二) 实施基础再造,提升创新能力

1. 实施基础再造工程

围绕显示技术短板,实施基础再造工程,制定新型显示产业核心基础零部件(元器件)、先进基础工艺、关键基础材料、产业技术基础"四基"突破清单,组织上下游企业、科研高校开展联合攻关,突破关键核心技术和前沿引领技术的发展瓶颈,细抓新型显示产业发展的重点、难点、痛点,有针对性地提出改进方案,多措并举、查缺补漏。同时,围绕 PI 液、光阻剂等上游原材料和大尺寸蒸镀机、曝光机等上游装备空白领域,强化项目招引、谋划,不断夯实产业链基础能力。

2. 搭建高级平台体系

加快提升合肥综合性国家科学中心功能,积极争创构建新型显示国家实验室,形成对产业的辐射作用,带动整个产业链的发展;结合显示产业发展特色,搭建针对性强、便利化的知识产权公共服务平台;支持建设关键共性技术研发平台,产学研合作、信息发布、成果交流和交易平台,增加共享资源储备,汇集更多的人才、成果和技术,最终形成集教育、科研、转化、生产、活动、企业孵化等众多功能于一体的综合基地,取得多方收益的效果;加快与工业互联网、大数据中心交叉平台的建设,适应 5G、人工智能、智能联网汽车、电子商务等产业的发展需求,抢占新一轮发展高地。

3. 提升产业创新能力

推动京东方、维信诺等龙头企业牵头会同产业链上下游重点企业、科研院所围绕关键共性技术共建产业创新中心,共同实现装备、材料及下一代显示技术等领域的技术和产品

攻关。组建一批以产业需求为导向、应用创新为主的研发载体，强化全行业共性技术供给。聚焦重点领域，建设一批重大新兴产业工程和专项，支持显示产业加快研发产业化。

（三）落实重大项目，扩展终端应用

1. 策划一批重大项目

围绕产业链"延链、补链、强链"，结合京东方显示、维信诺、视涯显示、彩虹液晶玻璃、三利谱、芯瑞达科技等重点企业需求，策划一批、引进一批、建设一批、投产一批重大项目。开展点对点精准招商，强化调度服务，推动项目加快落地开建、投产达产。加快北大青鸟 Micro-LED、京东方 Micro-LED、先导 ITO 靶材及其他薄膜材料研发及生产基地等项目建设进度。

2. 突破关键核心技术

要以京东方、维信诺、视涯等显示器件龙头企业为重点，聚焦量子点显示、Micro-LED、印刷 OLED、柔性 AMOLED 显示等领域，加快大尺寸 AMOLED 显示有机发光材料、柔性玻璃基板、印刷显示新型材料、大尺寸高精度掩模版等材料，以及大尺寸金属靶材及氧化物靶材等配套材料的研发，推进大尺寸 AMOLED 面板、中小尺寸 AMOLED 柔性折叠屏、全面屏、激光显示面板、量子点显示面板等研发及产业化，做强面板产业。布局新一代的显示器件，就未来的高清显示领域开展前瞻性的理论和应用研究，突破一批关键装备技术瓶颈。

3. 加强终端应用推广

聚焦微显示领域未来的发展方向，在终端产品、内容供给等方面加大招引力度。积极扩大新型显示在家电、汽车、新型消费类电子、通信终端、仪器仪表等量大面广应用领域的创新应用规模，培育引进智能手机、平板电脑、笔记本电脑、台式 PC、显示器、智能电视、虚拟现实（VR）、增强现实（AR）、车载显示终端、可穿戴设备、智能灯具等终端整机企业，以龙头整机带动面板、材料、器件的加速聚集，实现集群化发展。支持京东方视讯、京东方显示、全色光显、四创电子等企业，加强大屏拼接显示、激光电影投影机、超高清监控设备等商用显示终端产品推广应用，不断拓展商用市场空间，形成新的增长点。

（四）强化要素保障，积聚发展动能

1. 加大财政支持力度

统筹市战略性新兴产业发展、工业转型升级、科技创新等专项资金及相关基金，把新型显示技术研发及产业化、重大技术改造项目作为重点予以优先支持。发挥新型显示产业发展基金的引导作用，广泛吸引社会资本投资新型显示产业；针对新型显示产业高投入、回报慢的发展特征，政府有关部门应当制定差异化的税收政策，在所得税、增值税和进口关税等方面予以优惠，扶持新型显示产业健康发展；针对新型显示产业内部不同体量的企业制定差异化标准，对每种类型的企业在研发、投产、产值翻倍等关键环节取得成功后给予一次性财政资金奖励；要完善资金稳定支持与竞争性支持相协调的机制，加大稳定性、持续性支持力度，明确新型显示产业发展目标，坚持目标导向，给予产业研发主体稳定支持和经费使用自主权；完善"申请—审核—发放"的财政资金补贴发放机制，实现"生产—补贴—再生产"补贴机制的健康平稳运行，增强新型显示产业发展能力。

2. 完善金融服务支撑

加强财政政策和金融政策的协调配合，引导金融机构加大对新型显示企业的支持力度。鼓励银行业金融机构建立适应新型显示产业特点的信贷管理和贷款评审制度，创新符合产业特点的信贷产品和金融服务。积极拓宽新型显示企业融资渠道，突破科技转化风险高、信贷支持能力弱的困境，鼓励支持新型显示企业通过知识产权质押融资、股权质押融资和知识产权保险等手段获得商业贷款，建立贷款风险补偿机制，发挥融资担保机构的担保作用，积极为新型显示企业提供各种形式的融资担保服务，降低新型显示企业的融资成本；坚持以产业引导基金为抓手，充分利用国家和地方政府投资基金支持新型显示企业发展，发挥国有资本的杠杆作用，保障重大项目融资需求。此外，政府还可引导基金设立子基金，积极引导社会资本按照市场化原则参与投资，在调动民间资本生产活力的基础上打通新型显示企业融资渠道，提高新型显示企业融资能力；加大科技成果转化金融激励，政府引导商业银行对实现重大科技成果转化的新型显示产业相关企业进行金融激励，政府对商业银行进行财政补偿。商业银行对科技成果转化成功的企业给予利息减免，并提高其在银行系统中的信贷风险评级，帮助其在后续发展中更顺利获得信贷资金支持。

3. 强化人才队伍建设

要切实落实人才引进战略，通过合理降低落户门槛、提高人才待遇、加快落户流程审批等方式吸引新型显示产业专业人才落户合肥，在户口和住房等关键问题上要衔接好、努力解决好，对相关专业优秀应届毕业生可提供租房补贴及一次性就业补贴，降低专业化人才生活成本；依托高等院校、科研院所、骨干企业等，培养一批能够突破关键技术、拥有自主知识产权、推动价值链上移的高层次创新型领军人才；支持中国科学技术大学、合肥工业大学、安徽大学等高校借鉴海外先进学科建设经验，通过引进优秀师资力量和提高专业建设资金等方式提高显示产业相关专业发展能力，加强新型显示相关学科专业建设，为培养新型显示产业专业化人才奠定基础；要鼓励有条件的高校采取与新型显示产业相关企业加强合作，加快推进示范性微显示学院建设，优先建设培育新型显示领域产教融合型企业，为企业培养专业适用性人才，降低企业人才搜寻成本、提高企业技术水平和生产效率。

（五）完善产业配套，优化发展环境

1. 完善相关配套设施

要加大通信、物流、仓储等基础设施建设投资力度，不断提高基础设施服务水平，提高通信和运输效率，降低新型显示产业相关企业生产经营成本。对新型显示相关企业产品和运输需求进行精准识别，降低或免收公共服务费税。要抢抓国家加快新型显示、5G网络、数据中心等新型基础设施建设新机遇，引导企业加快数字化、网络化、智能化转型，为实现企业及核心配套企业数据共享互联互通创造有利条件。

2. 提高公共服务质量

进一步深化"放管服"改革，激发市场活力，推进企业开办、工程建设项目、纳税、不动产登记、跨境贸易、获得信贷等领域流程再造，实现时限、环节、材料再压缩、再简化。大力推进信息开放共享，加快系统对接和数据应用，打造新型"皖事通办"平台，实现全流程"不见面"审批。完善各级政务服务大厅功能，深化线下综合窗口改革，实现"一窗通办"、无差别服务。在教育、医疗、社保、子女入学等公共服务方面也应加大对新型显示专业人才及家属的倾斜力度，保障新型显示产业专业队伍建设。

3. 扩大内外开放水平

要紧抓长三角一体化和安徽省自贸区建设契机，在扩大国内大循环的基础上，紧扣国际国内双循环发展机遇。要立足合肥本土，持续发挥新型显示龙头企业带领作用，加强国内新型显示企业合作，提升新型显示产业发展实力。要更加注重利用自身内需优势，构建国内新型显示产业循环发展体系，摆脱对国际市场的过度依赖。依托两岸新型显示产业合作机制，加强与台湾地区企业互信合作，实现优势互补，开展深层次技术交流，实现融合协调发展，共同开拓国际市场。加强省内新型显示企业与国际优质企业交流，注重开展多种形式的国际和地区科技交流合作，推动引资、引技与引智相结合，提高"引进来"的层次，结合国家重大战略实施，支持有条件的企业建设境外产业合作园区。支持合肥市新型显示企业并购、参股国外先进企业，鼓励企业和科研院所在海外建立研发机构，构建开放合作平台，打造新型显示产业开放共赢生态环境。

（六）加强链条协作，优化产业生态

1. 加强链条协作联动

以龙头企业为主导，加强新型显示产业内部企业之间的信息联动、技术联动和金融联动，支持产业链上下游企业通过项目合作、供需对接等方式加强产业链协同。推动产业链上下游企业平稳生产，实现新型显示产业链平稳高速运行，引导中小企业主动与行业龙头、重点企业协作配套，促进大中小企业集群集聚，加快形成全产业链协同、全供应链融通的生态体系。打通从材料、设备、零组件到终端的制造供应链，鼓励以面板企业为龙头，采用市场化手段带动上游企业发展。要开展多层次全方位产业合作，加强人才引培力度，打造具备国际竞争力的产业集群。

2. 构建协同创新体系

支持产业链上中下游企业开展关键技术联合研发、专利运营、标准制定等工作，建立重点企业专利成果共享机制，盘活创新资源，建立产业技术联盟。充分发挥省内高校在计算机、集成电路、材料学、自动化、光电等学科的优势，深化产学研用合作，加强高端元器件、触控及显示工艺领域、显示功能材料、前瞻技术及产品领域研究，加速自主创新成果产业化，提升新型显示器件产业链研发能力和应用水平。

3. 推动产业融合发展

实现产业链协同需要促进信息化与工业化深度融合，推进产业数字化、网络化和智能化改造，将新型显示器件产业发展融入智能网联、5G、工业互联网、大数据、云计算等数字产业发展之中，以行业融合应用促进新型显示产业发展。要推进新型显示产业与服务业的深度融合，完善新型显示产业研发设计、生产制造和售后服务的全链条供应链体系，鼓励新型显示企业分离发展现代服务业，打造生态产业链。

（七）健全体制机制，提升效率效能

1. 创新成果转化机制

支持参与建设新型显示技术创新中心，打造政、产、学、研、用、金"六位一体"科技成果转化机制。第一，搭建成果转化平台，提高转化效率。要加大资源倾斜力度，优先平台内新型显示产业企业主体成果转化，对转化成果给予奖励和保护，提高科技成果转化效率，推动新型显示产业取得实质性发展。第二，健全科技成果转化激励机制。出台相关规定，对单一主体创新成果和多主体合作创新成果的收益和所属权进行界定，落实按贡献参与分配的原则，强化知识产权收益激励，处理好分配效率与公平的问题。第三，建设科技创新转化长效服务机构。支持新型显示等电子信息产业的骨干企业、科研院所、高校等创新主体建设以专业化众创空间为代表的各类专业化创新服务机构，优化配置技术、装备、资本、市场等创新资源。

2. 优化链条运行机制

建立新型显示产业链的沟通协调机制，使产业链内部的信息流、物流和资金流实现有效传递，尽量减少不同企业主体间的不对称性和利益冲突，实现产业链整体价值的最大化，保证产业链平稳高效运行。

3. 建立风险预警机制

要加强中央政府与地方政府的合作与信息共享，全面掌握产业发展中出现的新动态，做好"窗口"指导和投融资监管，建立信息预警机制，加强行业信息和数据收集、整理和舆论引导，发展态势预判，及时发布行业信息。

（主笔人：王玉燕）

合宁都市圈双核联动发展策略研究

合肥区域经济与城市发展研究院课题组

合宁都市圈总面积 10.54 万平方公里，即合肥都市圈与南京都市圈的加总，包括安徽省的合肥市、淮南市、滁州市、六安市、马鞍山市、芜湖市、蚌埠市、宣城和安庆市的桐城市，江苏省的南京市、镇江市、扬州市、淮安市、常州市的金坛区和溧阳市。两圈在地域上毗邻，存在芜湖、马鞍山、滁州三市重叠区域，空间联系极为紧密。2019 年末常住人口 5689 万人，地区生产总值 5.45 万亿元，占长三角地区的 23.2%，人均地区生产总值达到 9.6 万元，是长三角世界级城市群的重要组成部分，是长三角辐射带动长江中上游乃至广大中西部地区发展的重要开放门户。

早在 2016 年 6 月，国家发展和改革委员会和住房城乡建设部发布《长江三角洲城市群发展规划（2016-2020）》时，就曾提出促进南京都市圈与合肥都市圈融合发展。时隔 3 年，2019 年 6 月国家发展和改革委员会发布的《长江三角洲区域一体化发展规划纲要》明确要求"加强南京都市圈与合肥都市圈协同发展，打造东中部区域协调发展的典范"。2020 年发布的《安徽省实施长江三角洲区域一体化发展规划纲要行动计划》也重复了这一提法，6 月安徽省委常委会会议提出谋划推进"合宁双城都市圈"，国家与省级政府层面政策加快了合宁都市圈建设步伐。

一、"合宁双城都市圈"建设的重大意义

都市圈已经成为当今世界全球竞争的重要载体。随着经济全球化与区域一体化加速发展，都市圈作为深化分工的地域空间，强化了城市间的相互依赖与合作，扩大了市场规模，促进了经济增长。因此，以都市圈为核心竞争力的区域板块成为全球化背景下各国参与竞争的载体和实力体现。发达国家城市化水平高，都市圈建设起步较早，在其优越区位条件与超前规划的作用下，出现了美国纽约都市圈等发展成熟的大都市圈。这些国家持续推动与实施适于不同发展阶段的城市规划，构建多层次、跨区域的社会协调机制，使都市圈内成员城市功能互补、差异化发展，以获得可持续发展的动力源泉。同时，都市圈的发展也逐步实现从单一城市竞争到区域城市协同竞合的转变；通过合理引导并协调不同城市间的分工协作，以大都市圈竞争力获取在区域和国际竞争中的优势。

相比之下，我国都市圈目前仍处于人口、资源快速向大城市集中的粗放发展阶段，速度较快、质量不高、体量不大；存在发展水平低、核心城市辐射带动力不强、城市结构不

合理、规划体系缺失、产业同构、千城一面等问题。加快我国现代化都市圈发展，需要基于自身发展条件并借鉴成功的都市圈案例，既要获得高密度空间带来的城镇化土地集约利用程度高、单位产出效率高、交通与公共服务设施利用率高的优势，又要尽量避免居住空间拥挤、生态空间不足、交通拥堵等"大城市病"问题，实现经济发展和资源环境的双重可持续目标。

都市圈已经是我国新型城镇化格局的空间支撑和承上启下的关键一环。与城市群相比，都市圈是突破城市行政边界、促进生产要素跨区域优化配置、密切城市联系的更小空间尺度，作为城市群的核心与空间支点，发挥着关键作用，"中心城市—都市圈—城市群"的三个空间尺度和环节紧密相连。从世界范围内的城市发展规律来看，以都市圈建设来实现集约高效、分工合理的跨区域协调发展，也是发达国家主要城市发展的普遍做法。

建设现代化都市圈既有利于人口向城市集中，激活有效投资和潜在消费需求，增强内生发展动力，又有利于优化人口和经济的空间结构，实现都市圈内不同行政区域之间多元主体的互动良性发展。都市圈以大城市为中心，将周边中小城镇纳入发展轨道，内部职能分工明确，交通便捷，联系密切。都市圈的发展会使城镇化更有效率、更有质量、更具社会和空间公平，增进社会福祉。

建设现代化都市圈是推进区域一体化、打造经济新增长点的重要手段。2019年2月19日，国家发展和改革委员会出台了《关于培育发展现代化都市圈的指导意见》（以下简称《意见》），提出了我国建设现代化都市圈的定义、目标与路径，构建了我国包括城市、都市圈、城市群在内的多层级的国土空间框架。《意见》明确指出，"以促进中心城市与周边城市（镇）同城化发展为方向，以创新体制机制为抓手，以推动统一市场建设、基础设施一体高效、公共服务共建共享、产业专业化分工协作、生态环境共保共治、城乡融合发展为重点，培育发展一批现代化都市圈，形成区域竞争新优势，为城市群高质量发展、经济转型升级提供重要支撑"。

建设现代化都市圈对于长三角区域一体化具有十分巨大的战略价值。长三角地区都市圈众多，成长迅速，已经成为长三角世界级城市群的空间支撑点与核心区。长三角城市群通过现代化都市圈建设，建立世界级资源配置平台和创新平台，可以充分整合区域内外、国内外的资源，加速提升经济发展的速度与质量，加快推进区域一体化进程。但是目前一个客观事实是长三角城市群发展不平衡，与上海大都市圈相比，西翼的合宁都市圈成员城市数量不少，但规模不大，实力较弱，无论是合肥还是南京，作为中心城市正处于攀升发力阶段，对于都市圈内成员城市及县域地区的辐射带动力不强，溢出效应不足，双城双圈协同发展不够。并且相较于伦敦、东京、纽约等超级都市圈，合肥都市圈与南京都市圈各自市场规模较小，城市定位与产业分工不够深化，造成一定的同构问题，从而束缚了整个都市圈的高质量发展。由此，推进合宁都市圈一体化势在必行，这将扩大其整体市场规模，在更大的市场竞争中刺激城市的竞合发展，在市场份额的角逐中进一步深化分工，完善城市功能定位，促进产业分工，实现差异化发展。

谋划推进"合宁双城都市圈"建设符合国家战略，顺应了时代需求和政策契机，是长江经济带和长三角一体化国家战略要求，也是服务全国发展大局，推动长江上下游区域一体化发展的共同使命。

"合宁双城都市圈"建设将会形成双核心、多层次、网络化、功能互补的城市空间格局，两点互补、连点成线、由点及面，从而增强双核心城市的经济辐射能力，一方面实现乡村与城市的市场、基础设施和公共服务互联互通，有效整合城乡资源和市场，形成发展优势，推进都市圈区域城乡融合发展；另一方面有利于未来打造"合宁一体化都市圈"，并构建长三角西翼大都市圈，联动长江中上游都市圈，推动长三角一体化和长江经济带国家战略目标的实现。

基于上述背景，在2020年长三角地区主要领导座谈会召开之际，安徽省委书记李锦斌主持召开省委常委会会议，深入学习贯彻习近平总书记关于长三角一体化发展的重要讲话指示批示精神，传达学习2020年度长三角地区主要领导座谈会主旨，积极推进一市三省一体化高质量发展，研究安徽省贯彻落实工作。该会议强调的一项重要内容是：谋划推进"合宁双城都市圈"建设。本文旨在厘清双核联动发展对合肥都市圈发展的威胁与机遇，为合肥与南京协同打造"合宁双城都市圈"建设、促进资源要素在合宁都市圈内有效配置提供方向，并为促进双圈内城市协调发展提供政策借鉴。

二、"合宁双城都市圈"建设的基础

（一）合作基础

1. 空间区位互补双赢

地处长三角城市群辐射长江中上游乃至广大中西地区的门户枢纽，合肥都市圈与南京都市圈作为长三角西翼，承东启西，连南接北，通江达海。南京是中国的第二大内河港口，安徽进出口货物通过南京港运输，既可以扩大南京港腹地，又可以节省安徽到港货物的运输成本，是安徽与南京的双赢之举。

2. 产业技术各有所长

南京都市圈与合肥都市圈的产业体系完备，产业技术优势各有所长，发展存在较大的合作可能。南京在汽车及零部件、装备制造、电子信息、航运物流等产业方面实力雄厚，而合肥在新型显示、集成电路、智能语音、新能源汽车等领域具有显著的技术优势，同样的集成电路产业，南京主要集中在制造、封装、测试、材料和终端领域，而合肥主要集中在设计和制造领域，双方合作可以做大做强产业规模，形成世界级的产业集群基地。

3. 互联互通格局基本形成

依托京沪高铁和长江水运，合肥都市圈与南京都市圈之间纵贯合宁、宁安高铁，合宁高速、沿江高速、合蚌高速、宁蚌高速、宁马高速、宁芜高速、高芜高速、滁马高速、滁淮高速，以及建设中的合新高铁、巢马城际、连淮扬镇铁路淮镇段、宁淮高铁，南京与合肥全国性综合交通枢纽地位不断增强，芜湖、蚌埠全国性综合交通枢纽加快建设，从南京、合肥1小时之内可到达圈内其他城市，无缝对接，形成都市圈"1小时通勤圈"。

4. 科技创新对接已有积累

合肥与南京积极对接上海科技创新资源，合肥国家综合科学中心、南京国家科技体制综合改革试点及创新名城建设稳步推进，合芜蚌国家自主创新示范区叠加优势明显。科教资源丰富，两圈共拥有普通高等院校 95 所，国家重点实验室 47 家。创新能力较强，科技体制改革和成果产业化皆取得较大成效。

5. 毗邻协同合作取得成效

安徽与江苏 300 多年前都属于江南省，山水相依，人文相亲，文化认同感和城市包容性强，民间往来密切，都市圈协同发展渐成共识。南京与芜、马、滁密切开展教育医疗联合体等领域开展务实合作，并已与马鞍山、滁州启动共建江宁—博望、顶山—汊河、浦口—南谯跨界一体化发展示范区，协同发展取得成效。

（二）发展现状

1. 南京与合肥双核突出

从经济发展来看，南京、合肥经济体量突出，呈现双核格局。合宁都市圈 2019 年 GDP 总值为 5.28 万亿元，其中南京市 GDP 达到了 1.4 万亿元，合肥市为 0.94 万亿元，两市占都市圈整体的 42.5%；常住人口指标，南京市 2019 年末常住人口 850 万人，合肥市 2019 年末常住人口 818.9 万人，两市占都市圈整体的 30%。从人均 GDP 的角度来看，2019 年合宁都市圈人均 GDP 均值为 9.6 万元，其中南京市人均 GDP 达到了 16.2 万元，在都市圈中排名最高，其次为镇江市和扬州市 12.9 万元，再次为合肥市 11.5 万元。从进出口总额来看，南京市 2019 年进出口总额达到了 699.88 亿美元，合肥市进出口总额达到了 322.1 亿美元，两者占圈内整体的 65%。在一般公共预算收入方面，南京市为 1580.03 亿元，合肥市为 745.99 亿元，南京市地方财政收入也比合肥市高 1 倍，两者占圈内整体的 49%。

表 1　合宁都市圈各城市主要社会经济指标（2019 年）

	国土面积（平方公里）	GDP（万亿元）	人口（万人）	人均 GDP（万元）	一般公共预算收入（亿元）	社会消费品零售总额（亿元）	进出口总额（亿美元）
南京市	6587	1.4	850	16.2	1580.03	6135.7	699.88
合肥市	11445	0.94	818.9	11.5	745.99	3244.5	322.1
扬州市	6591	0.58	454.9	12.9	328.79	1655.9	113.05
镇江市	3847	0.41	320.35	12.9	306.85	1433.7	112.03
淮安市	10072	0.38	493.26	7.8	257.31	1334.5	47.05
芜湖市	6026	0.36	493.26	9.6	321.79	1149.6	72.04
滁州市	13500	0.29	377.8	7.0	214.62	720.1	40.26
马鞍山市	4049	0.21	236.1	8.9	284.62	658.9	26.59
蚌埠市	5952	0.21	341.2	6.0	163.28	908.35	15.83
宣城市	12340	0.16	266.1	5.8	165.1	575.1	8.78
六安市	15451	0.16	480	3.4	126.2	742.4	18.7
淮南市	5533	0.13	349	3.7	109.4	667.8	5.98
金坛区	975	0.09	56.35	16.1	57.73	330.62	178.5

续表

	国土面积 （平方公里）	GDP （万亿元）	人口 （万人）	人均 GDP （万元）	一般公共预算 收入（亿元）	社会消费品零售 总额（亿元）	进出口总额 （亿美元）
溧阳市	1535	0.1	76.4	13.2	70.27	380.62	80.8
桐城市	1472	0.038	75.2	5.5	19	116.3	2.04
合计	105375	5.45	5688.82	9.6	4750.9	20054	1743.63
合肥都市圈	63428	2.34	3171.46	7.4	1984.9	8207.95	503.54
南京都市圈	65522	3.98	3624.52	11.0	3587.11	14374.7	1378.9

资料来源：本表基础数据来自各城市 2020 年国民经济和社会发展统计公报，下表同。

2. 省间差异高于圈内差异

这里采用泰尔指数来分析合宁都市圈的内部发展差距，基于 2017~2019 年各市的人均 GDP 数据，分析合宁都市圈整体、江苏省部分、安徽省部分和两省组间的差异，其逻辑关系为整体差异为江苏省内、安徽省内和两省组间差异之和，指数越大，则各市经济发展差距越大，经济发展的协调性越差（见表 2）。

表 2　2017~2019 年合宁都市圈泰尔指数分析

	2017 年	2018 年	2019 年
整体	0.2412	0.1319	0.1039
江苏省内	0.0140	0.0134	0.0133
安徽省内	0.0564	0.0573	0.048
两省组间	0.1708	0.0612	0.0426

研究发现，2017~2019 年合宁都市圈整体差异逐渐变小，但组间发展差异巨大。整体泰尔指数从 0.2412 下降至 0.1039，整体经济差异逐渐缩小。从各组内来看，合宁都市圈江苏省部分南京市、镇江市、扬州市、淮安市的差异程度远低于安徽省部分，江苏省内泰尔指数由 0.014 下降至 0.0133，安徽省内由 0.0564 下降至 0.048。尤其突出的是，合宁都市圈之间安徽省部分与江苏省部分的经济发展差距较大，组间差异由 0.1708 下降至 0.0426，且始终是各年度最主要的差异贡献来源。由此看来，虽然合宁都市圈整体发展越发均衡，但安徽省与江苏省发展的较大差异同样体现在合宁都市圈内。结合表 1 来看，安徽省内合肥市的人均 GDP 最高，但低于镇江市、扬州市，蚌埠市、宣城市、六安市、淮南市人均 GDP 皆低于 7000 元，财政收入、进出口总额皆排名末流，这都不利于区域融合发展。

3. 产业协同形成两大组团

合宁都市圈内形成两个突出的产业组团：一是合淮六产业组团，三市之间通过打造合六经济走廊、合淮一体化等项目，不断推进加深产业之间的合作。二是宁滁马产业组团，滁州积极承接南京智能制造转型智能家电、智能设备、智能家居等产业，主动对接南京江北新区的发展，马鞍山以宁、马两市边界接壤的浦口—和县、江宁—博望、江宁—慈湖等区域为重点，促成两市项目对口协作、产业集聚发展。

表3　合宁都市圈产业结构现状　　　　　　　　单位:%

	一产占比	二产占比	三产占比
南京市	2.07	35.93	62
合肥市	3.1	36.29	60.6
扬州市	5.0	47.5	47.5
镇江市	3.4	48.57	48.03
淮安市	9.97	41.77	48.25
芜湖市	4.05	48.55	47.4
滁州市	8.57	49.07	42.35
马鞍山市	4.46	48.95	46.59
蚌埠市	11.39	44.12	47.49
六安市	13.4	36.13	50.46
宣城市	9.59	47.28	36.92
淮南市	10.04	40.7	49.26
金坛区	4.0	52.1	43.9
溧阳市	5.2	50.8	44.0
桐城市	8.2	51.8	40.0
整体	5.0	42.0	53.0
安徽省部分	6.0	42.0	52.0
江苏省部分	4.6	43.4	52.0

在产业合作的同时，也能看到圈内城市的激烈竞争。南京构建"4+4+1"的主导产业体系将重点打造5000亿元营收规模的新型平板显示、集成电路两大产业集群，而合肥市新型显示器件、集成电路和人工智能为第一批国家战略性新兴产业集群，二者的新兴产业发展相互挤压。另外，南京市智能装备产业重点发展工业机器人、航空航天装备，这与马鞍山市、芜湖市的产业发展也存在较大的竞争。

表4　圈内城市重点发展产业

城市	重点发展产业
南京市	集成电路、新能源汽车、人工智能、软件和信息服务、生命健康、航空制造、保税物流
镇江市	高端装备、新材料、新能源汽车、生物医药
扬州市	汽车及零部件、高端装备、新型电力装备、航空产业
淮安市	集成电路、应用电子、新能源汽车、化工新材料、食品产业
滁州市	先进装备、智能家电、轨道交通、现代农业、文旅康养
蚌埠市	电子信息、高端装备制造、生物产业、新能源及新材料
六安市	现代农业、新能源汽车、氢能产业、生态旅游

城市	重点发展产业
马鞍山市	智能装备（机器人）、轨道交通装备、高端数控机床
淮南市	高端装备制造、新材料、新能源汽车、新能源、节能环保
合肥市	智能家电、新型显示、集成电路、人工智能、新能源汽车、生物医药、量子产业
芜湖市	电子电器、新型建材、航空产业、生物制药、汽车装配制造
宣城市	智能制造、节能环保、新能源新材料、生物医药、绿色食品

4.1 小时都市圈基本形成

通过提升南京和合肥全国性综合交通枢纽的运能，加强铁路、公路、航道统筹规划建设，形成以南京、合肥为中心，以沿江、沪宁—宁合、宁蚌—宁杭、合芜宣等通道为射线的综合交通网络，基本形成了核心城市的1小时都市圈。从各城市前往圈内城市的时间距离来看（见表5），合宁都市圈联系最为紧密的城市组合为南京—滁州—马鞍山—镇江，合肥—淮南—六安。南京—滁州—马鞍山—镇江四城形成了紧密的时空联系，围绕南京市构成了半小时经济圈；六安、淮南属于合肥市传统腹地区域，是合肥都市圈基础设施互联互通的重点投资领域。合宁都市圈需要不断完善综合运输通道和区际交通骨干网络，强化扬州、宣城、芜湖的交通联系，点轴互动，在提升东西向发展轴线建设的同时，丰富南北向的交通基础设施。

表5　各城市前往圈内城市的时间　　　　　　单位：分钟

	合肥	芜湖	马鞍山	滁州	蚌埠	淮南	六安	南京	镇江	扬州	淮安	宣城
合肥	0	44	160	95	50	38	24	52	76	79	—	74
芜湖	44	0	18	150	242	171	—	37	68	—	—	21
马鞍山	160	18	0	106	192	—	—	17	48	—	—	49
滁州	95	150	106	0	28	157	—	38	40	77	160	—
蚌埠	50	242	192	28	0	16	112	41	63	145	127	—
淮南	38	171	—	157	16	0	85	97	149	291	—	116
六安	24	—	—	112	85	0	82	146	120	—	231	
南京	52	37	17	38	41	97	82	0	20	60	191	78
镇江	76	68	48	40	63	149	146	20	0	—	230	97
扬州	79	—	—	77	145	291	120	60	—	0	298	—
淮安	—	—	—	160	127	—	—	191	230	298	0	—
宣城	74	21	49	—	—	116	231	78	97	—	—	0

资料来源：本表数据根据2020年7月各城市之间的铁路通勤最短时间计算得出。

三、国内双核都市圈发展经验总结

双核都市圈指由两个地理相邻、规模相近、等级相当、辐射带动能力强的大城市或特大城市为中心、以 1 小时通勤圈为基本范围的空间系统。这种空间结构的优势在于能够增强两个核心城市的凝聚力，促进彼此的良性竞争与功能互补，通过交通轴线的连接与扩散来带动沿线地区的发展，并最终促进都市圈经济的协调发展。需要说明的是，双核空间结构是都市圈空间结构演化的重要形式之一，包括美国的纽约都市圈（纽约—波士顿）、法国的巴黎—勒阿弗尔以及我国的成渝都市圈（成都—重庆）、兰西城市群（兰州—西宁）等都属于典型的双核空间结构。

当前，我国正处于产业结构优化升级的重要转型期，开拓双城都市圈发展具有重要战略意义。2020 年 1 月，习近平总书记主持召开中央财经委员会第六次会议，其中特别提出要"大力推动成渝地区双城经济圈建设"。由此可见，双城经济圈的构建和实践具有广阔的发展空间。那么，在此背景下，合肥、南京两座城市如何携手构建我国东、中部地区的"双城都市圈"？对此，本方案将借鉴成渝都市圈的发展经验，以期为高质量建设合宁都市圈提供相应的政策启示。

（一）成渝都市圈发展经验总结

成渝都市圈是典型的双核都市圈结构模式，川渝未分家之前，重庆就是四川的经济中心。成为直辖市之后，重庆更是加快了发展步伐，成为长江上游的经济中心，而四川省省会成都一直是西南地区的政治、经济、文化中心，双方实力不相上下。为了各自的经济发展，重庆和成都一度"明争暗斗"，角逐"西部老大"的地位。但是，随着成渝都市圈一体化进程的加快，合作共赢逐渐成为两地关系的主旋律。

1. 明确自身的区域战略定位

清晰的区域定位为中央政策的大力扶植和落地实施提供了先决条件。早在 2003 年，在中科院地理科学与资源研究所关于西部大开发的前期研究报告中，就有"成渝两大都市中心、双核城市群"的提法。2011 年，在《成渝经济区区域规划》中，将成渝经济区定位为西部地区重要的经济中心、全国重要的现代产业基地、深化内陆开放的试验区、统筹城乡发展的示范区和长江上游生态安全的保障区。2016 年的《成渝城市群发展规划》则进一步明确了这一定位。2020 年 4 月，中共重庆市委五届八次全会召开，审议通过了《中共重庆市委关于立足"四个优势"发挥"三个作用"加快推动成渝地区双城经济圈建设的决定》，为拓展成渝地区的战略空间指明了方向。

2. 建立多层次的协同工作机制

为了明确责任分工，落实各项工作，川、渝两省市高度重视组织领导，不断健全协同工作机制。在中央政府部门层面，国家发展和改革委员会、住建部等部门负责对《成渝城市群发展规划》的实施情况进行跟踪分析和督促检查，并适时开展评估工作。在地方政府层面，目前川渝、两地已建立起"党政主要领导轮执高层联席会—常务副省（市）长联席协调会商—发改委主要负责同志牵头日常运行调度"的三级治理机制，并确定在双方发展和改革委员会设立联合办公室，以专项合作工作组的方式分领域深化推进一体化工作。

3. 采取合理的点轴开发模式

成渝都市圈在发展过程中，采取了典型的点轴开发模式。《成渝城市群发展规划》提出，要构建"一轴两带、双核三区"空间发展格局，这里的"一轴"指的是成渝发展主轴，包括成安渝发展轴、成遂渝发展轴与成内渝发展轴。具体来说，成渝都市圈充分发挥交通轴线的集聚和扩散作用，依托成渝北线、中线和南线综合运输通道，积极推进重庆两江新区和四川天府新区建设，通过加快城际轨道交通、高速公路和沿线交通枢纽建设的方式，来推动核心城市功能沿轴带疏解，辐射带动资阳、遂宁、内江等沿线城市快速发展，进而打造支撑成渝都市圈发展的"脊梁"。

4. 充分发挥核心城市的示范效应

作为成渝都市圈中的两个核心城市，成都和重庆的综合实力已遥遥领先于西部其他重要城市，部分指标已接近东部地区核心城市，在经济增长、科技创新、生态保护和文化交流等领域发挥出显著的示范效应，并深刻影响着都市圈内其他城市的发展。例如，在经济体量方面，国家统计局公布的数据显示，2019 年成都和重庆两市的 GDP 分别达到 17012.65 亿元和 23605.77 亿元，两者分别占到成渝都市圈经济总量的 26.15% 和 36.28%。

5. 高度重视中小城镇的支撑作用

成渝都市圈在发展过程中，除了持续强化成都和重庆的辐射带动作用外，还以中小城市和重点小城镇为支撑，不断优化城市规模结构。例如，《成渝城市群发展规划》提出，要以县城和发展潜力较大的特大镇为重点，加快基础设施建设，提升中小城市服务功能。此外，成渝都市圈着力发展具有特色资源、区位优势的小城镇，通过规划引导和市场运作，将它们培育成文化旅游、商贸物流、交通枢纽等专业特色镇，其中以万州区武陵镇、黔江区濯水镇等最具代表性。

6. 不断推动跨区域文旅产业合作

文化相融是区域间交流合作的重要纽带。成、渝两地同属巴蜀文化，具体体现便是川剧变脸、蜀绣、茶馆、盖碗茶、川菜等。此外，两地在革命文化、抗战文化、"三线"文化等领域也有着浓厚的交集。早在 2011 年，成、渝两地政府就签订了《重庆市成都市统筹城乡文化发展区域合作框架协议》，旨在合作打造文化品牌项目，推动成渝文化产业发展。双方每年召开一次工作交流座谈会，就两地公共文化服务体系建设、艺术创作与生产、旅游产业发展等方面开展经验交流。

（二）成渝都市圈发展对建设合宁都市圈的启示

通过分析成渝都市圈发展经验，不难发现"双核"都市圈在发展过程的一些明显特征，这对建设合宁都市圈具有重要的参考价值。基于点轴开发理论，我们从制度、功能、产业和空间四个方面得出以下四点启示（见图1）：

1. 从点做起：推进制度创新

双核城市群的发展模式主要包括"共同成长型"和"强弱互补型"两种，通过在前文对比合宁都市圈的发展现状可知，尽管在经济体量、公共服务等方面，合肥距离南京尚存在一定的差距，但双方对等的行政级别也为彼此关系的深入发展奠定了良好的基础。对此，应当树立"皖苏一家亲，合宁一盘棋"的理念，明确自身的区域战略定位，不断推进制度创新，在都市圈整体规划、公共服务、文化交流等方面做好政策对接。例如，可以考虑借鉴成渝都市圈的发展经验，从省级层面探索建立合肥、南京两大都市圈协同发展机制，包括两大都市圈协同发展联席会议制度等。

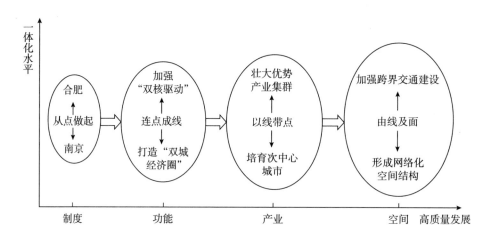

图1　成渝都市圈发展对建设合宁都市圈的启示

资料来源：作者基于点轴开发理论绘制。

2. 连点成线：加强"双核驱动"

采取"双核驱动"的发展模式能够促进城市群经济的高效运行。通过上述案例分析可以发现，成都和重庆是双城都市圈内的核心城市，其职能类型、服务层次与圈内其他城市形成明显的区别。对此，应当着力增强合肥、南京在各自都市圈中的核心能级，优先在重叠区域共同打造合宁科创经济带，充分发挥核心城市的示范效应。根据各城市的区位优势、产业结构的分布特点，采取合理的城市功能定位，不断推动核心城市与都市圈内的其他城市错位发展，从而更好地发挥合宁双城都市圈的集聚功能。

3. 以线带点：壮大产业集群

都市圈内的核心城市与其他次级城市的经济关联度是决定产业结构调整和升级的关键。从产业组织形式看，成渝都市圈的成功得益于其圈内各城市专业化的分工体系。各城市在坚持产业多样化发展的基础上，主要通过水平和垂直分工，形成自身的优势产业，再通过相互叠加、紧密联系才逐渐发展成区域内的产业集群，由此推动都市圈整体产业结构的优化升级。对此，合宁都市圈应当加快培育龙头企业，建设在全国具有影响力的产业集群。此外，要注重培育一些次中心城市（如芜湖、马鞍山和滁州），避免都市圈建设的碎片化风险。

4. 由线及面：发展跨界交通

从成渝都市圈的发展来看，其城市化进程与交通基础设施建设基本同步，圈内拥有纵横交错、四通八达的海陆空构成的区域性交通网络，其中发达的轨道交通和公路系统构成都市圈空间结构的核心骨架。交通网络的延伸尺度和建设水平在很大程度上决定了都市圈的空间组织结构。对此，合宁都市圈应当努力构建具有网络化特征的综合交通运输体系，积极发展跨界交通，不断消除省际间的"断头路""断头航道"等，从而降低物流成本，畅通要素流动。

四、合宁双城都市圈建设总体思路

（一）指导思想

以习近平新时代中国特色社会主义思想为指导，全面贯彻党的十九大和十九届二中、三中、四中全会精神，深入贯彻习近平总书记关于推动长三角更高质量一体化发展重要指示批示精神，深入贯彻习近平总书记视察安徽重要讲话精神，按照"五位一体"总体布局和"四个全面"战略布局，牢固树立和贯彻落实创新、协调、绿色、开放、共享的新发展理念，着力加强供给侧结构性改革，加快培育新发展动能，坚持市场化改革、扩大高水平开放，推动落实长江三角洲区域一体化发展战略，推动合肥和南京各领域的深度融合，以建设具有区域竞争力的都市圈为主要目标，打造长三角新的经济增长极。以强化核心城市的辐射带动作用为着力点，优化城镇体系，促进大中小城市的协调发展。以强化创新驱动、夯实产业基础为重点，增强都市圈的经济与人口凝聚力。以统筹城乡发展为抓手，推进城乡一体化发展，加速农业现代化和美丽乡村建设。以一体化体制机制创新和双向开放平台建设为切入点，推动形成合宁都市圈城市间资源优势互补、产业分工合理、基础设施互联互通、生态环境共建共享的格局，充分发挥合宁都市圈服务长三角一体化的战略支撑作用，为服务全国现代化建设大局做出更大贡献。

（二）基本原则

统筹规划，合理布局。以发展和培育都市圈为导向，优化整合资源，统筹经济社会发展、产业分工协作、人口空间分布、生态环境保护、交通设施建设、对内对外开放。立足于城市发展基础和潜力，根据生态环境的承载力，科学确定都市圈边界、最小生态安全距离和空间结构，构建各城市均衡发展，引领区域高质量发展的增长极。

改革引领，创新驱动。坚持体制机制创新，推动科技创新和传统工业以及现代服务业的深度融合，整合合宁都市圈的科技创新资源，加速圈内创新要素流动，实现圈内各城市创新资源的共用共享。通过打造区域创新综合体，联合开展卡脖子关键核心技术攻关，共同完善技术创新链，形成区域联动、分工协作、协同推进的技术创新体系。

分工协作，互补发展。以提升区域整体竞争力为目标，明确合宁都市圈不同城市的功能定位，推进协同发展，促进优势互补，实现错位发展。发挥合肥、南京对周边城市的带动作用，不断增强中心城市的引领地位，构建结构合理、功能完备的城镇体系。坚持城乡一体化发展，促进县域经济和现代农业的发展，坚持新型城镇化和农业现代化的道路。

绿色发展，生态共治。践行"绿水青山就是金山银山"的理念，将绿色发展融入都市圈建设，尊重现有的自然格局，集约利用土地、山水、能源等自然资源，推广绿色环保、节能节约的生产生活方式和城市建设运营模式。推进长江大保护和生态环境共保联治，共守长江下游生态安全，优化都市圈整体生态环境，紧固经济效益和生态效益，实现绿色永续发展。

市场主导，政府引导。继续深化对外开放，联合打造长三角地区高水平对外开放平台，优化都市圈营商环境，塑造生产要素自由流动的发展环境。遵循都市圈的成长规律，发挥市场机制在都市圈发展过程中的主导地位，因势利导、顺势而为，明确政府的宏观决策作用，强化合宁都市圈建设过程中市场机制主导、政府科学引领的作用。

（三）发展目标

契合长三角一体化国家战略，促使合宁都市圈一体化发展取得明显实效，主要经济指标在长三角的位次得到不断提升。通过合宁都市圈建设促进周边城市深度融合，加强合肥和南京核心城市的合作联动，树立东中部区域合作的典范，将合宁都市圈打造为长三角西翼大都市圈。到2025年基本建成经济充满活力、创新氛围活跃、生态品质优良、公共服务共享、要素自由流动的都市圈体系。到2035年力争成为具有全球影响力和号召力的国际化都市圈。

形成布局合理的都市圈格局。培育形成具有区域影响力甚至全球影响力的都市圈格局，促使对外交往更上一个台阶，具有区域带动性的产业能级不断提升，合肥、南京双核城市对周边城市的辐射和引领作用持续增强，都市圈内一批中心性城市快速崛起，区域开放通道上的节点城市不断壮大，大中小城市协调发展的格局基本建立，同城化建设取得显著成效。

实现交通基础设施全面覆盖。全面消除合宁都市圈的城际断头路，加快都市圈重要城市高铁的全线贯通，延长合肥、南京至周边城市的地铁线路，增开中心城市和外围城镇的公交班次，提升都市圈的客运和货运效率。保持省际航道畅通，提高区域港航协同发展水平，扩大进出货源组织，提高运营效益。不断增强都市圈轨道交通网络通达性，构建合宁都市圈1小时通勤网络。

推进科技创新和产业协同。充分整合合肥和南京的科技创新资源，发挥科研高校的集聚优势，促使合宁都市圈创新链与产业链深度融合，完善两地的协同创新体系和科技创新策源功能。在新能源、材料、信息、生命、先进制造等领域新建一批国家级创新平台，加快科技成果转化应用，辐射带动战略性新兴产业加快发展，并在未来将合宁都市圈建成国际一流水平、面向国内外开放的产业创新高地。

构建生态环境联防联控机制。建立合宁都市圈环境治理联防联控体系和生态环境协同监管预警体系，划定城市开发边界和生态红线，防止城市无序蔓延。依托原有山脉、河流、坡地以及农田，统筹布局城乡发展空间，保护森林、湿地、湖泊等绿色生态空间。构建跨区域跨流域生态网络，对于各城市突出的生态环境问题进行有效治理，促使生态环境质量得到显著改善，形成资源利用高效、生产空间集约、生活空间宜居的可持续发展格局。

提升都市圈内陆开放水平。树立全球视野和国际眼光，发挥合肥和南京"一带一路"和"长江经济带"双节点城市优势，依托高水平开放平台，全方位扩大对外开放，重点提升制造业、服务业、农业领域对外开放水平。逐步放宽市场准入，降低制度性交易成本，共建良好营商环境。努力成为长三角对接"一带一路"、联通长江经济带中上游的开放门户地区，打造内陆开放新高地。

推动公共服务资源便利共享。加快合宁都市圈基本公共服务标准的衔接统一，加强标准化管理，促进基本公共服务均等化、普惠化、便捷化。促进公共服务便利化。加强区域协作联动，促进居民异地享受基本公共服务并便捷结算。加快不同城市的公共服务制度接轨，扩大优质公共服务资源供给，促进社会治理共建共治，提升都市圈人民在一体化发展中的获得感、幸福感和安全感。

加快区域市场一体化步伐。统筹都市圈内外两个市场，加强国际国内的两个循环，不断消除阻碍生产要素自由流动的行政壁垒和体制机制障碍，逐步建立统一开放、互联互通的市场环境，围绕创新、产业、人才、投资、金融等研究联合出台相关配套政策和综合改革措施，推进政策协同，强化标准统一，合力打造一体化的市场准入环境、市场监管环境、质量供给环境和食品安全环境。

（四）空间布局

坚持极点带动、同城先行、轴带支撑、辐射周边，提高区域发展协调性，促进城乡融合发展，构建"两核四带"的都市圈空间格局。

两核，是指发挥南京、合肥作为我国东部地区重要中心城市和长三角副中心城市的龙头作用，提升城市创新、产业支撑、资源组织、融通辐射和服务保障能力，支持南京建设国家中心城市，支持合肥国家科学中心建设，引领都市圈向更高质量一体化发展。

四带，是指以南京、合肥为中心向外辐射形成的沪宁合、沿江、合芜杭、宁淮宣四条发展带。其中，沪宁合创新中枢发展轴，依托沿线中心城市密布和创新资源密集优势，不断提升基础研究和技术研发能力，强化区域创新驱动和转型升级的引擎作用。沿江绿色智造发展带，坚持"共抓大保护，不搞大开发"，加强南京、马鞍山、镇江、扬州等沿江港产城资源统筹与合作发展，推动沿江产业布局优化、绿色转型和高效发展。合芜智能制造发展带，依托G60科创走廊，推动合肥、芜湖、蚌埠等城市创新链与产业链深度融合，打造产业创新升级引领区、科技成果转化示范区、科技体制改革和创新政策先行区。宁淮宣生态经济发展带，推动蚌埠、淮安、宣城及金坛、溧阳等地生态产业化和产业生态化，打造"绿水青山就是金山银山"的现实模样。

五、重点领域和任务

（一）强化交集区域一体化，形成发展主轴区，串点成网

依托合宁"两点带两圈"的发展基础和优势，做大做强两个核心城市，形成核心城市间的发展主轴区域，缩短圈际核心城市间的经济距离，增强经济联系，实现核心城市的一体化。以交通设施互联互通为突破口和连接线，重点发展两大都市圈之间的交集区域，强化两个核心城市与交集区域的联系，形成跨省的合作联盟和经济协作区域、毗邻地区优先协同发展。利用现有交集地区的经济点，以点带面、串点成网，推进两大核心城市间的多轴线发展空间的无缝对接，逐步实现核心城市与交集区域的一体化。

（二）全方位推进交通基础设施互联互通

统筹建设合宁双城都市圈一体化现代综合交通网络，推进公铁水空多式联运与高效衔

接，依托合肥—南京交通主骨架提升都市圈城市之间的通达性。打造合肥全国性综合交通枢纽，提高合肥高铁、空港、海港枢纽地位和客货运功能，增强芜湖、淮南、蚌埠、滁州、宣城、六安等区域性综合交通枢纽和协同服务能力，增强高质量一体化发展的支撑保障。

1. 完善都市圈公路运输网络

提升合宁双城都市圈公路的通达能力，完善以合肥为核心辐射都市圈的放射状高速公路网。实施打通最后一公里断头路工程，滚动实施消除合宁都市圈省际市际"断头路"专项行动。消除国省干线公路的瓶颈路段，加快建设来安—六合、盱眙—明光等高速公路，推进宁宣杭高速公路安徽段的建设以及与南京段的互通工程，开展合芜宣杭二通道、南京—和县等高速公路的前期研究。适度拓宽重要堵点路段的道路宽度，推进328国道安徽段、合宁、合芜、宁芜、宁滁、宁马、芜宣广、蚌滁等高速公路主通道的改扩建，逐步取消或减少合肥都市圈市界和合宁双城都市圈毗邻地区省界高速收费站。积极推进合肥都市圈市际客运服务公交化，加快芜湖、蚌埠、滁州、淮南、马鞍山、六安、桐城建设城际公交换乘中心或客运中转站。

2. 共筑轨道上的都市圈

以构筑高效的通勤圈、生活圈、物流圈、旅游圈为导向，统筹高速铁路、普速铁路、城际铁路、市域（郊）铁路、城市轨道建设，协同打造互联互通、便捷通勤的轨道交通网络。促进以南京、合肥为中心的双"米"字形高铁网络构架有机衔接，联合编制合宁双城都市圈毗邻地区的同城化通勤市域（郊）铁路建设规划。加快推进商合杭高铁安徽段、沿江高铁武合宁通道、巢马句高铁、宣绩高铁、宁滁城际滁州段、宁宣城际、合芜宣城际等铁路建设，协同规划上海至合肥的沿江高铁、宁合城际、扬镇宁马城际、宁马城际、宁滁蚌城际、宁滁城际安徽段等铁路和宁芜铁路扩能改造项目建设。开展沿淮、镇宣城际、宁和城际二期、宁天城际二期、宁椒线等项目的前期研究。积极推进合肥市域（郊）铁路向都市圈城市（县）延伸，实现都市圈城市全部通行高铁或城际铁路，规划合肥—滁州、合肥—马鞍山高铁建设，提高合肥至芜湖、淮南、蚌埠、宣城的高铁频次。此外，加强都市圈重点旅游景区之间快速连接，积极发展高铁快递班列。

3. 协同打造世界级现代化机场群

拓展加密合宁双城都市圈航线网络，加强合肥、南京航空枢纽功能对接，全面提升现代化航空服务能力。打造合肥区域性航空中心（港），推进合肥空港经济示范区和国际航空货运集散中心建设，加强与南京都市圈航空公司和主要机场的战略合作。加快合肥新桥国际机场总体规划修编，推进新桥机场二期建设，推动蚌埠、滁州、芜湖、宣城等地新建、迁建或改扩建机场步伐，提升支线机场服务能力，支持马鞍山、芜湖、滁州打造区域中心枢纽机场。科学规划通用机场，统筹建设一批功能协调、兼容互补的都市圈通用机场群，促进民航、通用航空融合发展。开展新建新寨民航机场的前期研究，推动芜湖无为、滁州明光/天长、马鞍山和县、宣城旌德/郎溪/绩溪等通用机场的建设。加快机场接驳交通系统建设，完善通用航空飞行服务站、固定运营基地、维修基地等配套设施。优化空港布局和功能协调，形成以合肥新桥国际机场为核心枢纽，芜湖宣城机场、蚌埠机场、马鞍山机场、淮南机场等为辅助，通用机场为补充的功能清晰、分工明确、运行高效的区域机场体系。加强与南京禄口国际机场、扬州泰州机场、淮安涟水机场建立合作关系。

4. 合力提升水运通江达海能力

打造合宁都市圈规划统筹、战略协作、优势互补、市场合作的现代化港口群，提升合肥、芜湖、马鞍山等地的港口能级，加强安徽港航集团与南京港等下游港口在联合运输、江海联运等领域开展合作。打造合肥区域性航运物流中心，依托合肥综保区和合肥经开区综保区、跨境电子商务综合试验区等平台以及江淮运河工程，加快建设合肥内陆地区重要的集装箱中转枢纽港和江淮航（联）运中心。提升江海联运中转功能，推进芜湖、马鞍山江海联运枢纽建设，加快蚌埠淮河航运枢纽建设以及淮南淮河航运枢纽前期研究，打造滁州、宣城内河港口集散中心。推进都市圈港口资源整合与协调发展，加快六合马组合港、芜马组合港、宣州综合码头、定埠港等建设，加快建设合肥派河港国际综合物流园一期、蚌埠港长淮卫综合港区一期工程，规划建设芜湖港朱家桥外贸综合物流园码头、马鞍山港郑蒲港区二期、合肥港中派港区、合肥派河港国际综合物流园二期、淮南临港经济区一期、宣州综合码头二期。推进六安至马鞍山沿江港口与南京港间外贸中转业务，加强城市间口岸合作，推进近洋航线发展，提升口岸中转服务水平，推动合宁都市圈共同开辟海上丝绸之路近洋航线。完善与下游南京等地高等级航道网对接工作，加快建设航运配套工程，打通江淮运河，规划芜申运河、滁河、水阳江等与南京都市圈毗邻地区的衔接，加快打通省际断头航道，加快实施长江淮河干流航道整治，建设引江济淮航运工程，推动建设淮河蚌埠三线船闸、滁河航道整治等工程。加快推进合宁都市圈通关一体化，根据产业规划沿江布局一批具有较强竞争力的功能性码头。构建高等级水运网，实施航道升级改造建设，开展远期一级航道前期工作。

5. 强化多种运输方式的互联互通

加快推动连接沿江、沿淮主要港口集疏运铁路、公路建设，实现港口与铁路、公路运输的衔接互通，推动形成综合物流交通枢纽，实现旅客"零距离换乘"和货物"无缝隙衔接"。提升综合枢纽换乘中心和公路客货运枢纽中转功能，大力改善地面交通间、轨道交通间、轨道和地面间的换乘条件，提升换乘效率。推动建设合肥派河港区、蚌埠港长淮卫作业区、蚌埠沫河口等疏港铁路专用线，打造铁水联运枢纽。完善铁路、公路集疏运设施，提升临港铁路场站和港站后方通道能力。

（三）高层次共建开放合作的科技创新平台体系

深入实施创新驱动发展战略，以合肥综合性国家科学中心建设为引领，不断深化都市圈创新合作，构建开放型、网络型、融合型区域协同创新体系，合力打造合宁双城创新都市圈和科创共同体，为高质量一体化发展注入强劲动能。

1. 合力打造都市圈科创共同体

以合肥综合性国家科学中心建设为牵引，以合肥滨湖科学城建设为重要载体，加强合宁双城都市圈科技创新深度合作，积极构建合肥—南京创新发展链，协同推动原始创新、技术创新和产业创新，争创合肥综合性国家产业创新中心。发挥合肥、南京创新资源集聚优势，加快辐射带动都市圈城市创新资源集聚发展，充分发挥合肥滨湖科学城、芜湖太赫兹科学城、滁州高教科创城、宣城宛陵科创城平台优势，加强与淮南、蚌埠、六安、马鞍山科创产业园的创新联动，加快与扬州新兴科创名城、淮安智慧谷等开展协同创新。依托长三角创新联盟，建立合宁都市圈创新平台常态化对接机制，加大基础研究、应用研究、技术创新协作力度，共建一批重大基础研究平台、产业创新平台和产业合作园区。以合肥为总部统筹都市圈创新资源，加快推进合肥综合性国家科学中心能源研究院、人工智能研究院和中科院量子信息与量子科学创新研究院建设，探索国家实验室的运行建设模式。支持中科院合肥物质研究院、中科大先进技术研究院、上交安徽陶铝新材料研究院、清华大学合肥公共安全研究院、北京航空航天大学合肥创新研究院建设和在都市圈其他城市设立分支机构，支持中科院大学、合肥工业大学、安徽大学等高校与都市圈高校优势学科共建国家重点实验室和交叉前沿研究平台，培育国家级的科技创新平台。加强合肥、南京技术创新中心在技术研发、成果转化、产权交易等方面合作，在关键领域合力打造一批共性技术研发平台，在电子信息、生物医药、新材料、新能源汽车、高端制造、节能环保等领域布局一批国家重点实验室、工业（技术）研究中心、产业研究院。推动重大科技基础设施集群化发展，谋划一批重大基础设施前期研究，加快合肥综合性国家科学中心大科学装置集中区建设，加强与南京都市圈实现现有重大科技基础设施共享共用，提升国家大科学装置性能和运行效率。加快科技资源贡献服务平台优化，推动重大科研基础设施、大型科研仪器、科技文献、科学数据等科技资源合力流动与开放共享。

2. 推动产业链与创新链深度融合

加快技术前沿领域布局，重点支持战略性前沿基础研究和新兴产业应用研究，联合共建量子通信与量子计算机、脑科学与类脑研究、天地一体化信息网络等重大项目。支持有条件的高校和科研院所共同参与长三角地区联合攻关，在能源、信息、材料、生命、环境等领域集中攻克一批卡脖子共性关键技术。合力共建合宁双城都市圈科创专项资金，建立科技资源共享服务平台，联合打造线上"科技金融服务、技术知识产权运营交易、科技资源共享"等全流程创新链服务，建立集基础研究、技术开发、技术孵化和产业化、产权运营和交易于一体的全流程创新链。打造合宁双城都市圈知识产权保护联盟和综合保护平台，建立都市圈技术转移、成果转化和供需对接工作制度，形成产权创造、保护、交易、运用及管理的良性循环。加强与江苏技术产权交易市场联动发展，共建创新成果集散中心。支持合肥、芜湖、宣城等参与长三角区域技术市场联盟，共同打造技术转移服务平台和专利信息资源库。推动合宁都市圈跨区域联合共建国家级科技成果孵化器基地和双创示范基地。加快合肥都市圈长三角G60科创走廊产业合作示范园区建设，复制推广蜀山区"长三角G60科创走廊环境产业合作示范区"建设的成功经验。支持宣城、芜湖、合肥等参与G60科创走廊建设，牵头打造新能源、机器人、新能源和网联汽车、通用航空等产业联盟。

3. 优化都市圈创新生态

共同营造有利于自主研发的创新生态。增强与南京都市圈创新政策协同性，在科研组织管理、健全科研评价体系、激发创新人才活力、科技金融支撑、知识产权保护与运用等方面进一步加强合作交流。发挥长三角创新示范基地联盟作用，探索科技创新合作新模式，支持跨地区建立创新飞地园区，进一步完善创新投入和成果分享机制，建立研发在外、落地在皖的合作模式。加强科技金融的深度融合，支持科技创新投融资交易服务平台建设,推动合宁都市圈产业发展基金的对接,拓展创新飞地园区企业创新投融资渠道,鼓励商业银行在园区设立"科技支行",培育服务科技创新的金融机构。实施创新券互认工程,统一科技创新券服务标准、内容和平台,建立网上注册、合同备案、创新券申领兑付一体化服务协同机制。开展都市圈内创新技术、创新产品首购首用,建立合宁都市圈技术交易市场联盟,建立企业需求联合发布和财政支持科技成果的共享利用机制,完善技术成果转让中介服务体系。

(四) 协同推进产城融合和产业转移

强化产业规划和政策引导,积极承接南京都市圈产业转移。以集群化、高端化、智能化、服务化、绿色化发展为引导,打造合宁都市圈协同共生的产业发展生态。强化中心城市资源整合能力,提高节点城市在产业分工中的要素集聚水平,加快推动形成优势互补高质量发展的区域经济布局,加快产业链、创新链、人才链、政策链、资金链五链协同发展,共同推动制造业高质量发展。

1. 加快发展战略性新兴产业

加快建设新型显示器件、集成电路、人工智能国家级战略性新兴产业集群。积极参与长三角制造业协同发展规划编制,明确都市圈重点发展领域,聚焦智能家电、电子信息、新能源汽车、机器人和人工智能领域,携手打造世界级新兴产业集群。围绕生物医药、航空航天、高端装备、新材料、节能环保、装配式建筑等领域,加强与南京、镇江、扬州等地的分工协作。以合肥、芜湖、滁州为依托,进一步提升智能家电的基础制造能力和智能化水平;加强合肥、蚌埠、六安与南京在电子信息产业的合作,积极参与国家集成电路制造业创新中心等平台建设,提升云计算、大数据产业基础支撑能力,加快电子信息产业布局;加强芜湖与南京、扬州、淮安在新能源汽车及零部件生产领域的合作,加快联合组建新能源汽车产业联盟,支持江淮、奇瑞等企业在新能源汽车、智能网联汽车等领域的战略布局;依托芜湖机器人产业集聚发展基地,加快推动合肥、蚌埠、马鞍山等地分工协作;依托"中国声谷"、合肥智能语音基地等平台,加快吸引南京一流的科研院所、高校和企业,打造具有国际影响力的人工智能产业集群。加快合肥国家人工智能发展试验区建设,结合综合性国家科学中心建设,开展人工智能政策试验、技术示范和社会实验,在先进制造、智能语音、公共安全等具有产业优势和资源优势的细分领域实施人工智能创新应用示范工程。加快蚌埠与南京、镇江在新材料领域的合作,推动合肥、芜湖、蚌埠与南京在生物医药产业领域的合作,推动智慧医疗等衍生产业发展,谋划在皖建设大健康产业示范区。

2. 培育布局未来产业

加快引进南京、镇江、扬州等地新兴产业主体,面向人工智能、现代生物医药、新材料等产业前沿领域,加快布局未来产业,共建未来产业发展高地。加强量子信息、类脑芯片、下一代人工智能等新技术的研发与应用,加快形成一批具有自主知识产权,开发一批具有较强竞争力的高端产品。加快推进靶向药物、免疫细胞治疗、干细胞治疗、基因检测等领域布局和产业化发展,合作开展高端医学影像设备、超导质子放射性治疗设备、植入介入产品、体外诊断等关键共性技术研发。加快新材料技术与信息技术、纳米技术、智能技术等融合,重点发展石墨烯、第三代半导体、金属铼等前沿材料,加快培育一批具有影响力的龙头企业。

3. 完善承接产业转移支撑体系建设

充分利用南京都市圈的人才、科技和资金优势，围绕产业链分工的短板和布局有选择地承接产业转移。依托合肥、芜湖、宣城参与 G60 科创走廊建设，牵头新能源、机器人、新能源和网联汽车、通用航空等产业联盟。加快合宁都市圈毗邻地区共建产业合作发展试验区，推动产业一体化先行先试走廊建设，推动合宁都市圈开展多种形式的产业合作。加强和县—浦口、顶山—汉河、浦口—南谯、江宁—博望、慈湖高新区—滨江开发区等的深度合作，共同打造跨行政的新型合作平台。积极推进市县开发区与南京、镇江、扬州等地的产业园区开展战略合作，大力提升现有共建园区建设水平。支持中新苏滁高新技术产业开发区扩区建设，在合宁都市圈毗邻地区打造一批高能级省际产业合作园区。

4. 推动先进制造业与现代服务业深入融合

借力南京都市圈现代服务业集群发展优势，加快合肥都市圈现代服务业集聚区建设。聚焦金融商务、现代物流、科技服务、软件和信息服务、电子商务、人力资源服务等重点领域，加强公共服务平台建设，加快与南京都市圈的对接合作，打造综合竞争优势明显的现代服务业集群。围绕研发设计、供应链服务、检验检测、全球维修、总集成总承包、市场营销、制造数字化服务、工业互联网、绿色节能等重点领域，打造融合发展试点示范，培育壮大一批示范企业。推动合宁都市圈共塑服务品牌，参与长三角服务标准和监管体系建设，形成一批重点领域的行业和地方标准。积极推动制造业主辅分离，鼓励有条件的制造业企业将科技研发、工业设计、物流运输、融资租赁、商务服务、电子商务等非核心的服务环节外包，提升制造业的专业化水平。

（五）协同打造改革开放合作高地

深入实施"一带一路"建设，积极对接全面开放新格局，在更高层次、更大范围、更宽领域推进开放合作，塑造开放新优势，构建开放型经济新体制，以更大力度协同打造新时代改革开放高地。

1. 协同打造开放型经济高地

打造一批具有重要影响力的展会品牌，加快对接南京都市圈的品牌展会，积极参加南京、镇江、扬州举办的重大展会活动，积极承接南京、镇江、扬州重大展会的分会场落户合肥、芜湖、马鞍山、滁州等地。加强公共安全、口岸通关、环境治理、知识产权保护、展会人才培养等领域的合作。引导专业采购商、社会公众等积极参与，加强与参展商精准对接。积极参与世界互联网大会、世界智能制造大会、联合国地理信息大会等品牌展会和贸易投资活动，借助南京、镇江、扬州境外展会资源，联合举办境外商品展，推介重点的企业、品牌和商品。邀请南京、镇江、扬州、淮安等地作为大会主宾城市，积极争取更多国际性制造业专业机构、权威国际组织参与合作办会。

共建数字化贸易平台，依托打造安徽"电商之家"推动都市圈城市的电商公共服务信息互联互通和服务快速协同。积极与南京都市圈各大电商平台和企业开展深度对接合作，开展皖货品牌线上线下促销活动。推动中国（合肥）跨境电子商务综合试验区建设，支持芜湖、马鞍山、蚌埠等地申建新的综合试验区，支持与南京共建跨境电商园区，引导南京都市圈内跨境电子商务龙头企业来合肥、芜湖、马鞍山、滁州等地布局设点，建设跨境电商物流基地、空港基地、展示及保税备货中心等项目。与南京、扬州、镇江等地共同推进企业共建、共享"海外仓"，提升跨境电商物流中转效率。

加强对外投资合作，依托长三角一体化对外投资合作发展联盟与南京共同举办境外投资推介、境外工程承包对接等活动。在"一带一路"项目实施、政府驻外机构和商会协会平台支持、对外投资培训和咨询服务等方面加强合作，加快推动信息互通、资源共享、平台共建。支持企业与南京、镇江、扬州企业通过项目合作、股份合作等方式加强对外投资合作。

2. 合力推进贸易自由便利化

加快与下游南京等地的口岸通道互联互通建设，推进合宁都市圈区域通关一体化。完善合宁都市圈区域大通关协作机制，重点推进合肥、芜湖、马鞍山、六安等口岸与南京大通关项目合作，围绕水水中转、铁海联运、空路联运、保税物流等优化监管模式，提升物流效率。拓展中转集拼业务，对接港航、铁路、空港等信息平台，推动港航物流信息接入"单一窗口"，推进与南京"单一窗口"跨区申报试点范围，加快通关数据交换、口岸物流信息对接、企业信用信息互认、监管执法信息共享，实现跨区域口岸物流协同联动。加快合肥中欧班列货运，创新合肥"中欧班列"集货运用模式，加强与南京中欧班列合作，优化班列路线布局，共建境外综合服务体系，拓展回程资源，提高双向常态化运行质量。加强合肥国际航空港和长江、淮河、巢湖外贸口岸与南京、芜湖、马鞍山、淮南等地的合作。鼓励探索多种与南京等地的飞地经济合作发展模式，建设合宁都市圈内的飞地经济合作示范区，探索共建共赢共享的合作新模式。联合打造合肥空港经济示范区，支持都市圈内各市联合申报自贸区。

（六）高标准共享优质公共服务

坚持以人民为中心，加快推动合肥都市圈公共服务标准化、便利化、一体化，扩大公共服务辐射半径，加强与南京都市圈优质公共服务的资源共享、政策协同，提升公共服务供给质量，使一体化发展成果更多、更公平地惠及全体人民。

1. 促进医疗卫生服务便利化

推动合肥高端优质医疗卫生资源统筹布局，采取合作办院、设立分院、组建医院联盟、远程医疗协作、对口支援等形式，推动优质医疗资源的优化配置。健全都市圈医保异地结算和社保异地办理机制，逐步扩大异地结算和办理的覆盖范围。建立异地就医结算信息沟通和应急联动机制，加强直接结算服务监管合作。开展养老服务补贴异地结算试点。共建以居民健康档案为重点的健康大数据开放共享平台和以数字医院为依托的医疗协作系统，加强合肥—南京健康大数据平台高效对接，实现跨地区转诊、转检、会诊、医疗挂号等远程医疗服务，开展疑难疾病联合攻关，建立疑难重症会诊和转诊绿色通道。大力发展健康医疗服务等健康产业，推动优质医疗资源、现代医药产业与养老产业融合发展，建设一批区域专业化的健康医疗服务、康养小镇、养生养老基地。

2. 推动都市圈教育合作发展

协同扩大优质教育供给，鼓励有条件的城市积极引进沪苏浙优质学前教育、中小学教育、大学教育、职业教育资源，通过设立分校、牵手帮扶、学校联盟等方式提高教育供给质量，共建校长和教师培训交流平台。鼓励中科院大学、合肥工业大学、安徽大学等高校与沪苏浙优质高校和科研院所在联合创新、人才培养、成果转化等方面全面合作，联手打造具有国际一流的学科联合体和教育联合体。加强与国际知名高校合作办学，支持安徽大学纽约石溪学院等国际化教育试点示范。打造合宁都市圈产教融合的职教共同体，做大做强安徽国际商务等联合职业教育集团，搭建职教一体化发展平台，鼓励知名高校与知名企业强强联合，建设校企联盟，围绕紧缺专业学科进行人才培训。

3. 协同共建高品质旅游目的地

推动合宁都市圈旅游市场和服务一体化发展，积极发展"旅游+"。依托都市圈的名川、名湖、名山、名城、名镇、名村等特色精品资源，打造一批具有高品质的休闲度假旅游区。推动皖西大别山红色旅游资源、皖南黄山生态旅游资源，谋划融入苏浙沪精品旅游路线设计。开发安徽小岗村中国农村改革发源地、马鞍山矿产开发遗产等文化旅游资源，探索文化旅游、遗产旅游、康养旅游、智慧旅游等旅游发展模式，推出"高铁+景点+酒店"等快捷旅游产品。共建共享旅游景点信息库，建立旅游景区（点）大客流预警等信息联合发布机制，推动制定区域性统一的旅游服务标准、规范和认证体系。依托引江济淮工程打造旅游走廊，整合自然风貌、人造公园、特色小镇、文化博物馆等文旅资源，加快建设线上数字博物馆、档案馆和文化体验平台，加强与苏浙沪共同推出"畅游长三角""惠民一卡通""旅游护照"等产品，改善游客旅游体验。

4. 共筑文化产业发展高地

加强合宁都市圈历史文物保护合作，联合开展考古研究，推动非物质文化遗产展示交流。推进徽州文化生态保护实验区建设，加强楚汉文化、淮河文化、老庄文化等的研究与交流。加强美术馆、博物馆、图书馆和公共文化场馆服务功能的联通，实现都市圈城市阅读一卡通、文化服务一网通、文化联展一站通。推动合宁都市圈在文化科技融合、文化金融服务、对外文化贸易、文化旅游融合、文创产品开发方面的合作。加快建设合肥、蚌埠国家级文化科技融合示范基地，探索建立国家级文化科技融合示范基地合作联盟。打造文化交流平台，加强广播电视、新媒体的合作发展，联合建立媒体品牌联盟。继续办好合肥国际文化产业博览会，举办安徽国际文化旅游节和中国（黄山）国际文化旅游高峰论坛。

（七）高品质共创美好生态环境

坚持"生态优先"和"共抓大保护"的基本原则，以改善生态环境质量为核心，把保护和修复都市圈生态环境摆在压倒性位置。加强生态空间共保，推动环境协同治理，夯实生态资源本底，努力建设美丽的都市圈。

1. 合力保护重要生态空间

切实加强生态环境分区管治，明确生态红线区的划定范围。开展"区长制"试点，共建共保跨地区的生态红线区，探索山水林田湖草的系统治理和空间协同保护。增强河湖、湿地、丘陵等生态空间的水源涵养、水土保持、生物多样性维护等功能，加强与南京都市圈生态空间的协同保护和修复。协同推进长江、淮河、江淮运河、京杭运河、新安江生态廊道建设与衔接，加强自然保护区、风景名胜区、重要水源地、森林公园、重要湿地等其他生态空间的保护力度，加快建立以国家公园为主体的自然保护地体系。

2. 加强环境协同综合防治

探索推动实施标准统一的水、大气、固废危废等污染协同防治，建立固定源、移动源、面源精细化排放清单和污染治理任务清单，联合制定区域重点污染物的控制目标。共同制定长江、淮河、新安江—千岛湖、巢湖等重点跨界水体联保专项治理方案，开展废水循环利用和污染物集中处理，建立长江、淮河等干流跨地区的联防联控机制。联合制定控制高耗能、高排放的行业标准，基本完成钢铁、水泥行业和燃煤锅炉超低排放改造，实施细颗粒物（PM2.5）和臭氧浓度"双控双减"。加强固废跨区域转移合作，建立固废危废产生、存储、运输、利用和处置全过程的统一标准和申报登记，严格防范工业企业搬迁关停中的二次污染和次生环境风险。推动都市圈建立低碳循环经济研究院、实验室等技术研发机构，集中研发推广一批绿色技术，提高清洁能源利用比率和清洁生产技术利用水平。鼓励低碳设计，降低制造、储运、流通、消费、回收等环节的资源消耗，开展低碳产品认证。打造一批低碳经济社区，实施绿色学校、绿色办公等行动计划。

3. 推动环境协同精细管理

统一布局覆盖生态状况、环境质量、重点污染源的生态监测网络，推进环境质量监测与风险预警合作，精准定位工业污染源、城镇生活污染源与农业面源污染源。跨地区协同建设集生态资源核算、污染源检测、问题诊断、风险评估、污染补偿、治理方案等功能于一体的生态环境信息传输与数据集成共享平台，建设以合肥环境大数据中心为支撑的环境协同管理平台。建立风险源管控清单，对排放高危污染物和生产使用危化品的典型企业和重点地区开展环境风险评估。全面推广新安江生态补偿机制试点经验，在长江、淮河流域开展跨界污染补偿试点，建设新安江—千岛湖生态补偿试验区，协同编制实施方案，建立滁河、洪泽湖、沱河流域的生态补偿机制，统一补偿标准，探索建立湿地等生态补偿机制。成立跨界环境综合协同治理领导小组，以跨界水源地保护、大气和水污染防治为重点建设区域互查执法工作机制，联合开展专项检查，处理好跨地区的污染纠纷。推动排放标准、环保规范和执法规范对接，逐步实现区域环境治理政策法规和标准规范的统一。加强排放标准、产品标准、环保规范和执法规范对接，联合发布统一的区域环境治理政策法规及标准，创新跨界联合监管模式。建立都市圈重点区域环境风险和突发事件的应急管理统一平台，开展跨地区突发环境事件应急演练，强化重大活动环境安全的跨地区协作保障，统一都市圈污染天气应急启动标准，开展区域应急联动。鼓励各地区建立"无废城市"建设综合管理制度和标准统一的技术体系、资金保障和运行机制。建立跨流域生态补偿准备金，引导生态收益地区与保护地区之间开展多元化的生态补偿，建立资源有偿使用和排污权交易制度，开展城市之间水资源使用权、碳排放权等交易。

六、政策建议及保障措施

（一）树立一体化理念，强化圈际衔接

强化"一盘棋"思想，加强战略协同、规划衔接、政策沟通，不断深化合宁全方位、

深层次合作。在推动规划对接、设施互通的基础上，注重以改革联动、创新协同、服务共享，推进圈际城市的产业协同、市场统一、生态共保，以及推动非核心城市软硬环境的对标提升，实现区域一体化和协同发展。

（二）做大做强"双核"城市，形成合宁双向错位联动发展格局

立足核心城市的发展优势，提升核心城市的发展层次，强化核心城市在聚集高端生产要素和产业功能的重要作用。合宁核心城市的产业发展应当坚持以专业化分工和产业协作为方向，基于现有产业优势，形成产业间的错位、产业内的分工以及产业上下游的协同，实现产业链式集聚化发展，形成合宁双向错位联动发展格局。

核心城市与周边城市之间需要坚持一体化发展与分工协作相结合，以资源优势互补为方向，实现城市功能定位和产业发展的差异化。通过引领周边城市融入"双核"城市的发展，形成产业分工合作的有机体系，形成核心城市非核心功能和部分产能向周边城市转移，同时着力推进两类城市的一体化布局。形成研发创新在"双核"、成果转化在周边，企业总部在"双核"、产业基地在周边的互动集聚格局，最终形成引领周边城市共同构建具有竞争力的产业生态圈和功能区体系。

（三）创新体制机制，推进圈内市场一体化

推进合宁双城都市圈的发展，关键在于改革创新，破除市场分割和行政区壁垒，建立高效协同、成本共担、利益共享的机制。推进市场化改革，促进要素在合宁都市圈的自由流动和优化配置，推进城际间商品和服务市场准则、行业标准的无缝对接，实现圈内市场的一体化。开展都市圈一体化发展质量机制的管理创新，加快建立跨越行政等级和区域范围的治理机制，深入推进一体化的宏观和微观工作。

劳动要素市场方面：应继续推进户籍制度改革，提升都市圈内人口承载能力，加速城市化和都市化进程；消除城乡间、城市间人口流动障碍，实施更加具有弹性人口管理制度，推动人口流动信息资源共享和就业服务平台，为都市圈内和圈际人口自由流动提供支撑。

技术要素市场方面：都市圈内各城市应清除各种障碍，建立统一技术标准，推动技术要素在都市圈互认；建立科技资源共享综合服务平台，建立连接企业需求和科技资源供给中介机制，推动科技成果研发和转化；建立多层次知识产权交易市场体系，开展知识产权中介服务、质押融资、履约保证保险服务。

资本要素市场方面：合宁都市圈内各城市应加速推进金融基础设施、信息网络、服务平台一体化建设，推进金融机构在都市圈内城市间协同布局，更好满足城市发展资本需求；推动金融机构在都市圈进行跨行政开展业务，加速实现金融服务同城化。

土地要素市场方面：完善土地利用计划管理，实施年度建设用地总量调控制度，增强土地管理灵活性，推动土地计划指标使用合理性；健全城乡统一建设用地市场，制定出台农村集体经营性建设用地入市政策，建立公平合理集体经营性建设用地入市增值收益分配制度；盘活存量建设用地，利用市场机制盘活存量土地和低效用地，推动国有企业存量用地盘活利用，深化农村宅基地制度改革，完善建设用地增加挂钩政策；深化产业用地市场

化配置改革，健全产业用地市场供应体系，如产期租赁、先租后让、弹性年期供应、作价出资等；在符合国土空间规划和用途管制前提下，调整产业用地政策，创新使用方式，推动不同产业用地类型合理转换。

商品市场方面：统一市场准入标准，开放都市圈市场，打破商品和服务市场地域分割和行业垄断、清除市场壁垒，实现都市圈内市场统一；提高都市圈内商品和服务市场化水平，解决部分市场中存在价格信号失真以及直接干预价格问题，实现商品和服务高效率配置；推进商事制度改革，营造良好营商环境，构建审核流程标准化、审核信息互联共享、审核标准互认市场环境；建立都市圈市场监督协调机制，统一监督标准，推动执法协作和信息共享，完善都市圈信用体系，实施跨城市守信联合激励和失信联合惩戒体系。

（四）健全组织制度保障

1. 构建多层次的治理机制，加强组织协调

成立高级别、跨行政区的都市圈领导小组，构建多层次的治理机制，统筹协调圈际合作的行动计划，研究重大政策事项，协调解决圈际一体化进程面临的重大问题。切实发挥好都市圈决策层、协调层、执行层三级运作机制作用，定期召开党政领导联席会议、市长联席会议，形成高层常态化沟通机制，统筹协调行动计划实施，研究重大政策、重大事项和年度工作安排，协调解决重大问题、重大事项。各城市成立相关领导小组，负责日常工作。

2. 健全常态化推进机制，强化落实监督

实施都市圈发展的各项行动计划，明确推进过程中的重点任务，细化工作措施，制定具体实施方案，落实各项具体任务。健全常态化的工作推进机制，定期协调解决跨城市的区域重大项目和合作事项推进过程中存在的问题。对各城市的项目落实情况进行定期调度、跟踪分析，总结推广经验做法，开展项目评估和部门督查；设立合宁都市圈建设推进时间表，制定评价指标和绩效考评体系，完善社会公众参与监督的机制，全力推进合宁都市圈发展。

3. 顶层设计，形成统一的规划政策

都市圈领导小组应配合国家部委，争取国家政策支持，做好顶层设计，围绕都市圈基础设施互联互通、产业协作与布局、市场统一、公共服务一体化、生态共保等编制统一的专项规划，制定与产业创新、人才、金融、科技研究相关的配套措施和改革举措，争取各方面的支持。各城市的相关部门需要主动对接、深入谋划，制定具体的行动方案，积极参与合宁都市圈的建设，并出台相配套的地方政策措施，加速推进项目计划的落地，实现规划向具体项目的转变，便于具体实施。

4. 谋划建设项目库，强化项目支撑合作

针对都市圈的发展规划，谋划启动项目库，滚动推进具体项目的实施，确保开工一批、建设一批、竣工一批、储备一批，通过发展规划的"项目化"实现都市圈建设的"一体化"。围绕基础设施联通、产业协同、市场统一、生态环保等，谋划推进一批具有带动力的重大项目，推进项目审批管理便利化，加强土地要素、金融资本、政策扶持，确

保项目落地。调动社会力量参与合宁都市圈建设，探索具有社会力量参与的一体化发展基金，各城市基于经济体量和经济关联度进行跨区域的重大项目投资，围绕产业链抱团招商和投资建设，探索基于权责关系的收益分配方案。

（主笔人：胡艳　黄永斌　李彦　韩正龙　唐睿　张安伟）

第四篇

白皮书

合肥市卫生健康事业发展白皮书
（2020 年）

——合肥医疗服务发展挑战及策略报告

安徽医科大学公共卫生学院课题组

随着生活水平的提高与人口老龄化的加剧，人们对医疗健康的投入与关注日益增强。人口流动趋向集中，医疗健康保障水平成为中青年人的重点考虑因素之一。2020 年突如其来的新冠肺炎疫情，令拥有更高医疗水平的城市优势凸显，助推人口向省会等医疗卫生资源富集、救治水平高、治理能力强、组织资源速度快的城市会集。合肥作为人口加速流入的省会城市，应持续加大医疗卫生投入，优化医疗资源布局，加快高级医护人才引培力度，改革重大疾病防控机制。

一、 医疗服务面临的挑战

1. 基础医疗需求旺盛，服务供给不足

从入院人数比例看，2019 年合肥市人均住院率[①]为 22%，高于全国 3 个百分点。2015~2019 年，入院人数年均增长 10.5%、人均入院率年均增长 9.1%，是 2019 年全国人均住院率增速的 1.7 倍。2015~2019 年，病床平均使用率由 83.7%增至 89.4%；三甲医院病床使用率持续超过 100%（近 4 年分别为 104.4%、106.2%、103.4%、104.9%），高于县级医院 10 个百分点左右（近 4 年分别高 10.7 个百分点、9.2 个百分点、9 个百分点、11.2 个百分点），市、县两级医院病床使用率一直高于 93%，显示床位供给不足。从医疗卫生机构就诊人数看，2019 年合肥市人均就诊 6.6 次，高于全国 0.4 个百分点。2015~2019 年总诊疗人数年均增长 9.87%，人均就诊次数年均增长 7.4%，是 2019 年全国人均就诊次数增速的 1.5 倍。以千万人口静态估算，2025 年全市年总诊疗人数将达 7200 万，年入院人数将达 250 万，分别是当前的 1.3 倍、1.4 倍，医护人员、床位数需求将大幅增加（见表 1）。从老龄化人口看，以 2019 年数据为依据，合肥市常住人口 818 万人，60 岁以上老龄化人口占比高达 12.9%，约 100 万，家庭养老、医养结合型护理院虽能解决老人

---

① 人均住院率是指住院人数/总人口数，即每个人平均住院次数，一般以年为单位计算。如国家卫健委发布的《2017 年我国卫生健康事业发展统计公报》显示，2017 年，全国医疗卫生机构总诊疗人数达 81.8 亿人次，人均门诊率为 5.9 次；入院人数达 2.4 亿人，住院率为 17.6%。人均就诊次数是指就诊人次数/总人口数。

的照护问题，但数量有限，难以满足需求。

表1　2015年和2019年合肥市医疗卫生机构门诊住院情况

年份	年总诊疗人数（万人）	人均就诊次数（次）	年入院人数（万人）	人均住院率（%）	病床平均使用率（%）	千人均执业（助理）医师（人）	千人均医院床位数（张）
2015	3865	4.96	121	15.50	83.69	2.28	5.29
2019	5390.2	6.6	180.6	22	89.44	3.27	6.38
年增长率（%）	8.7	7.4	10.5	9.1	—	9.4	4.8

2. 健康消费旺盛，高端医疗供给不足

从区位分布看，合肥市2019年城镇常住居民人均医疗保健消费支出增长2.0%，农村增长16.3%，未来3年医疗支出将增加150亿~200亿元。但合肥市16家三甲医院除1家在巢湖市外，其余15家都集中在四城区，县域优质医疗资源短缺。从数量上看，合肥市三甲医院等高品质医院数量不多。以《2019年度中国医院排行榜》100强[①]为例，上海有18家，南京4家，杭州、武汉各5家，长沙3家，合肥仅有中科大附属第一医院（省立医院，76位）和安徽医科大学第一附属医院（79位）2家入围，排名均在70名后。从实力上看，合肥属地综合医疗资源在国家重点学科、国家临床重点专科影响力仍处于比较劣势。如复旦版的《2019年度临床专科排行榜》涵盖的40个临床专科中，合肥属地医院无一上榜。2019年度中国医院科技量值（STEM）综合百强榜中，上海19家、杭州4家、长沙3家、武汉4家、南京4家，合肥仅1家（安徽医科大学附属第一医院，67位）。

3. 就医外流增加，医保支付压力大

从医疗资源分布看，合肥市省属医院资源集聚且体量迅速壮大，其高校附属医院的品牌对合肥本地患者形成了强劲吸引，省属医院就医人数居高不下，对市属医院形成不同程度的挤压，甚至影响了市属医院的发展。以2019年的数据为例，全市全年医院门急诊量市属公立医院和省属公立医院比约为1:3，省属医院是市属医院的3.06倍；全年入院人数市属公立医院和省属公立医院比约为1:4，省属医院是市属医院的3.92倍；省属公立医院人员数约为市属公立医院的2.57倍（见表2）。从长三角一体化看，合肥较长三角其他城市，在高端医疗设备、高新医疗技术和床位等优质医疗资源方面均相对短缺，伴随跨省异地就医基本医疗保险费用直接结算的全面实现，上海、南京、杭州等省外城市在就诊方面的虹吸效应进一步增强。合肥作为患者流出比例较高的城市，面临的市级统筹医保资金外流和医保支付压力增加，不排除未来市级医保运行压力和支付亏空的进一步加剧。另外，2019年合肥市域医疗机构总收入410.1亿元，其中省属医院总收入约占65%，远超过市属医院的总收入，潜在动摇了市属医疗人员与团队的稳定性。随着高端医疗服务费用、医疗设备、医疗耗材和药品费用的叠加式上涨，虽然医疗机构总收入预计2025年将达千亿元，但这并不意味着市属医院收益同期增长翻倍的顺利实现。

---

① 2020年11月复旦大学医院管理研究所发布，被视为顶级医院百强，均为三甲医院。

表2　合肥市省、市属公立医院具体指标比较

名称	医院人员数（人）			全年医院门诊、急诊量（万人次）	全年入院人数（万人次）
	总计	医生	护士		
总计	59046	—	—	3132.7	180.6
省属公立医院	23567	7902	12840	1770.6	95.7
市属公立医院	9159	3056	4939	578.8	24.4
省属公立医院占比（%）	39.91	13.38	21.75	56.52	52.99
市属公立医院占比（%）	15.51	5.18	8.36	18.48	13.51

二、合肥市属地医疗资源发展困境

1. 市属医疗资源扩张提质困局

医疗资源统筹方面，合肥作为省会，承担着优质医疗资源辐射全省与服务全市的双重任务。当前合肥市省级医疗资源本部及分院大多设在城区，而一旦重大公共卫生事件发生，省级医疗资源由省统一调度，市级因无省属医院支配权，可能产生"看得见，够不着，用不上"的窘境。如何形成省市医疗资源的统筹规划及优势互补，亟待破局。医疗服务市场方面，省属三甲医院数量与质量上的扩张速度均高于市属三甲医院，形成"省强市弱"的状况，造成省市属医院医疗服务市场"短兵相接"，甚至相互争夺患者的局面。医疗水平方面，省属医疗资源由于扩张迅猛，用于建设高端医疗实验室、组建一流学科团队投入乏力，短时间内均不具备与上海、南京和杭州优质医疗资源相抗衡的能力和潜力，未来追赶成为长三角医疗服务的一极任重道远。市级由于三甲医院少，人才、学科、团队建设基础薄弱，高端实验室建设能力有限，虽然市一院、市二院、妇幼保健院、市四院均挂牌安徽医科大学附属医院，但业务水平、学科团队上并没有实质性深入融合和受益。

2. "三医联动"① 有待深化

从就医网络体系看，合肥市区级医疗机构设置和管理存在医疗卫生服务网络体系断层现象，区级均无所属二级以上医院，只有所属社区卫生服务中心和乡镇卫生院，造成医疗资源配置断层，由于无属地医院管理权，阻碍了各区结合自身人口情况，提升医疗服务质量和完善就医网络。从医疗人才队伍看，一方面，城乡发展不平衡，医疗卫生人员大多集中在城区，基层卫生人才依旧匮乏，而省市属医院的高水平医护人员随着院区扩大迅速稀释，医护人员超负荷已是常态；另一方面，优质医疗人才成熟周期长，人才招聘与能力培养无法实现同期提升，当前合肥市虽提出"人才安居工程"和健全人才服务体系绿色通道，但在医疗高端人才、社区全科医生等方面缺乏配套政策，而省属医院待遇吸引和同城

---

① "三医联动"是指医保、医疗、医药三者之间的联动，是我国医改推进中的核心机制，早在我国医疗保障制度改革之初就正式提出并实施。随着新冠肺炎疫情的发展，尤其是党的十九届五中全会通过的"十四五"建议明确把保障人民健康放在优先发展的战略位置，"三医联动"的推进有待加强且需迭代升级，扩展为更为广阔的概念，即医疗卫生服务、医保、医药各个功能子系统的联动化。

人才流动成本较小，市级人才流失可能会进一步加剧，亟待建立健全招才、引才、留才、用才机制。从管理机制看，强化公立医院管理、提质增效的机制仍有待完善，人才结构优化、高端人才引进、重点学科与实验室建设、医教研协同等方面仍未形成有效牵引，围绕以上关键环节的编制管理和人事制度改革、薪酬激励机制有待进一步突破。

3. 医疗卫生领域投资缺口较大

从总体投入看（见表3、表4），"十三五"前4年，虽然合肥市卫健部门支出决算占GDP比重提升了0.5个百分点，高于南京（0.14%）、杭州（-0.08%）、宁波（-0.04%），但医疗卫生投入占一般公共支出比例（7%）仅与杭州相当（6.9%），低于济南、福州、西安1个百分点以上。2016～2019年，合肥市医疗卫生投入（235.8亿元）较"十二五"增长1.38个百分点，增幅高于杭州、南京、福州，但总量仅占杭州的52.4%、南京的62.4%、福州的76.8%。从人均投入看，2019年合肥市人均医疗卫生投入926.7元，较2015年增长39.1%，但仅相当于杭州的73.9%、南京的66.7%、济南与福州的83%。

表3　合肥、南京、杭州、宁波及安徽省卫生健康部门支出决算占GDP比重　单位:%

年份	安徽省卫健委	合肥	南京	杭州	宁波
2015	0.67	0.60	1.20	0.87	0.92
2016	0.68	0.64	1.28	0.87	0.99
2017	0.69	0.63	1.26	0.80	—
2018	0.70	0.66	1.33	0.80	0.90
2019	0.73	0.65	1.34	0.78	0.88

表4　中东部6城市医疗卫生投入比较

城市	医疗卫生投入（亿元）		医疗投入占一般公共支出比例（%）			人均医疗投入（元）		
	"十三五"（2016～2019年）	"十二五"（2011～2015年）	"十三五"（2016～2019年）	"十二五"（2011～2015年）	增幅（%）	2019年	2015年	增幅（%）
杭州	450.2	317.7	6.90	5.75	1.15	1254.8	849.7	47.7
南京	378.0	265.8	6.40	5.59	0.81	1390.5	880.8	57.9
济南	285.7	213.7	8.00	6.31	1.69	1103.2	842.1	31.0
合肥	235.8	199.4	7.00	5.62	1.38	926.7	666	39.1
福州	307.2	207.7	8.20	7.03	1.17	1106.9	773.3	43.1
西安	346.5	254.2	8.10	6.53	1.57	918.8	802.4	14.5

三、合肥市医疗卫生健康事业发展对策建议

1. 高位谋划对接

提标对接编制"十四五"规划，按照长三角副中心、省会城市、创新之都的城市定

位，紧密对接国家要求、对标公共卫生指标居前的省会城市，本着"强医疗"的目标，基于合肥市 GDP 万亿元俱乐部和人口千万的考量，围绕"扩大体量、提升技术、优化结构、突出特色、合理配置、兼顾城乡、激活市场、层次多样"，高水平编制公共卫生服务和重大疾病防控体系规划，明确相关部门职责，提高卫健工作效率，超前谋划三甲医院数、千人医师数、千人床位数、重点实验室及科研水平等主要指标的落实，提高基本医疗保险对基层医疗机构的支付比例，补齐县域医疗短板。

2. 制定专项政策

积极推动高起点合作共建，招引国内外知名医科院校来合肥共建分校分院，支持市属医院及院所与国内外知名医科院校共建实验室。充分用好国际友好城市资源，围绕高端医疗服务、单病种治疗、临床康复等，重点引进国外高端优质医疗技术及平台。例如合肥与德国两地均有质子重离子医院，目前安徽医科大学与海德堡大学曼海姆医学院、慕尼黑大学有良好合作和人才交流，可联合打造合肥质子重离子医学服务中心，形成医疗特色服务和区位竞争优势；联动中科大附属第一医院（省立医院）、安徽医科大学、安中医设置专项基金，组建点对点省市学科、技术、科研、人才、管理共建共享一体化平台，开展医护人员技能培训、职业素养提升，促进市级医院医疗服务能力和水平提升。

3. 全力支持争先进位

鼓励市级三甲医院以"专科优先、扶持特色、错位发展、功能互补"为建设原则，构建多元化、专项化医疗服务新格局，支持参与国家层面竞争；鼓励二级、三级医院，与省属三甲医院建设医共体，积极按三甲医院标准增强建设，实现医院等级进位。加强人才培养与引进力度，广泛宣传，打好合肥人才公寓牌，加大中科院大学、安徽医科大学、安徽中医医学硕博研究生人才本地就业留用扶持力度。打破医院归属，加大对在职人员出国及一流医院进修经费扶持，学成后开展新技术、新业务、组建新科室、经考核合格后纳入卫生系统成果奖励；加快推进重点学科、重点团队、重点实验室建设，加大学科带头人、领军人才经费支持，提升医疗人才待遇、强化医疗科技与创新资助奖励刺激；增加编制数量，营造"尊医重卫"氛围，培育"落地生根"生态，破解人才引进"孤掌难鸣"困境。构建多元格局，提高监管能力与水平，支持社会力量办医。发挥自贸区优势，全面梳理和落实国家及省现有医疗机构设置及审批政策，用好用足国家和省相关政策，重点扶持社会力量举办国际合资合作医院，以土地优惠供给反哺其人才学科团队引进；丰富医疗服务业态，放开社会力量举办专科医院，鼓励不同专科医师成立适宜规模的合伙制医生集团，举办专科医师联合诊所；鼓励社会力量举办连锁化、集团化诊所，形成规范化、标准化的管理和服务模式，以补充公立医疗资源满足健康需求多样性。

4. 完善服务网络

优化院前急救服务，提高院前医疗急救服务的可及性和资源利用率，提高急救服务能力水平。下放医院管理权限，调整市级医院管辖权范围，统筹优化医疗资源布局，完善基层医疗卫生服务体系，强化五县（市、区）三级医疗服务网络建设和公共卫生救治力量，实行财政分级投入，减轻市级财政压力。推行分级诊疗，借鉴上海"首诊社区""1+1+1"（1 家社区医院、1 家二级医院、1 家三级医院）等做法经验，统筹省、市、区（县、市）、乡镇（街道、社区）医疗资源，做实做优医联体和紧密型县域医共体建设，进一步完善基层医疗卫生机构绩效工资政策和经费保障机制、强化绩效管理，切实解决当前基层医疗卫生机构医务人员积极性不高、发展动力不足、活力不够等问题。确保机构良性运行，加快形成基层首诊、双向转诊、急慢分治、上下联动的分级诊疗模式，优化重点人群健康服务，提升健康教育、慢病管理和残疾康复服务质量水平，持续提高全市医疗服务保障能力和水平，切实增强人民群众的健康获得感。

（主笔人：赵存喜　王汝雯）

合肥教育事业发展白皮书（2020 年）

——合肥市基础教育优质均衡发展研究

安徽大学高等教育研究所课题组

"十三五"时期，合肥基础教育水平排位已高于我国的人均 GDP 国际排名[①]。全市基础教育学段在毛入学（园）率、专任教师数、教育经费投入等关键指标均实现了纵向增长，教育发展与经济增长匹配性较强。"十四五"期间，合肥市城市能级将不断提升，以长三角都市圈与城市群为表征的城镇化将进一步推动合肥向特大型城市演变。课题组通过梳理分析合肥市基础教育发展现状及"十四五"期间面临的挑战和存在的主要问题，借鉴长三角沪宁杭等地发展经验，认为优质均衡的基础教育是合肥迈向具有竞争力的国家中心城市的重要资源配套，高质量的基础教育也是合肥跻身区域性城市与全球城市行列的关键评价指标，对提升人民群众的获得感、吸引年轻人才与稳定高端人才具有重要价值。

一、"十四五"期间合肥市教育发展面临的挑战

（一）从教育资源需求层面看，供给压力较大

未来 5 年新增劳动力人口持续流入、全面二孩政策、合肥市人才新政的实施、省内教育资源分布差异均形成合肥基础教育的虹吸效应，教育资源尤其是优质资源面临巨大的供给压力，基础教育设施规划与建设整体上将面临较大挑战。

（二）从教育现代化需求看，基础教育体系建设需要优化

后人均 GDP 超过 1 万美元时代，教育体系亟须重新规划设计。根据世界银行的统计数据，美国、日本，韩国人均 GDP 达到 1 万美元的时间点分别是 1978 年、1981 年和 1994 年。这一时期的学前教育与义务教育的毛入学率依然会持续提高，但主要矛盾已经从供需矛盾转向教育的质量提升与结构优化，以适应经济社会发展的需要与逐步多样化的教育需求。合肥市人均 GDP 于 2014 年越过 1 万美元，经济社会发展开始进入"发达状

---

① 2019 年我国人均收入 10121.3 美元，居世界第 72 位。2019 年合肥市初中阶段毛入学率为 111.48%，小学毛入学率为 108.32%，义务教育阶段适龄儿童入学率高于全国平均值 10 个百分点。参考教育部 2019 年统计数值，已经超过世界中高收入国家平均水平，合肥市义务教育普及程度达到发达国家水平，教育水平位居世界中等偏上层次。

态",迈向高收入阶段的关键时期①。基础教育体系应当以更高的水平普及学前教育,以优质、均衡、惠民的目标发展义务教育,以丰富、优质、具有国际视野的课程为核心,以更加健全的师资与财政体系为保障,实现教育现代化,适应合肥"十四五"时期社会经济发展及 2035 年远景目标。

(三) 从教育事业发展层面看经费保障需要持续加强

全市 GDP 过万亿元之后,实现财政性教育经费 GDP 占比不低于 4%目标压力巨大。财政性教育经费投入国际标准是 GDP 的 4%,在全国财政性教育经费占 GDP 比例连续 8 年超过 4%的背景下,依据《中国教育现代化 2035》的国家财政性教育经费支出占生产总值的比例一般不低于 4%的要求,基于合肥市 2020 年的 GDP 总量,未来 5 年合肥市财政性教育经费支出数额总量应当在 401.82 亿元的基础上逐年增长才能符合市(县、区)两级政府的教育支出责任。

(四) 全面依法治国对教育治理提出了更高要求

按照全国教育法治工作会议精神和《全面推进依法治校实施纲要》《依法治教实施纲要》等部署要求,教育领域的立法与政策近年来呈现扩张趋势,一批重要的改革文件与教育规章对教育治理中的教育改革、决策、执法与监督均提出了法治化要求。基础教育阶段的办学标准执行、教育投入落实和经费管理、教师编制待遇、教育扶贫和重大教育工程项目实施等均是政府依法履行教育职责的内容与重点督导范围,对落实不到位的县(市、区)相关负责同志追责问责的力度也在加大。

二、制约合肥基础教育发展的主要问题

(一) 教育经费保障机制亟须完善

近 4 年来合肥市本级公共预算教育经费投入保持平均每年 15.8%的快速增长率,超过上海 1.49%、南京 10.23%和杭州 15.1%的年均增长率,市级财政拨款总量高于杭州,与南京的差距值也在不断缩小。但财政性教育经费投入存在一定的结构性问题:与上海及杭州县区的投入总量均高于市级投入的情况相比,合肥县区级财政性教育经费投入弱于市级投入。县区教育经费与市本级投入比上海为 172%~207%,杭州为 523%~526%,而合肥市仅为 76.2%~77.5%,经费数额如表 1 所示。

全市公共预算教育经费占 GDP 比值也高于沪宁杭。但因为人口总量及适龄入学人口的增加,城市整体 GDP 总量相对沪宁杭地区有一定差距等,导致生均一般公共预算经费同沪宁杭地区相比绝对值相差较大,以 2019 年为例,合肥普通小学生均一般公共预算经

---

① 按照世行 2020 年 7 月 1 日公布的国民总收入(GNI)标准,人均 GNI 在 4046~12535 美元的国家,属于中等偏上收入国家;人均 GNI 超过 12535 美元的国家,属于高收入国家。按照世行公开信息,2019 年中国 GNP 约为 14.308 万亿美元(是 14.343 万亿美元 GDP 的 99.8%),按照 14 亿人口计算,人均 GNI 略微超过 1 万美元,属于中等偏上收入国家。2020 年合肥生产总值已达 10045.72 亿元,人均 GNI 超过全国平均水平,达到高收入国家水平。

费仅为上海的 48.9%、南京的 57.9%（见图 1、图 2）。

表 1　四城市教育财政投入占 GDP 比值统计表

	统计项目	2016 年	2017 年	2018 年	2019 年
上海市	GDP（亿元）	28183.51	30632.99	32679.87	38155.32
	市本级公共预算教育经费（亿元）	294.12	287.02	301.17	311.69
	县区公共预算教育经费（亿元）	507.86	548.63	588.79	647.69
	合计（亿元）	801.98	835.65	889.96	959.38
	教育财政投入占 GDP 比值（%）	2.84	2.72	2.72	2.51
	在校生数（万人）	464.11	479.31	481.56	506.78
杭州市	GDP（亿元）	11314	12603	13509	15373
	市本级公共预算教育经费（亿元）	—	40.07	48.5	58.28
	县区公共预算教育经费（亿元）	—	210.9	247.02	305.27
	合计（亿元）	243.79	264.29	307.61	363.56
	公共预算教育经费占 GDP 比值（%）	2.15	2.09	2.27	2.36
	在校生数（万人）	237.41	241.03	245.57	252.15
南京市	GDP（亿元）	10662.28	11715.1	13009.17	14030.15
	公共预算教育经费（亿元）	198	212.51	245.21	279.06
	公共预算教育经费占 GDP 比值（%）	1.85	1.81	1.88	1.98
	在校生数（万人）	503.11	517.22	531.61	551.47
合肥市	GDP（亿元）	6274.38	7213.45	7822.91	9409.4
	市级公共预算教育经费（亿元）	118.69	141.8	161.98	194.05
	县区公共预算教育经费（亿元）	—	108.1	130.61	150.56
	合计（亿元）	—	249.9	292.56	344.61
	公共预算教育经费占 GDP 比值（%）	—	3.46	3.74	3.66
	在校生数（万人）	183.2	187.3	196.29	208.6

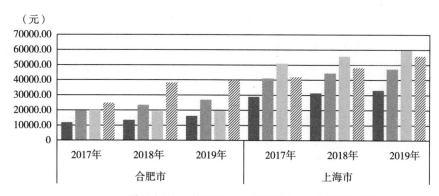

图 1　合肥与上海各级生均一般公共预算教育经费

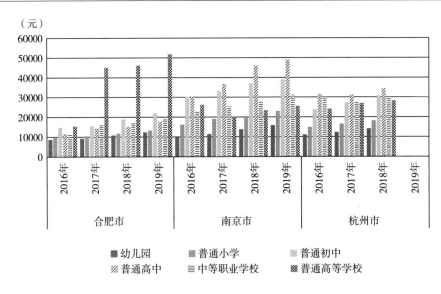

图2 合肥、南京与杭州各级生均一般公共预算教育事业费对比

资料来源：江苏省教育厅、浙江省教育厅、安徽省教育厅信息公开目录①。

（二）学前教育投入水平偏低

2020年合肥市已投入使用的幼儿园达1266所，其中公办园538所，普惠性民办园574所；在园幼儿约32.2万人，2020年底在园幼儿公办率和普惠率分别达到或超过50%和80%。按照《合肥市城市学前教育、中小学布局规划修编（2016-2025年）》设定的标准，合肥市幼儿园配建千人指标从2011年的30‰调整到了42‰。根据省统计局数据，2019年合肥市常住人口818.9万人，需要提供学位34.39万个，当年在校人数为30.25万人，当年学位缺口为4.14万个。根据市统计局公布的城镇户籍人口变动情况，2019年净增人口25.7427人，按照此标准计算，"十四五"期间合肥市净增人口应不低于128.7万，需要新增学位数为5.4万个；此外，合肥市流动人口也在逐年增加，2019年超过300万人，其中办理居住证的人员也已经接近百万，依据居住证入学的要求需要提供学位数为4.2万个。基于相关统计，以标准班额和在园幼儿数、幼儿园千人学位指标和2020年合肥市常住人口数为基准估算发现，整个"十四五"期间，预计全市需要新增约9.6万个学位才能基本满足学前教育的入学需求，相应的人力资源与学前教育投入资源总量均存在较大缺口。

（三）优质义务教育供给与群众教育需求存在不匹配、不协调和不平衡的情况

由于早期学区规划数量少、随迁子女入学占比大以及未像北京、深圳、武汉、南京、

---

① 是指表1、图1、图2的数据。

天津、厦门、苏州等城市一样实施诸如"六年一学位"① 等严格的学位管理制度，导致市区热点学校学位供给存在较大缺口，义务教育结构与实际需求之间还有待进一步优化。

（四）师资依然是制约基础教育发展的重要因素

由于合肥市教师编制核算的基准依据滞后（核算依据是 2016 年在校学生数）及幼儿园占用中小学教师编制等，基础教育阶段（包括学前教育、小学教育、初中教育、普通高中教育阶段）生师比指标高于沪宁杭地区 2~4.5 个点②，如 2019 年上海普通小学生师比为 13.9：1，杭州为 16.3：1，合肥为 18：1。近年来，合肥教师数量已经有了较大增加，其中 2019 年小学教师比 2018 年增加了 2119 名，普通中学教师增加了 1433 名，整体降低了基础教育阶段的生师比，但相对杭州上海的数值，反映出合肥市教师资源配置还有较大的完善空间。此外，在课题组调研过程中，被调研的市区中小学教师老龄化与男女教师比例不协调等新问题开始出现，需要引起足够的重视。

（五）与常住人口增长趋势和空间布局相适应的城乡义务教育学校布局建设机制尚未建立

教育设施建设、教师储备与培育等政策效果的显现一般会有 3~5 年的时滞，合肥市现行的千人指标、建设标准与队列要素法的预测模型测算的指标无法显示大量年轻劳动力人口净流入对人口结构的影响，对适龄入学儿童的数量预测可能存在测不准的情况，学前教育与义务教育阶段的入学人数可能会产生较大变动。

三、合肥市基础教育优质均衡发展的对策建议

（一）继续推进基础教育供给侧改革，走教育内涵发展的道路，多渠道实现高位优质发展

1. 增强基础教育供给

"十四五"期间需要继续增加学前教育供给，在更高层面推进普惠性学前教育的发展，推进义务教育领域供给侧结构性改革，进一步落实政府在学前教育投入中的责任；继续鼓励实施集团化办学，努力提升义务教育资源的共享水平。

2. 降低基础教育阶段的生师比

根据学生数量与教育发展需要，合肥比照沪宁杭地区相同发展阶段标准，进一步降低基础教育阶段的生师比指标 1~3 个点，比照江苏省教育现代化的标准，小学 17：1、初中 12：1，建立与学前与义务教育均衡发展高阶段需求相适应的优质师资队伍。

---

① "六年一学位"，是指"一套房产 6 年内提供一户家庭的学位"，一户家庭有多个符合生育政策的孩子均同时享有学位。目前，北京市东城区、海淀区、朝阳区和石景山区均已经实施该制度。

② 生师比是指学校在校学生数与专任教师数的比例，是学校教学工作中的重要数据，用来评估衡量学校办学水平是否合格的重要指标之一。"生师比"在一定程度上体现了各级学校教育规模的大小、学校人力资源利用效率，从侧面反映了各级各类学校的办学质量。江苏省教育现代化生师比标准为：小学 17：1、初中 12：1。

3. 引进国际及长三角地区优质教育资源

在安徽自贸区建设与长三角一体化的框架下，多方式、多渠道利用和引进国际国内优质教育资源。可以按照 2020 年《教育部等八部门关于加快和扩大新时代教育对外开放的意见》，在办学、师资、课程等关键领域开展合作与交流。基础教育领域，在风险可控的前提下，试点设立国际幼儿园；加强中小学课程设置国际化水平，开展诸如STEM 课程①与中小学教学融合的实践研究；开展长三角区域内优质基础教育资源的学习，义务教育阶段进一步推进课程资源、教师资源的集团化与区域化整合，借鉴国际课程要素优化主题式综合活动的设计与研究，形成具有国际视野与具备现代特征的校本课程群。

（二）提升千人数与建设标准等关键指标，基础教育领域实施超前规划

1. 应当基于优质均衡发展目标

主动适应人口增长与人口结构变化的进程、在教育专项规划中提升千人数与建设标准等关键指标进行超前规划，尽快构建基于人口结构的合肥市基础教育建设预测模型，每年根据人口结构变化，及时修订合肥市城市中小学与幼儿园布局规划。

2. 修订调整《合肥市教育设施布局规划（2016-2025 年）》

依据 2020 年的《中华人民共和国第六次人口普查》和 2015 年的 1% 人口抽样调查数据，改进"队列要素预测法"，由市规划、教育、国土、财政部门等对合肥市 2021~2030年学前教育义务教育在校生规模、师资需求、预算内经费需求进行重新预测，将热点区域与新建区域的千人数在现有基准上进一步提升。

3. 以增量供给作为学前教育供给侧改革的重点

科学规划并扩大幼儿园学位供给总量，着力补充学前教育师资，适时做好幼儿园用地规划及储备，同时对《合肥市城市学前教育、中小学布局规划修编（2016-2025 年）》中的幼儿园配建千人指标分区域进行调整，老城区的标准可以从 42‰ 提升到 45‰，规划建设中的东部新中心等一批新建区域可以提升至 50‰。

4. 建立学校布局、教师编制等专项规划的动态调整机制

《合肥市教育设施布局规划（2016-2025 年）》要依据合肥市人口变化、城市建设情况，对标沪宁杭地区，优化男女教师比例、教师基础学历与专业、中青年教师比例、生均经费等反映优质教育资源配置的指标；全面提高教师队伍的质量，特别是要提高中小学教师的入职学历②。

---

① STEM 是科学（Science）、技术（Technology）、工程（Engineering）、数学（Mathematics）四门学科英文首字母的缩写，其中科学在于认识世界、解释自然界的客观规律；技术和工程则是在尊重自然规律的基础上改造世界、实现与自然界的和谐共处、解决社会发展过程中遇到的难题；数学则作为技术与工程学科的基础工具。

② 从教师的入职学历水平看，我国与西方发达国家差别很大。与世界主要国家中小学教师的学历层次相比，以高中为例，我国研究生层次的教师不足 10%，而西方发达国家已达 70%。

（三）建设优质教育资源平台，通过数据化实现精准决策、监管与评价

1. 打造"互联网+教育"公共学习平台

由市数字资源局与教育局牵头，以在信息化与智能化方面已经形成的较好的教育信息化为基础，通过"合肥通"等官方平台，将各类教育资源集成为公共学习平台，实现优质教育资源共享。采用政府购买公共服务的方式引入发达地区的优质教育资源，建设教育资源信息库，缩短合肥与沪宁杭等城市的教育差距，同时也降低城乡之间、强校与弱校之间教学水平的差距。

2. 建立合肥市基础教育大数据库

以大数据助力教育的预警、评估与决策。建立"合肥市基础教育大数据监测与评价统计指标体系"，将其中的关键指标作为标准数据予以采集，为开展基础教育监测与评价建立大数据库。通过对核心指标监测和定期督查，以有效监控与督促所辖县区级政府将涉及县域义务教育均衡发展的教育投入、资源配置等各项核心指标落实到位情况。各区教育行政部门可以参照深圳的做法，根据辖区内人口信息管理系统数据，以常住人口为基数，参照出生人口数、人口流动情况科学预测未来基础教育学位需求，通过预测模型测算构建"以当年出生人口数加系数预测6年后小一学位需求数、按学位需求提前3年规划学位供给、提前一年保障学位落实"的"六三一学位供需协调机制"。

3. 完善政府履行教育职责评价

启动教育评价机制改革试点工作，形成富有时代特征、彰显中国特色、体现合肥特点与世界水平的教育评价体系。创新教育评价工具，利用人工智能、大数据等现代信息技术，探索开展面向各年级学生学习情况全过程纵向评价、德智体美劳全要素横向评价。

（四）以法治思维推进义务教育改革与发展

1. 依法开展"学区内住房入学资格年限规定"政策评估

针对市区热点学校建设扩容潜力不足及入学人数超负荷的矛盾，引导热点地区入学人口向新建地区学校流动，尽快在热点学区实施"6年一学位"等严格的学位管理制度试点，参考以北京市为代表的关于学区内住房入学资格年限规定[①]，适时在合肥全面推进实施。

2. 规范与提高随迁子女入学门槛

目前市内外来随迁子女入学政策门槛较低，需要进一步规范居住证入学的条件，明确居住证持有人在居住地依法享有平等接受义务教育的权利。注重法律风险及其防控。以法治方式解决基础教育发展中的难题。"十四五"期间，对推进"多校划片招生""居住证入学""民办学校招生制度改革"过程中产生的对既有教育利益格局造成较大影响，从而

---

① 2020年起，北京西城区对适龄儿童入学登记地址及就读学校实施记录，自该房产地址用于登记入学之年起，原则上6年内只提供一个登记入学学位，符合国家生育政策的除外。自2020年7月31日后在西城区购房并取得房屋产权证书的家庭适龄子女申请入小学时，将不再对应登记入学划片学校，全部以多校划片方式在学区或相邻学区内入学。自2020年7月31日后户籍从本市其他区迁入西城区的适龄儿童申请入小学时，将不再对应登记入学划片学校，全部以多校划片方式在学区或相邻学区内入学。

引发行政复议、信访、诉讼等常规及非常规的法律风险，需要系统进行预判并做好相应的法治应对工作。

（五）建立与 GDP 增速相匹配的动态财政投入保障机制

1. 优化教育财政经费投入结构

目前合肥市教育财政投入增速与 GDP 增速之间存在着一定的偏差。2020 年全市 GDP 总量过万亿元后，全市的财政性教育经费理论上年均投入需要在 400 亿元左右①。比照上海市在 GDP 过万亿美元之后的教育财政投入（见表2），"十四五"期间合肥市的财政性教育经费投入还需要持续增加，才能具备正向的外溢效应，从而保证财政资金优先保障教育投入，切实落实教育经费"三个增长"，符合国家法定教育财政投入要求。在保持市级财政经费稳步增长的同时，需要压实区（县）政府的教育支出责任，增加县区级财政性教育经费投入与扩展其他国家财政性教育经费，比照沪宁杭地区的标准，县区级财政性教育经费投入综合应当逐步接近并超过市级财政投入。

2. 提高生均公用经费标准

确保不低于长三角城市群副中心城市平均水平；保持教育经费支出平均增长速度与预算内教育经费支出、平均增长速度持续增加。

表2　上海市人均 GDP 1 万美元时教育财政投入情况（"十一五"时期）

上海市 （总共 16 个区）	GDP（亿元）	人均生产总值 （按人民币计算，元）	人均生产总值 （美元）	教育财政支出 （亿元）	教育财政投入 占 GDP 比例（%）
2006 年	10572.24	54858	6882	235.17	2.22
2007 年	12494.01	62041	8159	283.33	2.26
2008 年	14069.87	66932	9637	326.06	2.31
2009 年	15046.45	69164	10125	346.95	2.30
2010 年	17165.98	76074	11238	417.28	2.43

资料来源：上海市统计局。

（主笔人：廖伟伟）

---

① 按照新增长理论，财政性教育投入对经济增长具有正向的外溢效应；当财政教育投入处于欠账阶段时，这种正向外溢性随财政投入的增加呈递增变化趋势；当进入超付阶段后，这种正向外溢效应变得很小且不再显著。

第一篇

重大课题研究报告

▶ 合肥建设陆港型枢纽经济发展集聚区研究

▶ 合肥扩大优质教育资源供给研究

▶ 合肥打造"种业之都"研究

合肥建设陆港型枢纽经济发展集聚区研究

合肥国际内陆港发展有限公司、合肥产投研究院课题组

陆港型物流枢纽主要是依托铁路、公路等陆路交通运输大通道和场站（物流基地）等，衔接内陆地区干支线运输，实现货物集散、存储、分拨、转运等多种功能的物流设施群和物流活动组织中心。《国家物流枢纽布局和建设规划》（发改经贸〔2018〕1886号）将合肥列为国家物流枢纽布局承载城市，定位为陆港型、生产服务型、商贸服务型国家物流枢纽。合肥是"一带一路"和长江经济带双节点城市，全国性综合交通枢纽、17个国家区域性物流节点城市之一，是连接我国东部、中部、西部三大地带的天然纽带之一，具备发展枢纽经济的良好条件。依托合肥陆港型国家物流枢纽建设枢纽经济集聚区，形成物流产业集群态势，对合肥践行"一带一路"倡议、深化长三角区域一体化战略、抢抓自贸区建设新机遇、打造内陆开放新高地具有重要作用。合肥枢纽经济集聚区在100公里范围内可辐射皖中，在100~200公里范围内可辐射皖南、皖北、皖西、皖东和南京，在500公里范围内可辐射长三角、赣北、鄂西等地，可以助力建设虹桥国际开放枢纽。

一、研究背景与意义

（一）研究背景

党的十九大开启全面建设社会主义现代化国家新征程，以新发展理念为指导、以供给侧结构性改革为主线，我国经济正由高速增长转向高质量发展阶段，迈入转变发展方式、优化经济结构、转换增长动力的新时代，将加快构建现代化经济体系，更好地满足人民对美好生活的需要。枢纽经济是以物流枢纽为核心要件的经济发展模式，是以枢纽地区和枢纽城市为载体的流通经济、门户经济，枢纽经济是现代经济体系的重要组成部分。

2020年5月14日，中共中央政治局常委会会议首次提出"构建国内国际双循环相互促进的新发展格局"。在新发展格局下，特别是要降低生产、分配、流通、消费各个环节的交易成本，加强城乡之间、城市之间、区域之间的合作与对内开放，重塑新形势下我国国际合作和竞争新优势，发挥国内超大规模市场优势。发展枢纽经济注重人流、物流、信息流、资金流在特定区域内集散，形成要素高效流动、重组、整合，从而吸引相关制造业和服务业向周边聚集并带动广域空间经济增长，补足服务产业竞争力，提高国际供应链稳定性，是构建"双循环"新格局空间形态的历史需要。

近年来，随着信息时代全面开启和交通与经济社会深度融合发展，交通枢纽的功能不断地拓展和提升，临港经济、临空经济、临站经济等枢纽经济形态不断突破地域和产业限制，在城市发展中扮演越来越重要的角色。与此同时，传统枢纽场站与互联网组织平台跨界融合发展加快，"互联网+交通枢纽"逐步释放经济活力，并逐步形成线上线下一体化衔接的智慧型枢纽经济新形态。

2019年10月，长三角经济协调会第十九次会议在安徽芜湖召开，安徽全省被纳入长三角城市群。目前长三角已形成以上海为中心，南京、杭州、合肥为副中心的城市格局。2020年1月，长三角一体化安徽方案出炉，合肥加快打造具有国际影响力的创新之都、国际组织和总部经济聚集区、长三角世界级城市群副中心、联通中西部重要开放枢纽的节点城市。交通枢纽是链接城市经济要素的纽带，是发展枢纽经济的重要载体。合肥被纳入国家物流枢纽承载城市，承载建设陆港型、生产服务型、商贸服务型国家物流枢纽。从2018年被列为国家物流枢纽布局承载城市之后，合肥市物流产业发展迅速。伴随物流枢纽的建设与发展，枢纽经济加速发展的时机已经成熟，正在成为我国经济转型升级中的新动能和增长极。

（二）研究意义

1. 物流改变传统城市产业发展逻辑

经济和产业资源不断向中心城市聚集再进行扩散，是现代中心城市经济发展的基本规律。在经济全球化发展浪潮推动下，由于供应链技术、规模生产技术和以互联网、物联网为核心的信息技术等的不断创新，中心城市经济聚集和扩散效应形态正发生改变。

传统的中心城市的发育和形成对产业在城市空间范围的布局依赖较大，是具有实体性质产业布局下的空间发展方式，城市经济发展与土地要素应用、产业引进和交通基础设施配套建设具有高度关联性。

在现代交通、物流、信息等效率、成本、服务的支撑下，经济全球化加快了原料产地、产品生产地和商品消费地的空间分离进程，城市在其空间范围内，依靠物流、信息、贸易、金融、人才等服务产业的不断发育，依然可以参与全球经济与贸易活动，而且参与程度更深、影响范围更广、扩张能力更强和发展层次更高。纽约、伦敦、东京、香港均在这种发展趋势中获得了发展红利，尤其是我国的香港在与珠江三角洲的"前店后场"发展关系中创造了经济奇迹。

2. 通过物流加速城市产业弯道超车

城市经济发展模式的改变主要缘于新的经济聚集元素的出现，这种新元素的共同特点是具有"流"的特征，是依托"经济流"形成的集聚现象，包括信息流、资金流、物流、人才流、技术流等，城市通过创造环境主动引流、驻流、分流，可以为城市带来倍数于传统空间经济要素布局下的经济增长。

3. 枢纽经济集聚区是发展枢纽经济的直观体现

合肥建设枢纽经济集聚区依托陆港型国家物流枢纽，已经形成物流产业集群态势。合肥陆港型国家物流枢纽满足国际运输、多式联运、保税物流、流通加工、国际贸易等业务需求，形成"干线直达、支线联运"的运输服务网络，意义重大。因此，随着合肥枢纽经济集聚区的建设，合肥的辐射能力将进一步提升。

4. 发展枢纽经济是推动城市经济转型升级的重要抓手

以交通枢纽建设为切入点，着力完善城市现代综合交通运输体系，搭建高效优质的枢纽经济服务平台，加速交通枢纽偏好型产业集聚，打造现代枢纽功能城镇区，促进交通、产业和城市融合发展，是发展枢纽经济的核心要义，也是实现城市经济发展新旧动能转换的重要举措。加快推进枢纽经济发展，现阶段亟须强化顶层设计，引导城市发展空间"留白"，因城施策、错位发展，处理好市场和政府的关系。

综上分析可知，枢纽经济是新经济、新业态的典型代表，是交通与经济融合模式创新的重要体现，也是培育发展新动能的重要来源，有利于促进区域经济发展新旧动能转换。未来枢纽经济发展将不断提升枢纽城市的极化效应，提升城市能级；也将提升辐射效应，增强对周边地区的辐射带动作用，促进地区协同发展；还将有利于从全球视野谋划发展空间，提升城市对外开放水平，进而破解交通领域中不充分、不平衡、不协调的问题。

（三）研究思路

从本地物流需求与产业需求出发，以合肥市在推动建设陆港型枢纽经济发展的体制机制等方面为切入口；以本地物流和产业情况为基础，从产业链完善和产业关联角度，明确枢纽经济集聚区发展不足；借鉴国内外建设枢纽经济集聚区的先发城市的经验，结合本地既有的规划情况，明确枢纽经济集聚区的空间布局，明悉合肥打造陆港型枢纽经济集聚区的思路和侧重点，制定对应的工作任务以及对应保障措施。

（四）研究结论

第一，枢纽经济本质是依托交通物流枢纽进行集聚、整合、扩散、疏导资源的规模化产业发展模式，物流产业园是枢纽经济发展原型，最后发展城市枢纽经济。枢纽经济以城市为发展载体，历经交通枢纽—物流枢纽—枢纽产业—枢纽城市四个发展阶段。

第二，从物流枢纽演变关系、产业梯度发展逻辑以及枢纽经济发展节奏三个层面，明确枢纽经济集聚区是物流枢纽的邻近辐射区，是物流敏感产业的集中区，是枢纽城市发展的起步区。

第三，总体而言，合肥经济实力稳步扩大，产业基础良好，拥有广阔内需市场腹地，交通区位优势明显，物流业发展态势良好，具备建设陆港型枢纽经济集聚区的基础条件、产业优势和发展空间。与发达的中心城市相比仍有明显差距，对承载国家区域发展战略使命，建设长三角世界级城市群副中心和内陆开放型经济高地、打造世界级产业集群和产业组织中心的引领支撑能力依然不足，难以适应新发展阶段、新发展理念、新发展格局的总体要求。存在交通硬件、枢纽产业、集散能力、发展模式、发展平台五大短板。

第四，提出发展定位为：打造成国家构建新发展格局的示范区，打造成长三角及中西部地区经济高质量发展的支撑区，打造成合肥枢纽经济发展的引领区。

第五，集聚区总面积67.5平方公里，以合肥北站物流基地为核心、以合肥国际陆港项目基地为支撑，依托淮南铁路线与合肥东站向东北方向辐射延伸，北部拓展至G40沪蓉高速（向西直通新桥机场，向东可达南京、上海），东部紧邻合肥西北区域对外通道新蚌埠路（合肥综合保税区附近）。按照大物流、大商务、大会展、大产业（平板显示装备制造等优势产业）、大商贸/市场的发展思路，形成"一核驱动、一区引领、两轴联动"的发展格局。其中，"一核"指的是合肥陆港型国家物流枢纽；"一区"指的是枢纽经济集聚区；"两轴"指的是临港工业发展轴、商贸物流发展轴。

第六，从打造枢纽经济、构建通道网络、提升综合服务、合理布局产业、完善配套服务五方面提出重点任务，并从组织、政策、监管三方面提出保障措施。

二、合肥建设陆港型枢纽经济集聚区的现实基础

（一）发展基础

1. 交通区位

（1）区位优势明显。合肥位于安徽中部，地处"一带一路"和长江经济带双节点城市，可连通全国高速网，与武汉、长沙、南昌形成"中四角"协同效应，半径 500 公里范围内，覆盖中国东中部地区 7 省 1 市 102 万平方公里面积、5 亿多人口，拥有中国 50%的 GDP 和 40%的消费市场，与长三角世界级港口群便捷相连，具备构筑面向国内大循环和国内国际双循环双向开放物流体系、发展枢纽经济的区位辐射条件，在南北交流和东引西进中发挥着战略性物流枢纽作用。

优越的地理区位为合肥枢纽国际班列、海铁联运的开通提供了"地利"条件，有利于枢纽建设内陆开放平台。合肥地处国家关于东部、中部、西部地区梯度发展理论的网络节点上，是国家东部沿海和西部内陆地区的经济发展协调中承东启西的重要物流设施，经济梯度决定的物资流动为海铁联运、公铁联运开展开辟了先决条件。

（2）对外通道便利。合肥是沿长江物流大通道的核心节点，具备发展现代物流业的良好基础。合肥地处东西向沿长江物流大通道，紧邻南北向京沪物流大通道，具备承东启西、连南接北的独特优势，可便捷实现与全国主要经济节点的物资流通。依托中欧班列（合肥）与丝绸之路经济带连接、依托海铁联运与"海上丝绸之路"对接，有利于合肥加快内引外联。

（3）区域网络发达。合肥是国家"八纵八横"高速铁路主通道中京沪通道、京港（台）通道和沿江通道重要交汇点，是全国 19 个重要的综合铁路枢纽之一。截至 2020 年底，合肥铁路营运里程 526.2 公里，铁路网密度 459.8 公里/万平方公里，远超安徽、全国平均水平。

合肥既有货运铁路线又有沪汉蓉铁路、京福铁路、淮南线、宁西线西合段和合九线，形成衔接蚌埠、阜阳、西安、武汉、九江（安庆）、铜陵（福州）、芜湖、南京等九个方向，以合肥东为编组站、合肥北为主要货运站的环形枢纽格局。

合肥依托淮南线可贯穿南北，向北延伸经淮南、阜阳与陇海线、青阜线衔接，向南与宁芜、皖赣、宣杭线衔接，为华东二通道的重要组成部分。枢纽经济区位于合肥环型结构枢纽系统格局的核心位置，紧邻合肥东站编组站。合肥北站是枢纽内最主要的货运站，是全国一级铁路物流基地，货场分为综合性货场作业区与集装箱作业区，是未来合肥"1+1+2"

的铁路物流网络的一级节点。枢纽周边还布局合九铁路、宁西铁路、沪汉蓉铁路，货运铁路线密集，货物铁路运输便利。

合肥是安徽公路交通中心、全国公路运输枢纽，高密度的公路网为合肥枢纽经济集聚区建设提供了雄厚的运输骨架支撑。合肥高速直达南京、上海、武汉等地。截至 2020 年底，合肥公路总里程达 2.1 万公里，公路密度达 183.61 公里/百平方公里，位居安徽前列。公路网已经形成"一环八射"形态，全国公路运输枢纽地位日益明显。未来，合肥将形成"一环十三射六纵八横"的骨架路网布局，为合肥枢纽经济集聚区建设提供了强有力的运输骨架支撑。公路集疏运体系便捷，S105、S326、S101、S102、S232、S327 等交错纵横，可联通全国高速路网，具备跨区域、大批量物资运输的优势条件。

2. 经济社会

合肥居皖之中，地处长江与淮河之间、巢湖之滨，具有居中靠东、承东启西、连南接北的特点，是中西部地区靠海最近的省会城市，素有"淮右首郡，吴楚要冲"之称。合肥是长三角城市群副中心城市、"一带一路"和长江经济带战略双节点城市，是全国性综合交通枢纽，是 17 个国家区域性物流节点城市、全国 12 个中欧班列内陆主要货源地节点城市，是连接我国东部、中部、西部三大地带的天然纽带，是南北物资交流和东引西进的重要枢纽。

（1）社会经济高质量发展。"十三五"期间，合肥经济总量和发展质量同步提升，总量连跨五个千亿元台阶，先后实现人均 GDP 过万美元和经济总量过万亿元，城市综合实力、核心竞争力和区域吸引力得到全面提升。2009～2020 年，合肥 GDP 年均增速为11.2%，是全球经济增长最快 20 强城市和近 10 年来中国发展最快的城市之一，是全国区域经济版图上的"新坐标"。2020 年，合肥 GDP 实现过万亿元（10045.7 亿元），位居省会城市第 9，在全国大中城市中首次跻身 20 强，GDP 增速在中部六省省会城市中排名第1，仅用 14 年实现了从"千亿元"到"万亿元"的跨越，是用时最短的城市之一。合肥人均 GDP 始终高于安徽平均水平，2020 年突破 11 万元，相当于安徽平均水平的 2 倍、全国平均水平的 1.6 倍。

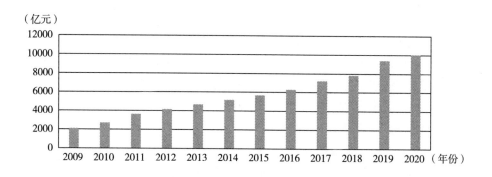

图 1　合肥 GDP 总量及增速（2009～2020 年）

合肥现辖 4 个县和 1 个县级市，4 个区和 4 个国家级开发区，各区经济实力均不断增强。其中，高新区、经开区综合排名分别位居国家级高新区第 10、国家级经开区第 11，新站高新区位列全国新型显示十大园区前列；五县（市）综合竞争力全部进入全省六强，肥西、肥东、长丰三县稳居全国百强；包河、庐阳、蜀山经济总量超过千亿元，四城区在全国百强区位次进一步提升。

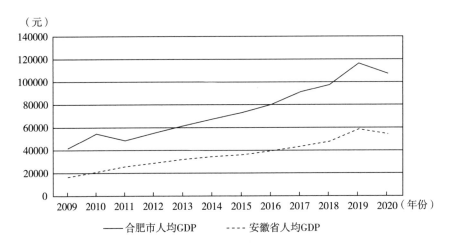

图2　合肥及安徽人均GDP变化情况（2009~2020年）

（2）创新成为城市特质。合肥是集国家创新型试点城市、国家系统推进全面创新改革试验区域、国家自主创新示范区、综合性国家科学中心等"国字号"创新品牌于一身的唯一城市。国家实验室率先挂牌运营，能源、人工智能、大健康研究院和环境综合研究平台陆续组建运行。"九章量子计算机""墨子号""嫦娥钢""质子刀""托珠单抗""量子显微镜"等国际领先的科技成果不断涌现。合芜蚌国家自主创新示范区加快推进，产学研协同创新平台达到26家，全社会科学研究与试验发展（R&D）投入强度达到3.2%左右，跻身国家创新型城市10强。国家高新技术企业突破3300家，境内外上市公司数量达到63家。

作为综合性国家科学中心、G60科创走廊核心成员、长三角城市群副中心城市，在多个国家级战略中，合肥的潜力不断被发掘。2019年，合肥位列"全球经济竞争力200强榜单"中国39城上榜名单之一，并与深圳、北京、广州、上海、苏州、杭州等一同被列入全国发展潜力百强一档城市。根据中国城市发展研究院和全球化与世界级城市研究组织及网络（GaWC）联合发布的《2018中国城市报告》，合肥综合实力超越长沙、大连、无锡等城市，排名全国第14名。合肥连续3年跻身"外籍人才眼中最具吸引力的中国城市"前三甲，排名仅次于上海和北京。

（3）千万级人口特大城市初具雏形。合肥是人口持续净流入的省会城市，全市常住人口937万人，居长三角城市第6，超过南京等城市；城区常住人口达512万人，已迈入特大城市行列。随着合肥的经济活力、城市竞争力得到越来越多的认可，区域中心地位逐渐增强，越来越多人口向合肥集结，2010~2020年，合肥市常住人口增长了191万人，增量居长三角城市第3位。以合肥为中心、半径500公里范围内，基本涵盖中国东部、中部7省1市、5亿多人口，拥有中国50%的GDP和40%的消费市场，是中国经济发展和消费最具活力的区域之一。

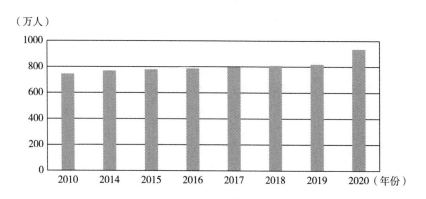

（万人）

图3 合肥常住人口变化情况（2010~2020 年主要年份）

（4）产业结构持续优化。2020 年，合肥市第一产业增加值 332.32 亿元，第二产业增加值 3579.51 亿元，第三产业增加值 6133.89 亿元，三次产业结构调整为 3.3：35.6：61.1，第三产业比重逐年增加，日渐成为拉动经济增长的主要引擎。合肥已初步形成以高技术产业、先进制造业和现代服务业为主导的产业体系。

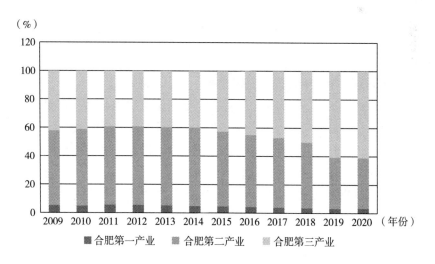

（%）

■合肥第一产业　■合肥第二产业　■合肥第三产业

图4 合肥产业结构占比变化情况（2009~2020 年）

（5）工业迈入中国制造国家队。合肥是全国重要的先进制造业基地，拥有 37 个工业行业、200 多个工业门类、2000 多种大宗工业产品。2020 年，合肥市第二产业增加值 3579.51 亿元，增长 6.4%，占 GDP 比重 35.6%。合肥规模以上工业增加值比上年增长 8.3%，分别高于全国、全省 5.5 个百分点和 2.3 个百分点，增速居中部省会第 1、长三角城市第 3。全市规模以上工业企业 2088 户，其中，产值超亿元企业 766 户，超百亿元企业 13 户，联宝电子成为首个产值超千亿元企业。

合肥已形成汽车及零部件、装备制造、家用电器、食品及农副产品加工、平板显示及电子信息、光伏及新能源六大主导产业，其中，家电、装备制造、汽车及零部件三大产业规模已经达到千亿元级，平板显示及电子信息产业规模达到两千亿元级。2020 年，六大主导产业增加值增长 12.0%，高于全市工业增加值增速 4.5 个百分点，占规模以上工业的 67.7%，其中光伏及新能源增长 29.4%、平板显示及电子信息产业增长 25.9%、汽车及零部件增长 25.1%。合肥已经进入"中国制造国家队"，是世界级新型显示产业集群、智能家电产业集群、中国 IC 之都、中国声谷。传统优势产业加速迈向"高端化、绿色化、智能化、融合化"，1.3 万家企业实现"上云"，智能工厂、数字化车间超过 800 个。

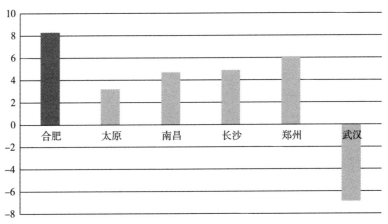

图 5　规模以上工业增加值增速情况（2020 年）

多项主导产品供应全球、物流需求巨大。合肥新型显示及电子信息、家用电器、汽车及零部件、光伏新能源等产品的产量在全国领先，占比达到全国 1/4 或 1/3 以上，集聚了京东方、康宁、蔚来、阳光电源等一大批优质企业。家电"四大件"产量突破 7000 万台套，全球规模最大，全国每 4 台电冰箱或洗衣机，就有 1 台是合肥制造的；合力叉车全国第一，每销售 3 辆工业车辆，就有 1 辆是合肥制造的；联宝累计出货超 1.2 亿台，全球每售出 8 台笔记本电脑，就有 1 台来自合肥。

（6）现代服务业发展迅速。2020 年，合肥服务业增加值 6133.9 亿元，增长 3.0%。合肥服务业占比一直高出安徽省 5~10 个百分点，2020 年首超全国平均水平 6.6 个百分点，

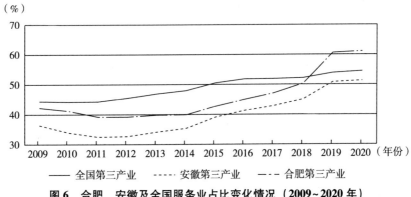

图 6　合肥、安徽及全国服务业占比变化情况（2009~2020 年）

合肥服务业已成为安徽服务业"跨越"发展的重要增长极，是安徽服务业"双核一带三区"空间格局的重要一核。

（7）开放格局全面拓展。进出口总量跻身省会前十强。近10年来，合肥进出口逆势上扬，进出口总量占安徽比重由2010年的41%提升至2020年的近50%，总量在全国省会城市排名提升至第9位。2020年进出口总额375亿美元，比上年增长16.4%。其中，出口228亿美元，增长12.8%；进口147亿美元，增长22.4%。全球贸易伙伴超200个国家和地区，与"一带一路"沿线国家贸易不断增长。

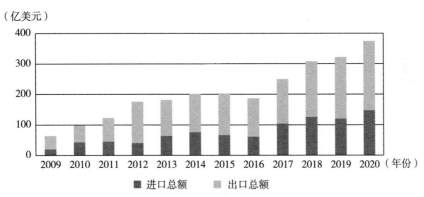

图7 合肥外贸进出口总额变化情况（2009~2020年）

开放活力不断强劲。作为"一带一路"和长江经济带双节点城市、长三角世界级城市群副中心、合肥都市圈核心城市，合肥大力弘扬"开明开放、求是创新"的城市精神，深度融入长三角一体化发展，共建5个G60科创走廊合作园区，成立合肥都市圈工业产业（链）联盟，拥抱"中四角"推动中部地区加快崛起，成为内陆开放新高地。"大通关、大通道、大平台"开放体系加快构建，合肥先后同210多个国家和地区建立经贸往来，目前，有49家境外世界500强企业在合肥投资设立外资企业67家，2020年实际利用外商直接投资35.95亿美元。

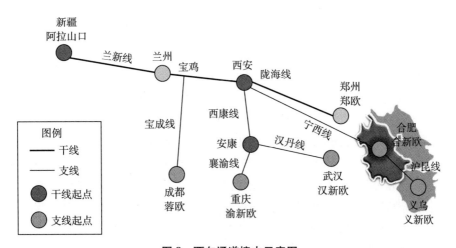

图8 西向通道境内示意图

内陆开放枢纽格局初步形成。以合肥国际内陆港、合肥水运港、合肥航空港、合肥跨境电子商务港、合肥综合保税区、合肥出口加工区（合肥经济技术开发区综合保税区）、合肥空港保税物流中心（B 型）和合肥对外经济合作服务平台为主体的"四港三区一中心"八大对外开放平台加快建设。合肥被国家发展改革委列为 12 个中欧班列内陆主要货源地节点城市。2020 年，安徽自贸试验区合肥片区揭牌，当前，合肥已成为全国仅有的集自贸试验区、服务贸易试点市、进口贸易示范区、跨境电商综试区 4 个国家级开放品牌于一身的 4 个省会城市之一。

3. 重点产业

围绕构建创新型现代产业体系，合肥聚焦以"芯屏汽合""集终生智"为代表的 12 个重点产业链，奋力打造"产业地标"，加快推动全市产业高质量发展。新型显示、集成电路、人工智能入选首批国家战略性新兴产业集群，数量在全国城市中并列第 2（北京、上海、武汉各 4 个，深圳 3 个），获准建设国家新一代人工智能创新发展试验区，智能语音入选国家先进制造业集群。2020 年，全市战新产业产值同比增长 18.2%，战新产业产值占全市工业比重超过 55%，对工业增长贡献率达到 92.9%。

（1）集成电路产业。集聚企业 306 家，拥有长鑫存储、晶合集成、通富微电等一批行业领军企业，聚集从业人员超过 2 万人，初步构建了覆盖设计、制造、封装、测试、设备、材料的完整产业链，打造了存储、显示驱动、智能家电、汽车电子 4 个特色芯片产业板块，成功获批全国首个"海峡两岸集成电路产业合作试验区"。2020 年产值 302 亿元，同比增长 17.6%。

（2）新型显示产业。集聚企业 103 家，拥有京东方、维信诺、视涯科技、康宁等行业龙头企业，形成了涵盖上游装备、材料、器件，中游面板、模组以及下游智能终端的完整产业链，产业创新能力、本地化配套水平均在国内居于领先水平，产业整体规模在国内居于第一方阵。2020 年产值约 1005 亿元，同比增长 18.6%。

（3）人工智能产业。集聚企业 780 家，拥有科大讯飞、华米科技、海康威视、四维图新、中科寒武纪、科大国创等行业龙头企业，初步构建了从底层硬件、数据计算、基础应用技术到智能终端及行业应用的全产业生态体系，获批国家新一代人工智能创新发展试验区，入选国家首批先进制造业集群竞赛优胜者名单。2020 年产值 670 亿元，同比增长 20%，其中智能语音产业产值规模突破 130 亿元，占全国该产业总产值的 44.2%。

（4）新能源汽车暨智能网联汽车产业。集聚企业 164 家，拥有江淮、蔚来、大众（安徽）、安凯、长安、奇瑞（巢湖）、国轩高科等行业龙头企业，形成涵盖整车、关键零部件（电池、电机、电控、雷达、摄像头、域控制器等）、应用（公交、物流、出行服务等）、配套（充电基础设施、电池回收、智能网联汽车示范运行等）的完整产业链，获批建设省级新能源汽车重大新兴产业基地。2020 年产值约 410 亿元，同比增长 26.5%。

（5）生物医药产业。集聚企业 401 家，拥有安科生物、同路生物、智飞龙科马、立方制药、兆科药业等行业龙头企业，从业人数超过 1.8 万人，各类科研人员达 3000 人，形成了从上游原料药、医药研发到中游药械制造，再到下游医药服务、检测医疗等较为完整的产业链，先后获批建设国家健康医疗大数据中部中心、国家区域医疗中心、省级生物医药和高端医疗器械重大新兴产业基地等。合肥产全国首款重组新冠疫苗获批紧急使用。

2020 年产值 235 亿元，同比增长 7.6%。

（6）智能家电产业。集聚规模以上企业 90 家，拥有美菱、惠而浦、海尔、美的、格力五大家电巨头企业，形成了集家电研发、生产、销售、物流及相关配套服务的完整产业体系，"四大件"产量连续 10 年居全国城市首位，单项产量均突破 1500 万台，其中 2 个 2000 万台（冰、洗）、2 个 1500 万台（电视、空调），核心零部件压缩机、电机产能均突破 3000 万台，全国每 4 台冰箱、洗衣机就有 1 台产自合肥，2020 年产值约 900 亿元。

（7）光伏及新能源产业。集聚企业 89 家，构建起以通威太阳能（电池片、组件）、晶澳太阳能（组件）、阳光电源（逆变器）为龙头，其他重点企业为支撑的产业发展格局，拥有彩虹光伏、中建材新能源、中南光电、大恒能源、合肥科威尔等一批产业链企业。2020 年营业收入超过 450 亿元，实现增加值增速 29.4%。

（8）高端装备及新材料产业。高端装备产业链集聚规模以上企业 710 家，拥有合力叉车、日立建机（合肥）、江淮重工、美亚光电、合锻智能、欣奕华等细分行业龙头企业，是国内最大的叉车研发与生产基地，叉车与挖掘机产量位居全国前列。2020 年产值约 842 亿元，同比增长 5.2%。新材料产业链集聚企业 281 家，拥有合肥杰事杰、皖维集团、大地熊、国风集团、合肥乐凯、安利等一批行业龙头企业，初步形成了涵盖新型金属材料、新型化工材料、新型电子信息材料、新型建筑材料、新能源材料和新型纳米材料等门类较为齐全的产业体系。2020 年产值约 861 亿元，同比增长 7.7%。

（9）金融产业。2020 年，合肥市金融工作聚焦扩总量、强实体、助小微，四项主要金融指标创历史同期新高：一是金融业增加值及占比创新高，全年金融业增加值 970.26 亿元，同比增长 7.7%，占 GDP 比重达 9.66%，较上年提高 0.45 个百分点；二是新增贷款规模创新高，12 月末人民币各项贷款余额 18105.79 亿元，同比增长 15.48%，新增贷款达 2426.57 亿元，是上年新增额的 1.5 倍，企业获得信贷更加便利；三是新增上市公司数创新高，2020 年全市新增上市公司 12 家，居全国省会城市第 2 位，新增科创板上市公司 7 家，居全国省会城市之首；四是新增直接融资额创新高，2020 年全市新增直接融资 3931.39 亿元，同比增长 21.99%，占省比重 66.07%，较上年提高了 6.64 个百分点，企业融资结构不断优化。

未来，合肥将深入实施"2833"地标性产业集群培育工程，即聚焦"芯屏汽合""集终生智"，打造新一代信息技术、汽车和智能网联汽车 2 个具有国际竞争力的 5000 亿元级产业集群，家电和智能家居、高端装备制造、节能环保、光伏及新能源、生物医药和大健康、新材料、绿色食品、创意文化等领域 8 个具有国内竞争力的千亿元级产业集群，打造 3 个千亿元级龙头企业，培育 300 个左右专精特新"小巨人"和"冠军"企业。

4. 物流产业

合肥地处中部地区，坐拥广阔内需市场腹地，产业基础良好，六大主导产业特色鲜明，四大千亿元级产业集群集聚发展。合肥作为我国当前最具活力的"长三角"的近邻和纵深腹地，在承接国际和沿海地区产业、资本梯度转移方面具有先天优势，为合肥现代物流业的发展提供了天然优越条件。

（1）物流业战略定位不断提升，物流环境持续改善。合肥是全国区域性物流节点城市、全国性综合交通枢纽、国家流通节点城市、物流园区一级布局城市，铁路、水运、航空、公路等主要物流节点发展初具规模。2018 年，合肥在《国家物流枢纽布局和建设规划》中被列为国家物流枢纽布局承载城市，承载类型和功能定位为陆港型、生产服务型、商贸服务型国家物流枢纽。2019 年，合肥在《长江三角洲区域一体化发展规划纲要》中被定位为区域航空枢纽、国际航空货运集散中心。2020 年，合肥入选全国首批 17 个国家骨干冷链物流基地建设名单。2021 年，合肥在《国家综合立体交通网规划纲要》中，与郑州、天津、鄂州并列被定位为国际航空货运枢纽。

安徽省级层面在多项文件中明确合肥枢纽地位。其中，《安徽省"十四五"物流业发展规划》（征求意见稿）提出要发挥合肥综合交通优势，推进陆港型、生产服务型、商贸服务型国家物流枢纽建设。《安徽省综合立体交通网规划纲要（2021-2050 年）》提出要形成以合肥枢纽为核心的综合交通枢纽体系。《安徽省物流园区发展规划》明确提出依托合肥铁路国际内陆港建设全国性铁路物流基地，完善多式联运设施和集疏运体系，加密、延伸中欧班列（合肥），打造中欧班列的重要枢纽节点。

合肥市级层面不断加强物流业发展顶层设计与规划引领，持续优化发展思路、聚焦发展重点、创新发展路径，全市已形成高位推动物流业发展的格局，省市领导在多次会议上强调要提高重视程度，以陆港型、生产服务型、商贸服务型国家物流枢纽和国际航空货运集散中心建设为引领，带动全市物流业高质量发展，并在设施建设、企业运营、政府管理等方面，形成资金、财税、土地、投融资等一系列政策安排，突出了物流通道建设、枢纽建设、口岸建设、多式联运示范、平台建设等关键领域的发展，各项政策执行效果显著，有力促进了物流业转型升级，推动物流营商环境明显改善。

（2）物流规模进一步扩大，对经济社会发展影响增强。2020 年，合肥完成货物运输量约 4.69 亿吨，较 2010 年翻了一番，大宗商品、家电、日用消费品等商品物流服务需求形成一定的规模；合肥邮政行业业务总量在全国 27 个省会城市中排名第 9、快递业务总量在全国排名第 25，快递揽收量达到 8.85 亿件，是 2015 年的近 5 倍，快递投递量达到 7.46 件，是 2015 年的 3 倍多。2020 年，合肥交通运输、仓储和邮政业实现增加值 516.56 亿元，是 2013 年的 2.81 倍，年均增长 16%，同期增速高于安徽 2~3 个百分点，占安徽交通运输、仓储和邮政业增加值比重达 26.2%，占全市地区生产总值的 5.14%，对经济社会发展影响持续加大。

（3）物流业服务水平不断提升，专业物流特色明显。目前，合肥各类物流企业已超过 8000 户，从业人员近 40 万人。物流业资源整合和主体培育步伐加快，本土物流企业，如徽运物流、国力物流、迅捷物流等传统运输、仓储、物流地产企业加速向现代物流业转型，普洛斯、招商局物流、顺丰、京东、深国际、宝湾国际、传化物流、菜鸟网络等国内外知名物流企业均已在合肥布局，提升了合肥的整体物流服务水平。同时，合肥也形成了一批成熟的物流园区，如安徽合肥商贸物流园、合肥港物流园、合肥中外运物流中心、合肥宝湾国际物流中心等。大件家电物流、汽车整车及供应链物流、农产品冷链物流等专业物流发展迅速，共同配送、众包物流、即时配送、定制服务等物流新业态得到快速发展。截至目前，全市拥有 A 级以上物流企业 60 家，其中，4A 级以上物流企业 47 家，拥有 1 家国家级示范物流园区、5 家省级示范物流园区。

（4）全面开放深入推进，国际物流发展取得突破。合肥坚持大开放战略，开放平台加快建设，对外贸易总额不断扩大，2020年进出口总额达到374.87亿美元，内陆开放枢纽格局初步形成。开放型经济不断深化发展，推动合肥国际物流需求规模持续扩大，综合保税区、保税物流中心和公用保税库等海关特殊监管区域建成运营，为国际物流发展提供了节点设施支撑和政策保障。中欧班列（合肥）实现稳定运营，截至2021年10月，已直达欧亚14个国家、57个节点城市，累计发运突破1900列，其中，2020年开行568列、居长三角第二、全国第六。合肥港"二类水运开放口岸"通过验收，2020年吞吐量达到37.1万标准箱。航空港水果、冰鲜水产品、食用水生动物等进境指定监管场地先后通过验收并投入运营，肉类进境指定监管场地于2021年获批，具备国际快件监管中心运营资质，2条国际货运航线（合肥—芝加哥，合肥—河内）常态化运营。

（5）合肥中欧班列发展势头良好。2020年共开行568列，是自2014年至2019年发运列数总和的80%，同比增长54.3%，班列数居长三角第2、增速居全国第3。中欧班列（合肥）每列平均发送达到47.43箱、高出标准6.43箱/列；平均箱载重达到12.51吨，同比增长20.17%，去回程满载率始终保持100%，货值、货重、满载率、回程占比等关键性高质量发展指标超过重庆、成都、西安等城市，居全国前列，后发优势明显。2021年以来，新打通36条国际干线通道，新增乌克兰基辅、捷克布拉格、比利时安特卫普、西班牙马德里4个国家22个新站点。

（6）政策环境日臻完善。安徽省及合肥市物流政策环境日臻完善。安徽和合肥省市两级层面陆续出台了推动物流业发展的相关政策，在设施建设、企业运营、政府管理等方面，形成了一套涵盖物流体系和通道建设、物流枢纽建设、口岸建设、多式联运示范工程、物流平台建设、支持合肥国际内陆港发展、支持中欧班列（合肥）国际货运班列发展、现代物流业扶持政策等多个维度的政策支持体系。

5. 物流设施

（1）物流要素集聚能力不断增强。合肥已成为国家一级物流园区布局城市。铁路、水运、航空、公路等主要物流节点发展初具规模，形成了综合服务型、商贸服务型、生产服务型、陆港枢纽型等多元化、有序的发展主体和北部枢纽物流、东部商贸物流、新桥空港物流、南部产业物流、合肥港口物流、西部创新物流六大物流产业集聚区。目标市场不断扩大，核心地区为合肥及周边地区；辐射范围为长三角地区和全国各地；依托中欧班列（合肥）、海铁联运等，链接中东、欧洲等国外地区。

北部枢纽物流产业集聚区重点依托综合保税区、合肥铁路北站、公路港等交通枢纽节点资源，以企业为主体，加快区域交通枢纽和商贸物流资源整合，打造以国际物流、保税物流、铁路多式联运、公路干线运输、城市配送和大宗物资贸易等服务为主的北部枢纽物流产业集聚区。

（2）物流园区等设施加快建设。截至2020年底，初步统计，合肥现有规模以上运营物流节点24个。已建成运营一批以安徽合肥商贸物流园、宝湾（合肥）国际物流中心、合肥港物流园区、合肥百大周谷堆农产品国际物流园、合肥经开区家电物流中心、中国物流合肥基地等为代表的交通优势明显、设施先进、功能集约、服务完善的综合物流园区和物流中心，以及以华南城、合肥浙商城等为代表的商贸物流集散基地。合肥获批设立国家级跨境电子商务综合试验区，新兴电商及跨境电商物流产业集聚区形成。目前，全市共有安徽合肥商贸物流园 1 个国家级示范物流园区，合肥港物流园、合肥宝湾国际物流中心、合肥中外运物流中心、中外运物流华中中心物流园、徽运物流园（合肥公共物流园）5 个省级示范物流园区。

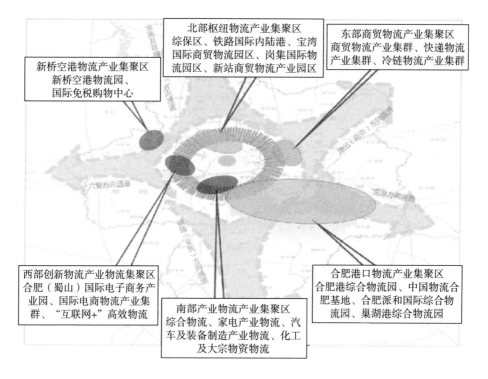

北部枢纽物流产业集聚区
综保区、铁路国际内陆港、宝湾国际商贸物流园区、岗集国际物流园区、新站商贸物流产业园区

东部商贸物流产业集聚区
商贸物流产业集群、快递物流产业集群、冷链物流产业集群

新桥空港物流产业集聚区
新桥空港物流园、国际免税购物中心

西部创新物流产业物流集聚区
合肥（蜀山）国际电子商务产业园、国际电商物流产业集群、"互联网+"高效物流

南部产业物流产业集聚区
综合物流、家电产业物流、汽车及装备制造产业物流、化工及大宗物资物流

合肥港口物流产业集聚区
合肥港综合物流园、中国物流合肥基地、合肥派和国际综合物流园、巢湖港综合物流园

图 9　"六大物流产业集聚区"布局图

在建和规划的物流节点有中外运供销物流园、合肥派河国际综合物流园、中国南山·合肥岗集综合交通物流港、合肥东部现代智慧物流园、合肥百大肥西农产品物流园、韵达智慧物流巢湖产业园、庐江罗埠综合物流园等。

（3）物流设施运营水平不断提升。推动形成"三核一极主枢纽、八园多节点全覆盖"总体布局。合肥目前正在以陆港型、生产服务型、商贸服务型物流枢纽以及合肥国际航空货物集散中心布局建设为统领，加快构建"通道+枢纽+网络"现代物流运行体系，强化枢纽整合组织能力，扩大通道辐射能级范围，支持网络高效经济运行，加强物流与产业融合联动，精准对接合肥经济产业辐射联动关键方向和目标市场，推动发展形成"三核一极主枢纽、六廊六带主通道、八园多节点全覆盖"总体布局。

物流产业发展空间布局与产业空间布局不断融合。合肥物流产业发展空间布局紧密围绕合肥"一区两翼多组团"新型工业化产业布局，形成了相得益彰的融合发展态势。产业功能区的社会物流需求，主要集中在经开区、高新区、新站高新区、双凤经济开发区、桃花工业园等产业功能区，具体表现为制造业物流、商贸物流，需要社会性、公共性物流服务来满足。以枢纽为核心物流产业空间布局的不断优化，加快提升合肥集聚物流、交通、开放平台等资源要素能力，推动物流、产业集聚融合发展，物流对经济发展的辐射带动作用日益提升。

表 1　合肥分产业功能区产业物流需求

产业功能区	主导产业	物流需求类型
合肥高新区	家电及配套产业、光伏新能源、电子信息产业	制造业
合肥经开区（含经开区综保区）	新一代信息技术、家电、汽车及新能源汽车	制造业
合肥蜀山经开区	电子商务、计算机、通信和其他电子设备制造业	快递
新站高新区（含合肥综保区）	新型显示、集成电路	制造业
安巢经开区	汽车制造业、非金属矿物制品业、化学原料和化学制品制造业	制造业
庐阳经开区	家居制造业、非金属矿物制造业、电气机械和器材制造业	制造业
包河经开区	汽车及新能源汽车、生物医药	制造业
长丰（双凤）经开区	汽车及工程机械加工、食品及农副产品加工	制造业、商贸
肥东经开区	食品医药、装备制造、轻工纺织	商贸
肥西经开区	汽车及配套、家电及配套、智能装备	制造业
庐江高新区	新能源新材料、装备制造	制造业
居巢经开区	食品、农副产品加工、高端精密制造、新材料	制造业、商贸

（二）发展短板

总体而言，合肥经济实力稳步扩大，产业基础良好，拥有广阔的内需市场腹地，交通区位优势明显，物流业发展态势良好，具备建设陆港型枢纽经济集聚区的基础条件、产业优势和发展空间。同时，与发达的中心城市相比仍有明显差距，对承载国家区域发展战略使命，建设长三角世界级城市群副中心和内陆开放型经济高地、打造世界级产业集群和产业组织中心的引领支撑能力依然不足，难以适应新发展阶段、新发展理念、新发展格局的总体要求。具体表现在以下五方面：

1. 交通硬件：物流基础设施布局、结构不尽合理，枢纽组织能力较弱

目前，合肥物流基础设施主要集中于低水平重复建设的发展阶段，分布散、规模小、经营方式落后，高端设施资源存在结构性不足，忽略了对枢纽系统的整体谋划，尚未系统考虑产业的聚集运行、区域空间的拓展以及供应链的延伸，枢纽组织缺乏策源功能，难以实现对资源要素的高效配置。从铁路物流看，铁路货运业务的物流服务存在专业化、便捷化、多元化程度滞后的问题，一定程度上制约了铁路现有资源和规模优势的充分发挥，导致市场竞争力持续下降。基础建设和装备落后且货场资源分散，铁路现有货场数量不少，但总体位置分散、使用效率不高，难以发挥集约优势。信息化建设尚不完善，管理能力亟待加强。既有的以转运作业功能为基础的物流设施难以充分发挥枢纽通道作用和价值创造，与承载国家战略功能、满足未来国家综合交通运输发展方向以及未来产业结构调整方面对高效率、低货损、时效强的货运需求还有一定的差距，亟须从规划层面进行高标准谋划。

2. 枢纽产业短板：物流与产业融合度有待加强，联动发展水平低

目前，虽然合肥物流产业发展布局与合肥"一区两翼多组团"新型工业化产业布局形成了较为密切的空间关联。多样化的物流组织、物流服务对各产业功能区的发展形成了

一定支撑。但是对比国内先进地区的枢纽经济区发展，合肥集聚物流、交通、开放平台等资源要素能力依旧有待提升，枢纽与关联指向性产业之间的发展依旧存在脱节情况，尚未形成以枢纽为中心的供应链、产业链与价值链，降低了枢纽经济的发展水平。同时，随着合肥经济社会的跨越式发展，需要优化以枢纽为核心物流产业空间布局，推动物流、产业集聚融合发展，进一步提升物流对经济发展的辐射带动能力，打造枢纽经济发展的新引擎。

3. 集散能力：全球物流资源整合配置能力弱，枢纽经济发展质量不高

枢纽城市必然要成为资源要素的配置中心，尤其是成为全球性资源要素的配置中心。合肥具有国际竞争力的龙头物流企业较少，物流组织与管理水平有待进一步提升。尽管目前普洛斯、招商局物流、顺丰、京东等物流龙头企业均已在合肥布局，但合肥的 5A 级物流企业数量与其他 GDP 万亿级省会城市相比，仍存在较大差距。此外，合肥物流设施虽然形成一定规模，但大部分设施运作相对独立，信息不互联、业务不衔接、功能不匹配、干线网络不健全，干支衔接不顺畅，对全球物流资源整合配置能力不足，需要打造大网络、大平台、大通道、全链条、新模式来促进枢纽经济发展。

4. 发展模式：枢纽经济开发模式、体制机制依旧存在短板

目前，合肥推动枢纽经济发展的模式、体制机制尚不健全，政策往往"重开发、轻发展""重硬件、轻软件"。一是交通设施管理和交通枢纽建设，缺少协调部门，归口铁路、民航、交通、口岸办等多部门管理，枢纽经济管理呈现"九龙治水"格局，未形成指导枢纽经济发展的统一长期规划。二是铁路、航空等话语权受制于国家部委，在国际航线、国际货运班列的审批、补贴支付等方面审批主体多、周期长。三是现有用地、税收、补贴等方面政策配套弱、力度小。

5. 发展平台：开放功能有待进一步完善，枢纽经济规模较小

合肥市虽然形成了水运港、国际内陆港、航空港、跨境电子商务港、综合保税区、出口加工区、空港保税物流中心（B 型）、对外经济合作服务平台"八大开放平台"，但与南京、杭州相比，国际化程度依旧偏低，须进一步扩大对外开放，提升国际化水平。内外联通的国际物流服务网络，强化服务国内国际两个市场和利用两种资源能力依旧较弱，对产业链供应链安全稳定缺乏有效支撑，实体经济和平台型经济融合程度不高，开放型产业和物流联动体系有待进一步完善。

三、经验借鉴

（1）成都铁路港：以物流带贸易、以贸易聚产业，加强区域协同联动和国内外城市合作。成都国际铁路港经济开发区规划面积 12.2 平方公里，包含青白江国际铁路港、青白江欧洲产业城和淮州新城三个产业功能区。"一带一路"临港产业功能区构成"一带、两片、七板块"布局，带动智慧物流、智能装备、商业商务、对外商贸等聚集，形成产业生态圈。以铁路港为核心，联动青白江、新都、金堂、彭州、广汉、中江等区域，形成高能级的协同发展区，推动区域一体化要素流通。成都国际铁路港已经与上海、青岛、日照等国内 20 个城市合作，成都国际班列境外城市已拓展至 61 个，打通了成都至欧洲的铁

海联运通道。

（2）上海虹桥国际开放枢纽：推进"内外开放+双向循环""一核引领+两带支撑""时空同城+服务同城""产业社区+人文社区"新集合。虹桥国际开放枢纽总面积达7000平方公里，规划形成"一核两带"发展格局，即上海虹桥商务区和以虹桥商务区为起点延伸的北向拓展带和南向拓展带。依托虹桥商务区推动高端商务、会展、交通功能深度融合，加快发展现代化服务业；发挥中国国际进口博览会和虹桥国际经济论坛平台作用，打造联动长三角、服务全国、辐射亚太的要素出入境集散地；完善虹桥国际开放枢纽连通浦东国际机场和长三角全域的轨道交通体系，建立以虹桥国际机场为核心的国际航空运输协作机制，打造畅通便捷的综合交通门户。

（3）芝加哥铁路港：构筑便捷的多式联运体系，带动产业集聚和枢纽形成。芝加哥是全美的铁路枢纽和伊利诺伊州公路系统的中心，全美70%的铁路及多式联运量均经过芝加哥。芝加哥铁路港中多式联运区面积占总面积的30%，园区内有多式联运专用轨道5条、铁路机车位440个、汽车联运专用轨道3条、铁路机车位108个。依靠专业物流园区推动物流业的升级发展，促进了产业集聚和枢纽的形成。

（4）帝尔堡铁路港：依托交通优势汇聚核心物流功能，带动港产城融合发展。帝尔堡铁路港有近3.5万平方米的铁路站，沿内河建立货运仓储码头，连接安特卫普和鹿特丹。3千米范围内聚集分拨中心、集装箱堆场、集装箱装卸换装区、仓储、物流总部等核心物流功能区，3~5千米邻近物流核心区的范围，分布汽车展销、建材市场、家电市场、纺织品展销、家具市场、汽车零部件市场等多个专业商贸市场，5~8千米范围内分布装备制造企业、化工企业、电子科技企业等，形成临港制造业集群，结合生活配套功能推动产城融合发展。

四、发展思路及目标

准确把握合肥支撑融入双循环新发展格局的战略方向，精准对接"一带一路"倡议、长江经济带、长三角更高质量一体化发展实施要求，充分发挥合肥区位、交通、产业等基础优势，坚持优化存量与增量投入相结合，政府引导与市场运作相结合，科学规划与分步实施相结合，以建设集现代物流、保税加工、产业合作、科技创新于一体的内陆开放合作港区为核心平台，以各类综合物流园区、保税物流中心、铁路开放口岸、公路物流港站为多点支撑，努力将陆港型物流枢纽集聚区建设成为"一带一路"重要支点，连接东西、贯穿南北的物流组织门户和发展高地，双循环物流组织服务中心，枢纽经济高质量发展的示范基地，为安徽和合肥开放型经济发展构筑大枢纽、大通道、大平台。

到2025年，初步建成设施基本完备、物流网络基本健全、服务功能基本完善、产业要素基本齐全的合肥陆港型枢纽经济集聚区。建成多条中欧/中亚和海铁联运通道。陆港型物流枢纽物流量达到2500万吨，枢纽铁路集装箱到发量达到20万TEU，中欧班列（合肥）力争实现总量翻番，年开行量突破1000列，枢纽铁路干线运输量占合肥铁路货运量比例达到65%以上。

五、总体布局

按照大物流、大商务、大会展、大产业（平板显示装备制造等优势产业）、大商贸/市场的发展思路，形成"一核驱动、一区引领、两轴联动"的发展格局。其中，"一核"指的是合肥陆港型国家物流枢纽；"一区"指的是枢纽经济集聚区；"两轴"指的是临港工业发展轴、商贸物流发展轴。

六、发展建议

（一）补短板，打造枢纽经济

1. 强化空间规划指引

立足合肥市区位交通、产业特征、物流发展、生态环境等实际特点，系统优化枢纽集聚区片区空间布局、主体功能、交通组织，统筹整合片区内资源，宏观层面指引枢纽经济发展集聚区有机发展。严格审控枢纽周边土地供应，为物流枢纽产业聚集提供土地空间拓展保障。

2. 构筑枢纽经济框架

推动合肥枢纽经济集聚区周边布局汽车零部件、家电、装备产品等对铁路依赖性较强的产业，不断完善相关产业链条，培育和发展信息化智能化趋势下的枢纽产业生态。

（二）畅通道，构建内外网络

1. 加强中欧班列（合肥）组织，推动"一单制"，服务构建双循环新发展格局

夯实中欧班列（合肥）常态化、规模化开行基础，推广应用多式联运提单，畅通合肥作为联动长三角与中原、关中平原、兰州—西宁、天山北坡等城市群至沿边口岸区域的国内大循环，对接联通经中亚、西亚至俄罗斯、欧洲等的国际大循环，形成面向亚欧方向的新亚欧大陆桥、中国—中亚—西亚等国际物流廊道。

2. 构建"通道+境内外节点分拨"的网络化班列运作模式，培育发展物流经济体系

优化布局开行线路和境内外集散分拨节点，完善国际多式联运流程运作，形成"通道+境内外节点分拨"的网络化班列运作模式。强化与中亚西亚、俄罗斯、欧洲等国际产能和贸易合作，组织双向货源，打造双向物流营销体系，实现班列双向均衡和价值增值。

3. 抢抓安徽自贸试验区获批机遇，以定制班列为突破口，构建全生态产业链

推动合肥中欧班列加快拓展面向东欧、南亚、中东和东盟的国际通道，进一步构建全生态产业链，加快长三角一体化现代流通体系建设，努力打造集口岸、保税、通关、多式联运、物流金融等于一体的高效便捷的陆路进出口通道。

（三）聚物流，提升综合服务

1. 高质量推进陆港型国家物流枢纽建设

加快合肥北站铁路物流基地存量基础设施能力建设和现代化、智能化改造提升，强化合肥国际陆港货运需求集聚整合能力，密切合肥综合保税区与集中连片发展区联系，推动口岸通关、保税物流与外向型制造、贸易产业联动发展，打造内陆开放型经济试验区核心区。

2. 大力扶持枢纽内物流企业

构建多式联运网络，重点发展产品加工物流、区域性商贸物流、跨境电商物流、国际快件分拨、冷链物流等现代物流业态。整合现有工业、商业、仓储和运输等物流信息资源，大力发展第三方物流，推进第四方物流，提高物流配送的社会化、组织化和信息化水平。

3. 做大货物贸易，辐射中部地区

进一步吸引品牌代理商和国际贸易商等优质贸易主体，重点开展整车、食品、酒水饮料、生鲜冷冻品、建材家具、五金机电等进口商品贸易，建成服务全省、辐射中部的进口商品贸易中心。大力发展进口商品展示交易，打造进出口商品品牌，适时在市区、社区、景点规划建设延展点和电商体验店。积极发展物流金融，打造物流金融服务平台，建立资本纽带，打造开放型经济体系。

（四）构生态，合理布局产业链

1. 完善枢纽供应链服务休系

遵循产业发展规律，突出优势特色，构建覆盖全产业链的枢纽供应链物流服务体系，打造以物流服务与供应链组织为主导，集贸易、制造、金融和信息等于一体的世界级产业集群组织中心。

2. 发展优势产业

全面引领和协调都市圈城市承接长三角城市群产业转移，强化与长江中游城市群产业合作，支撑建成世界级产业集群。

（五）优服务，全面提升营商环境

1. 持续优化营商环境

深度对标苏州、深圳等先进地区，持续推进营商环境革命，完善行政审批绿色通道，不断提高专业化、效率化服务水平，打造"不见面审批、零缺陷服务、精准化监管"的"放管服"改革升级版。

2. 创新项目推进机制

制定年度工作要点，分阶段细化集聚区建设目标任务；加快建立完善以亩均效益为核心的企业综合评价考核机制、以资源要素差别化配置为重点的激励机制，加快储备项目转化进程。"退低进高""退散进集"双管齐下，亩均所产、亩均所耗双向倒逼，打好破旧立新、"腾笼换鸟"组合拳，为新动能落户筑好"跑道"。

3. 加快扶持政策落实

统筹建立集聚区政策保障体系，共同争取国家和省级层面政策支持，做好资金申报的宣传、解读、组织工作，保障政策落到实处。积极引导社会资本投入，适时发行债券进行融资。

（主笔人：黄传霞　余金凤　房后启）

合肥扩大优质教育资源供给研究

北师大安徽校友会课题组

习近平总书记强调，坚持把优先发展教育事业作为推动党和国家各项事业发展的重要先手棋，不断使教育同党和国家事业发展要求相适应、同人民群众期待相契合、同我国综合国力和国际地位相匹配。随着人民群众教育需求的不断增长，对教育质量要求的不断提高，实现优质教育资源扩大供给，由传统的"有学上""好上学"到新时代的"上好学"，从学有所教到学有优教，已成为全社会密切关注的问题。进入"十四五"时期，中央首次提出构建高质量教育体系的新战略构想，如何优化教育资源配置，实现优质教育资源扩大供给，更好地缓解和破除制约教育发展的诸多热点、难点问题，满足人民群众对优质教育资源日益强烈的多样化需求，是当今我国教育发展实践中应引起高度关注的重要内容。合肥作为区域性特大城市在优质教育资源扩大供给方面仍然存在问题，从合肥人口规模和经济总量来看，教育的"五难"诸如大班额现象非常普及、核心区域公办供给矛盾突出、保量提质任务重等很多问题有待解决，落后于北京、上海、杭州等地，离老百姓的期望还有较大的差距。深入开展合肥市扩大优质教育资源供给研究，破解新时代教育日益聚焦的"上好学难"的矛盾，是对中央有关教育高质量发展新战略构想的及时回应，有利于打造国家构建高质量教育体系的地方经验和样板模式，实现让每个孩子都享受优质公平的均等教育机会，满足人民群众的期待。

一、研究背景

（一）从全国教育发展战略看，高质量发展已经成为中国当前和未来较长一段时间发展的主旋律

《中共中央关于制定国民经济和社会发展第十四个五年规划和二〇三五年远景目标的建议》中首次提出"建设高质量教育体系"的战略目标，表明新时期国家教育高质量发展的战略转向，蕴含着高质量发展定位优先、高素质教师队伍建设优先、高标准学生发展优先、高水平教育治理优先的发展愿望。《中华人民共和国国民经济和社会发展第十四个五年规划和二〇三五年远景目标纲要》中首次提出要"拓展人口质量红利"，均把重点放在"质量"上。而且，2021 年 3 月 6 日习近平总书记在"两会"期间已经为建设高质量教育体系破题，提出"有高质量的教师，才会有高质量的教育"的论断。因此，扩大

优质教育资源供给，建设高质量教育体系，用改革的办法解决教育不平衡不充分的问题，全面深化教育领域综合改革，扩大优质教育资源供给，建设高质量教育体系，让优质教育资源惠及更多人民群众，满足人民群众从"有学上"到"上好学"，从学有所教到学有优教的期待，必然会成为未来合肥教育发展的主要方向，既是合肥教育未来趋势的必然要求，也是合肥领先布局高质量教育的先手棋。

（二）从长三角一体化战略看，扩大优质教育资源供给是推进区域教育协同合作的创新举措

《长江三角洲区域一体化发展规划纲要》提出要"推动教育合作发展。协同扩大优质教育供给，促进教育均衡发展，率先实现区域教育现代化……依托城市优质学前教育、中小学资源，鼓励学校跨区域牵手帮扶，深化校长和教师交流合作机制……鼓励沪苏浙一流大学、科研院所到安徽设立分支机构。推动高校联合发展，加强与国际知名高校合作办学……共同发展职业教育，搭建职业教育一体化协同发展平台，做大做强……联合职业教育集团，培养高技能人才"。因此，合肥应该抓住机遇、主动作为、动在前头，利用好这一政策机遇，尽早制定如何引进、用好这些优质教育资源的政策方案和实施细则，积极争取上海复旦大学、同济大学、交通大学、江苏南京大学、浙江大学等沪苏浙高校及科研院所来合肥设立分支机构或合作办学。要放眼 2035 年中长期目标来谋划合肥从长三角引进优质教育资源的具体举措，进而实现弯道超车，改革创新，打造合肥特色的优质教育资源供给模式，并成为长三角独具特色的优质教育资源供给样板。

（三）从合肥自身发展定位需求看，扩大优质教育资源供给是合肥城市高质量发展办好新时代人民满意教育的应有之义

《中共合肥市委关于制定国民经济和社会发展第十四个五年规划和二〇三五年远景目标的建议》及合肥市 2021 年的《政府工作报告》提出要"建设全球科创新枢纽、区域发展新引擎、美丽中国新样板、城市治理新标杆、美好生活新天地，幼有善育、学有优教、劳有厚得、病有良医、老有颐养、住有宜居、弱有众扶基本实现，城市文化软实力显著增强，城乡居民生活水平差距显著缩小，人的全面发展、全体人民共同富裕取得更为明显的实质性进展。奋力高水平基本实现社会主义现代化，奋力成为全面塑造创新驱动发展新优势的全国示范城市，奋力迈向具有竞争力的国家中心城市"。当前，合肥即将突破 1000 万人口大关，已经进入万亿元 GDP 行列，冲进全国城市 20 强，这种人口和经济规模上的变化必然带来基本公共服务需求的变化，高质量教育体系成为必然要求。目前，合肥市已经开始引进清华大学、北京师范大学、北京航空航天大学、天津大学等一流大学优质教育资源。在基础教育领域也开展了合作，但教育公共服务优质供给仍然不足，不平衡不充分问题依然突出。同时，合肥下一步发展的动力和增长点必然要从规模发展转向结构转换和质量提升，落实"新发展理念"，配合安徽省"创新自信""创新自立""创新自强"的新发展优势。因此，扩大合肥优质教育资源供给，既是合肥市教育发展的战略任务，又是合肥市经济社会发展的重要任务，也是对过去合肥教育发展实践经验的总结，高质量教育在经济和社会发展中具有基础性、吸引性、带动性作用，有利于吸引人口和人才，扩大

城市人口规模，提高城市人才质量，合肥要紧扣高质量教育体系，把高质量教育发展作为推动经济社会发展的重要引擎和提升市民幸福感、获得感的重要途径，从长计议、宏观谋划、微观推进，全面深化教育领域综合改革，扩大优质教育资源供给，让优质的教育资源惠及更多的人民群众，满足人民群众从"有学上"到"上好学"，从学有所教到学有优教的期待。

二、合肥市优质教育资源供给配置分析

（一）合肥市优质教育资源扩大供给现状分析

1. 教育投入不断加大

"十三五"全市教育经费总投入合计1138.38亿元，是"十二五"时期的1.59倍，2016~2019年全市教育经费总投入869.96亿元，年均增长超过13%。市级财政转移支付用于中小学幼儿园项目建设资金达73.28亿元，在园幼儿公办率和普惠率分别达51%、84%，较2015年分别提高29%和27%。

2. 教育公平不断推进

推进教育精准帮扶，实施教育扶贫八大专项行动，发放各类学校资助15.8万人次、资金1.6亿元，其中发放建档立卡贫困家庭学生36288人次、资金2844.31万元。中央及省、市各级财政共投入约40亿元用于义务教育经费保障机制项目，受益学生约370万人次。关爱特殊群体，全面落实特殊教育提升计划，普通学校随班就读和送教上门的保障能力全面增强。特教学生生均经费由6000元一次性提高到8000元，走在全国前列。全市残疾儿童少年义务教育入学率达到95.6%，比"十三五"初提高4.8个百分点，实行特殊教育15年全免费教育。新建合肥市特殊教育学校新校区。

3. 教育资源不断盘活

针对老城区人口持续流入随迁子女较多、"择校热"居高不下的现状，将老城区11所学校近380亩闲置校舍资源用于举办义务教育，缓解老城区学校资源供给不足的矛盾。对乡村小规模学校和乡镇寄宿制学校"两类学校"开展达标建设，全市176所乡村小规模学校和71所乡镇寄宿制学校标准化建设均达标，保障留守儿童便利入学。

4. 教育结构不断优化

截至目前，全市各级各类学校2204所（含普通高校58所、中职学校52所、普通高中100所、初中240所、小学481所、幼儿园1266所、特教学校6所、国防学校1所）（见表1），中等以下学校在校学生144.50万人、教职工11.32万人、专任教师9.07万人。成为国家首批产教融合型城市试点、获批普通高中新课程新教材实施国家级示范区，合肥一中、六中、八中为国家级示范校。表1数据显示，在相对薄弱的学前教育环节，近年来加大了幼儿园建设，数量不断增加。

5. 产教融合不断深化

推进国家级产教融合型城市试点建设。现代职业教育体系初步构建，开启区域性现代职业教育集团"合肥探索"，实现职业教育培养侧和产业需求侧良性互动。加快建设中科

大高新园区，支持中科院大学、合肥工业大学、安徽大学"双一流"建设，支持合肥学院建设合肥大学，推动合肥职业技术学院、合肥幼儿师范高专建设省技能型高水平大学，推进安大江淮学院转设。深化大院大所战略合作，建设清华公共安全研究院二期等重大项目，建设北京航空航天大学、北京外国语大学、天津大学等创新研究平台，合作共建平台达26家。

表1　合肥市近三年各类学校数　　　　　　　　　单位：所

年份	高等院校	中等职业学校	普通高中	初中	小学	幼儿园	特殊教育	国防学校
2018	54	54	103	247	515	1076	6	1
2019	55	53	102	238	510	1195	6	1
2020	58	52	100	240	481	1266	6	1

6. 教育治理不断提升

制定《合肥市中小学教师师德考核办法》《违反师德行为处理办法》《严禁中小学校和在职中小学教师有偿补课实施办法》《中小学教师师德考核负面清单》等文件，构建师德师风建设制度体系，严格加强师德师风建设管理。启动市级家长学校信息化平台建设。出台统筹推进疫情常态防控、促进学生身心健康的实施意见，各学校建立特殊学生关爱台账、组建学生学习共同体。公布《合肥市中小学办学行为"十不得"》，持续开展"十不得"落实明察暗访，对一些学校违反"十不得"予以全市通报并督促整改。开展"六严禁"专项治理行动，排查中小学生文化知识类校外培训机构968所（含备案教学点），2020年底，完成其中47所存在问题的校外培训机构整改，关停取缔44所无证办学的校外培训机构。

（二）合肥基础教育各学段集团化办学模式

1. 合肥市学前教育阶段优质教育资源供给分析

截至2020年底，全市公办幼儿园538所，占全市幼儿园总数1266所的43%[①]。全市公办幼儿园教育集团41个，覆盖全市236所幼儿园，其中城区公办幼儿园教育集团27个，覆盖161所公办幼儿园，占城区公办幼儿园的54.2%；四县一市公办幼儿园教育集团14个，覆盖75所公办幼儿园，占四县一市公办幼儿园的31.1%。

（1）政府委托高校办园集团化发展。以政府购买服务形式委托高校举办公办幼儿园教育集团，搭建政府、高校、幼儿园深度合作平台，探索政校合作、校园融合的公办幼儿园发展新模式。如合肥幼儿师范高等专科学校成立合肥幼教集团，集团与各县（市）区级政府签订协议将新建公办幼儿园交由合肥幼教集团举办。在经费保障方面，市财政每年给予一定经费用于保障集团运转和基本支出。县区级财政保障新园建设及设施设备配备，

---

① 2011年《合肥市城市幼儿园基本建设规定》〔合政（2011）〕200号印发，确定每1000名人口中按30名学龄前儿童标准，计算配建相应规模幼儿园，即千人指标30‰。按照《合肥市城市学前教育、中小学布局规划修编（2016-2025年）》中设定的标准，合肥市幼儿园配建千人指标已经从2011年的30‰调整到了42‰。

保障教师工资及社保支出。在运转机制方面，合肥幼教集团配备师资和管理队伍，县（市）区教育主管部门对办园质量进行监管考核。在科学保教方面，发挥合肥幼专师资优势，建立"高校教师任园长、幼儿园教师进高校课堂"的双向交流机制，首创教授担任园长的做法，提升办园质量。目前，县（市）区政府与合肥幼专合作举办公办幼儿园30余所，提供公办学位1万余个。

（2）企事业办园集团化发展。鼓励具备条件的国有企事业单位举办公办幼儿园，并支持优质幼儿园集团化发展。在资质考察方面，由省一类幼儿园园长担任集团负责人，并派驻部分公办优秀园长及骨干教师团队加入集团，在管理机制方面，采取"企业化运作+行业指导"模式对集团内幼儿园加强指导和管理，集团内所有教职员工实行企业制管理，与国企签订劳务合同。由集团统一选聘教师及管理团队、统一绩效考核、统一研训、统一财务管理。在经费保障方面，县区级财政保障新园建设及设施设备配备，市区两级财政按照生均给予奖补，奖补资金可用于改善幼儿园办园条件、教师培训和为教师购买社会保险。目前合肥创和幼教集团（原合肥钢铁公司第一幼儿园）旗下共有幼儿园26所，在园幼儿1.02万人。2021年庐阳区产投公司成立庐阳幼教集团，目前已有4所公办园编入集团且运转良好。

（3）"名园+"集团化发展。针对近年来适龄幼儿急剧增加，大量新建幼儿园需尽快投入使用，尤其是在管理和师资方面均需引领和指导的情况，县（市）区教育主管部门将新建成的公办幼儿园交由已获得省一类、特一类、市一类幼儿园称号的成熟幼儿园管理。在管理模式上，由总园派驻骨干教师配置成分园管理团队，统一选聘教职工并培训后上岗。在经费保障方面，市财政按照班额对新建幼儿园给予一次性奖补鼓励幼儿园加大投入提升办园质量，县区级财政全额保障幼儿园运转，并通过购买服务方式保障非在编教师工资待遇。全市此类公办幼儿园集团共83个，覆盖公办幼儿园183所，在园幼儿3.2万人。实行总园负责制。集团化办园以优质幼儿园为龙头示范引领，实行"总园园长负全责、分园园长抓落实"的园长负责制管理模式，由总园业务能力强的领导班子或骨干教师到各分园任执行园长。通过各园管理、师资配备、保教质量和评价考核一体化，打破教师"一园所有"的格局，实现各园骨干教师资源的共享。

2. 合肥市义务教育阶段优质教育资源供给分析

截至2020年底，全市义务教育阶段公办中小学684所，占全市义务教育阶段中小学总数的94.87%。义务教育阶段建立164个教育集团，覆盖680所学校，占义务教育公办学校的93.3%，实现从"有学上"到"上好学"的转变。

（1）采取"名校+"方式，即名校办分校、名校托管、名校弱校捆绑、名校集团化等办学方式，发挥品牌增值扩容效应，提升新建学校和薄弱学校办学质量和水平。

（2）推动城乡教育集团结对。推动城区优质教育集团与县城、乡镇学校对口合作，发挥城区学校优质教育资源的辐射带动作用，构建城区优质教育集团、县城学校与乡镇中心校"三级一体化"结对合作机制。目前城区54个优质教育集团共176所学校，100%结对帮扶覆盖农村学校。以肥西为例，一方面，肥西县城9所小学、1所初中分别与乡镇12所中心校、3所初中对接，建立县城学校和乡镇中心校高位对接机制；另一方面，肥西县城学校、乡镇中心校共29所学校与包河区11所优质学校结对帮扶，形成城乡教育集团结对机制。根据《关于统筹推进城乡义务教育一体化改革发展的实施意见》，城乡义务教育实行"五统一"，即学校建设标准、教师编制和收入标准、生均经费、装备配置标准、信息化建设的统一。结对学校通过开展教育管理、教学研究、五育推进、教师培训、班主任队伍建设等活动，传播先进教育理念，示范先进的教育方法和学校管理模式，促进双方学校管理水平及课堂教学效率提升，培育优质学校。

（3）建立学区联盟、推行学区化。每个教育集团形成一个片区，学区片区化，形成学区联盟。如包河区将全区划分为滨湖新区、老城区、淝河片区、十五里河及望湖城片区、包河经开区（含卓越城）5个片区。经开区对高刘农村片区率先实现优质教育资源全覆盖，肥西县推行学区中心校一体化管理，全县共成立上派学区中心校、花岗学区中心校、三河镇学区中心校等14个一体化管理教育集团。学区联盟把多个原来相互独立的学校通过各要素间的和谐有序互动，发展成为一个包括教学管理、绩效考核、教师调配、业务成长、学生活动等一体化的学校教育发展共同体，实现优质教育资源的一体化配置，提高学区的创新能力和自主发展功能，构建区域内优质教育的均衡发展。集团内坚持求同存异、因校制宜，牵头学校在办学思想、管理理念等方面给共同体内其他学校以引领，形成优势互补、错位发展、差异竞争、共生共长的格局。

3. 合肥市高中阶段优质教育资源供给分析

"十三五"以来，启动建设合肥十中、合肥四中、合肥六中、合肥九中、巢湖二中、合肥特教中心新校区；全市现有省、市示范高中52所，占普通高中总数的53.6%，在校学生数占全市高中在校生数的68.6%。积极推进普通高中集团化办学，以共建共享优质普通高中资源为重点，通过发挥名校集团的示范、辐射和带动作用，创新普通高中办学模式和管理体制，激发普通高中办学活力。截至目前，已成立合肥一中、合肥六中、合肥七中、合肥八中、合肥一六八中五个教育集团，覆盖10个县（市）区21所学校。

（1）委托管理式。由各县（市）区教育主管部门或被托管的学校与优质学校签订委托管理协议，明确双方的责、权、利。优质学校向被托管的学校输出品牌，委派管理人员和骨干教师，整体提升被托管学校的办学水平。

（2）单一法人式。由一所优质学校管理一定规模的数个学校，作为相应校区，实行单一法人负责制，统一管理模式，集团向校区选派执行校长，优质学校与校区之间实行"师资互派、资源共享、统一教学、捆绑考核"。

（3）多法人组合式。集团由多所独立法人学校组成，各学校均为平等的独立法人，通过自愿组合，形成合作协议，制订统一规划，实现优势互补、资源共享、共同进步。合肥一中托管合肥北城中学、合肥八中托管肥西铭传高中即为多法人组合式教育集团，两校在总结经验的基础上，推动跨县域组建普通高中教育集团。如肥西县已组建的合肥八中铭传高中、肥光小学等6个法人组合式教育集团，集团学校内部实施五个"统筹"，即统筹教育教学管理、统筹教科研、统筹教育资源、统筹学生活动、统筹师生评价机制，实现共同发展。目前，铭传高中教育集团已托管官亭中学、丰乐中学、铭传中学、铭传中心校；肥光小学已托管蓬莱路小学。

（4）创新其他形式。鼓励普通高中教育集团学习借鉴成功经验，围绕新时代教育发展要求，立足学校发展历史和办学特色，创新普通高中集团化办学形式，不断满足广大人民群众对优质教育服务的需要。如蜀山区适应教育发展新阶段，将合肥市第十七中学和小庙中学一体打造为合肥市第八中学教育集团蜀山分校，在全市独此一体两翼的发展模式。合肥八中托管合肥市第十七中学和小庙中学后，派出精干的管理团队，加强三个校区的管理，依托八中成功的托管经验，缩短蜀山分校与集团校的磨合时间，在校园文化、教师队伍、新课程新教材建设等方面力助蜀山分校迈上一个新的台阶。

（三）合肥市加强基础教育师资队伍建设情况

1. 统一城乡中小学编制标准

目前，合肥市生师比以 2016 年底在籍学生数为基数，标准为高中教职工与学生比为 1∶12.5、初中为 1∶13.5、小学为 1∶19，特殊教育学校教职工与学生比为 1∶4（皖编办〔2018〕63 号、皖编办〔2006〕165 号规定）。根据省《统一城乡中小学教职工编制标准建立编制周转池制度实施方案的通知》（皖编办〔2018〕63 号），2018 年合肥市及所属各县（市）开展试点，统一城乡中小学教职工编制标准、建立中小学教职工编制周转池制度。根据《关于合肥市统一城乡中小学教职工编制标准建立编制周转池制度试点工作实施方案的批复》（皖编办〔2018〕335 号），全市经核定的中小学教职工编制为 50339 名（含周转池编制 2397 名）。公办幼儿园编制保障情况。根据《关于创新体制机制加强公办幼儿园教职工队伍建设的意见》（皖编办〔2020〕272 号）文件，支持探索创新公办幼儿园教职工"管理团队编制保障法"，即统筹考虑办园规模和幼儿园类别等因素，按照每园 3~6 名编制标准，保障园长等重点管理教学人员用编。目前，各县（市）区正对该模式进行探索创新。

2. 实施名校长、名师、教育家培养工程

将其作为新优质学校创建工作重要抓手，累计挂牌 132 个名师工作室、60 个名校（园）长工作室、6 个特级教师工作站。将"名师工作室"挂牌在新优质学校，组织专家定期把脉问诊，现场指导，强化过程及全程管理，发挥示范引领作用，构建学习研究共同体和人才培养共同体。全市涌现全国模范教师、优秀教师、优秀教育工作者 39 人，全省模范教师、优秀教师、先进工作者、优秀教育工作者 266 人。

3. 深化教师交流

完善集团总校和成员校干部双向交流、教师轮岗交流制度，交流教师比例不低于 15%，学科带头人、骨干教师等交流比例不低于 8%。2020 年，全市教育集团内部交流干部、教师超过 1800 人，其中中层以上干部、骨干教师 20% 左右。多个县区建立教育教学管理专项管理中心制度，明确总校调往集团成员校的老师视为支教，如新站政策实施以来集团内交流老师达到 46 人。实施乡村教师与城镇教师双向交流，启动农村教师公租房（周转房）建设，全面实行乡镇工作补贴制度，按每人每月不低于 200 元的标准发放，确保中小学教师平均工资收入水平不低于或高于公务员平均工资收入水平。高新区对所有区内教师实行无校籍管理，在全区范围内合理流动，保证所有学校师资力量的均衡。

（四）合肥市基础教育公共服务平台建设情况

公共服务平台属于教育教学资源建设，基础教育信息化是教育信息化建设的重点。合

肥市以教育云平台为依托，开发义务教育阶段入学报名系统、学前教育管理信息系统、民办教育信息系统等。

1. 建设情况

自 2015 年起，合肥市分两期建设教育云平台，向上承接安徽省基础教育资源应用平台建设成果，向下整合县（市）区、校特色系统，共计建成"一库""一平台""四服务"。一库即教育资源库，通过搭建资源管理系统，集资源建设、管理、应用于一体，建设面向幼儿教育、基础教育、职业教育、成人教育服务的教育资源库。一平台即公共支撑平台，基于云计算技术的公共支撑平台，为教与教、教与学、学与学提供支撑服务。四服务即面向学生、教师、管理、市民的服务系统，建设服务教学、学习和管理的教育教学系统，并通过数据汇聚、大数据分析实现各应用系统之间的相辅相成。作为合肥市教育信息化重点工程，合肥市教育云平台秉承教育教学、管理一体化理念，覆盖全体学校、师生及部分市民，实现身份统一认证、数据互联互通、资源共建共享，已初步建成"互联网+教育"区域大平台雏形，目前访问量已超过 7600 万人次。

2. 主要特色

（1）创新教育模式和学习方式，实现信息技术与教育教学的全面融合。改变教师备课资源获取难题，通过数字化教学工具和网络化教研平台信息化手段，提高教师备课、授课和教研能力及效率。通过学生服务系统建设，将学习的决定权从教师转移给学生，促进学生自适应学习，教师根据学生的学习情况适时调整教学内容与流程，促进学生对知识的内化和提升，从而提升提高师生教育信息化应用能力以及教育教学和教研质量。

（2）丰富的特色资源库，实现优质教育资源共建共享。通过特色资源库建设，一方面满足了合肥市教育教学需要的分类齐全、实用好用的优质数字化教育资源，并在 Pad 端实现共享；另一方面结合合肥市本地特色通过不断整合教学优质资源、建立共享合作体、加大应用力度，实现区域内的教学资源均衡发展，使优质资源更好地为教与学服务，全面实现优质教育资源的共建与共享。

（3）提升各级管理决策数据化，服务教育现代化。通过建设教与学数据采集与分析引擎及系统，实现对资源应用系统、智慧课堂、智慧校园、科研课题系统、学前教育管理系统、师德师风考核系统、民办教育管理系统等应用过程性数据进行实时监测、科学统计、动态评估，形成管理数据汇聚中心和管理决策中心，各级管理者能够针对问题及时采取措施，进一步提升"数据说话、数据管理、数据决策"，为实现教育现代化提供长期优质高效的服务。

（五）合肥市课后服务工作开展情况

1. 完善课后服务模式

2018 年开始试点，2020 年市政府印发《合肥市中小学生课后服务工作实施方案》，创造性实行"普惠托管"与"个性化课程"相结合的课后服务模式，覆盖全市 409 所中小学，惠及 39.3 万中小学生。市级财政部门从教育转移支付中安排 3000 万元课后服务专项补助资金，"普惠托管"所需经费由各县（市）区政府、开发区管委会按照不低于 150 元/生·学期标准予以保障，2021 年全市课后服务预算 8531 万元。搭建市级课后服务管理系统。运用互联网和信息技术手段实现线上遴选机构、家长选课缴费、资金安全监管等服务，目前已完成系统建设招标。

2. 搭建市级课后服务管理系统

运用互联网和信息技术手段实现线上遴选机构、家长选课缴费、资金安全监管等服务。

3. 推进午餐服务工程

全市 44 万中小学生在校午餐，主城区午餐服务工程提供率为 99.6%，四县一市午餐服务工程提供率达 65%。

4. 推进学校体育场地对外开放

全市对外开放中小学校数量为 414 所，其中城区 246 所，占比 87.54%，占全市开放学校总数的 59.42%，为市民提供优质健身场所。

（六）合肥市随迁子女教育保障情况

"十三五"以来，合肥市随迁子女数由 74391 人增加为 101921 人，增长率达 37%。2020 年，全市随迁子女新入学数（1 年级和 7 年级）2.7 万人，符合条件的随迁子女在公办学校（含政府购买服务）就读比例百分百，不符合条件的在公办学校（含政府购买服务）就读比例达 89%。

1. 完善政策，保障入学权益

2012 年起，合肥市在全国率先提出保障随迁子女入学五个"百分之百"政策，即百分之百有学上、百分之百上公办学校、百分之百享受义务教育免费待遇、百分之百同等标准录取省市示范高中、百分之百可以同等待遇录取高中阶段就学。随着我市经济社会发展，外来务工人员不断增加，义务教育阶段在校生以每年 4 万人左右的速度递增，要始终全力做好随迁子女入学保障工作。在政策方面，坚持以居住证为主要依据、坚持以公办学校为主安排随迁子女就学。2020 年全市加大对因疫情影响的随迁子女入学照顾，对未能及时办理居住证签注手续的，视为符合合肥市随迁子女入学条件，均可在市公办学校就读，并享受同等升学条件。针对少数不符合随迁子女入学条件的学生，由居住证所在区采取统筹入学的办法，保证适龄儿童少年有学上。

2. 通盘考量，化解就学矛盾

合肥市坚持"以流入地政府管理为主，以公办中小学为主"的基本原则，结合本区域教育资源实际和随迁子女数量，每年度通过社居委、派出所及时掌握随迁子女适龄少年人数、分布和学段，科学设置公办学校或调整公办学校布局，积极推进新城区学校扩建，满足随迁子女入学需求。

3. 平等对待，享受教育公平

全市随迁子女入学后全部实行统一管理、统一编班、统一教学、统一安排活动，做到一样就读、一样升学、一样免费；统一城乡义务教育"两免一补"政策，继续将家庭经济困难的随迁子女，纳入"两免一补"范围，目前没有发生一例随迁子女因贫困而失学现象。开通随迁子女入学问题投诉热线，对各中小学校免费就近就便接收随迁子女入学情况进行动态监测。目前，全市随迁子女入学问题均得到妥善解决。

4. 重点关注，精准实施关爱

疫情期间，将随迁子女作为特殊群体的一类，抓排查建台账，重点关注其身心健康发展。对接通信运营商，协调解决免费线上教学网络支持条件，组织82个市级名师工作室共发布各类中小学微课、教学论文、教学设计、课件和素材等优质资源4136个，推送心理健康教育课程4期、心理微课30节，实现线上学习"一个不落"的目标。

三、问题与需求分析

（一）合肥优质教育资源扩大供给存在的问题不足

从"优质教育资源"所包括的"四大类优质资源"即优质硬件资源、优质软件资源、优质制度资源、优质人才资源来看，目前还存在发展不均衡、不充分的问题，主要体现在以下方面：

1. 硬件软件优质资源分布不均衡

区域及城乡差距依然存在，教育资源向城区倾斜明显，初高中优质生源向市区流失、"择校热"现象等仍存，局部地区学位供给紧张，如经开区南北片区因发展基础不同，教育质量均衡发展存在较大差距。庐江县农村小规模学校较多，农村薄弱学校数量多、规模小、发展后劲不足，布局调整难度大，高中进城目标推进较慢，拉低了基础教育均衡发展水平；部分新建学校标准不高，部分园所硬件设施较为落后，在调研时了解到，长丰北城地区学校规划建设问题较为突出，没有按照国家和省定标准进行设计、建设、装修，有些学校设计时就是大校额、小操场、学位不足。新开发地区尤其双凤地区教育没有同步规划、同步设计、同步建设，导致学位严重不足，"上学难"现象严重；教育基础设施不够完善，如长丰中小学图书室、多功能报告厅等功能性基础设施缺乏、陈旧等问题并存，体育设施标准化建设有待进一步加强；中小学建设过缓，包河区受原滨湖新区范围内市区财政事权和支出责任衔接工作的影响，项目建设进度迟滞；教育现代化发展不均衡，巢湖市、庐江县在智慧校园、创新教育、教室照明改造、中小学采暖等方面建设投入不足，智慧校园建设起步迟、建设滞后。小学生校园午餐课后服务和车辆接送方面的服务需求与实际相差较大。优质师资分布不均衡，更多优秀教师聚集于重点学校，普通学校特别是乡村学校，师资队伍水平差距明显。乡村更缺乏优质师资。缺乏具有引领性和全国影响力的教育家，这与20世纪教育人才辈出的时代差距很大。缺乏正式国际学校，至今全市只有一所外籍人员子女学校以及六所公立学校国际班（属中外合作办学项目），不利于引进海外人才队伍，也不利于对外开放。特色学校发展不明显，全市虽然推进足球进校园，但整体上学校缺乏特色，"新优质学校"推进过程中有的学校存在建设形式化、考核材料化、成果文件化倾向。

2. 存量优质教育资源整合不充分

学区内各学校间联系松散，优质教育资源不流动，集团化办学规模还不够大，教师资源统筹力度不够，学校管理人员交流不足，教师不流动等。如瑶海区集团内部的师资流动更多表现在对分校（校区）流动，对潜力校流动数量不足，联动力度不够，优质师资的培养与流动仍需加大。教师编制、职称评定、职务聘任、干部任用等存在校际壁垒，名师资源流动比较困难。各级各类学校推进"五育"并举不平衡，存在短板和弱项，如"重智、轻德、弱体、抑美、缺体"的状况，还有将"五育"相互分割、隔离的现象。全面融入长三角教育一体化发展步伐不快，引进省外优质教育资源还需拓展，与高校合作力度还需进一步加大。与长三角先发地区教育差距仍然较大，尤其在教育教研、教师管理培训等方面存在差距，肥东县反映存量教师业务水平与长三角教育一体化发展目标之间差距较大。学校、家庭、社会在教育理念方面整合不充分，存在"校内减负、校外增负""教师减负、家长增负""教育减负、社会增负"等现象。

3. 体制机制等优质制度资源缺乏

优质的学校治理制度资源匮乏，如公办学校的校长依然缺乏必要的财政权和人事权，这造成校长管理学校缺乏有力的抓手，校长是有限权力、无限责任，学校什么事情都是校长的事情。校长专业化发展不足。管理水平参差不齐，教育教学质量有待提升。普遍没有建立现代学校管理制度，有些学校办学理念陈旧，管理制度不健全，干部队伍不强。教育评价机制和教师激励机制依然亟待改革，应试导向和平均化倾向依然严重，在教育管理、教学教研、教师队伍建设等方面指导和监测仍需进一步量化，评价体系仍需进一步健全。集团化办学管理体制机制有待进一步完善和提升，集团化办学为教育发展注入新的活力，起到了助推剂作用，但仍存在一定的问题和困难。多地反映出，对名校集团化的运作模式和考评办法尚未形成统一标准，目前主要是在市教育局指导下，通过双方合作协议对支付合作经费、提供办学场所、授权委托管理、配备师资力量、招生政策等进行明确，集团化办学内在机制尚未完全健全，集团化学校类型划分、组织结构建立、教师交流层次、办学效益评价等有待进一步细化，集团化办学"紧密型"和"松散型"管理机制还需进一步探索深化，考评机制尚未健全。新站区区域间、集团间、校际间集团化管理水平参差不齐；集团化办学的专项考核评价体系和其他保障性制度还不够完善，资金保障不足；家校共育协同机制有待健全，家庭教育质量不高对中小学生身心全面健康发展存在矛盾、现有政策对农村教师保障激励不足，农村留守儿童和困境儿童等特殊困难群体助学政策不够完善。

4. 优质教师和管理人才资源缺乏

整体缺乏高质量教师资源，优质的幼儿园教师缺乏，受编制限制，幼儿教师补充难，如庐江县在编幼儿教师仅 204 人。目前幼儿园教师编制统一纳入中小学教师管理，导致专业幼师流动性大，师资不稳定。如巢湖市幼儿园教职工编制不足，为弥补师资力量缺乏的现实问题，该市从 2020 年起学习周边县区工作经验、通过政府购买服务方式补充幼儿园教师 47 名，但因无幼师独立编制，队伍稳定性不强、流失严重。包河区反映顶岗实习生代替存有较大的风险和安全隐患。且目前合肥市的学前教育专职院校较少，培养的人才远跟不上幼儿园的发展。幼儿教师工资待遇低，呈现优秀教师往有编制的县区考，民办园教师往公办园考的现象。优秀老师招引比较困难，编制问题加上房价高、工资一般，欠缺竞争力。教师队伍结构性矛盾突出，主要是年龄结构和学科结构不合理，如长丰中部乡镇教师平均年龄超 50 岁，教师整体年龄偏大，教师结构性缺编问题较为突出，音、体、美等学科专任教师配备严重不足，很多学校只能勉强开齐课程，无法开足音体美课程，有部分学校甚至只能由班主任兼职，导致音体美劳课程完成质量不高，与现在新的课程体系建设要求和未来中高考要求不相符。年轻教师补充机制不健全，受编制压缩的影响，招聘数量远远不足，不能及时补充，导致部分学校严重缺编。有些教师存在职业倦怠现象，有些专业职级上升达到天花板，缺乏活力，长丰反映部分教师存在工作不积极、业务不精、情怀不深等现象，老化、干劲不足、教法陈旧、信息技术等现代化教学手段运用能力严重不足等，教学能力不适应新时期需求，学校教学水平呈逐年下降趋势。培养与管理机制不够完善。缺乏北京师范大学、华东师范大学这样的高质量教师队伍和教育管理队伍的培养基地。

（二）合肥优质教育资源供给配置需求分析

总体来讲，合肥市近年来城镇化快速推进、城市规模不断扩大、城市能级逐步提升，农村人口城镇化、城镇人口不断导入、外地人口本地化、流动人口常住化等趋势明显，人口呈净流入态势（见表2）。据第七次人口普查数据，2020年全市常住人口中居住在城镇的人口为770.9万人，占82.28%，居住在乡村的人口为166.1万人，占17.72%；与2010年第六次全国人口普查相比，合肥市城镇人口增加302.9万人、乡村人口减少111.64万人，城镇人口比重上升19.52个百分点。虽然优质教育资源供给配置总体平衡，但义务教育的"城镇挤"问题在部分城区及县城较为凸显，基础教育发展速度略显滞后，与国家省发展任务要求、城市目标定位、百姓期盼渴求等之间还有较大距离。

1. 从国家省发展规划要求看，优质教育资源均衡推进较为滞后

中共中央、国务院印发的《中国教育现代化2035》和省委、省政府印发的《安徽省教育现代化2035》均对县域义务教育优质均衡发展提出了具体要求。安徽省已经明确了到2022年，20%的县（市、区）实现县域义务教育优质均衡发展，合肥市城区除高新区、新站区外，其余4个城区加经开区被列入第一阶段督导评估区域；到2030年，95%的县（市、区）实现县域义务教育优质均衡发展，合肥5县（市）及高新区、新站区作为第二批评估区域。目前，列入全省第一阶段（2020~2022年）创建规划28个县（市、区）中，滁州市天长市、芜湖市繁昌区、黄山市徽州区3地已经通过了省级评估，拟以省政府名义向教育部申请国家认定。合肥市列入全省第一阶段的瑶海、庐阳、蜀山、包河和经开5个区无一突破，创建进度滞后于其他地市。

表2 2010~2020年合肥市各县（市、区）常住人口增长规模和结构

名称	2010年		2015年		2020年	
	人口（万人）	占比（%）	人口（万人）	占比（%）	人口（万人）	占比（%）
合肥市	745.7	100	779.0	100.00	936.99	100.00
瑶海区	90.1	15.8	96.0	12.3	86.2	9.20
庐阳区	60.9	10.68	65.3	8.38	69.7	7.44
蜀山区	102.2	17.93	122.5	15.7	104.7	11.18
包河区	81.8	14.34	91.5	11.75	121.75	12.99

名称	2010 年		2015 年		2020 年	
	人口（万人）	占比（%）	人口（万人）	占比（%）	人口（万人）	占比（%）
高新区	11.9	2.08	8.79	1.13	26.99	2.88
经开区	25.6	4.49	19.90	2.55	55.79	5.95
新站区	20.3	3.56	16.56	2.13	46.64	4.98
长丰县	63.0	11.04	64.0	8.22	78.4	8.37
肥东县	86.2	15.12	87.2	11.19	88.48	9.44
肥西县	85.9	15.6	75.3	9.67	96.75	10.33
庐江县	97.4	—	98.5	12.64	88.82	9.48
巢湖市①	78.1	—	78.7	10.1	72.72	7.76

资料来源：市统计局。

2. 从国家评估标准体系②看，城区义务教育发展现状与达标需求存在差距

随着合肥经济社会快速发展、城市进程加快，合肥城区人口和"零门槛"下的生源急剧增长，教育资源供给增量和学生急剧增长之间矛盾突出，城区义务教育面临既要消化存量缺口又要解决增量需求的双重压力，从而导致列入安徽省第一阶段义务教育优质均衡（2020~2022 年）创建规划的瑶海、庐阳、蜀山、包河和经开 5 区，在教师编制、生均教学及辅助用房面积、生均体育运动场馆面积以及校额和班额等方面还不同程度地存在问题和差距，尚不具备启动市级复核的条件。包河区目前在全市人口最多，人口达 121.7 万，义务教育学生数逐年增加，学位资源紧张问题加剧，多所学校已达饱和，大班额大校额控制压力巨大。同时由于比邻省级政务区，随着政务办公资源的扩张，越来越多的房户一致要求孩子就近插班入学，转学插班问题日益加剧，班额控制与转学插班刚需之间的矛盾较为突出。瑶海区在校学生数近年来每年涨幅 3000 余人，2021 年全区中小学毕业 15758 人，招生约 18800 人，全区现有教学班 1741 个，其中大班额 867 个，随着起始年级招生人数的增加，大班额消除难度将进一步加大。经开区仍存在大额校大额班现象，因每年净流入人口数快速递增，原有学校规模无法适应，导致部分学校和班级学生数较多。同时因教师病假、老龄化及教师专业不匹配等原因，义务教育教师缺口近 300 名。庐阳区作为老城区、因流入务工人口增加、随迁子女等特殊群体入学等因素叠加，义务段学校学位供给与实际需求的矛盾依然存在，其小学在校生数净增 1.6 万人，但净增学位只有 1.1 万个，初中在校生数净增 0.4 万人，但尚未启动初中项目建设。蜀山区小学在校生数净增 1.9 万人，但净增学位只有 1.7 万个，且局部区域仍有缺口，如政务区中小学校额、班额已达极限，已无扩容挖潜潜力。

---

① 巢湖市含巢开区在内，其他同。2010 年庐江、巢湖尚未区划调整入合肥市，归属巢湖地级市。

② 《县域义务教育优质均衡发展评估标准》由教育部于 2017 年印发，评估内容包括资源配置 7 项、政府保障程度评估 15 项、教育质量评估 9 项和社会认可度调查四类，是 2012 年教育部"义务教育基本均衡发展评估指标"的提升版。

表3 "十三五"合肥市学位供给建设情况

类别	建设情况	备注
幼儿园	"十三五"末，全市幼儿园在园幼儿为32.5万人，较"十二五"末净增9.5万人，全市新增幼儿园学位10.5万个，扣除因撤并、闲置减少的学位约1.7万个，实际净增学位8.8万个	学位缺口0.7万个
小学	"十三五"末，全市小学在校生数57.3万人，较"十二五"末净增11.1万人，全市新增小学学位21.5万个，扣除因撤并、闲置减少的学位约9.3万个，实际净增学位12.2万个	学位供需总体平衡，但局部区域仍存在矛盾
初中	"十三五"末，全市初中在校生数26.5万人，较"十二五"末净增5.3万人，全市新增初中学位10.6万个，扣除因撤并、闲置减少的学位约2.5万个，实际净增学位8.1万个	

3. 从全市学位建设配置看，与布局规划既有目标任务仍有缺口

依据《合肥市城市学前教育、中小学布局规划修编（2016-2025年）》（以下简称《规划修编》），"十三五"末，市区（主城区以及肥东、肥西、长丰三县近城区，包括店埠镇、撮镇镇、桥头集镇、上派镇、桃花镇、紫蓬镇、花岗镇、双墩镇、岗集镇）实际建设幼儿园312所、小学109所、初中55所，项目完成率分别为76.1%、78.4%和93.2%。新增幼儿园学位9.9万个、小学17.5万个、初中10.2万个，完成量占计划的比例分别为62.8%、79.3%和96.9%。距离完成"十三五"时期布点建设任务均有差距。

表4 "十三五"合肥市《规划修编》项目完成情况

	计划数（项目）（所）			完成数（项目）					
				幼儿园		小学		初中	
	幼儿园	小学	初中	项目数（所）	完成率（%）	项目数（所）	完成率（%）	项目数（所）	完成率（%）
瑶海区	50	14	6	36	72.0	18	128.6	10	166.7
庐阳区	20	16	6	30	150.0	10	62.5	0	0.0
蜀山区	59	18	9	22	37.3	12	66.7	7	77.8
包河区	105	32	11	36	34.3	14	43.8	9	81.8
经开区	34	10	9	35	102.9	13	130.0	9	150.0
高新区	18	7	4	23	127.8	9	128.6	5	125.0
新站区	49	15	11	52	106.1	9	60.0	5	45.5
肥东片区	30	11	2	15	50.0	6	54.5	4	200.0
肥西片区	25	11	2	29	116.0	12	109.1	4	200.0
长丰片区	20	5	2	34	170.0	6	120.0	2	100.0
合计	410	139	59	312	76.1	109	78.4	55	93.2

4. 从人口基础增长态势看，学龄人口入学需求压力较大

《合肥市第七次全国人口普查公报》数据显示，2020 年合肥市常住人口 936.99 万人，比 2010 年第六次全国人口普查的 745.7 万人增加 191.3 万人，增长 25.7%，年均增速 2.3%，比 2015 年的 779 万人、2019 年的 818.9 万人分别增加了 157.99 万人、118.09 万人。近期新京智库梳理了全国 25 个近十年（2010~2019 年）小学生人数变化较有代表性的城市①，其中，合肥 2019 年小学生数为 54.87 万人，居第 19 位，小学生占常住人口比为 6.74%，居第 11 位，反映合肥市城市人口结构趋于年轻化。未来 5 年新增劳动力人口的持续流入、三孩政策、高端人才的引入、省内教育资源分布差异均将形成合肥基础教育的虹吸效应，教育资源尤其是优质资源面临巨大的供给压力，基础教育设施规划与建设整体上将面临较大挑战。预计"十四五"时期，全市普通高中在校生数将达到 18.6 万人，较现有规模增加 2.2 万人；全市初中在校生数将达到 30.8 万人，较现有规模增加 4.3 万人；小学在校生数将达到 63.3 万人，较现有规模增加 6.0 万人；幼儿园在园人数将达到 33.3 万人，较现有规模增加 0.8 万人。从表 5、表 6 列举的数据来看，无论是从招生数与毕业生数之比，还是从招生数的趋势变化，都可以看出合肥市学龄人口的增长态势。

表 5　"十三五"合肥市《规划修编》新增学位完成情况

	计划数（新增学位）（个）			完成数（新增学位）					
				幼儿园		小学		初中	
	幼儿园	小学	初中	项目数（个）	完成率（%）	项目数（个）	完成率（%）	项目数（个）	完成率（%）
瑶海区	17460	14085	7500	11310	64.8	18720	132.9	15000	200.0
庐阳区	7470	20520	8400	6660	89.2	11070	53.9	0	0.0
蜀山区	19620	32130	12900	6930	35.3	16605	51.7	10350	80.2
包河区	48210	49140	20400	13500	28.0	33390	67.9	17900	87.7
经开区	12540	21870	12600	11820	94.3	22275	101.9	18390	146.0
高新区	7020	13500	6300	8820	125.6	18360	136.0	8700	138.1
新站区	17370	26460	25550	17130	98.6	11817	44.7	8150	31.9
肥东片区	12060	18090	3600	5970	49.5	11380	62.9	10950	304.2
肥西片区	9000	16740	4200	10770	119.7	23388	139.7	8700	207.1
长丰片区	6930	8640	4200	6120	88.3	8370	96.9	4200	100.0
合计	157680	221175	105650	99030	62.8	175375	79.3	102340	96.9

---

①　小学生数量可在一定程度上反映城市人口的中青年群体数量及城市的活力状况。2019 年超过 100 万小学生的城市共有 4 个，分别是：重庆、广州、深圳和成都，在 80 万~100 万的城市分别是：郑州、石家庄、北京、东莞、上海、苏州，在 50 万~80 万的城市分别是：西安、天津、长沙、武汉、杭州、佛山、福州、青岛、合肥、济南，2019 年小学生数量占比最高的十个城市分别是：东莞（9.89%）、郑州（9.35%）、石家庄（8.87%）、深圳（8.53%）、厦门（8.11%）、长沙（7.94%）、西安（7.74%）、苏州（7.64%）、佛山（7.56%）、福州（7.55%）。

表 6　2020 年全市基础教育发展情况　　　　　　　　　单位：万人

指标	招生数	在校生数	毕业生数
幼儿园	131078	324760	102292
小学	104430	572838	84749
普通初中	87671	265184	80392
普通高中	55922	164443	53081
中等职业学校	42585	115919	36975

资料来源：《合肥市教育事业统计资料》，表 7 同。

表 7　基础教育招生数变化情况　　　　　　　　　　　单位：人

学段	2018 年	2020 年	增长率（%）
幼儿园	124006	131078	5.7
小学	100348	104430	4.1
初中	80338	87671	9.1
普通高中	52269	55922	6.9

5. 与长三角对标城市相比，教育生均投入等指标相对不足

教育支出占 GDP 比重为 2.0%。《中共中央　国务院关于印发〈中国教育现代化 2035〉的通知》和《中共中央办公厅　国务院办公厅印发〈关于深化教育体制机制改革的意见〉的通知》明确要求"保证国家财政性教育经费支出占国内生产总值比例一般不低于 4%"。"十三五"时期，合肥市本级公共预算教育经费投入保持平均每年 15.8% 的快速增长率，教育支出占 GDP 比重为 2.0%，占财政公共预算支出比重为 15.6%（2020 年全国一般公共预算支出中教育支出占比达到 14.8%）。合肥财政性教育经费投入存在一定的结构性问题，市级生均一般公共预算经费同沪宁杭地区相比绝对值相差较大，且县区级财政性教育经费投入弱于市级投入。从表 8 中可以看出，2019 年合肥生均公共预算教育经费分别为幼儿园 1.25 万元、小学生 1.62 万元、初中生 2.68 万元、高中生 1.95 万元，幼儿园、小学、初中、高中仅分别为同期上海的 40%、53%、59%、34%；分别为同期杭州的 71%、78%、77%、43%；分别为同期南京的 73%、66%、62%、35%。

表 8　长三角 4 市 2019 年基础教育生均公共经费比较　　　单位：万元

城市	幼儿园	小学	初中	普通高中
上海	3.09	3.05	4.58	5.88
杭州	1.75	2.09	3.47	4.57
南京	1.72	2.46	4.32	5.49
合肥	1.25	1.62	2.68	1.95

资料来源：《合肥市教育事业统计资料》及沪宁杭三市教育事业统计资料。

四、国内经验借鉴启示

1. 上海市：以"硬核"举措推进学前教育从资源供给向内涵提升转变

第一，进一步优化学前教育资源配置，将幼儿园纳入城乡公共服务设施配套建设规划，并统筹考虑各种因素，科学预测适龄幼儿人口发展趋势，适时调整公共服务设施设置标准。第二，按常住人口配置学前教育资源，每1万人配建1所15班的幼儿园。对入园矛盾突出的时段和区域将通过改建、扩建和资源置换等方式扩大资源供给，有效应对入园高峰。第三，新建和改扩建的公办幼儿园原则上都要开设托班，尚未开设托班的公办幼儿园积极创造条件增设托班。同时鼓励民办幼儿园开设普惠性托班。第四，全面提高保教质量，深化幼儿园与小学教育双向衔接，杜绝"小学化"倾向，注重对学前幼儿进行入小学适应性教育等。第五，将师德师风作为幼儿园教师准入、考核、聘任和评价的首要内容。依标配齐配足教职工，不断完善公办幼儿园教职工编制配备标准，严格规范教职工编制使用。建立学前教育专业人才贯通培养体系，扩大学前教育招生规模，优化人才培养课程体系，提高学前教育人才专业化水平。

2. 杭州市：努力打通优质教育资源全域共建共享的政策通道

2004年杭州在全国首创名校集团化办学模式，经历了杭州"名校集团化"从1.0向3.0的跨越，被新华社列为中国推进基础教育优质均衡发展的五大模式之一。杭州新时代新名校集团化办学模式旨在建设城乡义务教育共同体，突破既有限制，通过多部门、跨层级、跨区域协作，打通优质教育资源共建共享的政策通道，实现市域范围内优质教育资源共建共享。第一，统一推出户籍生预警机制，对各区域小学、初中常态招生计划发出黄色、红色预警，提前半年发出，引导家长理性选择；第二，探索"跨层级转编"，市教育、编办牵头协调从合作校所在地的教师编制中一次性划转部分事业编制至杭州市本级，专项用于合作办学、师资互派，引导"固化"的师资真正流动；第三，推进双向等额招生，坚持"管理不变、招生一体"原则，创新市、区合作共建优质高中办学机制，逐步扩大市属优质普通高中与萧山、余杭、临平、富阳、临安五区优质普通高中双向等额招生规模，稳步推进十区高中招生一体化；第四，鼓励乡镇（街道）、村（社）、国有企事业单位、高校举办优质普惠性幼儿园。支持有条件的幼儿园开设2周岁以上托班，推进产业园区开展嵌入式幼儿园建设试点。

3. 深圳市：以制度保障推进基础教育优质公平

第一，将幼儿园千人学位指标由33座提高到40座，将幼儿园建设、公办园比例纳入市政府对各区绩效考核，各区通过新建幼儿园、回收政府产权幼儿园、依法依规清理回收回购政府和其他国有资产幼儿园、租赁改造闲置物业、鼓励村集体或国有企业产权的民办园转型等多种举措举办公办园，公办幼儿园和普惠性民办园在园幼儿占比达80%，其中公办幼儿园在园幼儿占比达50%。第二，加大学位建设，推进基础教育优质发展。如深圳最中心的行政区福田区，打破传统建筑工艺和以往建设审批的局限，创新思路推出"双十工程"举措：一是采用轻钢结构装配模式，快速新建10所预制学校，新增学位1.5万个以上；二是梳理约14万平方米地块，建设10所永久校舍，新增1.6万个学位。一口气新建 20 所学校、新增逾 3.1 万个学位。深圳市到 2025 年将新增公办义务教育学位 74 万个，新增幼儿园学位 14.5 万个，加上新建公办高中阶段学位，合计近百万个，有力缓解学位供需矛盾。第三，用地方立法形式为基础教育招生定规则。近期《深圳经济特区社会建设条例（草案征求意见稿）》显示，将推行多校划片的大学区招生，房子与对应学位脱钩，淡化学区房概念；采取入学积分制度，按志愿次序和积分高低，依次录取，兼顾因材施教，逐渐实现租售同权，形成生源均衡。第四，建立义务教育学校教师交流制度，推行名师轮岗、名师带名师，逐渐铺平师资力量。

4. 相关借鉴

优质教育资源目前大部分集中于我国一线城市，最主要的客观原因是这些地区具有雄厚的经济实力与教育资源供给水平，能够更好地开展扩大优质教育资源的需求供给。全国大城市优质教育资源供给方面已经做了不少创新试验，特别是上海、广州、深圳、成都等多地的成功实践，在扩充优质教育资源方面作出了示范和引领。

（1）理念新。如杭州围绕教育资源短缺，在深入研究制度和政策等的基础上，通盘谋划教育与城市发展之间的关系，按照 EOD 模式解决教育资金来源问题、以教育综合体实现"教育倍增"，教育公园社区解放家长，辩证分析"做蛋糕"和"分蛋糕"的关系，破解教育发展不平衡不充分问题，推动城市高质量发展。教育投入是回报率最大的生产性投入，建学校需要大量投入，但学校建设同时将带动周边区块土地增值，关注教育组团及所在区域高质量发展，突出"游在公园社区、学在公园社区、住在公园社区、创业在公园社区"，促进教育与城市良性互动发展。

（2）路径宽。通过学区化办学、集团化办学、与高校合作办学、委托管理、城乡学校携手共进计划等多种模式，拓展优质教育资源。如学区化办学，按照地理位置相对就近原则，联合距离相邻的几所相同或不同学段的学校，推进社区内兄弟学校"抱团"成长。学校间不分强弱，通过共享师资培育、优秀课程等资源，学校之间、学校与社区之间的合作创新不断地生成新的优质教育资源。

（3）技术强。广泛运用信息技术变革教育模式。随着"空中课堂"的持续在线，这一全新教育模式深刻改变着人们对教育的认识。在线教育的实践有利于推进线上教育与线下教育的进一步融合，促进优质均衡发展。

（4）法制化。对优质教育资源配置予以立法，为实现基础教育公平、降低教育成本、提高国民生育意愿，打下制度基础。

五、对策与建议

1. 提高认识，加强资源市级统筹

把扩大优质教育资源供给作为合肥市提升公共服务体系建设的最大民生工程，统筹推进教育发展和城市品质提升，建立市级优质教育资源辐射引领工作组，由教育、发改、自规、财政、人社等部门组成，专题研究推进过程中出现的新情况、新问题，做大优质教育资源蛋糕，破解"上好学"困局；建立公共服务供给的民众参与机制，使政府决策机制和公众需求参与机制有机结合起来，推进基本公共服务供给公平、优质、可及；等高对接沪宁杭，整体提高基础教育标准化建设水平和教育质量，进一步缩小基础教育城乡、校际差距，健全教育公共服务供给体系。

2. 规划引领，加大规划执行力度

"七人普"数据显示，合肥城区常住人口突破 500 万，达 512 万人，不仅迈入特大城市行列①，也带来了城市人口结构性变化。应主动应对新的入学（园）需求，健全教育专项规划动态调整机制，优先规划教育设施布局与功能调整，同步解决存量缺口和增量需求，推进建设，保障供给，补齐短板；维护规划的权威性、严肃性，增强规划执行力，开展国土资源用地调查，摸清家底，落实《规划修编》，理清工作思路，突出重点项目，加快推进区域教育资源布局，着力解决大校额、大班额问题，加快提档升级，多样特色满足需求。

3. 增加投入，加强财政保障机制

依据《中国教育现代化 2035》"保证国家财政性教育经费支出占生产总值的比例一般不低于 4%"的要求，持续加强财政经费投入。2020 年合肥市财政用于教育支出 197.54 亿元，占 GDP 比例约 2%，在此基础上，鉴于国家财政性教育经费支出占 GDP 的比例已连续 8 年保持 4%以上，推进合肥财政性教育经费支出数额总量逐年增长，匹配符合国家法定教育财政投入要求；优化经费投入结构，在保持市级财政经费稳步增长的同时，压实区（县、市）政府的教育支出责任，切实落实教育经费"三个增长"，推动县区级财政性教育经费投入逐步接近并超过市级财政投入，稳步提升国家财政性教育经费支出占国内生产总值比例，各县市区尤其是列入省第一批评估的城区应根据本区域基础教育布局规划和发展目标任务，合理安排资金，按照教育资源布局实施进度，保障学校资源整合、布局优化、基础工程建设。

4. 创新机制，扩大优质资源供给

推进基础教育领域供给侧结构性改革，融合多方面社会力量建设扩大供给。鼓励采用多种模式开展集团化办学，积极探索"名校+名校"、"高校（教科研单位）+新校"、"名园+街园"、"教育联盟"式、"名校托管"式运作机制以及优质资源再生发展机制等新模式，发挥名校（园）引领、传导、衍生、扩大效应，使名校（园）资源利用效益最大化；在公益性前提下，鼓励支持闲置的国有厂房、仓库、办公楼用来开办普惠性幼儿园，政府通过补贴来购买服务，借助市场化高效管理模式，融合多方面的社会力量，解决教育投入不足问题，实现资源有效利用；深化区域教育合作，发挥建设自贸片区优势，在办学、师资、课程等关键领域开展合作与交流。在风险可控的前提下，试点设立国际幼儿园，推动普通高中与国外知名教育机构开展合作办学，扩大教育国际公共产品供给，提升区域教育交流合作能力与层级，打造长三角一体化教育高质量发展示范城市。

5. 深化改革，实施动态创建监测

建立义务教育和学前教育动态监测机制，适时掌握各县市区、各学校评估指标的状况与变化，量化清单，精准施策、精准发力，增强创建工作的针对性和有效性。积极破解制

---

① 2014 年国务院发布《城市规模划分标准》，我国城市可以划分为五类七档，其统计标准都是以城区常住人口为计算标准，城区常住人口 500 万以上 1000 万以下的城市为特大城市。

约优质均衡的突出问题，优化教育人才流动机制，进一步完善教师编制"周转池"制度，鼓励采取政府购买服务等方式补足补齐幼儿园教职工队伍，全面实施义务教育学校教师"县管校聘"改革，优化集团化办学内部干部、教师岗位统筹管理机制，完善吸引优秀教师赴农村学校、薄弱学校任教的政策；通过政策激励、保护教师知识产权及为参与分享优质教育资源的教师提供合理收益等有效举措，鼓励广大优秀教师积极参与教研，提高综合素养。建立各级教研员乡村学校、相对薄弱学校联系点制度，积极探索以学科核心素养为导向的教学改革；深化智慧学校建设应用，形成教育信息化"云网端"的良好生态体系；提升教育治理水平，坚持疏堵结合、内外兼治，引导校外培训机构规范有序健康发展，真正成为学校教育的有益补充，助力于学生差异化的教育服务。

6. 加强督导，完善教育评价体系

落实国家《新时代教育评价体系改革实施方案》等部署要求，完善教育履职评价，加快推动基础教育从基本均衡迈向优质均衡。建立优质教育均衡发展目标完成情况的全程跟踪制度和绩效激励机制，健全完善教育监测评价和督导问责机制，围绕国家优质均衡评估指标，督导政府在依法基础教育阶段的办学标准执行、教育投入落实和经费管理、教师编制待遇、教育扶贫和重大教育工程项目实施等的责任，把优先发展教育纳入各级党委政府考核的重要内容，压实各级政府主体责任，建立问责、约谈、督查、帮扶等制度，强化评价考核；构建和完善学生学习效果的跟踪机制和综合评价机制，创新教育评价工具，利用人工智能、大数据等现代信息技术，探索开展面向各年级学生学习情况全过程纵向评价、德智体美劳全要素横向评价，促进学生"五育"并举终身发展；持续完善基础教育各学段学校评价，突出师德师风、教学实际、专业发展等，强化教师的育人功能，引导学生进行探究式学习，努力激发学生的学习热情，启迪学生智慧，涵养学生健全人格，养成学生的综合素质。

（主笔人：张梦宁　陈昕身　陈海铃　余健）

合肥打造"种业之都"研究

中科院合肥物质科学研究院课题组

　　种子被喻为农业的"芯片",种子产业处在农业产业链的最前端,事关国家粮食安全与百姓温饱,是关系国计民生的基础性、战略性产业。2021年中央一号文件提出要"打好种业翻身仗",习近平总书记在中央深改委第20次会议上强调,"必须把民族种业搞上去"。早在2008年,合肥市就提出打造"中国种业之都"。近年来,随着国家对种业的重视和支持力度不断加大,国内诸多城市纷纷发力角逐"种业之都"城市新名片,如北京提出强化"种业之都"地位、长沙提出打造"中国种业之都"、武汉提出打造"中部种业之都"、济南提出打造"北方种业之都"、寿光提出打造"中国蔬菜种业之都"等,各地种业行业发展不断加快,区域竞争日趋激烈。为深入了解合肥市种业发展的优势和短板,为市委、市政府决策提供有益参考。目前,课题组深入先发地区、主管部门、种业企业、高校院所、生产基地等广泛调研,多次征询专家意见,在此基础上形成了一些思考和建议。

一、全球种业概况及种业发展趋势

　　现代种业可以追溯到20世纪30年代,以美国对种子市场立法为标志。近10年来,全球种业发展日新月异,越来越呈现出以下五大趋势:

　　一是种子市场规模持续扩大。根据世界农化网统计,近年来,全球种子销售额呈现不断增长态势,2019年世界种子市场销售额达460亿美元,其中美国和中国占60%份额、成为世界排名第一和第二的种业市场(见图1),预计2024年将达到903.7亿美元。起步于20世纪80年代的中国种业,2020年市场规模约为1400亿元,保持世界第二大种子市场地位。

　　二是种业兼并重组不断加剧。近20年来,全球种业经历了三次并购浪潮:第一次并购(1997~2000年)以纵向并购为主,实现种子与专用农药结合;第二次并购(2004~2008年)以横向并购为主,实现不同作物种子之间的互补;第三次并购(2016~2018年)主要是跨国资本推动,实现农化巨头之间的资源整合。中国通过兼并收购,规范市场秩序,种业集中度得到提高,截至2019年底,全国持有效种子生产经营许可证企业数为6393家,集中度依然有待继续提升。

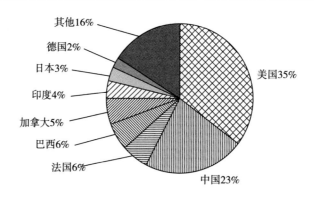

图1　全球种业市场份额国别分布

三是种业行业高度集中格局加速形成。近年来，大型种企持续开展外延并购，向多元化、集团化发展，按销售计算，拜耳（孟山都）、科迪华、先正达、巴斯夫、利马格兰、科沃施六大种企销售额占比接近全球90%，全球种业行业呈现高度集中垄断发展格局。据2019年财报统计，拜耳、科迪华领跑，销售额占前20强总额的近60%，先正达、巴斯夫、利马格兰、科沃施销售额约占前20强总额的26%，其余14家企业销售份额仅占14%（见表1）。

表1　2019年全球销售额前20强种企

排名	企业名称	销售额（百万美元）	国别
1	拜耳	10667	德国
2	科迪华	7590	美国
3	先正达	3083	瑞士（被中国化工收购）
4	巴斯夫	1619	德国
5	利马格兰	1491	法国
6	科沃施	1263	德国
7	丹农股份	779	丹麦
8	坂田种苗株式会社	587	日本
9	泷井种苗株式会社	484	日本
10	隆平高科	450	中国（长沙）
11	瑞克斯旺	440	荷兰
12	安莎种子	379.4	荷兰
13	佛洛利蒙-德佩	357	法国
14	必久种子	327.9	荷兰
15	百绿集团	263	荷兰
16	RAGT Semences	239	法国
17	优利斯集团	233	法国
18	安地种业	231	印度

续表

排名	企业名称	销售额（百万美元）	国别
19	北大荒垦丰种业	188	中国（哈尔滨）
20	苏垦农发股份	177	中国（南京）

四是种业国际化程度不断加深。全球第一大种子公司拜耳（孟山都）在近70个国家或地区设有分支机构；全球第二大种子公司科迪华（陶氏杜邦）在25个国家建立了126个育种站；种子进出口贸易呈逐年快速增长，2019年全球种子出口总额为131.95亿美元、进口总额为146.57亿美元。

五是种业竞争越来越体现为科技创新竞争。世界各国普遍加大种子和生物科技方面的研发投入，目前，作物育种技术发展已进入"常规育种+生物技术+新一代信息技术"的育种4.0时代，转基因技术、基因编辑技术、全基因组选择技术等成为当前国际生物技术育种研究的核心与前沿。相比之下，中国在育种科技创新上尚处在育种2.0时代向3.0时代过渡阶段，功能基因挖掘和基因编辑技术上明显落后，在高端蔬菜、草牧业种子、部分畜禽种源方面仍依赖国外。

二、合肥市种业发展的现状特点

合肥种业起步较早、基础较好，截至2020年底，合肥市拥有种业企业共计约220家（约占全国3%），其中农作物种业企业123家、种畜禽企业67家、水产苗种企业30家；全市共保存各类农作物种质资源5.8万份，建成种质资源库（圃）9个，占全省1/3。

一是高质量种业企业数量全国领先。合肥市拥有3家种业上市企业、总数量位居国内城市第一；拥有8家国家级育繁推一体化企业、总数量位居国内城市第二，仅次于北京。根据上市种业企业发布的年报，在2020年中国上市种业企业种子销售收入排行榜上，荃银高科以11.9亿元排名全国第4、丰乐种业以3.84亿元排名全国第9。

二是种业企业销售总收入位居国内前三。2020年，合肥市种业企业销售总收入为38.7亿元，其中：种子销售收入超10亿元的企业有1家、超过1亿元的企业有6家（见附件1）。在国内城市中排名第三，仅次于北京市（58.2亿元）、长沙市（40亿元）。

三是部分领域育种自主创新能力国内领先。近年来，合肥市育种自主创新能力快速提升，建成国家级种业研发平台4个、部级研发平台4个、省级研发平台14个（见附件2），形成以高校院所为主、企业主体作用日益突出的育种创新格局，跻身全国育种城市第一方阵。其中，两系杂交水稻、小麦抗病育种、西甜瓜、南瓜等领域育种水平达到国内领先，油菜杂交育种、蔬菜育种、石榴基因组、水稻功能基因发掘利用等方面已达到国内先进水平。中科院合肥研究院在国内率先发掘出水稻的理想"脆秆基因"，并育成了国内首个通过审定的"谷草兼用"型脆秆水稻新品种，该关键基因（技术）在2021年10月已协议转让安徽荃银种业公司。

四是种业交易交流与服务合作成效显著。截至2021年，连续举办10届"安徽种子交易会"；2018年9月，合肥市承办了第十一届中国国际种业博览会暨第十六届全国种子信息交流与产品交易会；2014 年以来，"安徽张海银种业基金会"先后奖励 21 个省（区、市）63 名种业科研工作者，累计公益支出 1069 万元。

五是种业海外市场规模位居国内前列。2020 年，全市水稻种子出口 5300 多吨，占全国的 30.6%，连续三年名列全国第一。其中，荃银高科海外业务规模位居全国行业第一，2018 年荣获首批中国农业对外合作百强企业，2020 年被认定为第一批安徽省国际交流合作基地，曾参与比尔和梅琳达·盖茨基金会项目，为非洲和亚洲资源贫瘠地区培育绿色超级稻；在巴基斯坦、孟加拉国、缅甸等海外适宜地区建立杂交水稻制种生产基地；丰乐种子国际贸易业务覆盖东南亚、欧洲、美洲等多个国家和地区，主营产品紫云英在日本、韩国占有较大的市场份额，丰乐香料用户遍及全球 30 多个国家和地区；江淮园艺甜瓜品种"香妃"占巴基斯坦甜瓜市场 30% 以上的份额。

三、合肥市种业发展存在的短板

一是产业规模总量增长缓慢。早在 2007 年，合肥市种业企业总销售额已达到 20 亿元，占全国种企总销售额的 10%，位居全国省会城市之首。2020 年，合肥、长沙、北京持证种业企业年度总销售额分别为 38.7 亿元、40 亿元、58.2 亿元（见图 2），合肥种业企业总销售额占全国种企总销售额的 5.16%，市场占有率比 2007 年下降近一半，首次被长沙市超越，与北京市存在近 20 亿元的差距，总量增长缓慢，占比持续下降。

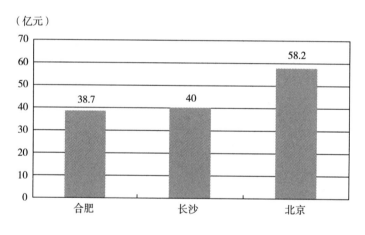

（亿元）

图 2　2020 年合肥、长沙、北京种企总销售额

二是产业集聚度偏低。以种业产业园为例，长沙的隆平高科技园（种业硅谷）2013年 11 月开园，已集聚包括隆平高科、湖南科裕隆等龙头企业在内的种企 159 家；北京通州国际种业创新园 2011 年开园，入驻了世界排名第四的法国利马格兰、北京德农、大北农、金色农华、黑龙江垦丰种业、山东冠丰种业、内蒙古大民种业等一批知名种企，中国农业大学、中国农科院、北京农林科学院、中国林科院等在京科研院所也分别在园区建设分院或试验站。相比长沙、北京的种业产业园，位于庐江县的郭河种子产业园无论是建成区面积、集聚企业数，还是产值都远远逊色于长沙和北京，开园 5 年至今只有 4 家企业入

驻。调研中，种企反映郭河种子产业园区位优势不明显、地势低洼易被水淹、距离市区太远、配套严重不足、政策吸引力不足等。

表2　合肥、长沙、北京种业产业园情况比较

	数量（个）	名称	年份	集聚种企数（家）
合肥	1	庐江郭河种子产业园	2015	4
长沙	1	隆平高科技园	2013	159
北京	2	通州国际种业创新园	2011	60
		平谷国家现代农业产业园	2020	20

注：数据截至2020年12月31日。

三是高端科技创新资源不足。截至2020年底，合肥市、长沙市、北京市拥有部级及以上种业研发平台数量分别为8个、15个、41个，合肥市约为长沙市的1/2、北京市的1/5，短板非常明显（见图3）；同时合肥种业缺乏领军人才，既无院士也无国家杰出青年、长江学者等高层次人才（见图4）。

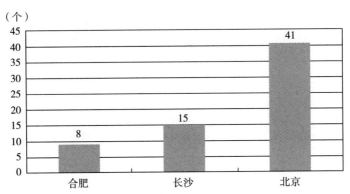

图3　合肥、长沙、北京拥有的部级及以上种业研发平台的数量

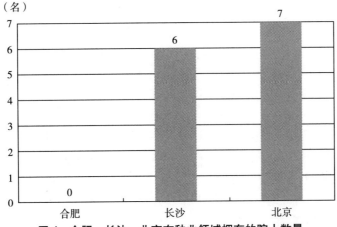

图4　合肥、长沙、北京在种业领域拥有的院士数量

四是畜禽、水产种业综合实力明显较弱。全市现有畜禽种业企业 67 家，省级发证的祖代场（原种场）9 家、父母代种畜禽场 58 家，数量居全省首位。但与北京、长沙等种业强市相比，综合实力偏弱，表现在：缺乏种畜禽龙头企业，合肥市以长风农牧公司为代表的 5 家种猪企业年总存栏母猪约 1.5 万头，而长沙的天心种业公司一家存栏基础母猪就超过 1.8 万头、年出栏种猪 10 万头以上，北京华都峪口禽业公司为全球最大的蛋鸡制种公司，跻身世界三大蛋鸡育种公司之列。畜禽育种创新能力不足，合肥目前仅有 2 个国家级生猪核心育种场、1 个国家级肉羊核心育种场，无家禽保种场；而北京建成全国最大、遗传水平最高的奶牛良种繁育体系和供种基地、年改良奶牛 200 万头，自主繁育的祖代蛋种鸡全国市场占有率为 58%、良种奶牛冻精占全国 35%、鲟鱼苗种供应量占全国 70% 以上。种畜禽企业小而散，没有产业集聚区，北京市依托平谷区的畜禽产业基础，获得国家现代农业（畜禽种业）产业园创建资格，成为 2020 年国家批准的 4 个种业产业园之一。

五是种业开放合作交流不足。合肥市承办全国性种业大会的次数较少，在区域性种业大会的次数、规模、影响力等方面远弱于北京市（见图 5）；合肥外资种企的数量为零，农业农村部 2020 年统计数据显示，目前国内有外资种业企业 25 家，其中北京有 10 家（见图 6），拜耳、杜邦、利马格兰等种业巨头均在北京设立办事处和子公司。

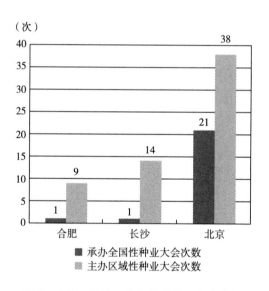

图 5　合肥、长沙、北京举办种业大会次数

六是现行种业政策支持力度不够。比较北京、长沙、合肥 3 市现行种业政策，在做大做强种企方面，北京支持企业引进高端人才，强力支持连续举办有全球全国影响力的种业大会；长沙加大财政资金支持力度，支持种业产业链上下游企业协同发展。在产业园区建设方面，北京加速推进通州与平谷种业产业园区建设，长沙积极吸引种企落户隆平种业硅谷。在种业大数据技术开发研究方面，北京强化分子育种服务平台和种业大数据技术研究、打造种业智库等，长沙强化创新服务平台建设、促进科技成果转化等。相比之下，合肥种业政策力度不够、存在不少缺项等。

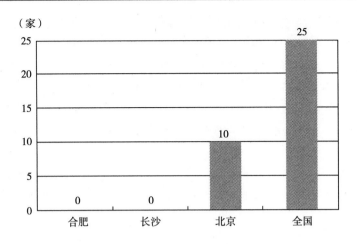

图6 合肥、长沙、北京拥有的外资种业企业的数量

四、合肥市加快打造"种业之都"的对策建议

面对各地种业激烈竞争的新形势，合肥必须进一步把握自身优势与机遇，认清短板和不足，充分扬长避短，力争从种业竞争中脱颖而出，与北京、长沙形成"三足鼎立"之势，早日建成具有国际影响力的"中国种业之都"。

一是增强优势，壮大种企和产业规模。引培一批龙头企业，加大力度招引世界种业50强、国内种业50强来合肥投资发展，迅速做大产业规模；加大龙头企业扶持，加大对新获批国家级育繁推一体化种业企业的奖励力度；成立工作专班，梳理现有未上市种子企业中上市意愿强、综合实力强、发展潜力好的企业，进行有针对性的辅导，壮大合肥上市种企数量。

二是多管齐下，补齐种业发展短板。建议比照长沙引培种业各类人才的支持政策，升级现行种业人才政策，加大对种业领域领军人才、高层次人才和科技人才的引进力度；加大种业集聚区建设，建议以中科院合肥物质研究院与合肥市共建"智慧农业谷"为基础，聚合江淮园艺、丰宝种业新园区以及丰乐生态园等力量，尽快在长丰县规划建设种业产业园，打造种业产业集聚区；搭建做实会展推介平台，积极承办全国性种业交流交易大会，提升"安徽种子交易会"办会层次和办会规模，增强合肥"中国种业之都"知名度和影响力。

三是整合资源，尽快形成新的增长点。依托合肥现有的2个国家级生猪核心育种场、1个肉羊核心育种场，以及安徽白山羊、巢湖麻鸭、定远猪3个省级畜禽遗传资源保种场，大力发展以种猪、种羊为代表的畜禽种业。依托安徽农业大学全省唯一的茶树生物学国家重点实验室和安徽中医药大学的"十大皖药"产业化基地建设，加强茶树育苗和中药材苗种等方面的科研，加快发展以茶树、中药材种业为代表的种业新领域。

四是发力科创，提升种业科技创新和成果转化能力。借鉴长沙"岳麓山种业创新中心"等新型研发机构建设经验，集聚国内外优势力量，共同谋划发起高规格、高水平的新型种业研发机构；发挥合肥在大科学装置建设运行方面的优势，积极谋划、预研种业"智能育种加速器"等大科学装置；针对种业企业的特殊性，制定完善个性化、精准化的种业科技成果转化、种业新型研发机构建设、种业高成长企业培育等政策细则，在市自然科学基金项目立项中，给予种业基础性研究倾斜支持，持续开展生物育种关键技术攻关项目征集和立项支持，加大单个项目资助力度。

五是强化组织，以产业链思维重塑种业竞争力。将现代种业产业纳入全市重点发展产业链管理，尽快编制《合肥种业之都建设"十四五"规划》，强化种业发展的顶层设计；积极对接国家种业战略，拉高标杆、提升定位，加强调度和服务，同时积极争取省里支持，实现省市联动；建立考核通报制度，引入第三方专业机构对合肥打造种业之都的实施效果进行独立评估，提升政策实效；加大财政支持力度，比照长沙市确定市级种业建设发展专项资金规模，统筹"产投系"各类基金和社会资本对种业进行全生命周期支持；依托本市特色优势，开展种子产业链招商，重点推进农作物种子、瓜菜种苗、畜禽良种、水产良种、食药菌种等品种创制和产业链条发展。

附件1

2020 年合肥市农作物种企种子销售收入前 20 强

序号	企业名称	销售收入（万元）
1	安徽荃银高科种业有限公司	111902
2	安徽皖垦种业股份有限公司	45000
3	合肥丰乐种业股份有限公司	38400
4	安徽省皖农种业有限公司	21518
5	安徽荃银种业科技有限公司	20926
6	安徽隆平高科种业有限公司	17000
7	安徽荃丰种业科技有限公司	9668
8	安徽金培因科技有限公司	7254
9	安徽江淮园艺种业股份有限公司	6592
10	安徽华韵生物科技有限公司	6360
11	安徽国豪农业科技有限公司	5000
12	合肥市合丰种业有限公司	4900
13	安徽省创富种业有限公司	4800
14	安徽华安种业有限责任公司	4693
15	安徽荃银欣隆种业有限公司	4441
16	安徽福斯特种苗有限公司	4365
17	安徽天谷农业科技有限公司	4200
18	合肥国丰农业科技有限公司	4070
19	合肥市丰宝农业科技有限公司	4000
20	安徽鲁研种业有限公司	3900

附件 2

在合肥的国家级、省级育种创新平台

序号	平台名称	牵头单位	级别	批准单位
1	作物抗逆育种与减灾国家地方联合工程实验室	安徽农业大学	国家级	国家发改委
2	国家杂交水稻工程技术研究中心华东分中心	安徽隆平高科种业公司		国家发改委
3	合肥丰乐种业国家企业技术中心	合肥丰乐种业公司		国家发改委等
4	安徽荃银种业国家企业技术中心	安徽荃银种业公司		国家发改委等
5	中科院强磁场与离子束生物工程学重点实验室	中科院合肥物质科学研究院	部级	中科院
6	农业部黄淮南部小麦生物学与遗传育种重点实验室	安徽农业大学		农业部
7	农业部杂交稻新品种创制重点实验室	安徽荃银高科种业		农业部
8	农业部国家水稻改良中心合肥分中心	安徽省农科院水稻所		农业部
9	地方畜禽遗传资源保护与生物育种安徽省重点实验室	安徽农业大学	省级	省科技厅
10	作物生物学安徽省重点实验室	安徽农业大学		省科技厅
11	水稻遗传育种安徽省重点实验室	安徽省农科院		省科技厅
12	农作物品质改良和安全生产技术安徽重点实验室	安徽省农科院		省科技厅
13	农作物种子新技术与新品种创制安徽重点实验室	合肥丰乐种业		省科技厅
14	水产增养殖安徽省重点实验室	安徽省农科院		省科技厅
15	安徽省作物生物育种工程实验室	安徽农业大学		省发改委
16	安徽省园艺作物育种工程实验室	安徽农业大学		省发改委
17	安徽玉米工程技术研究中心	安徽农业大学		省发改委
18	安徽油菜育种工程技术研究中心	安徽省农科院		省发改委
19	安徽西甜瓜工程技术研究中心	合肥丰乐种业		省发改委
20	安徽两系水稻工程技术研究中心	合肥丰乐种业		省发改委
21	安徽果蔬种子工程技术研究中心	安徽江淮园艺种业		省发改委
22	安徽羊繁育工程技术研究中心	安徽安欣生物科技有限公司		省发改委

注：表中统计数据截至 2020 年 12 月 31 日。

（主笔人：王玉华）

第二篇

重点课题研究报告

▶ 提升合肥高质量发展首位度研究
▶ 合肥建设区域消费中心城市研究
▶ 合肥碳达峰前期研究
▶ 合肥市城市垃圾分类难点与对策研究
▶ 合肥市全面推进乡村振兴研究

提升合肥高质量发展首位度研究

合肥区域经济与城市发展研究院课题组

合肥提升高质量发展首位度是《合肥市国民经济和社会发展第十四个五年规划和2035年远景目标纲要》中提出的"十四五"时期经济社会发展主要目标，是合肥高质量争创国家中心城市的现实需要、高品质建设现代化都市圈的必然选择、高水平建设国内国际双循环战略支点的实现路径，对于安徽打造科技创新策源地、新兴产业集聚地、改革开放新高地和经济社会发展全面绿色转型区也具有重要的战略意义和实践价值。

一、合肥提升高质量发展首位度的科学内涵和评价体系

（一）高质量发展首位度的科学内涵

传统首位度概念属于区域不平衡发展理论范畴，高质量发展首位度概念属于区域协调发展理论范畴。高质量发展是经济增长数量和质量的有机结合，高质量发展首位度要体现高质量的目标要求，以量的增加提高集聚水平，以质的提升激发增长潜能。

提升高质量发展首位度，目标在于增强区域内首位城市与其他城市高质量发展协调性，强调发挥中心城市在城市群和都市圈发展格局中的引领带动作用，通过以点带面、串点成网，推动形成优势互补高质量发展的区域经济布局，避免区域内陷入资源恶性竞争的发展困境。提升合肥高质量发展首位度，重点在于增强合肥区域性中心城市的要素承载能力和资源配置能力，发挥合肥在长三角城市群和合肥都市圈发展格局中的战略支点作用，推动合肥都市圈提质升级，辐射带动区域内欠发达地区不断增强高质量发展动能。

（二）高质量发展首位度的评价体系

"十四五"时期是合肥高质量发展再上大台阶的关键时期，要围绕推进实现勇当科技创新、产业创新的开路先锋，加快高质量发展、高品质生活、高颜值生态、高效能治理，争当享誉全球的科创名城、特色鲜明的制造强市、城湖共生的养人福地、区域经济的质量高地、共同富裕的先行示范，努力实现经济社会全面绿色高质量发展，为奋力打造具有重要影响力的"五高地一示范"，"五个安徽"建设打头阵、挑重担、当主力、作贡献，全面开启合肥现代化建设新征程。

高质量首位度对合肥城市发展的要求是多方面的，不仅体现为总量做大、结构做优、

功能做全，更重要的是吸附力和带动力做强，这不仅是增强一体化发展动能的有力保障，也是发挥合肥作为中心城市的辐射带动作用和增强欠发达地区发展动能的重要举措。因此，加快建设争创具有竞争力国家中心城市，合肥要围绕提升竞争力、夯实承载力、加强凝聚力、增强辐射力四个方面，重点从经济结构优化、资源效率提升、基础设施完善、创新驱动赋能、绿色转型发展、服务均等共享、城乡协调融合、对外经济开放八个方面①不断增强实力，才能在提升首位度方面有更大空间。

表1 合肥高质量发展首位度评价体系②

一级指标 （8个）	二级指标 （30个）	基础指标（46个）
经济结构 优化	产业结构	先进制造业主营业务收入/制造业主营业务收入
		生产性服务业增加值/服务业增加值
	就业结构	服务业就业人数/全社会就业人员总数
		生产性服务业从业人数/服务业就业人数
	投资结构	＊房地产开发投资完成额/全社会固定资产投资总额③
	消费水平	＊居民恩格尔系数（食品烟酒支出占比）
		社会消费品零售总额/地区生产总值
	金融服务	年末金融机构人民币存贷款余额/地区生产总值
	数字服务	电信业务收入/地区生产总值
资源效率 提升	效率基本面	地区生产总值/常住人口
		政府财政收入支出比
		规模以上工业企业资产负债率（资产合计/负债合计）
	资本生产率	地区生产总值/全社会固定资产投资总额
	劳动生产率	地区生产总值/全社会就业人员总数
	能源生产率	地区生产总值/全社会用电量
	土地生产率	市辖区生产总值/市辖区建成区面积
基础设施 完善	高速公路建设	高速公路里程/公路总里程
		高速公路里程/行政区域面积
	公共交通建设	市辖区公共汽（电）车营运车辆数/城镇常住人口
	运输体系建设	水运货量/公路货运量
		民用航空客运量/常住人口
	信息设施建设	互联网宽带接入用户数/常住人口
		移动电话年末用户数/常住人口

① 高质量发展的八个方面是根据《长江三角洲区域一体化发展规划纲要》和《长三角一体化发展规划"十四五"实施方案》明确的重点目标领域确定的。

② 评价体系中细分指标包括30个二级指标、46个基础指标，充分体现高质量发展的内涵要义和一体化发展的目标任务。

③ ＊表示逆向指标。《长江三角洲区域一体化发展规划纲要》提出，到2025年，中心区城乡居民收入差距控制在2.2∶1以内，由此设定城乡收入和消费差距为适度指标。"双循环"新发展格局下城市发展对外贸和外资的依存度不会无限度上升，将外贸外资开放度设定为适度指标。

一级指标 （8个）	二级指标 （30个）	基础指标（46个）
创新驱动 赋能	研发投入强度	R&D 经费内部支出/地区生产总值
	社会创新活力	专利申请授权数/常住人口
	技术市场建设	技术市场成交额/地区生产总值
	科技人才供给	R&D 人员/全社会就业人员总数
绿色转型 发展	生态建设	建成区绿化覆盖率
		水资源总量/常住人口
		市辖区绿地面积/城镇常住人口
	污染治理	工业增加值/工业废水排放量
		工业增加值/工业二氧化硫排放量
		工业增加值/工业烟（粉）尘排放量
		空气中可吸入细颗粒物年平均浓度
服务均等 共享	医疗服务	医疗卫生机构床位数/常住人口
		执业（助理）医师数/常住人口
	文化服务	公共图书馆图书藏量/常住人口
	教育服务	普通本专科在校学生人数/常住人口
		普通中小学在校学生人数/常住人口
	社会保障	城镇职工基本养老参保人数/城镇就业人员数
		城镇职工基本医疗参保人数/城镇就业人员数
城乡协调 融合	城乡收入差距	（适度）城镇居民与农村居民人均可支配收入比
	城乡消费差距	（适度）城镇居民与农村居民人均生活性消费支出比
	城市发展水平	城镇化率
对外经济 开放	外贸开放度	（适度）进出口总额/地区生产总值
	外资开放度	（适度）实际利用外商直接投资/地区生产总值

二、合肥提升高质量发展首位度面临的短板和堵点

合肥提升高质量发展首位度必须以长三角一体化发展和中部地区崛起两大区域协调发展战略为出发点，围绕增强中心城市辐射带动作用精准研判面临的短板和堵点。

（一）南京都市圈快速发展产生较大竞争性冲击

融入长三角一体化高质量发展格局是合肥实现跨越式发展的重大战略机遇，然而《南京都市圈发展规划》在国家层面获批，极大制约合肥区域性中心城市的辐射范围和作用效果，对合肥提升高质量发展首位度产生竞争性冲击。因此对标南京找差是首要目标，也是促进两大都市圈融合发展由政策层面推进到实践层面的现实需要。与南京相比，合肥在技术转化和社会创新活力、综合交通承载能力、资源配置效率、新旧动能转换、文化服

务供给、城市绿化建设、外贸开放度方面仍与南京存在较大的差距。

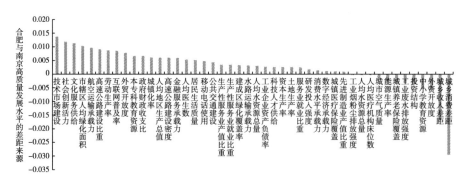

图1 合肥与南京高质量发展主要差距

一是技术交易市场建设和社会创新活力有待加强，创新驱动经济增长效应较弱。技术市场建设滞后会加快科技成果外流，导致创新陷入"墙内开花墙外香"的不利局面。应用型技术研发比重较低、科技成果权属不明晰、政策体系和法律法规不完善、科技中介服务体系尚不健全是阻碍技术转移转化的主要因素。合肥市技术市场成交额对经济增长的贡献率仅为2.36%[①]，低于南京的4.21%。社会创新活力不强限制了"万众创新"政策实施和创新驱动新旧动能转换空间，合肥市人均专利授权量为36.93件/万人，为南京64.71件/万人的57.1%，人均发明专利数为31.08件/万人，为南京50.05件/万人的62.1%。

二是综合交通支撑作用有待提升，空运和水运承载能力不强制约了合肥国家枢纽城市功能和地位的提升。随着居民收入水平和城镇化率的快速提升，合肥市新桥机场客运压力进一步增加，民用航空承载率较低阻碍城市发展空间的拓展。民用航空承载率1.50%，显著低于南京市的3.60%。合肥港交通枢纽综合能力不强，航道等级不高，缺少高等级航道，受南京港、杭州港、舟山港"卡脖子"明显。此外，高速公路里程数不高制约交通枢纽功能的增强，限制了合肥作为安徽"米"字形交通网络节点的辐射范围。合肥市高速公路里程比重仅2.53%，不到南京（5.12%）的50%（49.36%），高速公路密度仅为南京的53.2%。

三是经济增长动力转换相对滞后，金融服务、数字服务、消费水平对区域经济带动作用有待进一步增强。第一，数字技术在合肥市产业发展、生活服务、生态治理等领域的应用不高，电信业务规模89.21亿元，为南京市146.22亿元的61.01%。第二，金融服务水平有待加强。合肥市传统金融服务比重较高，普惠金融、数字金融、绿色金融等业态创新不足，金融服务实体经济能力也亟待提升。金融服务规模31461亿元，为南京69122亿元的45.51%，经济贡献指数334.37，低于南京的492.64。第三，消费业态不新、商圈交通通达性不高、商业网点布局同质性较强，消费潜力释放较慢。合肥市社会消费品零售总额为4378.21亿元，为南京市7136.32亿元的61.35%，消费带动力仅为1.688%，同样低于南京的1.885%。

四是资源配置效率和土地承载力不高，城市发展空间进一步提升受到制约。合肥资源

---

① 鉴于涉及指标较多，为保证数据统计口径一致性，文中数据均来自《中国城市统计年鉴（2020）》。

配置水平较低，劳动生产率为 17.24 万元/人，仅为南京市 30.24 万元/人的 57.02%，人均 GDP 115623 元，为南京市 165681 元的 69.79%；财政收支比为 1.688，低于南京市的 1.885。部分开发区的土地利用率不高，亟待进行二次开发和二次创业，城市发展空间的利用需要从横向范围扩展向纵向密度提升转变。合肥市区地均生产总值为 13.34 亿元/平方公里，低于南京的 17.05 亿元/平方公里，显示经济发展方式较为粗放。

（二）区域发展协调性不强弱化都市圈载体作用

发挥合肥高质量增长极的辐射带动作用和合肥都市圈载体作用是中部地区崛起的重要手段，也是推动"一圈五区"高质量协调发展的现实需要。加快推动合六经济走廊、合淮产业走廊和规划其他区域性走廊建设，增强区域高质量发展的协调性。然而，产业基础差距较大、资源配置效率分化、科技创新合作鸿沟、公共服务资源过分集中进一步加剧要素虹吸，产业、技术、资本回流效应明显较弱，飞地经济发展缓慢，毗邻地区发展区域界限明显，导致合肥与都市圈内及省内其他城市的高质量发展协调性处于较低水平。

一是都市圈内外产业体系发展差距较大，区域产业合作基础较为薄弱。合肥先进制造业[①]占制造业的比重达到 78.71%，略高于都市圈内的芜湖（67.76%）和马鞍山（74.64%），但显著高于都市圈外比重最高的宣城（53.39%），是比重最低亳州（14.33%）的 5.5 倍；合肥市生产性服务业占服务业的比重为 36.17%，显著高于都市圈外比重最高的池州（27.14%），是比重最低的黄山的 1.96 倍。

二是资源效率分化明显阻碍了高质量发展动能的培育。合肥市人均 GDP 为 115623 元，明显高于都市圈内芜湖的 96154 元，甚至达到都市圈外最高宣城（58819 元）的两倍。合肥市财政收入支出比为 0.66，显著高于都市圈外最高的宣城（0.51），都市圈外大部分城市财政收入支出比均低于 0.3，财政赤字规模较大，资源配置和生产的低效率极大限制区域高质量发展空间。

三是科技创新鸿沟较为明显，区域产业创新和企业创新合作激励与意愿不强。合肥市通过推动创新要素的快速集聚，与周边地区形成明显的技术鸿沟。合肥市人均发明专利数 36.93 件/万人，明显高于都市圈内的芜湖（26.40 件/万人）和马鞍山（21.88 件/万人），为都市圈外最高池州的 3 倍。优质创新人才向合肥集聚导致区域创新差距进一步扩大，合肥市 R&D 科技人才比重 1.2%，是都市圈外最高铜陵（0.5%）的 2.4 倍，是最低亳州（0.07%）的 17.56 倍。

四是公共服务资源集聚进一步加速推进合肥对产业资源和创新资源的虹吸。合肥市医疗资源和教育资源丰富，每万人医疗机构床位数和医师数为 63.85 张和 32.75 人，明显高于都市圈内最高的蚌埠（53.01 张）和芜湖（23.96 人），为都市圈外最高黄山的 1.3 倍和 1.26 倍。合肥每万人高校在校生人数 654 人，达到都市圈内最高的芜湖的 1.7 倍，达到都市圈外最高的铜陵的 3.1 倍。

---

① 根据政策文件和学术文献，将先进制造业定义为高生产率行业，包括仪器仪表制造业、通用设备制造业、专用设备制造业、铁路、船舶、航空航天和其他运输设备制造业、电器机械和器材制造业、计算机、通信和其他电子设备制造业、化学原料和化学制品制造业。

此外，合肥在新动能培育方面大而不强，消费、金融、信息服务对经济增长的支撑作用不强，工业发展效率、单位能耗和主要污染物排放强度处于全省中下游水平，这也是制约合肥发挥高质量增长极辐射带动作用的主要短板。

三、合肥提升高质量发展首位度的对策举措

围绕合肥在提升高质量发展首位度面临的短板和堵点，从以下七个方面设计纾解对策。

（一）做特做精做强核心地标性产业

推动产业高质量发展，坚持把"专精特新"作为合肥市先进制造业发展主攻方向。第一，基于重点产业和前沿领域的发展趋势和市场需求，着手开展细分行业市场研究。第二，围绕"芯屏汽合""集终生智"做强细分行业，引进培育具有行业竞争力的总部型企业和高成长性企业，推动构建市、省、国家级战略性新兴产业集群（基地）梯次发展格局。第三，基于合肥与周边城市的共性主导产业，挖掘产业研发与技术转移转化市场空间，借助公共数字服务平台，建立"研发在肥、转化在外、技术共生"的产业创新生态，主导推进建设区域性技术市场。

（二）着力增强先进产业带动作用

加快合六经济走廊和合淮产业走廊规划建设，推动合肥与周边城市产业链、创新链、供应链的协同发展。第一，依托产业合作园区，加快推动产业飞地和创新飞地建设。第二，依托地区龙头企业做大做强做精做特地标产业，推动布局技术研发中心和产业技术研究院等创新载体，构建基于技术梯度的错位竞争与优势互补的高质量区域经济布局。

（三）做优做细拓展城市空间布局

提高资源承载力和要素配置能力，重点推动"1城3区1中心"建设。第一，推动东部新中心建设，重点突出文化传承、绿色环保、智能安全、产业高端、幸福宜居战略定位。第二，推动大科学装置集中区建设世界一流的重大科技基础设施集群。第三，做大空港经济示范区，强化新桥国际机场区域性航空枢纽和国际航空货运集散中心地位，建成长三角区域性国际化空中门户和开放高地。第四，高规格建设运河新城，加快建设集高品质生活、服务、生态于一体的活力魅力新城。第五，做强中央公园片区，突出大生态、现代化，打造科技创新与交流的城市客厅。同时落实城市紧凑开发模式及"亩均效益"评价制度，制定企业容积率奖励政策和区县开发力度、绩效权责清单。

（四）推动县域经济高质量发展

聚力打造长三角乡村振兴和城乡融合发展示范区。第一，做大做强县域特色产业。打造县域地标性产业，以特色农副产品加工、现代旅游和与城市配套的战略性新兴产业、先进制造业为主攻方向，实施延链补链强链。第二，提高县域资源承载能力。稳步推进中心

城区非核心功能向县域疏解，推动人口集中居住就业、土地集中配置规模使用，鼓励具备一定产业基础、社区服务能力的空间单元培育打造精品特色小镇。第三，完成市县公共服务均等化的"最后一公里"，提高综合服务能力。增强县域居民就业、医疗、教育、文化等服务的保障力度，不断推动县域基础设施建设和环境改善。

（五）提升综合交通通达性和承载力

增强合肥在安徽"米"字形交通网络的支点地位和作用，提升多式联运功能。第一，推进轨道交通网城区加密、县域延伸，打通高速公路及联络线、国省干线之间"最后一公里"，形成"两环十三射多联"的快速交通网络，建设市区县乡镇15分钟高速圈。第二，提升航空和水运承载能力。实施国际新桥机场改扩建工程，规划建设区域性通用机场。打造江淮联运中心和合肥国际贸易始发港，开展合肥港口航道等级提升研究，研究兆西河通江一级航道建设必要性。第三，提升城市交通管理服务水平。有序推动市域公交一体化运营，制定实施闲时、忙时柔性公共交通收费政策和差别化停车收费政策，开展ETC智慧停车城市试点。

（六）聚焦高质量推动新旧动能转换

推动消费、金融、数字等领域的业态创新和融合发展。第一，聚焦商贸流通数字化、智能化、互联网化发展新趋势，加快推进新零售发展，加速电子商务与实体经济的双向融合，打造供应链综合服务平台。第二，提升金融服务的普惠性、便利性、品质性。依托合肥国际金融后台服务基地、长三角G60科创走廊、金融科技产业合作示范园区、滨湖金融小镇等重点载体，建设一批科技金融服务平台，鼓励银行金融机构设立科技支行、支持金融组织发展科技担保、科技小贷和科技融资租赁业务。第三，强化数字赋能。加快天地一体化信息网络合肥中心建设，建成合肥地面信息港，打造国家级信息服务产业基地。构建智能语音、智能视觉等面向多行业应用开源平台。此外，推进数字技术与商务金融、文化旅游、现代物流、科创服务、城市交通、医疗教育深度融合。

（七）增强全面开放发展新动能

加快建设合肥片区成为安徽与沪苏浙自贸区联动发展的战略支点。第一，构筑以合肥为核心的开放内循环主动脉。支持在片区内开展营商环境、投资贸易、金融开放等领域差别化探索，形成更多有国际竞争力的制度创新成果。加强自贸区与开发园区的协调配合、与合肥综合性国家科学中心联动发展。第二，推动片区扩容升级。塑造全域自贸格局，与芜湖、蚌埠以及省内自贸区联动创新区在改革赋权共享、制度创新共试、政策措施公用、主导产业共建、创新业态共育的合作，强化省内多式联运、江海联运网络建设，完善联动机制。第三，推动建设数字展会平台，发展"互联网+会展"业态，强化会展产业链，提升服务功能。利用世界制造业大会、世界显示产业大会引进一批重点领域国际性、全国性展会，培育出一批自有会展企业。

（主笔人：杜宇）

合肥建设区域消费中心城市研究

安徽正方体科技有限公司课题组

2021 年，国务院批准上海、北京、广州、天津、重庆 5 市率先开展国际消费中心城市培育建设，为消费中心建设提供了范例。合肥是长三角副中心城市，也是"一带一路"倡议和长江经济带战略双节点城市，在区域加速融合发展的大趋势下，合肥要提升经济外向度，需突破原有格局，打造高能级核心商圈，进而推动消费扩容提质。本课题通过合肥建设区域消费中心城市①研究，提出促进消费扩容提质的合肥路径，为合肥在消费领域追赶先发城市，建设国际消费中心提供借鉴。

一、区域消费中心城市内涵特征及影响因素②

区域消费中心城市指在特定区域范围发生消费集聚的经济中心城市，能够发挥带动、聚集和辐射效应，有效衔接周边消费区域，形成密集人流、物流、资金流、信息流，成为

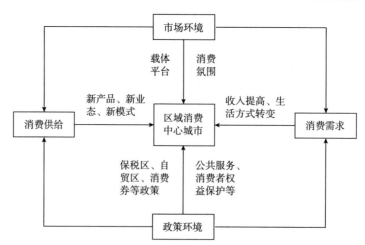

图1 消费中心城市影响因素分析模型

---

① 2020 年 9 月国办印发《关于以新业态新模式引领新型消费加快发展的意见》（国办发〔2020〕32 号）明确"围绕国家重大区域发展战略打造新型消费增长极，培育建设国际消费中心城市，着力建设辐射带动能力力强、资源整合有优势的区域消费中心，加强中小型消费城市梯队建设"。

② 课题组综合国务院发展研究中心市场经济所、重庆市综合经济院、浙大城市学院、中国人民大学首都发展与战略研究院相关学者的理论研究基础和结论梳理得出的。

大众消费力导向性释放地。一般具备六大特征：一是经济整体实力强，收入水平高；二是拥有发达多元的现代服务业体系；三是消费环境优，消费舒适度较高；四是内外循环畅通，具备连接区域城市的交通、信息、物流设施体系；五是消费供给丰富，满足消费者多元需求；六是思想交流活跃，创新能力强。影响区域消费中心城市建设的因素主要有消费需求、消费供给、消费环境三个方面。

二、区域消费中心城市比较分析

（一）区域消费中心城市评价指标体系

课题组参考商务部《国际消费中心城市评价指标体系》评判标准，结合区域消费中心内涵特色、建设影响因素及合肥消费特点等，构建了区域消费中心城市的评价指标体系①，包括六大维度、24 个一级指标、33 个二级指标（见表 1）。

表 1　区域消费中心城市评价指标体系

指标维度	一级指标	二级指标	单位	数据来源
城市影响力	城市竞争力	城市竞争力指数	—	2020 年中国城市竞争力排行榜
	城市企业实力	世界 500 强企业入驻数量	家	各城市政府网站
		中国新经济 500 强企业数量	家	2020 中国新经济企业 500 强榜单
	城市服务能力	世界大学排名前 500 的高校数量	所	QS 世界大学排名
		国家级创新平台	个	各城市统计公报
		全国 100 强医院数量	所	复旦大学的中国医院排行榜
	旅游消费载体	国家级非遗项目	个	各城市统计公报
		4A、5A 级景区数量	个	国家文化和旅游部
城市繁荣度	重大活动	国家级展会活动和赛事数量	项	各城市统计公报
	经济实力	常住人口人均 GDP	万元	各城市统计年鉴
	资金吸附	外商直接投资	亿美元	各城市统计年鉴
	人口活力	常住人口	万人	各城市统计年鉴
	居民生活	人均可支配收入	万元	各城市统计年鉴
		人均消费支出	万元	各城市统计年鉴
	旅游发展	全市旅游收入	万亿元	各城市统计年鉴
商业活跃度	社会消费品零售	人均社会消费品零售总额	万元	各城市统计年鉴
	网络零售发展	限额以上批发零售企业实现网上零售额	亿元	各城市统计公报
	服务业发展	第三产业增加值占 GDP 比重	%	各城市统计年鉴
	品牌青睐度	入驻品牌数量	个	调研获取
		品牌门店数	家	调研获取

---

① 国家级创新平台主要包括部属（重点）实验室、国家级工程技术研究中心、国家级工程研究中心、国家级工程实验室、国家级企业技术中心；关键词提及次数指"消费中心城市""消费中心""消费城市"等关键词提及次数。

续表

指标维度	一级指标	二级指标	单位	数据来源
商业活跃度	城市营商环境	城市营商环境指数	—	《2019中国城市营商环境报告》
	夜间经济	城市夜经济影响力指数	—	《2020中国夜间经济发展报告》
	商业步行街数量	全国示范步行街及试点，"试点"取1分，"示范"取2分	—	商务部
到达便利度	航空、公路、铁路、地铁便利度	机场国内外通航城市数量	个	各城市机场网站
		轨道运营总里程	公里	中国城市轨道交通协会
		公路总里程	万公里	各城市统计年鉴
		高铁站数量	个	政府官网
消费舒适度	消费者满意度	城市消费满意度指数	—	中国消费者协会
	商业信用环境评估	城市商业信用环境指数	—	2020中国城市商业信用环境指数（CEI）蓝皮书
	城市空气质量排名/绿化覆盖率	城市空气质量指数	指数	全国城市空气质量指数排名
政策引领度	领导组织和部门协调机制	关键词提及次数	次	各城市政府网站
	规划、目标、实施方案	发布相关政策数量	项	各城市政府网站
	配套措施和资金投入安排	相关领域资金投入	亿元	各城市政府网站

（二）区域消费中心城市比较分析

1. 比较城市选择

从长三角副中心城市、万亿元GDP城市、省会城市等角度选取杭州、南京、长沙、郑州、济南、南昌6城市与合肥进行对标，分析合肥建设区域消费中心城市的优势和不足。城市影响力、城市繁荣度、商业活跃度、到达便利度、消费舒适度、政策引领度等方面权重分别是0.21、0.17、0.29、0.14、0.07、0.12[①]，根据权重计算得出部分消费中心城市发展水平（见表2）。

表2　2020年部分消费中心城市发展水平测度

维度	合肥	南京	杭州	长沙	郑州	济南	南昌
城市影响力	4.51	4.60	8.06	5.93	4.72	1.69	4.06
城市繁荣度	26.07	26.38	34.69	25.26	29.46	24.71	16.48
商业活跃度	19.71	42.43	67.85	21.01	21.68	18.30	12.31

①　利用熵权法进行分析，依据2020年各地统计年鉴中的2019年指标数据，计算得出各指标权重。

续表

维度	合肥	南京	杭州	长沙	郑州	济南	南昌
到达便利度	6.36	17.97	8.51	6.32	12.91	5.41	5.39
消费舒适度	3.49	3.75	3.89	3.32	3.45	3.50	3.57
政策引领度	0.25	0.56	0.96	0.44	0.46	0.25	0.22
综合评分	60.39	95.67	123.96	62.28	72.67	53.86	42.03

综合比较：整体来看，七城市中，消费中心城市发展水平排名依次为杭州、南京、郑州、长沙、合肥、济南、南昌。与长三角省会城市相比，合肥城市影响力、城市繁荣度、消费舒适度、到达便利度、政策引领度等方面得分与杭州差距较大，略低于南京；在商业活跃度上，合肥与南京和杭州差距均较大。与中部省会城市相比，合肥在商业活跃度、消费舒适度等方面具有优势，但在其他方面得分略低于郑州、长沙。

2. 六大维度比较分析

从城市影响力来看，合肥创新平台建设表现亮眼，数量达128个，远超郑州、济南等城市，但与同为长三角副中心城市的杭州、南京比较，优势不明显。在城市企业实力方面，合肥与南京相差不大，但与杭州差距较大，世界500强企业及中国新经济500强企业数分别相差79家、36家；在城市服务能力方面，世界排名前500高校数量及全国100强医院数量杭州、南京、长沙表现突出；在旅游消费载体方面，南昌在国家级非遗项目方面表现优异，4A、5A级景区数量，合肥与南京、杭州相近，分别是25处、26处、32处，但景区开发力度不足，服务和产品创新有待提高（见表3）。

表3　城市影响力指标分析

指标	合肥	南京	杭州	长沙	郑州	济南	南昌
城市竞争力指数	0.6	0.708	0.685	0.639	0.604	0.559	0.495
世界500强企业入驻数量（家）	49	55	128	149	181	12	0
中国新经济500强企业数量（家）	6	11	42	4	1	3	0
世界大学排名前500的高校数量（所）	1	5	1	2	0	1	0
国家级创新平台（个）	128	99	127	106	44	31	42
全国100强医院数量（所）	2	3	5	4	2	3	2
国家级非遗项目（个）	4	11	24	9	6	7	70
4A、5A级景区数量（个）	25	26	32	23	21	18	12

从城市繁荣度来看，合肥市近20年GDP增长近20倍，2020年突破万亿元大关，在全国排名第20，经济增量明显。截至2020年底，合肥常住人口936.99万人，仅次于杭州（1193.60万人）、郑州（1260万人），合肥人口红利带动消费增长的潜力较大。在招大引强、企业培育方面，合肥相比武汉、杭州、南京仍有一定差距；举办国家级展会活动和赛事等重大活动，杭州、郑州规模及场次明显领先合肥；在旅游消费方面，合肥与杭州在载体建设、接待能力方面有差距（游客人次合肥、杭州分别为8107万人次、17573万人次）。

此外，合肥外资吸附能力不及杭州、长沙，在提高外商认可度方面有待加强（见表4）。

表4　城市繁荣度指标分析

指标	合肥	南京	杭州	长沙	郑州	济南	南昌
国家级展会活动和赛事数量（项）	9	12	38	13	30	17	17
常住人口人均GDP（万元）	11.56	16.57	15.25	13.99	11.31	10.64	10.04
外商直接投资（亿美元）	33.92	41.01	61.28	63.74	44.10	22.40	37.72
常住人口（万人）	936.99	931.47	1193.60	1004.7	1260	920.2	625.5
人均可支配收入（万元）	3.88	6.35	5.93	5.52	3.59	4.66	4.03
人均消费支出（万元）	2.34	3.59	4.00	3.95	2.73	1.74	1.79
全市旅游收入（万亿元）	0.21	0.28	0.40	0.20	0.16	0.13	0.19

从商业活跃度来看，合肥营商环境建设已初具成效，在中央广播电视总台编撰的《2019中国城市营商环境报告》中排名第13位，2020年中国营商环境评价中，合肥"登记财产""劳动力市场监管""纳税""政务服务""包容普惠创新"5项指标成为全国标杆。但在商业发展方面，杭州、南京优势明显，长沙作为内陆城市，夜间经济、社会消费等表现抢眼，合肥传统商业转型不快，新兴商业载体同质化竞争严重，国际一线品牌及入驻首店数量均不及杭州、南京，商业刺激消费力度不足（见表5）。

表5　商业活跃度指标分析

指标	合肥	南京	杭州	长沙	郑州	济南	南昌
人均社会消费品零售总额（万元）	5.21	8.36	6.00	9.11	5.14	5.79	4.23
限额以上批发零售企业实现网上零售额（亿元）	276.56	951.04	1553.75	193.44	228.86	134.31	126.13
第三产业增加值占GDP比重（%）	60.6	62.01	66.17	58.54	59	61.8	48.8
入驻品牌数量（个）	8	21	22	17	8	9	3
品牌门店数（家）	105	117	211	147	154	140	81
城市营商环境指数	74.13	83.22	80.3	72.87	69.24	72.86	60.05
城市夜经济影响力指数	37	43	28	73	41	62	20
全国示范步行街及试点，"试点"取1分，"示范"取2分	1	2	2	1	1	0	0

从到达便利度来看，合肥具备联通南北、贯通东西的交通地理优势，公路里程数超济南、杭州，开通高铁站10个，位居全国第四。据不完全统计，合肥铁路里程数达到884.6公里，远超杭州、南京的510公里、476公里。对外交通的发展为促进消费流通提供了有利条件，但合肥轨道交通、航空运输建设与杭州、南京仍有较大差距。随着高铁加快发展，在一定程度上弥补了合肥在航空建设中的劣势，轨道交通建设后续增量潜力巨大，将是合肥未来吸引消费流量的发力点（见表6）。

表6 到达便利度指标分析

指标	合肥	南京	杭州	长沙	郑州	济南	南昌
机场国内外通航城市数量（个）	60	115	140	113	156	102	89
轨道运营总里程（公里）	112.5	378	135.4	100.5	244	84	88.9
公路总里程（万公里）	1.904	1.018	1.667	0.195	1.299	1.777	0.330
网约车资格证发放数量（家）	22	57	89	31	29	25	31

从消费舒适度来看，合肥作为国家社会信用体系建设示范城市，商业信用环境表现良好。但据中国消费者协会公布的消费者满意度测评报告，合肥城市消费满意度指数远低于杭州、南京等城市，排名全国倒数第五，尤其是"交易安全"指标全国倒数第三（见表7）。近4年合肥虽在消费满意度测评中得分整体呈上升趋势，但排名却逐渐下滑，与杭州、南京等城市差距明显。

表7 消费舒适度指标分析

指标	合肥	南京	杭州	长沙	郑州	济南	南昌
城市消费满意度指数	77.13	86.08	86.67	75	76.85	82.77	80.23
城市商业信用环境指数	76.734	77.971	79.727	73.553	76.502	76.969	72.539
城市空气质量指数	6	7	10	4	5	2	9

从政策引领度来看，在促进消费政策方面，杭州、武汉、南京等城市政府引导消费和市场自主发展已形成比较良好的互动，政策支持作用明显；郑州、长沙作为内陆城市，在促进消费政策支持方面表现抢眼，而合肥政策支持相对需要加大力度（见表8）。

表8 政策引领度指标分析

指标	合肥	南京	杭州	长沙	郑州	济南	南昌
领导组织和部门协调机制	9	16	27	12	11	8	7
规划、目标、实施方案	2	6	9	5	7	3	3
配套措施和资金投入安排	0.1024	1.123	2.431	0.9345	1.0262	0.1137	0.1076

三、合肥建设区域消费中心城市的思考建议

（一）关于定位思考

合肥建设区域消费中心城市，应聚焦"区域"，紧扣"消费"，突出"中心"，面向长三角，发挥合肥都市圈和南京都市圈协同优势，以打造科技消费新名片、活力消费新中心、健康消费新风向为主导，近期建设长三角区域消费中心城市，远期争创国际消费中心城市。科技消费新名片，依托合肥科技创新资源，促进科技与消费产品、消费场景、消费

路径相融合，用科技引领消费升级，用消费激发创新动力，让科技元素成为吸引消费的发力点，将合肥打造成长三角科技消费人气汇聚地。活力消费新中心，聚焦年轻群体及流动人群，打破业态边界，促进城乡融合，加速区域流动，激发合肥消费潜力，增强消费信心，将合肥打造成长三角活力消费流量新洼地。健康消费新风向。挖掘健康消费理念，捕捉心理消费需求，倡导绿色、健康、品质消费，增加人文底蕴，让科技、活力、健康融入现代生活，提升居民生活幸福感，将合肥打造成引领长三角健康消费风向标。

（二）关于路径建议

1. 推进城市整体营销，提升合肥知名度

树立合肥商圈品牌，不断增强消费对经济发展的基础性作用，实施"锻长补短"，大力培育新消费，确立消费重点领域，构建多层次、多样化消费供给体系。持续做大做强合肥品牌，全面梳理合肥工业消费品、农产品、文化产品等品牌目录，特色街区、特色景区等载体目录，编制消费指南，结合城市形象打造统一的消费品牌。扩大合肥城市形象宣传，确定对外形象宣传关键词，如"巢湖""庐州"等，强化品牌设计与关键词的黏合性，打造合肥特色消费在城市形象设计以及大型展会、赛事等活动的独特形象，全力将合肥城市品牌树起来、打出去、扩大知名度。

2. 持续发挥创新优势，培育丰富市地优质消费产品

加强政策支持，在消费产品创新、服务场景创新、消费品牌引进等方面加大扶持力度。培育壮大自主创新品牌，持续做好智能家电、智能穿戴产品、健康医疗产品等的自主品牌打造，支持本土品牌积极参与各类展会。加快推进出口产品内外销"同线同标同质"工程，鼓励企业对标国际标准，提升产品性能、款式设计、工艺水平。提升老字号品牌，充分挖掘庐州文化，整合流行消费元素，鼓励打造网红打卡地。

3. 加大旅游资源开发，打造全域旅游合肥版图

打造环巢湖旅游圈，学习全域旅游"杭州模式"，围绕巢湖做足文章、用好资源，以此为核心逐渐外扩，放射性规划布局旅游景点路线，串联文化遗产、工业遗产、游园、商圈等，形成点、线、面融合的旅游布局，创新融入文创产品、文化演绎、特色餐饮、经典民宿等元素。加大市域旅游资源供给，做好交通与旅游结合的一体化规划，增强城区对景区旅游客流承载力，强化体育消费试点城市建设，培育冰雪运动、竞技体育等体育消费新热点，提升合肥公园游园和街巷绿化水平，打造绿色、健康、休闲的城市旅游氛围。

4. 以推动会展业发展为抓手，带动更多消费需求

统筹会展设施规划和建设，提升会展业的市场化水平，大力发展会展经济。发挥会展作为对外宣传招商的重要角色，积极争取全国性、国际性的重要展会、峰会在合肥召开，加大合肥的影响力。以会展带动地方旅游经济发展，探索在滨湖新区、巢湖半汤、庐江汤池等地设置城市会客厅、会议会展中心的可行性，吸引高层次专业化企业组团开发，形成会展+文旅集聚发展的新增长极。

5. 创新治理模式，大力发展夜间经济

主动服务促进夜间经济发展，建立县（区）、街道、社区三级新消费协调机制，开通公共服务热线，搭建24小时自助服务厅，设立"夜间管家""轮班驻点"等，提高服务保障能力。灵活设置监管标准，发挥社区协调功能，加强商圈管理公司、小区物业、夜间商贩关系协调，加强市场监管，探索实行"持证上岗"模式，采取柔性执法和审慎包容监管，营造安全有序的夜间消费环境。

6. 加强区域合作，促进消费资源协同共享

联合长三角城市共同设计特色旅游路线，升级交通基础设施建设，链接周边区域文旅资源，实现文旅消费引流。联合长三角城市举办文体赛事，加强合肥体育场馆建设，提高合肥竞技体育水平，与长三角城市联合举办大型赛事合肥分会场，带动文体消费。提高区域一体化服务水平，打通与长三角其他城市数字链接，推动服务一卡通，在交通出行、旅游观光、文化体验等方面加快实现"同城待遇"，提升长三角居民来合肥消费便利度。

（主笔人：张岩岩　高程华　伍雪洁）

合肥碳达峰前期研究

安徽大学经济学院课题组

2020 年 9 月 22 日，习近平主席在第 75 届联合国大会指出，中国将提高国家自主贡献力度，力争 2030 年前二氧化碳排放达到峰值，努力争取 2060 年实现碳中和。2021 年 7 月 16 日，全国碳排放权交易市场上线交易正式启动，国家开始运用市场手段推动实现碳达峰目标与碳中和愿景。合肥作为国家低碳城市和气候适应性城市"双试点"，承担起探索低碳绿色发展模式和发展路径，更肩负着引领和示范全国低碳发展的光荣使命。近期，我们通过对合肥"十三五"以来的"碳家底"初步梳理，预测碳达峰趋势，为合肥加快建立以低碳为特征的产业体系和低碳生活方式提供必要参考依据。

一、碳达峰背景及国外实践动态

（一）国外背景及实践动态

近年气候异常、海平面上升、传染病增加、濒危物种灭绝等全球气候系统和生态系统危机，让全球达成基本共识：控碳。从 1992 年《联合国气候变化公约》明确"共同但有区别的责任"；到 1997 年 12 月《京都议定书》，39 个发达国家控碳行动，规定了减碳目标；2009 年 12 月《哥本哈根协议》提出全球气温升幅应限制在 2℃ 以内，要求各国向联合国提出 2020 年减排目标；2015 年 12 月《巴黎协定》将全球平均气温较前工业化时代上升复苏控制在 2℃，并努力控制在 1.5℃ 以内。碳达峰、碳中和问题成为国际社会焦点问题。

1. 碳达峰背景及实践动态

碳达峰是在某一个时点，二氧化碳排放不再增长达到峰值，之后逐步回落；碳达峰并不仅仅是某一个时点达到最大排放量，而是一个过程，即碳排放首先进入平台期并可能在一定范围内波动，然后进入平稳下降阶段；碳达峰是在传统工业化模式下经济发展过程中通常会出现的一个必然结果，是经济社会发展与能源消耗脱钩的必然结果，是能源结构由高碳向低碳转变的结果；碳达峰是实现碳中和的前提，碳达峰的峰值关系到碳中和目标实现的空间和灵活性。中国自 2006 年二氧化碳排放量超过美国，一直是全球最大的温室气体排放国。2019 年全球碳排放量达到 341.7 亿吨，年均复合增速 2.1%，其中中国二氧化碳排放量为 101.75 亿吨，相当于美国、印度、俄罗斯和日本排放量之和。截止到目前，全世界约有50个国家实现了碳达峰，其排放总量占到了全球排放的36%左右（见表1）。中国以重化工为主的产业结构、以煤为主的能源结构和以公路货运为主的运输结构没有根本改变，加之当前中国距离实现碳达峰目标已不足10年，从碳达峰到实现碳中和目标也仅有30年，与发达国家相比，我们实现碳达峰、碳中和远景目标时间更紧、幅度更大、困难更多、任务异常艰巨。

表1　世界主要达峰国家达峰时间及峰值

国家（地区）	达峰时间	峰值（亿吨）
欧盟	1990年	45
美国	2007年	74.16
日本	2013年	14.08
俄罗斯	1990年	31.88
巴西	2012年	10.28
英国	1991年	8.07
印度尼西亚	2015年	9.07
加拿大	2007年	7.42
韩国	2013年	6.97
瑞士	2000年	*
澳大利亚	2006年	*
冰岛	2008年	*

资料来源：课题组网络搜集整理，*表示数据不可获得。

2. 碳中和背景及实践动态

碳中和是指与某一主体相关的人为二氧化碳排放量与人为二氧化碳消除相平衡的状态。碳中和并非意味着二氧化碳的排放为零，因为任何行为不可能完全不排放温室气体，而是经过减排措施降低碳排放量，最终通过碳补偿机制，购买碳信用抵消无法减少的碳排放量，以达到温室气体的"零排放"。为实现《巴黎协定》，截止到2020年底，已有100多个国家和地区提出碳中和承诺，占全球二氧化碳排放量65%和世界经济70%；多个国家出台政策落实碳中和目标，例如英国先后公布实施了《绿色工业革命十点计划》《国家基础设施战略》《能源白皮书：赋能净零排放未来》等，细化落实净零排放的具体举措和路线规划，并实施运行碳排放交易制度；欧盟作为碳中和的先锋，2003年就建立欧盟碳排放交易体系，推广清洁、廉价、健康的公共交通工具，零排放汽车占比逐年提升，预计2025年达到25%以上；不丹、苏里南等国家已经实现碳中和，瑞典、芬兰、英国、法国、丹麦、新西兰、匈牙利等国家均已立法，明确碳中和时间。

从20世纪90年代初签署《联合国气候变化框架公约》开始，中国在控碳、降碳的行动一直在进行，成效明显。2020年单位GDP二氧化碳排放强度相比于1990年降幅超过90%；煤炭在一次能源占比从1990年的76.2%下降到2020年的57.7%，非化石能源占比稳步提升，2020年非化石能源占比约为16.4%。然而由于中国能源结构高碳、碳排放总量大、碳中和时间紧迫等，碳中和面临着巨大挑战。2019 年中国能源消费结构仍以化石能源为主，占比维持在 85% 左右，煤炭占比 57%，燃煤发电占整个发电量的 62%，能源结构高碳特征没有根本性改变；2019 年碳排放量 101.75 亿吨，基数大，且从碳达峰到碳中和时间仅有 30 年，相比于西方国家 40~70 年，时间紧迫，因此碳中和对中国来说，是一场经济、社会、文化等全方位的大变革。

（二）国内背景及实践动态

1. 政策梳理

中国政府践行积极碳减排，从 1998 年《中华人民共和国节约能源法》颁布，全国范围内建立了节能减排的基本实施框架；3060 目标提出以后，从总书记重要指示、国家层面重大决策部署、部委等宏观层面为双碳指明了方向和具体举措；从能源结构调整、产业结构转型、能源效率提升、低碳技术研发推广、低碳发展体制机制健全以及增加生态碳汇六大方面构建了双碳计划框架。

考虑到中国碳排放地区差异性，如北京、青岛、深圳等省市地方政府结合地方实际，积极出台低碳、减排等相关政策。经济发展较快，处于工业化快速进程、拥有较多高能耗产业的省份一般是二氧化碳排放大省，政策核心多关注降碳和节能；以经济结构、能源产业为主的省份一般单位 GDP 二氧化碳排放量较高，政策核心多关注产业结构优化和转型发展。

2. 实践成效

城市是能源消耗和温室气体排放的主要贡献者，同时也是开展碳减排行动和实施低碳发展战略的重要主体。自 2010 年国家发展和改革委员会分三批次先后设立了 87 个省级和市级试点地区（见表 2），低碳城市围绕节能减排，不断落实相关减排政策，成效显著；例如，北上广等经济发展水平高、能耗水平较低的城市，具有较大的碳达峰潜力，是最早碳达峰的地区；例如，南京、苏州、杭州、宁波、武汉、厦门、青岛、长沙、济南、合肥等工业化快速发展的城市，围绕节能增效、清洁能源替代，推广节能技术等加快产业层次提升，第二产业尤其制造业碳减排空间大，潜力明显，是率先达峰的地区；资源丰富的西部地区，低碳的非化石能源占比、绿色发电占比、清洁能源交易占比、非化石能源占一次能源消费比例均处于领先水平，碳中和潜力巨大。

表 2　国家发展和改革委员会批准的低碳试点

批次	时间	地区
第一批	2010 年 8 月	省级：广东、辽宁、湖北、陕西、云南、天津、重庆 市级：深圳、厦门、杭州、南昌、贵阳、保定
第二批	2012 年 12 月	省级：北京、上海、海南 市级：石家庄、秦皇岛、晋城、呼伦贝尔、吉林、大兴安岭、苏州、淮安、镇江、宁波、温州、池州、南平、景德镇、赣州、青岛、济源、武汉、广州、桂林、广元、遵义、昆明、延安、金昌、乌鲁木齐

批次	时间	地区
第三批	2017 年 1 月	乌海、沈阳、大连、朝阳、逊克、南京、常州、嘉兴市、金华、衢州、合肥、淮北、黄山、六安、宣城、三明、共青城、吉安、抚州、济南、烟台、潍坊、长阳自治县、长沙、株洲、湘潭、彬州、中山、柳州、三亚、琼中黎族苗族自治县、成都、玉溪、普洱思茅区、拉萨、安康、兰州、敦煌、西宁、银川、吴忠、昌吉、伊宁、和田、第一师阿拉尔

资料来源：课题组政府网收集得来。

二、合肥市碳排放特征事实研究

（一）合肥市能源消费现状

合肥市 2009~2019 年能源消费总量、能源强度、工业能源消费和居民生活用能变化如表 3 所示。2009~2019 年，合肥市能源消费总量以年均 5.21% 的速度增加，并在 2014~2015 年出现由增到减的变化。在能源消费总量持续增长的年份中，2013 年以前的年均增长率为 8.28%，2013~2014 年的增长率陡然降为 1.64%。2014~2015 年，能源消费总量出现了 1.07% 的下降。2015~2019 年，出现了 19.68% 的回升。与此相反，合肥市单位GDP 能耗持续下降。2009 年为 0.81 吨标准煤/万元，2019 年降至 0.30 吨标准煤/万元，降幅达到 62.96%。一方面，随着合肥市 GDP 的不断攀升，经济发展所消耗的能源总量总体呈现上升趋势；另一方面，节能政策实施、经济结构转型、能源结构优化等因素使能源消费总量的年增长率得到有效控制，总体呈下降趋势，且在 2015 年出现负值。

表 3 合肥市能源消费总量、能源强度、工业能源消费和居民生活用能变化

年份	能源消费总量（万吨标准煤）	单位 GDP 能耗（吨标准煤/万元）	工业能源消费（万吨标准煤）	居民生活用能（万吨标准煤）
2009	1457.34	0.81	720.58	282.73
2010	1575.50	0.53	826.30	251.73
2011	1744.03	0.51	1126.48	361.97
2012	1857.69	0.48	1099.49	410.21
2013	2002.28	0.46	920.46	340.50
2014	2035.05	0.43	941.86	295.56
2015	2013.20	0.40	937.84	317.30
2016	2155.82	0.35	886.03	345.12
2017	2216.60	0.32	893.80	357.26
2018	2309.78	0.31	920.97	381.75
2019	2409.39	0.30	975.52	396.80

资料来源：合肥市统计局。

（二）合肥市碳排放现状

1. 碳排放测算方法及数据来源

二氧化碳排放主要来源于人类的生活和生产活动，其中，工业生产活动所产生的二氧化碳占据主要部分。合肥市的工业能源利用结构以煤炭为主，还包括焦煤、原油、汽油、煤油、柴油、燃料油、天然气等化石能源和电能。本文对《2006 年 IPCC 国家温室气体清单指南》中介绍的碳排放测算的基准方法进行改良，通过直接排放和间接排放两部分对合肥市的碳排放现状进行"摸底"。其中，直接排放指化石燃料燃烧带来的碳排放，合肥市的能源利用结构以煤炭为主，还包括焦煤、原油、汽油、煤油、柴油、燃料油、天然气、液化气等化石能源，本文选取这 9 种能源种类衡量合肥市直接碳排放；间接排放是指电力消耗带来的碳排放。

表 4 各能源碳排放系数[①]

能源种类	原煤	焦炭	原油	汽油	煤油	柴油	燃料油	天然气	液化气	电力
单位	$kgCO_2/kg$（L/M³/kWh）									
碳排放系数	1.9007	2.853	3.017	2.9257	3.1524	3.096	3.1712	2.16551	3.102	0.928

资料来源：《省级温室气体清单编制指南（试行）》。

合肥市 2007 年工业碳排量为 1356.11 万吨，到 2019 年增长到 4306.94 万吨，年均增长率为 11.65%（见表 5）。在此 13 年间，合肥市工业碳排放量总体呈现增长趋势，明显可分为以下三个阶段：第一阶段（2007~2009 年）：合肥市工业碳排放量呈平稳增长趋势，年均增长率为 10.03%。第二阶段（2010~2011 年）：金融危机过后，全球经济回暖，带动合肥市经济加速发展，工业能源消耗大幅增加，合肥市工业碳排放量随之出现了较大增长，年增长率达到了 76.22%。第三阶段（2012~2019 年）：合肥市推进节能减排政策，工业碳排放量呈现平稳波动趋势，其中 2014~2015 年顺利完成"十二五"期间减排目标，进一步优化产业结构，碳排放量开始出现下降趋势，2016~2018 年持续下降。

表 5 合肥市 2007~2019 年分类能源消耗量及工业碳排放量

	原煤（万吨）	焦炭（万吨）	原油（万吨）	汽油（万吨）	煤油（万吨）	柴油（万吨）	燃料油（万吨）	天然气（万吨）	用电量（亿千瓦时）	碳排放总量（万吨 CO_2）
2007	391.34	64.21	0.02	1.38	0.04	3.79	0.01	13978	44.19	1356.11
2008	363.38	68.71	0.08	1.53	0.03	4.25	0.1	16599	47.73	1351.52
2009	495.57	60.81	0.02	1.86	0.15	4.88	0.06	18626	52.41	1627.09
2010	534.38	56.75	0.01	2.1	0.07	5.47	0.22	22411	64.1	1801.33
2011	1094.5	63.08	0.0009	2.34	0.02	7.67	0.04	11995	94.9	3174.38

---

① 各种燃料的二氧化碳排放系数取自《省级温室气体清单编制指南（试行）》（见表 4）。

续表

	原煤 （万吨）	焦炭 （万吨）	原油 （万吨）	汽油 （万吨）	煤油 （万吨）	柴油 （万吨）	燃料油 （万吨）	天然气 （万吨）	用电量 （亿千瓦时）	碳排放总量 （万吨 CO_2）
2012	1021.9	64.16	0.0012	2.59	0.04	6.98	0.1	10281	100.14	3086.65
2013	1152.7	67.14	0.0003	2.38	0.06	6.61	0.01	12255	109.22	3426.49
2014	1208.1	53.9	0.0005	2.02	0.06	5.99	0.01	14371	123.42	3623.16
2015	1097.1	58.68	0.0005	2.08	0.04	5.87	0.01	52333	130.93	3503.61
2016	1101.3	0.27	0.0005	2.13	0.04	5.47	0.04	88950	135.55	3394.75
2017	1062.2	0.2	0.0005	1.95	0.03	5.14	0.04	99558	150.39	3458.39

资料来源：《合肥统计年鉴》《中国能源统计年鉴》。

2. 合肥市工业生产与居民生活碳排放

若要在 2035 年前基本实现"广泛形成绿色生产生活方式，碳排放达峰后稳中有降，生态环境根本好转"的美丽合肥建设目标，意味着从产业发展与生活方式这两个重点领域都要实现"绿色化"。合肥正处于工业化的中后期阶段，工业碳排放仍是合肥碳排放最主要的行业，工业能否实现碳排放达峰是决定合肥能否兑现"达峰承诺"的关键环节；与工业相比，生活领域相关的碳排放更为复杂，存在地域广、人口多、地点分散等特征，是影响合肥碳达峰的重要因素，本文首先通过这两个重点领域识别合肥市碳排放现状（见图 1）。

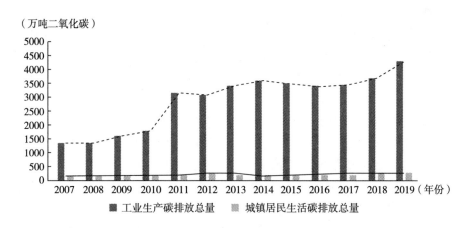

（万吨二氧化碳）

■ 工业生产碳排放总量　■ 城镇居民生活碳排放总量

图 1　合肥 2007~2019 年工业生产与居民生活碳排放总量

资料来源：《合肥统计年鉴》。

工业生产方面，合肥市样本期间碳排放总量总体呈上升趋势，由 2007 年的 1356.11 万吨增至 2019 年的 4306.94 万吨，年均增长 11.1%，2019 年合肥市工业碳排放已达到样本初期的 3.2 倍，其工业生产碳排放总量在经历了 2007~2013 年的快速增长阶段和 2014~2016 年的回落阶段后，自 2017 年至今又迎来了新一轮增长，且增速较快，平均增速达到 8.18%。合肥快速增长的工业经济使技术进步与产业转型升级对碳排放的抵消机制作用甚微，随着经济发展工业部门碳排放总量增加已成为既定事实，减排工作应着力于全面提高资源利用效率，推动"资源—生产—消费—废弃物排放"的线性生产方式向"资源—生产—消费—再生资源"的闭合圈流程转变。同时，合肥市工业生产高煤炭化问题突出，占比超过50%，且煤炭在合肥能源消费结构中的地位短期内难以改变，推动煤炭消费量达峰的任务依然艰巨。通过提高清洁能源占比、摆脱高煤炭依赖等举措优化能源结构成为合肥减排工作的重要着力点。在居民生活方面，合肥碳排放一直处于低位，城镇居民碳排放在2010年以前约为工业生产碳排放的1/9，自2011年至今约为工业生产碳排放的1/15，且差距有进一步扩大的趋势。合肥市城镇居民生活碳排放由2007年的154.71万吨增至2019年的277.63万吨，年均增速为5.5%，在经历了快速增长与回落阶段后，目前居民生活碳排放增速已放缓。城镇居民生活能源消费结构在逐步向高效化、清洁化和低碳化转变，电力已成为城镇居民生活能源的最主要能源消费品种，电力消费占比超过80%。随着"低碳交通"的建设与公众绿色穿衣、绿色饮食、绿色家用、绿色旅游等环保意识的加强，若加之政府部门的引导，在优先提高相关领域绿色产品和服务的有效供给的同时，做好减量、再利用和循环工作，城镇居民生活碳排放有望先于工业生产碳排放实现达峰。同时需要注意的是，碳达峰的实现必须提振全社会共识，警惕随经济增长和生活水平的提高驱动城镇居民生活碳排放快速增长的可能性。

3. 合肥市碳排放结构

从图2中可以看出，合肥市2007~2019年的工业能源消费结构始终以煤炭类能源为主，在四种能源消费中，煤炭类能源的二氧化碳排放量占比最大，二次能源类次之，油气类和天然气类能源占比较小且较接近。产生此碳排放结构特征的原因与安徽省煤炭资源丰富、石油稀少、天然气贫瘠的资源储备以及合肥市的经济发展阶段密不可分。2007年，合肥市工业能源消耗所产生的工业碳排放量为1356.11万吨，其中，煤炭类、油气类、天然气类、二次能源类能源消耗产生的二氧化碳排放量分别为927.01万吨、15.99万吨、3.03万吨、410.08万吨，占能源消耗产生的工业碳排放量的比重分别为68.36%、1.18%、0.22%、30.24%。2007年以来合肥市煤炭消费所产生的碳排放量占工业能源消费产生的二氧化碳排放量的比重均在55%以上，并且以2011年为分界点呈现先升后降的趋势：2007~2011年，煤炭类占比均低于72%。2011~2017年，煤炭类占比从71.21%跌至58.39%，并在之后保持在60%以下的水平；油气类能源和天然气类能源产生的二氧化碳总排放量所占合肥市工业能源消耗产生二氧化碳排放量的比重始终在3%以下，2011年，两者占比均出现下降，之后维持在1%以下的水平；二次能源类能源产生的二氧化碳排放量的比重呈现波动上升的趋势：2007~2014年，二次能源类占比均低于34%，2015~2016年，二次能源类占比从37.05%跃升至40.35%，并在之后保持在40%以上的水平。2019年，合肥市能源消耗产生的工业碳排放量为4306.943万吨，其中，煤炭类、油气类、天然气类、二次能源类能源消耗产生的二氧化碳排放量占能源消耗产生的工业碳排放量比重分别为58.67%、0.47%、0.71%、40.15%。

由此可见，合肥市碳排放结构在逐渐发生改变，虽然煤炭类能源消费产生二氧化碳排放仍然是工业二氧化碳排放的主要来源，但二次能源类碳排放占比在逐年递增，有赶超煤炭类能源的趋势，有利于合肥市减排工作的推进。

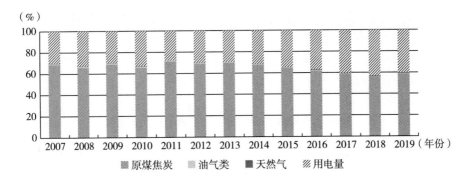

图2 合肥市四类工业能源二氧化碳排放量占工业碳排放量总量的比值

资料来源:《合肥统计年鉴》。

4. 合肥市工业碳排放强度

碳排放强度是指单位国民生产总值的增长所带来的二氧化碳排放量,该指标主要用来衡量一国经济同碳排放量之间的关系。2007~2019年,合肥市GDP从1401.55亿元增长至9409.40亿元,平均年增长率为17.48%,碳排放量从1356.11万吨增长至4306.94万吨,平均年增长率为11.65%。碳排放强度的变化趋势如图3所示。2007~2019年,合肥市工业碳排放强度呈现波动下降趋势,从2007年的0.97吨/万元下降至2019年的0.46吨/万元,总体下降幅度达到52.58%。分区间来看,2007~2010年,合肥市工业碳排放强度呈现波动下降的趋势;2010~2011年骤增,从0.67吨/万元上升至0.87吨/万元,增长幅度达到29.85%;2011年之后又呈现基本稳定的下降趋势。这说明合肥市减排工作成效显著。

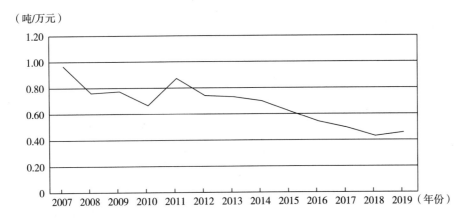

图3 合肥市工业碳排放强度变化趋势

资料来源:《合肥统计年鉴》。

(三)合肥市碳排放内部差异性

1. 合肥市碳排放规模

合肥市辖有13个区(县、市)开发区,功能划分不同,比如:瑶海区是老工业区,聚集了大量"重投资，重污染"的化工产业，而高新区不断加大对传统产业升级改造和节能减排力度，鼓励并扶持区内秸秆发电、污水处理、节能照明、新能源发电、空气检测等环保节能产业，导致合肥市内部不同区域碳排放量存在差异性，2009~2019年各区（县）碳排放测算结果如表6所示。

表6　2009~2019年合肥13个区（县）碳排放测算结果汇总

单位：万吨二氧化碳

年份	瑶海区	庐阳区	蜀山区	包河区	高新区	经开区	新站区
2009	914.4122	496.8166	678.8691	591.6011	292.9110	349.8407	147.0060
2010	1099.4094	568.5057	600.2380	692.2299	338.1712	410.1748	179.2166
2011	785.7574	514.4036	489.4816	575.4413	293.1049	359.2050	218.1618
2012	822.9421	576.1016	446.9579	611.3461	323.9204	393.3378	264.8694
2013	892.4013	682.0509	531.2961	711.5397	361.1700	421.3879	322.5586
2014	846.7307	676.0498	521.2310	690.6946	358.9034	420.4816	326.1823
2015	774.5154	656.2195	512.8153	657.1712	348.8316	406.8050	310.2891
2016	482.1749	623.2064	506.1510	628.9514	325.6810	415.7735	337.6580
2017	474.3217	673.2704	542.1046	667.7762	340.2314	396.3817	345.5409
2018	494.2855	780.3436	865.1104	868.6554	465.2499	371.6060	148.0183
2019	577.5492	828.9754	720.0069	882.5048	398.9553	463.8395	464.2529
年均	742.2273	643.2676	583.1147	688.9011	349.7391	400.8031	278.5231

年份	巢湖经开区	长丰县	肥东县	肥西县	庐江县	巢湖市	
2009	15.9752	699.6073	630.7047	522.4529	229.9871	2594.3731	
2010	17.2760	812.9940	673.4000	613.8479	249.4522	2819.2535	
2011	18.6676	372.0891	436.9820	455.8207	290.4279	845.9277	
2012	22.3319	438.8351	492.4203	528.5650	328.5729	914.3537	
2013	33.8000	494.0782	671.1498	637.9376	422.4248	1018.7064	
2014	33.3331	472.9815	698.7922	757.6495	400.3083	965.3236	
2015	29.8813	437.9648	704.0557	882.6255	365.8862	881.0231	
2016	24.3198	419.2144	656.0562	517.2004	311.1847	806.4255	
2017	25.9644	431.1235	690.4385	548.1523	337.8342	864.8612	
2018	45.5661	487.4192	683.3714	542.8630	359.1709	935.9744	
2019	32.1262	580.4614	922.1245	665.0115	403.9915	1021.7679	
年均	27.2038	513.3426	659.9541	606.5569	336.2946	1242.5446	

从碳排放总量上看，瑶海区、庐阳区、蜀山区、包河区、肥东县、肥西县和巢湖市属于高碳排放区，高新区、经开区、新站区、巢湖经开区、长丰县和庐江县属于低碳排放区。就合肥市辖区来说，巢湖市年均碳排放量最高，为1242.54万吨，占合肥市年均总排放量的17.6%；瑶海区年均碳排放量排第二，为742.23万吨，占合肥市年均总排放量的10.5%；包河区年均碳排放量排第三，达688.90万吨，占合肥市年均总排放量的9.7%；

肥东县年均碳排放量次之，为659.95万吨，占合肥市年均总排放量的9.3%；而巢湖经开区年均碳排放量最低，为27.20万吨，仅占合肥市年均总排放量的0.38%。不同区（县）碳排放量存在较大差异映射出的合肥各板块功能布局不合理的问题：合肥部分县存在工作岗位不足、居住条件建设不平衡、配套设施不完善等状况，难以形成城市人口聚集的吸引力，起不到对城市人口分流的功能，不利于低碳城镇协调发展。从年变化趋势上看，合肥还没有辖区出现明显碳排放达峰趋势，除瑶海区和经开区以外的大部分区（县）碳排放仍然呈现逐年递增趋势，其中，瑶海区碳排放在样本期内持续下降，由2010年排放1099.41万吨降至2019年的577.55万吨，年均降幅7.7%，经开区自2013年开始碳排放总量下降，由2013年的421.39万吨降至2018年的371.61万吨，年均降幅3.1%，但2019年又回弹至463.84万吨。2009~2019年，合肥碳排放总量均增长1倍左右，节能减碳任务依然严峻。合肥在推进区域协同治理的同时，需根据发展基础与未来规划差异化设计各区域的达峰目标与路径：对于人口流失严重、经济下行压力大的各县，应协调低碳发展与经济增长、就业的关系，放宽碳达峰时间的绝对值约束，允许其滞后于区域内平均水平实现达峰以给经济发展预留空间；对于达峰基础较好的瑶海区与经开区，可在着力实现深度脱碳的基础上争做"领头羊"，并加快探索碳中和路径，建设新型达峰示范区，引导消费侧低碳转型。

2. 合肥市碳排放强度的时空特征

通过对碳排放强度的空间自相关性分析，探究合肥市不同区域的碳排放强度之间是否存在显著的区域集聚特征。本文选取2009~2019年各区域碳排放强度，涉及13个区域，庐江县、巢湖市、巢湖经开区三区域为2010年以后，具体数据如表7所示。

表7 合肥市各区域2009~2019年碳排放强度

区域	2009年	2010年	2011年	2012年	2013年	2014年	2015年	2016年	2017年	2018年	2019年
瑶海区	4.58	4.52	0.96	2.50	2.50	2.13	1.83	1.03	0.91	0.89	0.86
庐阳区	1.32	1.80	0.48	1.33	1.39	1.28	1.08	0.91	0.88	0.86	0.83
蜀山区	2.10	2.25	0.55	1.33	1.39	1.33	1.14	1.00	0.93	0.89	0.86
包河区	1.83	1.83	0.44	1.14	1.19	1.05	0.91	0.78	0.73	0.71	0.69
高新区	1.83	1.50	0.36	0.91	0.89	0.80	0.69	0.58	0.54	0.50	0.47
经开区	1.05	1.08	0.27	0.69	0.64	0.61	0.50	0.47	0.40	0.37	0.35
新站区	1.22	1.64	0.57	1.61	1.75	1.64	1.36	1.30	1.18	1.26	1.22
巢湖经开区	—	—	0.48	1.30	1.66	1.39	1.16	1.03	0.95	0.88	0.84
长丰县	3.03	3.27	0.63	1.66	1.64	1.58	1.22	1.05	0.98	1.02	0.99
肥东县	3.52	3.08	0.55	1.39	1.66	1.66	1.47	1.25	1.18	1.10	1.26
肥西县	2.33	2.25	0.48	1.28	1.39	1.25	1.61	0.86	0.81	0.77	0.74
庐江县	—	—	0.80	2.11	2.36	2.22	1.66	1.28	1.18	1.12	1.08
巢湖市	—	—	1.70	4.38	4.35	4.10	3.24	2.77	2.60	2.48	2.25
Moran's I	0.07	0.093	0.04	0.054	0.157	0.165	0.069	0.167	0.167	0.146	0.197

资料来源：《合肥统计年鉴》。

由表 7 可见，2009～2019 年合肥市的全局莫兰指数数值均在［0，1］，说明合肥市区域碳排放强度在空间分布上存在显著正相关性，受到其邻近省区碳排放强度的影响，呈现出空间集聚特征，表现为合肥市碳排放强度较高的区域相邻，而非随机分布。实际上，由于合肥市各区域之间的生产要素流动、贸易交流、跨境污染以及公共环境政策的溢出效应等，合肥市碳排放强度的空间自相关性非常显著。2009～2019 年合肥市的全局莫兰指数数值在［0.04，0.197］平稳波动，说明合肥市碳排放强度的空间集聚特征没有显著的增强或减弱，合肥市各区域的空间依赖性和空间集聚现象是始终存在的。

为更直观形象地呈现合肥市各区域碳排放强度的空间分布差异，利用 Arc GIS 10.5 软件对 2009 年、2014 年、2017 年、2019 年的碳排放强度结果进行空间化分析。碳排放强度值划分为 0～0.9、0.9～1.8、1.8～2.7、2.7～3.6、3.6～4.6 五个级别，每一级别的区域都标有不同的颜色，碳排放强度越高，区域的颜色越深。目前，2009～2019 年合肥市碳排放强度的空间分布大体呈现由东向西、由南向北逐步降低的态势，但是瑶海区和经开区呈现出特殊情况，与上述结论的规律有所不符。瑶海区在 2017 年以前一直是合肥市的老工业区，聚集了大量 "重投资，重污染" 的化工产业，同时瑶海区作为合肥市人口密度最大、资源消耗量最大、污染最大的地区，不具备先发优势，生态文明建设较慢，从而使碳排放强度较高。而经开区则全面推进转型升级，重点建设电子信息、医疗机械、新能源、新材料等产业，呈现出体量大、科技含量高、带动力强的特点，在有效壮大汽车、家电、电子信息等主导产业的同时，加速实现战略性新兴产业集聚发展，引领园区经济在绿色低碳的道路上加速转型，碳排放强度因此明显降低。到 2019 年，合肥市东部地区的碳排放强度均已经下降到最低级别，说明合肥市东部地区产业转型速度快，节能减排降碳工作效率高。

（四）合肥市碳排放外部差异性

根据城市定位、经济发展水平、气候、地理位置等因素，选取同为长三角副中心的南京、杭州，以及经济体量相近的省会城市郑州与合肥进行碳排放量比较，并依据数据的可获得性，从工业生产碳排放与城镇居民生活碳排放两方面着手研究合肥市碳排放的外部差异性。

1. 工业生产碳排放

合肥、南京、杭州和郑州均处于经济转型的关键时期，正大力加快产业结构升级发展高精尖产业。2007～2019 年四市第二产业增加值均有不同幅度的下降，合肥、南京和杭州从 2007 年的 50% 左右下降至 2019 年的 35% 左右，而郑州 2018 年的第二产业增加值占 GDP 比重依然偏高，有 43.88%，经济发展难以摆脱对工业的依赖。

从图 4 可以明显得到 "合肥、南京、杭州和郑州的工业生产碳排放呈波动上升的特征，还未实现碳达峰且未来发展趋势不明朗" 的结论。其中，南京工业生产碳排量最大，是合肥市年均工业生产碳排放的 5.3 倍、是杭州和郑州年均工业生产碳排放的 2.7 倍，工业生产中原油使用量较大是南京市工业生产碳排放显著高于其他三市的主要因素，其排放量由 2007 年的 1157.13 万吨增加至 2019 年的 3839.7 万吨，年均增速高达 17.8%，虽然近年来南京工业生产碳排放总量增速放缓且有下降趋势，但巨大的碳排放总量使南京市减排任务艰巨。杭州和郑州的工业生产碳排放量相当，郑州市略高的直接原因是原煤的消费量较高。虽然郑州市工业生产碳排放在2010年后有小幅增长，但在2018年已回落至2010年以前的工业生产碳排放水平，在10000万吨上下波动。杭州工业生产碳排放量增幅不大，由2007年的8343.36万吨增加至2019年的9399.88万吨，年均增速仅为0.97%，是四市中有望最早实现工业排放碳达峰的城市。合肥市碳排放总量为四市最低，其年均工业生产碳排放仅为南京的1/5，是杭州和郑州的1/3，若在低碳排放水平上实现达峰可缓解后续碳中和的工作压力，但需要注意的是合肥工业生产碳排放近年来涨幅为四市最高，释放出了危险信号。

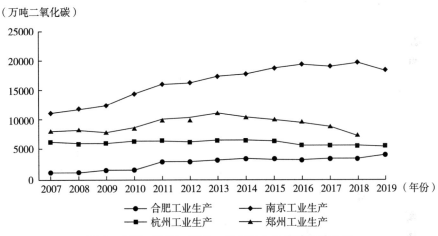

（万吨二氧化碳）

图4　合肥、南京、杭州、郑州工业生产碳排放总量

2. 城镇居民生活碳排放

合肥、南京、杭州和郑州的城镇居民生活碳排放具有明显差异（见图5）。在碳排放总量方面，与工业生产碳排放表现相似，南京城镇居民生活碳排放量最高，2007~2019年年均碳排放高达2401.61万吨；杭州与郑州城镇居民生活碳排放量相似，在900万吨左右，郑州略高；合肥城镇居民生活碳排放量最低，年均城镇居民碳排放量仅为454.97万吨。这

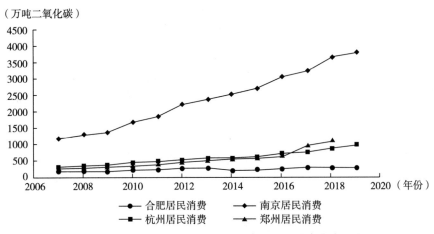

（万吨二氧化碳）

图5　合肥、南京、杭州、郑州城镇居民生活碳排放总量

与四市人口数量直接相关，南京市市辖区人口数量最多，必然城镇居民生活碳排放量最高。在碳排放增长趋势方面，南京、杭州、郑州的城镇居民生活碳排放量在样本期内呈现持续上升的特征，且没有明显增长放缓的趋势，随经济增长与市辖区人口增多，其城镇居民生活碳排放达峰将明显晚于工业达峰时间和本市整体达峰时间。而合肥市的碳排放增长趋势与其他三市明显不同：合肥市的城镇居民生活碳排放量在样本期内虽有增长，但增速明显放缓，合肥城镇居民生活碳有望在较低碳排放总量基础上先于其他三市率先实现达峰。

三、合肥市碳达峰影响因素分解

（一）模型选取及数据来源

本文选取在经典 IPAT 模型基础上发展起来的 STIRPAT 模型对合肥碳排放驱动因素进行研究①。具体在探究合肥工业生产碳排放影响因素时，选取经济规模（GDP）、人口规模（POP）、产业结构（IS）、能源结构（ES）、能源强度（EI）5 个变量，分别以区域生产总值、户籍人口、第二产业增加值占 GDP 比重、工业煤炭消费占工业能源总消费的比重和单位 GDP 的工业能源消费量为代理变量；在探究城镇居民生活碳排放影响因素时，选取经济规模（GDP）、人口规模（POP）、能源结构（ES）、能源强度（EI）4 个变量，分别以人均收入、常住人口、城镇居民电力消费占城镇居民能源总消费的比重和单位 GDP 的能源消费量为代理变量（见表 8）。各变量取值的时间范围为 2007~2019 年，数据来自《合肥统计年鉴》《中国城市统计年鉴》和《中国能源统计年鉴》。

表 8　变量说明

名称	代理变量	
	工业生产	城镇居民生活
经济规模	GDP	人均收入
人口规模	户籍人口	年末人口数
产业结构	第二产业增加值占 GDP 比重	—
能源结构	工业煤炭消费/工业生产能源总消费	城镇居民生活电力消费/城镇居民生活能源总消费
能源强度	工业生产能源总消费/地区生产总值	城镇居民生活能源总消费/地区生产总值

资料来源：《合肥统计年鉴》和《中国城市统计年鉴》。

（二）碳达峰影响因素分解

本文选择岭回归方法对模型重新进行回归分析。岭回归分析法是基于最小二乘法改进的一种统计方法，通过在自变量标准化矩阵的主对角线上加入非负因子的方法消除多重共线性对分析结果的干扰，从而使回归推断的结果得到显著提高，结果如表 9 所示。

---

① 该模型将环境压力（I）分解为人口数量（P）、经济发展（A）和技术进步（T）的乘积，优势在于既允许将各变量系数作为参数进行估计，也允许对各变量进行适当的分解与改进，目前已被广泛用于碳排放驱动因素分析及碳排放达峰预测的研究中。

表9　合肥工业生产碳排放影响因素回归结果

	系数	t	p	R²
常数	0.357	0.447	0.669	
经济规模	0.268	4.926	0.004	
人口规模	0.734	4.119	0.025	
产业结构	0.185	2.832	0.007	0.993
能源结构	0.375	3.724	0.002	
能源强度	0.225	3.841	0.006	

　　根据回归结果可得出，经济规模、人口规模、产业结构、能源强度和能源结构都对合肥工业生产碳排放有显著影响。第一，碳排放与经济产出保持较高的相关度，是因为维持工业经济系统运行的基本投入之一是能源消费，而碳排放是能源消费的直接产物。改革开放以来，合肥经济迅速发展，10年GDP增速位居全国第二，同期碳排放压力的持续上升便得到了合理解释。第二，人口规模对碳排放有显著影响，国内外专家学者也对该结论达成共识。合肥市工业经济的迅速增长发挥了对人口的虹吸作用，人口绝对数量的高增长伴之以人口城市化率的提高、居民消费规模的增长以及消费模式的变化，使能源消费的快速增长以满足居民生存与发展基本需求。第三，合肥市工业增加值占GDP比重表现出对工业生产碳排放的显著影响。合肥传统产业在发展的过程中存在产业结构重型化、产业发展层次低、依赖资源要素驱动等状况，"粗放式"的产业发展造成了资源浪费与高碳排放。第四，能源强度指标以单位GDP的能源消费量来表征能源系统的投入产出特性，反映了能源经济活动的整体效率。2007～2019年合肥市工业生产能源强度有大幅下降，降幅达73.3%，能源利用水平取得了长足进步，但是与发达城市和地区仍有较大差距，成为合肥市工业生产节能减排的关键发力点。第五，能源结构以煤炭消费量占总能源消费量的比重为代理变量，对合肥工业生产碳排放有显著影响。合肥工业经济增长与煤炭的锁定效应较强，煤炭在能源消费中的比重高，由2007年的54.9%增长至2019年的97.3%，成为其碳排放的主要来源，且短期内煤炭在合肥能源结构中的地位难以改变。但同时通过优化能源结构，提高非化石能源比例，特别是可再生能源比例，合肥工业生产节能减排也具有很大的潜力。

表10　合肥城镇居民生活碳排放影响因素回归结果

	系数	t	p	R²
常数	-0.777	-0.773	0.462	
经济规模	0.593	5.206	0.001	
人口规模	0.41	2.554	0.034	0.956
能源结构	0.613	4.466	0.002	
能源强度	0.367	4.701	0.002	

由表 10 可知，经济规模、人口规模、能源强度和能源结构都对合肥城镇居民生活碳排放有显著影响。第一，人均收入对碳排放影响显著，高收入人群倾向于买碳消费，而高化石能源价格迫使低收入人群使用廉价的可再生能源，排放差异凸显，人均收入随地区生产总值的升高而提升，居民对化石能源价格的承担能力上升，排放随之上升。第二，人口规模与能源强度对碳排放有显著影响，这点与工业生产保持一致。第三，能源结构以城镇居民生活电力消费量占总能源消费量的比重为代理变量，电力消费碳排放占总能源消费碳排放的 80%，成为其碳排放的主要来源，对碳排放影响显著。电力是二次能源，当前其生产大部分源自化石能源，依然是高碳的，未来电力来自零碳的可再生能源成为城镇居民生活低碳排放的工作重点。与工业生产碳排放一样，合肥城镇居民生活碳排放减排同样具有很大潜力。

四、合肥市碳达峰预测

（一）情景模式设定

本文构建了基准模式、激进模式和低碳模式三种模式，兼顾各种情景差异化预测合肥工业生产和城镇居民生活碳排放峰值。

1. 合肥工业生产碳达峰情景模式设置

（1）基准模式。基准情景主要参考"十三五"期间的社会发展和节能减排政策以及"十四五"规划的目标来进行设定，在未来中国社会经济发展平稳运行的背景下，设置合肥工业经济发展的基准模式。在该情景下，"十四五"期间经济增速设置为高值，2026 年及以后阶段经济增速按照 6.5% 增长；在人口规模方面，学术界更倾向未来中国人口可能在 2030 年左右达峰，因此本文假设 2020~2030 年人口增长率为高值，在2031 年人口增长率将下降为 0%；在产业结构方面，合肥处于工业发展的中后期，第二产业仍然是支柱产业，工业占比缓慢下降，因此本文假设 2020~2030 年第二产业对经济贡献度增长率为 -2%，同时合肥也处于产业结构升级的关键时期，正大力发展高新技术产业和第三产业，因此本文预测在 2031 年以后第二产业增长率为 -5%；在能源结构方面，考虑短期内煤炭在合肥能源结构中的地位难以改变，因而在 2020~2030 年取高值，在 2031 年以后取中值；在能源强度方面，依据能源消耗的历史变化状况以及合肥市面临的实际减排压力来对工业部门取值，在 2020~2025 年取中值，在 2026 年之后取高值。

（2）激进模式。激进模式关于经济发展、人口规模、产业结构和能源结构的设置与基准模式相同，在此不再赘述。该模式突出经济发展与能源消费并未完全实现脱钩，以高能源消耗换取经济高速增长，因此样本期内，合肥工业生产能源强度全部取高值。

（3）低碳模式。当前合肥工业经济发展距离低碳模式尚有较大差距，本文加强了低碳政策的调控力度，在基准模式基础上对能源消耗和能耗效率取值更趋于低碳情景。在该模式下，经济发展仍然是主要目标，经济发展与产业结构与基准模式设置相同。该模式强调通过煤炭消耗的控制、节能与技术创新来实现减排目标，因此，在能源结构方面，在

2020~2025 年取高值，在 2026~2035 年取中值；在能源强度方面，在 2020~2030 年取中值，在 2031 年以后取高值。基准模式、激进模式和低碳模式下的变量具体取值设定如表 11 所示。

表 11　合肥工业生产碳达峰情景模式设置

	年份	基准模式	激进模式	低碳模式
经济规模	2020~2025 年	强	强	强
	2026~2035 年	中	中	中
人口规模	2020~2030 年	强	强	强
	2031~2035 年	中	中	中
产业结构	2020~2030 年	强	强	强
	2031~2035 年	中	中	中
能源结构	2020~2025 年	强	强	强
	2026~2030 年	强	强	中
	2031~2035 年	中	中	中
能源强度	2020~2025 年	中	强	中
	2026~2030 年	强	强	中
	2031~2035 年	强	强	强

2. 合肥城镇居民生活碳达峰情景模式设置

（1）基准模式。依据对"十四五""十五五"社会经济发展的预测设置合肥城镇居民生活碳达峰的基准模式。伴随经济平稳发展，居民生活水平稳定提高，人均收入在 2020~2030 年取高值，经济增速相对放缓后，对应的人均收入在 2031~2035 年取中值；在人口规模方面，2020~2030 年人口增长率为高值，人口规模在 2030 年实现达峰，在 2031 年人口增长率将下降为 0%；在能源结构方面，考虑到未来清洁电力能源将占据合肥城镇居民生活能源消费的大部分，在 2020~2025 年取中值，在 2026 年以后取高值；依据能源消耗的历史变化状况来对生活部门取值，在 2020~2025 年取中值，在 2026 年之后取高值。

（2）激进模式。生活部门的激进模式设置突出高收入刺激高碳消费，因此在样本期内，合肥生活部门经济规模与能源强度全部取高值，能源结构在 2020~2030 年取中值，在 2031 年以后取高值，而人口规模与基准模式设置保持一致。

（3）低碳模式。低碳模式强调通过控制人口增长实现减排目标，限制人口迁入的影响同样传导到人均收入和能源强度方面。因此，在经济规模与能源结构与基准模式下的设置保持一致；在人口规模方面，在 2020~2025 年取高值，在 2026 年以后取中值；在能源强度方面，在 2020~2030 年取中值，在 2031 年以后取高值。基准模式、激进模式和低碳模式下的变量具体取值设定如表 12 所示。

表 12　合肥城镇居民生活碳达峰情景模式设置

		基准模式	激进模式	低碳模式
经济规模	2020～2030 年	强	强	强
	2031～2035 年	中	强	中
人口规模	2020～2025 年	强	强	强
	2026～2030 年	强	强	中
	2031～2035 年	中	中	中
能源结构	2020～2025 年	中	中	中
	2026～2030 年	强	中	强
	2031～2035 年	强	强	强
能源强度	2020～2025 年	中	中	中
	2026～2030 年	强	中	中
	2031～2035 年	强	强	强

（二）预测结果及分析

1. 合肥市工业生产碳排放峰值预测

由表 13 可看到，短期内工业部门碳排放量仍有上升空间，低碳模式、基准模式与激进模式下碳排放量至达峰前将分别增加约 300 万吨、600 万吨与 1000 万吨。究其原因，未来工业仍是合肥实体经济发展的重要支柱，支撑交通、建筑等终端部门持续增长的消费需求，碳排放削减空间小。但应该看到绿色低碳是工业的重要转型方向，工业的低碳转型与工业自身的转型升级方向是一致的，通过采取有效手段，工业部门有望最早在 2027 年率先达到碳排放峰值，并推动合肥双碳目标的实现：基准情景下合肥工业生产碳排放将在 2030 年达峰，峰值约为 4837.3 万吨；激进模式下工业生产碳排放比基准模式晚 1 年达峰，将在 2031 年达峰，峰值为 5273.4 万吨，相较于基准模式多 436.1 万吨；低碳模式下，达峰时间为 2027 年，峰值约为 4491 万吨，相较于基准模式达峰时间提前了 3 年，相较于激进模式达峰时间提前了 4 年，峰值下降了 782.4 万吨，低碳情景更好地符合现有工业规划的绿色发展要求，顺应国家的低碳转型趋势。基准模式下工业生产碳排放达峰时间与国家 2030 年达峰目标保持一致，这表明若要在 2030 年前实现达峰需要进一步加强当前节能减排政策，尤其是加快煤炭消费量的下降、清洁能源的使用以及工业生产创新技术的提升以实现深度减排。当前合肥工业结构偏重、绿色技术创新能力不强、高端绿色产品供给不充分等问题依然存在，且未来合肥工业领域对碳排放总量仍有一定需求，随着工业能效不断提高，工业节能空间不断压缩，若不加强对工业部门碳排放管理，将可能由于能耗量过高、能耗效率过低而导致工业碳排放达峰时间推迟，并最终影响合肥市整体碳排放达峰时间。

表13　合肥工业生产碳排放预测结果　　　　　　单位：万吨二氧化碳

年份	基准模式	激进模式	低碳模式	年份	基准模式	激进模式	低碳模式
2020	4209.4	4257.5	4209.4	2028	4685.3	5068.1	4471.1
2021	4259.6	4357.5	4259.6	2029	4760.7	5167.6	4472.9
2022	4310.3	4459.8	4310.3	2030	4837.3*	5268.9	4474.7
2023	4361.5	4564.4	4361.5	2031	4825	5273.4*	4463.5
2024	4413.3	4671.5	4413.3	2032	4785.4	5247.7	4427
2025	4465.6	4781.1	4465.6	2033	4746.1	5222.1	4390.9
2026	4537.7	4875	4484.2	2034	4707.2	5196.7	4355
2027	4611	4970.6	4491*	2035	4668.6	5171.4	4319.5

注："*"为峰值。

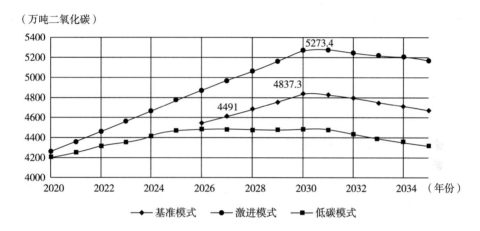

图6　合肥工业生产碳排放总量变化趋势

2. 合肥市城镇居民生活碳排放峰值预测

根据预测，"十四五"期间，随着居民生活质量的进一步提高，合肥居民生活能源消费总量和人均生活能源消费量增长迅速，增长速度超过总能源消费量和工业领域能源消费量的增长速度已成为大趋势，合肥市城镇居民生活部门碳排放量有一个较大的增长空间，低碳模式、基准模式与激进模式下碳排放量至达峰前将分别增加约50万吨、100万吨与300万吨，与工业生产碳排放相比涨幅更高。究其原因，居民生活碳排放的"面源性"特征明显使减排工作推进的难度大。由表14可知，不同情景模式下城镇居民生活碳排放达峰时间与峰值预测差异性大：在基准模式下，合肥市城镇居民生活碳排放在2031年达峰，达到358.8982万吨，合肥城镇居民生活消费碳排放与工业生产碳排放达峰时间基本相同；在低碳模式下，合肥市城镇居民生活碳排放在2025年达峰，比基准模式提前了6年，峰值达到316.3917万吨，比基准模式低42.5065万吨；而在激进模式下，最高值出现在2035年，达到611.9449万吨，样本期内合肥城镇居民碳排放还未达峰。城镇居民生活碳排放的可控性也更强：在掌握其排放特征和机理的基础上，从消费端与生产端两头发力，既要建立集约高效的居民消费方式，又要控制注重产品和服务生产过程的碳排放。合肥市未来居民生活部门碳排放潜力与减排压力依然巨大，家庭生活消费碳排放或将成为合肥市碳排放总量的新增长点，居民生活能源消耗及碳排放量占有率逐渐扩大的趋势明显，为合肥市碳达峰目标的实现带来难题，因此尽早实施绿色消费行为引导非常重要（见图7）。

表 14　合肥城镇居民生活碳排放预测结果　　　　　　　　单位：万吨二氧化碳

年份	基准模式	激进模式	低碳模式	年份	基准模式	激进模式	低碳模式
2020	269.4272	282.7357	269.4272	2028	346.4079	509.867	297.9179
2021	278.245	305.9247	278.245	2029	354.9319	545.5864	291.2018
2022	287.3417	330.4969	287.3417	2030	358.5141	583.1197	281.022
2023	296.7259	356.5027	296.7259	2031	358.8982*	591.6483	283.4634
2024	306.4062	383.9936	306.4062	2032	358.246	598.8435	285.0246
2025	316.3917	413.0218	316.3917*	2033	356.565	604.6527	285.6948
2026	327.0664	443.6405	310.5242	2034	353.8702	609.0318	285.4708
2027	337.0962	475.9038	304.3627	2035	350.1841	611.9449	284.357

注："＊"为峰值。

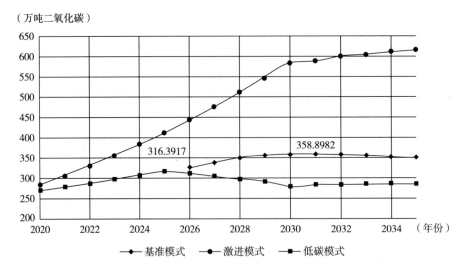

图 7　合肥城镇居民生活碳排放总量变化趋势

五、合肥碳达峰重点方向

以能源系统转型为主，CCS 和森林碳汇技术为辅，聚焦合肥工业部门、建筑部门、交通部门和统筹区域发展四个重点领域的节能降耗。

（一）工业部门

工业是能源消耗的主要领域，作为能源消耗高密集型行业，钢铁、建材、有色金属等行业是当前碳排放大户，成为合肥碳达峰道路上需要破解的首要难题。依托《合肥"十四五"规划和 2035 年远景目标建议》，扭转传统工业生产方式与发展方向，利用合肥综合性国家科学中心、合工大智能院、安大绿研院、中科大先研院等创新平台资源，搭建工业节能环保技术信息交流和供需服务平台，聚力打好产业基础高级化和产业链现代化攻坚战。第一，推动传统重工业生产全过程清洁化。通过燃料替换和生产工艺流程优化实现节能减排，比如在马鞍（合肥）钢铁、合肥恒信钢铁、合肥怀荣钢铁等钢铁行业利用氢气、生物能替代煤炭作为高炉炼钢的还原剂，在合肥龙鑫水泥、合肥通达水泥、合肥华彬水泥等水泥行业利用绿氢、生物质燃料等替代传统石化燃料，逐步完成生产供能电气化，并利用技术固碳完成全过程的脱碳。第二，加速人工智能技术与制造业的融合升级。打造合肥市人工智能产业集群和新一代人工智能创新发展试验区；把智能制造作为制造业转型的主攻方向和突破口，通过强化智能装备发展、智能工厂和数字化车间建设、工业机器人推广应用，加快制造业的数字化、网络化、智能化转型升级，全面提升企业装备水平，提高企业劳动生产率和综合竞争力。第三，稳步推进新材料应用新工业。实施铜基、铁基、铝基、镁基、硅基、生物基"六基"提升计划，重点发展先进基础材料、关键战略材料、前沿新材料三大新材料领域；巩固提升陶铝新材料、化工新材料、长材及优特钢等优势地位。第四，以数字技术推动新兴产业发展。依托数字经济，改进生产工艺流程、提高设备运转效率、提升生产过程管理的精准性，通过工业互联网、大数据、人工智能等领域的数字基础设施实现各种资源要素在不同行业、不同企业间的融通和共享，实现生产效率和节能减排"双提升"。

（二）建筑部门

随着城市化进程加快，合肥建筑业发展迅速，必须重视建筑部门的碳排放，在建筑施工和运营过程中处理好碳减排问题。依托 2021 年 9 月合肥市城乡建设局发布《合肥市"十四五"绿色建筑发展规划》，以既有建筑节能的改造和可再生能源的推广应用为关键，推动绿色建筑高质量发展，挖掘超低能耗建筑的发展新机遇。第一，既有公共建筑外围构建的节能改造。加快对学校、医院等公共建筑的门窗与外墙的改造，从减少热量流失和利用太阳辐射两方面降低现有公共建筑能耗，间接降低其电力使用。比如在外墙增加聚苯乙烯板作为保温隔热材料，提高公共建筑墙体的保温隔热效果，降低因中央空调的使用而产生的对电力的需求，减少温室气体排放。第二，既有居住建筑采暖系统的节能改造。依托2021 年发布的《合肥市城市集中供热管理条例》，把太阳能作为采暖系统的热源，改造既有居住建筑的采暖系统，在改善居住条件和室内热环境质量的同时，减少居住建筑的碳排放量。第三，加快绿色建材的推广应用，推行建筑垃圾资源化利用。逐步扩大绿色建材产品认证的实施范围，鼓励在绿色建筑、装配式建筑等工程建设项目中优先采用绿色建材；降低传统建筑材料的使用量，加快对旧木材、瓦砖、沥青的资源化利用，避免建筑垃圾在堆放和填埋的过程中所造成的高污染、高排放问题。

（三）交通部门

交通部门作为碳排放量持续增长的领域，对于脱碳这一需求更为迫切，交通产业的优化空间也更大。以 2021 年 3 月合肥市交通运输局发布的《合肥市"十四五"交通运输发展规划》为准则，以 2021 年 6 月在合肥召开的中国新型轨道交通创新发展大会为契机，继续完善以轨道交通、共享交通、智慧交通、清洁燃料、交通制造等相融相交的未来交通链条，在"十四五"期间聚力打造交通产业集群，力争交通装备产业的高速增长。第一，构建多层次低碳绿色城市交通出行系统。公共交通工具优先发展，加快城市轨道交通建设，在 2025 年前完善 8 条地铁建设，有效整合交通资源；保障共享交通规范发展，加快网约车等共享交通的合法合规化，提高共享单车等共享出行设备在合肥各区域的投放比例，引导低碳出行；依托智慧城市建设，通过拥堵和停车收费等规划老城区交通体系，提升市内交通运输效率；推广新能源和清洁能源车辆使用，增加充电桩建设，切实推进交通能源消费变革。第二，做强新能源汽车全产业链生态。围绕电池片、组件、光伏玻璃、逆变器等固有优势，发挥合肥的引领作用，做强光伏产业链；扎根正负极材料、锂电池组件、储能、动力电池等领域，精准谋划实施新能源电池产业补链、固链、强链项目。第三，把握新能源汽车产业显著优势。依托大众汽车（安徽）有限公司等新能源汽车公司的揭牌投产，致力于将合肥打造成新能源汽车研发中心和智能制造基地的新地标，培育新能源汽车及智能网联汽车产业竞争优势。主攻电池技术的短板，瞄准用户的需求，探索商业模式等，扩大"原始创新—成果转化—抢占产业制高点—爆发式增长"路径筑牢的先发优势，塑造在产业规模、技术水平、创新要素等方面的竞争优势。

（四）统筹区域发展

老城区尤其是瑶海区、庐阳区等老城区工业园区转型升级，差异化采用、继续保留"腾笼换鸟"、自主升级、关闭淘汰、嫁接招商等不同的转型措施，提高园区效益产出；针对老城区基础设施陈旧、黑臭水体的整治，停车场、快递货运节点改造治理，城中村、老旧小区改造、交通拥堵疏解等问题，提高老城区交通运输、建筑等能效水平。开发区：推动以高新技术开发区、经济技术开发区等开发区全面绿色低碳转型发展，打造成合肥市率先达峰区域，为其他区域碳达峰留下空间和灵活性；发挥开发区绿色创新能力，重点开展光伏、氢能、储能、CCUS 等领域前沿技术创新研究，围绕零碳、减碳、负碳技术，打造一批国家企业技术中心；以产业结构优化为主线，发展壮大新一代信息技术、新能源、新材料、新能源汽车、绿色环保等战略性新兴产业，推动能源体系转型；围绕森林碳汇能力提升，打造绿色低碳园区、社区，形成有合肥底蕴的生产、生活、生态样板区。环巢湖地区：有机统筹山水林田湖草系统，提升生态碳汇能力，重点抓好江淮分水岭岭脊、环巢湖地区、水源保护地等区域造林，加快推进环巢湖十大湿地建设，继续践行《合肥市湿地保护与发展规划》和《合肥市湿地公园发展规划（2013-2030）》，大力推进巢湖沿岸湿地保护和修复工作，有效提升城市生态系统碳汇增量。

六、应对策略

"十四五"是碳达峰的关键期、窗口期，合肥的工业化城镇化仍将持续快速增长（"十四五"目标：GDP 达到 1.6 万亿元，常住人口城镇化率从 76.3% 增加到 82% 左右），能源总需求在一定时期内还会持续增长，同时合肥工业、居民生活等方面碳排放量远低于南京、杭州、郑州等城市，未来可压缩的空间也越来越小，要实现碳达峰碳中和的目标任务极其艰巨。

（一）强化顶层政策设计，多目标协调谋划

1. 政策先行

将合肥二氧化碳排放达峰作为"十四五"期间的重点任务，"碳排放提前达峰"的气候变化目标更全面地放到"GDP 达到 1.6 万亿元"经济社会发展的整体目标中考虑，使气候变化的工作全面融入经济社会发展的过程中，气候变化政策与经济社会发展的政策相衔接。着力落实碳达峰，着眼于碳中和，统筹"3060"目标，以碳中和目标为牵引，制定全市碳达峰目标和实施方案，完善碳排放峰值预测及达峰路径研究，提出达峰路线图，明确达峰时限和重点任务，从目标责任考核、资金支持、能力建设及公众宣传等方面落实合肥碳达峰行动方案的保障措施。

2. 全方位设计

明确各区、县政府将碳达峰目标摆在更加突出的位置，将低碳发展相关目标进一步分解落实到基层，编制各区、县二氧化碳排放达峰的工作实施方案，形成分级管理、部门互相配合、上下良性互动的推进机制，将达峰路径提出的目标任务落实到具体工作之中。找准重点区域、重点部门、重点企业等。差异化推进碳达峰，长期目标下遵循"代际减排成本均等化"原则，渐次推进；考虑区域碳家底、碳减排能力、发展定位差异性，科学制定区域及行业碳排放总量与增速等约束性指标及有效激励指标，处理各区域多目标的协调。

（二）突出经济发展质量，破解减排与发展两难抉择

1. 探寻经济增长与节能减排的新均衡

在合肥工业化和城镇化发展进程中，建立合理经济发展规划，重视经济增长效率和环境效益，在保持经济增长的前提下实现深度脱碳；向集约型经济增长方式转变，推动第三产业成为经济增长的主要驱动力，加速形成"三二一"的产业分布格局，对行业领域进行资源的有效整合，淘汰落后产业，促进兼具经济效益与环境效益的行业发展；优化能源结构，积极实施可再生能源替代行动，加快建设以光伏、风电等新能源和可再生能源为主体的可持续深度脱碳能源体系，构建清洁低碳安全高效的电力系统。

2. 以循环经济助力低碳目标实现

借助双碳目标的倒逼机制，促进企业把握低碳转型的成本下降和减碳机会，发展循环经济，提升企业活力和竞争力，推动经济整体绿色转型；推动落实生产者延伸责任制度，构建企业和社会绿色低碳供应链，把资源环境责任扩展到产品生命全周期，提高低碳经济比重，在保证 GDP 增长目标基础上实现"双碳目标"。

（三）加强低碳技术创新，练就抓铁留痕的基本功

1. 巩固基础

碳达峰需要政策上抓铁留痕的劲头，碳中和则需要技术上抓铁留痕的基本功。依托中

科大、合工大、安大等高等院校和科研院所，充分发挥高校及研究院在科技创新工作中的重要作用，加强应对气候变化战略与政策专家队伍建设；实施创新驱动战略，进一步强化先进能源技术的研发和产业化，打造本市新能源企业先进技术的竞争优势。

2. 强化优势

借助综合性国家科学中心以及"1+4+11+N"科技创新平台体系的构建，锚定"减源固碳"任务，打造一批自主创新能力强、在国内外具有较大影响力的低碳领域科研团队，加快布局一批前瞻性、战略性低排放技术研发和低碳创新项目，集中开展科技力量攻关，加强智能电网、能效提升、高效安全储能技术、氢能、碳捕集利用与封存等关键核心技术研发，加快构建绿色低碳技术成果转化推广机制，推动低碳零碳、负碳技术发展和规模化应用，为合肥在"双碳目标"约束下经济增长由资源依赖向技术依赖转变的低碳转型发展提供服务。

（四）倡导绿色消费理念，引导能源消费端的转型

1. 强化宣传教育，提高低碳意识

明确在人口增长速度得到有效控制的背景下，人口结构的改变以及居民消费水平的提高有可能成为合肥碳排放新的增长点。鼓励适度消费，绿色消费，从消费侧探索碳达峰责任分担和碳排放权配置机制，通过绿色消费偏好的转型倒逼企业采取绿色生产方式和推广替代高碳排放产品。

2. 规范治理机制，引导低碳行为

加快垃圾分类、低碳出行、绿色消费等行为模式转变；通过组织动员社会力量，推动构建生活方式绿色化全民行动体系；通过价格调控引导居民生活用能实现电力、氢能、地热、太阳能等非碳能源对化石能源消费的替代。

3. 扩大低碳产品供给

首先，扩大绿色生态产品和服务供给，规范和统一绿色产品认证体系，营造良好环境，引导选购绿色产品；其次，党政机关、学校、意愿等公共机构优先采购和使用绿色产品，开展绿色生活方式进机关、进社区、进学校活动，形成绿色生活方式共建共享的生动局面。

（五）引导市场化发展，积极探索绿色金融

1. 建设绿色金融新体系

合肥作为安徽省的金融中心，可以将碳金融纳入金融中心整个框架体系建设中，增强合肥对于全省的碳金融服务功能。结合碳市场建设，在保证碳市场稳步发展、风险可控的基础上，进行碳金融产品的开发研究，做好相关政策储备；大力发展气候信贷，针对友好型项目出台信贷优惠政策和相关税收减免政策；引导社会资本以多种方式参与碳达峰碳中和，完善能源领域财政、税收、产业和投融资政策，以保护生态环境增加碳汇、资源有偿使用、新能源基础设施建设等方式，积极参与到双碳变革中；构建绿色金融正向激励体系，提高银行对绿色金融业务发展的支持力度、完善服务体系、加大信贷投放等；积极参与构建地方性碳市场体系，有效发挥碳交易市场机制在实现合肥"双碳目标"中的重要

作用。

2. 加快参与气候投融资试点工作

创新组织形式、融资模式、服务方式和管理制度，加快制定绿色金融政策框架下气候投融资重点支持项目目录、技术目标、投融资指引等促进双目标实现的政策文件，营造有利于气候投融资的政策环境。持续地推动投融资结构调整，设立政府引导基金并加大相关投入，降低投资者和金融机构对气候友好型项目的风险成本。推动形成可复制、可推广的先进经验和最佳实践，为合肥应对气候变化实现碳达峰目标提供稳定的金融支持和资金保障。

（六）推动生态文明建设，促进消费增长和环境保护平衡发展

1. 明确生态文明建设现状

"十三五"规划纲要确定的生态环境九项约束性指标和污染防治攻坚战阶段性目标任务圆满完成，大气环境方面重污染天数明显减少。但是，目前合肥以第二产业为主的产业结构、以煤炭为主的能源结构和以公路货运为主的运输结构没有根本改变，污染物排放基数尚处于高位，生态环境质量改善总体上还处于中低水平上的提升，遇到不利气象条件，极易出现污染，城市空气质量总体仍未摆脱"气象影响型"。

2. 部署生态文明建设任务

用碳减排、碳达峰来建立高质量城市生态体系，通过减排降污的协同治理，使天更蓝地更绿水更清。保护生态资源，修复生态环境，提升生态碳汇能力，有机统筹山水林田湖草系统，重点抓好江淮分水岭岭脊、环巢湖地区、水源保护地等区域造林，加快推进环巢湖十大湿地建设，最大限度地利用本地生态资源，有效提升城市生态系统碳汇增量。

（主笔人：陈芳）

合肥市城市垃圾分类难点与对策研究

安徽省新能源协会课题组

实行垃圾分类，关系广大人民群众生活环境，关系节约使用资源，也是社会文明水平的重要体现。垃圾是放错了地方的资源，如何有效实现这种资源的合理利用，垃圾分类是一种不可或缺的方法，通过垃圾分类可以实现"变废为宝"，促进资源回收利用，缓解生活垃圾在清运和终端处理方面的压力，在一定程度上还可以解决"垃圾围城"造成的环境问题，改善城乡环境质量，促进我国的生态文明建设，同时有利于培养人们节约资源、保护环境的思想意识，对于提升中华民族整体文明素质具有重要意义。合肥市作为全国先行推行垃圾分类的46个重点城市之一，自2018年启动实施生活垃圾分类以来，紧跟时代前进的步伐，推出一系列生活垃圾分类处理解决方案，积极开展试点与实践探索，基本建成生活垃圾分类投放、分类收集、分类运输、分类处理系统，垃圾分类工作初见成效①。全市原生生活垃圾实现全焚烧、零填埋、再利用，生活垃圾回收利用率达35%以上。省政府近期印发了《关于进一步推进生活垃圾分类工作的实施方案》（皖政办秘〔2021〕85号），合肥市将根据新的部署要求，深入系统推进垃圾分类制度，进一步提高生活垃圾资源化利用水平。

一、研究意义

（一）科学合理分类城市垃圾是实现垃圾减量化、再利用和资源化的前提

党的十八大报告提出将生态文明建设与经济建设、政治建设、文化建设与社会建设并列起来，提出努力走向社会主义生态文明新时代，努力建设美丽中国，实现中华民族永续发展的目标。习近平同志在党的十九大报告中指出，必须重视加强固体废弃物和垃圾处置工作，建设良好的城市人居环境才可能实现。

---

① 目前合肥市生活垃圾分类采用四分法，即可回收物、有害垃圾、厨余垃圾、其他垃圾，实行"大分流、小分类"。2021年1~7月，全市共处理生活垃圾176.7万吨，日均处理8334吨，垃圾焚烧发电约6.1亿度；据测算，目前生活垃圾增长率由5年前其他垃圾的年均增长率10%以上降到6%左右，不仅变废为宝，而且进一步实现了垃圾处理的减量化、资源化、无害化。

（二）城市垃圾实行分类回收处理有利于构建资源循环型社会实现可持续发展

我国城市垃圾问题日益严重，对生态环境和居民的生活环境都产生了严重的影响。城市垃圾分类处理技术能够减轻垃圾带来的威胁，将能回收利用的资源最大限度地从各种垃圾中分离出来，将垃圾变废为宝，既可以减少土地的使用量，又可以降低焚烧垃圾所消耗的能源，缓解填埋和焚烧过程中产生的"二次污染"的问题，降低垃圾处理的成本，减少垃圾处理量和处理设备，具有社会、经济与生态三方面的效益。

（三）通过研究城市垃圾分类相关理论，加深对城市垃圾的本质特征认识，对加快发展城市垃圾分类处理并实现产业化具有一定的理论指导意义

通过对城市垃圾分类处理问题的研究，让民众认识到要想实现垃圾资源化首先要把垃圾分类收集，也就是在源头上将垃圾分类投放到分类收集箱，并通过分类收集和预处理，将可回收利用的垃圾重新变成资源。将垃圾资源化利用发展成为有利于社会持续发展的朝阳行业，特别是对我国这样一个原料短缺的国家，有着十分重要的战略意义。

二、合肥市城市垃圾分类的现状

（一）建立闭环垃圾分类处置全流程

合肥市垃圾分类实行"大分流、小分类"，生活垃圾分四类，即可回收物、有害垃圾、厨余垃圾、其他垃圾。2020 年合肥市城乡生活垃圾收集量为 269.35 万吨，其中焚烧 190.26 万吨，卫生填埋 79.09 万吨，处理处置方式主要为焚烧，另有部分卫生填埋，自 2021 年 3 月起原生生活垃圾已实现全焚烧、零填埋。根据合肥市现有的垃圾分类工作的流程走向，收集垃圾分类工作上游、中游和下游的资料，了解现阶段合肥垃圾分类的现状，分析现阶段合肥垃圾分类工作的问题（见图 1）。

1. 前端分类投放设施，积极有序推进，建设完成大半

《合肥市生活垃圾分类管理条例》规定新建改建扩建住宅、公共建筑、公共设施等建设工程或者老旧小区改造，应当按照规定配套建设垃圾集中投放点等生活垃圾分类设施。已有的生活垃圾设施不符合生活垃圾分类要求的，应当予以改造。《合肥市生活垃圾分类管理条例实施细则》明确按照每 300~500 户设置一处集中投放点的要求，在各生活小区推进建设。每处垃圾房面积在 10~30 平方米，建设密闭框架结构垃圾房，有完善的通风、通电和上下水设施，有监控设备和电子宣传屏及宣传栏，配备足量的垃圾桶等。居民在投放垃圾时垃圾房投放口一般是感应式开启，避免了与垃圾桶盖的直接接触。合肥市计划分期分批建设 4311 座垃圾集中投放点，截至 2021 年 9 月底，全市已建成集中投放点 3242 座。

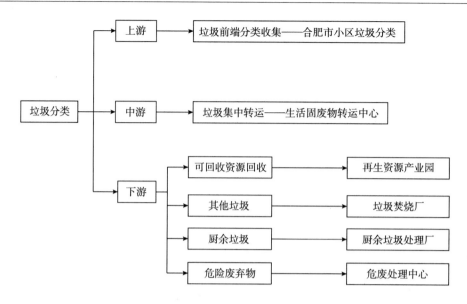

图1　垃圾分类各个阶段工作内容

2. 中端收转运设施，不断优化升级

合肥市生活垃圾采用分类收集运输。按照市区分级负责和垃圾分类转运的要求，市区餐饮服务、单位供餐产生的餐厨垃圾由市级招标企业上门收集，实行公交化直运模式。家庭厨余垃圾和其他垃圾由区级负责前端分类收集运至转运站中转或直接运至终端处理厂处置，市级负责转运站至终端处理厂的垃圾分类运输工作。各区负责改造升级现有垃圾中转站或新建大型垃圾中转站，提高建筑、设备等密闭性能，有效处理臭气、渗滤液，配足配齐全密闭、低噪声、标识规范的分类收集运输车辆，建成与终端处置能力相匹配的中间转运体系。厨余垃圾、其他垃圾要及时清运，根据产生量适当增加清运频次，确保日产日清；中转站及末端处理场所应根据分类收集转运需求，同步调整开闭站时间。全市现有17座垃圾转运站，500多辆收集、运输车辆。

可回收物由回收企业通过"互联网+"回收、智能自助回收及电话预约等模式，及时收运至再生资源分拣中心，并进行资源化利用，推进有害垃圾无害化处理。有害垃圾分类投放至相应的投放点收集容器，转运至生活垃圾收运点临时暂存，集中至一定量时交危废处理单位处置。

3. 末端处置设施，加大基础投入，扩大综合处理能力

布局建设其他垃圾焚烧设施6处，实现每日最大垃圾9000吨（见表1），可满足近两年全市垃圾增长需求。规划建设5座厨余垃圾处置工厂，已建成蜀山（600吨/日）、肥西（800吨/日）两座工厂并进入调试使用作业，到2021年底全市厨余垃圾处理能力将达到1600吨/日，基本满足近期生活垃圾分类需要。原垃圾填埋设施——龙泉山生活垃圾填埋场于2021年4月9日停止填埋作业后，所有填埋设施正进行生态化改建，建有严格的复合水平防渗、雨污分流、渗滤液及地下水收集导排、渗滤液处理、填埋气收集综合利用五大环保系统，垃圾焚烧发电项目（3000吨/日）已投料试运营。

表 1　合肥垃圾焚烧主要项目

项目名称	日处理垃圾量（吨）	主要设备规模	运行状态
中节能（合肥）再生能源有限公司	2000	4×500 吨炉排炉	正常运行
中节能（肥西）环保能源有限公司	2000	4×500 吨炉排炉	正常运行
合肥长丰皖能环保电力有限公司	1000	2×500 吨炉排炉	正常运行
龙泉山皖能生活垃圾焚烧厂	3000	4×750 吨炉排炉	试运营
庐江县生活垃圾焚烧发电厂	500	1×500 吨炉排炉	正常运行
巢湖市生活垃圾焚烧厂	500	1×500 吨炉排炉	正常运行

（二）合肥市城市垃圾分类的主要做法

1. 建立垃圾分类高位推动机制

合肥市成立了以市委书记、市长为双组长，市委副书记为常务副组长的高规格生活垃圾分类领导小组，市直职能部门及各县（市、区）齐抓共管、协调联动，建立考核通报制度，依托志愿服务、集中宣贯、主题活动等方式，抓紧抓实、着力推进，构建长效机制、推动习惯养成，形成党建引领、居民自治、居委协调、物业参与、志愿服务"五位一体"的垃圾分类工作格局。

2. 健全垃圾分类立法监督保障机制

先后印发《合肥市生活垃圾分类工作实施方案》（合政办秘〔2018〕66 号）、《合肥市生活垃圾管理办法》（令〔2019〕201 号）（见表2）、《合肥市生活垃圾分类管理条例实施细则》（合政办〔2021〕5 号），2020 年 12 月 1 日起在全市施行《合肥市生活垃圾分类管理条例》，《合肥市生活垃圾分类管理规范》作为合肥市 2021 年第一批地方标准于 6 月颁布。建立健全全市以法治为基础、政府推动、全民参与、因地制宜的生活垃圾分类制度体系，形成了垃圾分类的管理保障体系。

表 2　合肥市生活垃圾管理办法

第一章	提出了垃圾分类管理的总体原则，即政府主导、属地管理、公众参与、市场运作、社会监督的原则，并且规定了不同社会机构与社会团体的具体工作责任与要求，创新性地提出生活垃圾异地处置补偿制度，鼓励全员参与源头减量与分类投放宣传工作
第二章	规定了县、市、区的行政管理主管部门要编制出台生活垃圾治理专项规划，加快生活垃圾处理配套设施建设
第三章	鼓励公共机构绿色办公，商品生产者采取押金返还、以旧换新对产品或包装进行回收利用；并严格规定了生活垃圾的分类标准，将生活垃圾分为以下几类，即可回收物、有害垃圾、餐点，制定垃圾投放管理制度
第四章	分类收集、运输和处置，对于分类投放的垃圾要进行分类收集、运输和处置，收集运输单位要和管理投放管理责任人协商好垃圾收集的时间、地点和频率，采用封闭式运输，避免发生垃圾落地的现象

续表

第五章	明确规定了要建立生活垃圾管理绩效考核制度，同时建立生活垃圾管理信用记录制度，将垃圾分类行为纳入诚信体系，制定生活垃圾处理奖惩制度，另外要建立生活垃圾处理信息公开制度，接受广大人民群众对垃圾分类的社会监督与政府监督
第六章	一共规定了六种情形对垃圾投放管理责任人做出了限制，如有违反将会受到相应的处罚。《管理办法》的颁布与实施是合肥市政府积极响应党的号召，促进生态文明发展的必经途径，《管理办法》的出台标志着合肥市垃圾分类工作一个新的开始，对于合肥市居民开始关注垃圾分类社会实践具有警醒作用，有利于帮助合肥市居民树立垃圾分类意识以及环保意识，也奠定了合肥市垃圾分类管理体系建成与完善的基础

3. 持续开展宣传发动全民参与

通过多层次、多形式的宣传教育引导，形成党建引领、居民自治、居委协调、物业参与、志愿服务"五位一体"的垃圾分类工作格局。依托志愿服务、集中宣贯、主题活动等方式，以制作动画视频、分类指南、宣传册、口袋书、电子海报等形式，普及生活垃圾分类知识，提高居民垃圾分类知晓率和参与度。

三、合肥市城市垃圾分类的痛点、难点分析

（一）垃圾分类管理政策不完善

合肥市虽然积极推广撤桶建站，定时投放和监督指导等分类投放模式，但是大部分小区还没有设置垃圾集中投放站点，即使设置有集中投放站点，但垃圾并没有实现分类投放，垃圾袋内部混装率高。以小仓房生活固废物转运中心为例，其覆盖包河区和滨湖区两区，每天转运生活垃圾 1400 吨左右，其中厨余垃圾只有 40 吨，按照 2018 年合肥市生活垃圾中厨余垃圾占比 30% 计算，小仓房转运中心应该有 420 吨厨余垃圾转运量，而实际厨余垃圾占比只有 3% 左右，远远没有达到垃圾分类的目标；其主要原因是合肥市生活垃圾分类工作起步较晚，垃圾分类政策管理体制不够健全完善，对于不同主体的责任划分不够清晰，造成了各主体的责任意识不到位，各主体的职责义务不明确。垃圾分类工作的开展需要政府牵头、社区辅助以及全民参与，对于不同主体的责任划分要明确到位。在政府方面，涉及城管局、住建局、环保局以及其他政府部门，对于不同政府机关的责任划分模糊不清。社区在垃圾分类工作中，没有发挥上传下达的纽带作用。更为重要的是居民作为垃圾分类工作的核心角色，一定要提高居民自身的责任意识，居民责任意识不到位，会导致人们对于垃圾分类政策的漠视，阻碍垃圾分类工作的有序推进。

根据安徽大学关于合肥市垃圾分类问卷调查数据，发现对合肥市垃圾分类相关政策了解程度的调查结果显示（见图2），21.4% 的被调查者表示对当前垃圾分类相关政策非常不了解，28.37% 的被调查者表示比较不了解，对垃圾分类相关政策了解一般的占24.65%，而对合肥市垃圾分类相关政策比较了解的占 18.14%，表示非常了解合肥市垃圾分类相关政策的被调查者仅占 7.44%。

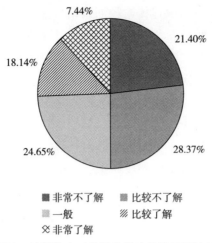

图 2 被调查者对垃圾分类政策的了解情况

（二）垃圾分类指导工作滞后

分类指导工作做得不好，导致不少市民不知分类标准和方法，垃圾分类宣传指导做得仍不到位，居民对垃圾分类的标准以及效益并不是很了解。指导员队伍建设落后，在首批进行垃圾分类试点小区中，一般都设有专职垃圾分类管理人员，但在普通小区，很少有专职人员，大部分居民都反映平时社区没有什么指导工作，且部分指导人员自身素质不高，对垃圾分类熟悉情况低，无法完成指导工作。由于部分居民素质不高，认为垃圾分类没用，加上没有完善分类奖惩机制，不能较好地激发起居民的垃圾分类意识。正是由于分类指导不统一、宣传力度小、奖惩标准不明确，造成了生活垃圾线段分类效果差，成为拉低垃圾分类效果的重要原因。

对合肥市垃圾分类标准了解程度的调查结果显示（见图3），23.26%的被调查者认为对合肥市当前垃圾分类的相关标准非常不了解，35.81%的被调查者表现出比较不了解，18.14%的被调查者持一般态度，13.02%的被调查者认为比较了解当前合肥市垃圾分类的标准，而非常了解合肥市垃圾分类标准的被调查者仅占9.77%。

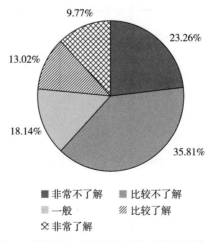

图 3 被调查者对垃圾分类标准的了解情况

关于合肥市垃圾分类相关知识宣传途径调查结果显示（见图4），在途径选择方面，占比前三位的是报纸书籍、网络以及朋友或者家人，分别有138人次、112人次、101人次，占比排第四的是电视广播，而社区居委会在垃圾分类知识的宣传选择上仅有63人，同时还有28人选择了从未听说过关于垃圾分类相关知识的了解。

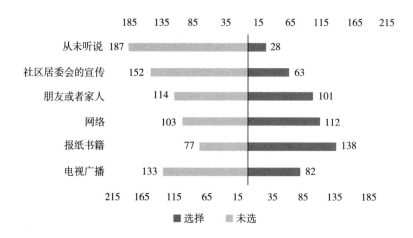

图4　被调查者对垃圾分类宣传途径的了解情况

（三）其他垃圾回收利用率低

生活垃圾回收利用率低，合肥市2019年生活垃圾回收利用率为20%，2020年生活垃圾回收利用率达到35%，这与《"十四五"城镇生活垃圾分类和处理设施发展规划》中要求到2025年底，生活垃圾资源化利用率达到60%还有很大差距。垃圾分类目的是挖掘垃圾中有价值的部分进行资源化再利用，合肥市现有垃圾分类模式类似于欧洲模式，即前端适度分类，这种模式对于前端分类要求较低，对于合肥刚刚开始的垃圾分类工作是切实有效的。但是为了达到垃圾末端资源化利用为主的目标，垃圾初步分类收集后送到处理厂进行机械化深度分选，以分类回收更多的可再生资源。但合肥垃圾分类处置链条并没有设置此类分拣中心，造成了很多有价值、可以资源化利用的垃圾被进行单一的焚烧处理，这不仅造成了后端处置环节的压力，也增加了政府财政负担。以肥东中节能垃圾焚烧项目为例，按照合肥城管数据，合肥市垃圾焚烧成本约80元/吨，上网电价约0.65元/千瓦时，按照该厂处理产能，年处理生活垃圾85万吨，上网电量2.3亿千瓦时，合肥市每年垃圾处理费用约6800万元，按照安徽省2020年火电上网价格0.43元/千瓦时计，垃圾焚烧发电价格较火电价格高出0.22元/千瓦时，因此，合肥财政将每年为此多支出5060万元。生活垃圾分类是一项系统工程，除了前端的精准分类，还需要在中端配套深层次的分类处理系统，才能最大限度地挖掘垃圾中可以资源化的部分，从而降低垃圾简单焚烧量，提高垃圾的资源化率。

（四）可回收物收集利用率低

可回收物分类工作以个体经营为主，有经济价值的可回收物在投放前已经被废品回收人员和拾荒者回收，但由于个体经营偏重经济效益，资源回收率低，不易回收的再生资源废弃物丢弃情况严重，还有部分再生资源回收企业及个体经营户受经济利益驱使，"利大抢收、利小不收"，业务经营集中在废旧金属、废旧塑料、废旧橡胶、废旧纸张等易于运输和打包的废旧物资。对于居民日常生活中的一些废玻璃、电子垃圾、废旧家电家具基本不予回收，造成资源浪费和生活垃圾增量。

以废玻璃为例，废玻璃在生活垃圾中的占比为 3%~4%，合肥一年产生的废玻璃量将达到 10 万吨左右，这些废玻璃除了带来环境污染，占用宝贵的土地资源，增加环境负荷，还造成了大量的资源和能源的浪费。据统计，每生产 1 吨玻璃制品，要消耗 700~800 千克石英砂、100~200 千克纯碱和其他化工原料，合计每生产 1 吨玻璃制品，就要用去 1.1~1.3 吨原料，而且还要消耗大量煤、油和电。如果将废玻璃加以回收利用，能产生显著的节能减排效益：每回收利用 1 吨废玻璃，可以节约 0.58 吨标准煤，减少二氧化碳气体排放 1.26 吨，减少固体废弃物排放 1.16 吨。但由于再生资源行业属于利润低、社会效益和环境效益高的行业，由于得不到相关政策的扶植，造成了企业成本居高不下、利润低，无法进行技术投入和研发，造成了废玻璃的回收利用技术停滞不前。

再生回收资源企业对于土地税收贡献不大，也满足不了地方政府工业用地的投资强度的要求，造成再生资源项目土地指标划拨困难，合肥市再生资源综合分拣中心一直没有建立，而现有可回收物的分拣分类主要通过个体人员简单手工分拣完成，这大大降低了可回收物的分拣速度和分拣效率，是阻碍可回收物高效利用的重要原因。

（五）垃圾分类宣传工作不能持久

垃圾分类试点不能长期坚持，管理部门采取的宣传教育措施大多是短期的、急功近利和运动式的，缺乏长期贯彻的推动力。而公益性环保组织参与停留在宣传教育阶段，缺乏参与垃圾分类收集处理及其环境管理的途径，环境保护志愿者发挥作用的渠道不畅通，因此，生活垃圾分类宣传往往虎头蛇尾。

四、国内外垃圾分类的实践及经验

（一）国外部分城市垃圾分类经验做法

1. 源头初步分类、工厂适度分选、末端填埋处置为主的模式

该模式以美国和加拿大为代表，其源头分类相对简单，一般只做干（包括可回收物）、湿（有机垃圾）分离。对可回收垃圾，在家庭源头端一般不做分类或只是粗分，然后再运输到专门的处置厂进一步分选，得到废金属、废纸、废塑料等不同类型的再生资源，分选后剩余的干垃圾则以填埋处理为主。有机垃圾（湿垃圾）是美国、加拿大生活垃圾的重要组成部分，占到生活垃圾产生量的 30%。有机垃圾单独分类后，庭院绿化垃圾可就地堆肥或收集后进行集中堆肥或制成覆盖土；厨余垃圾一部分经家庭粉碎机破碎后排入污水管网，另一部分则收集后进行集中生物处理。美国、加拿大两国的垃圾产生和管理模式与其资源禀赋和社会经济特征密切相关。北美洲地域广阔、资源丰富、人口密度

低、经济发展水平高，形成了高消费、高排放的物质经济代谢模式，人均物质资源消耗量接近甚至超过 30 吨/年，人均生活垃圾产生量大幅超过其他发达国家。美国的垃圾人均产量接近 800 千克/年，加拿大达到 1 吨/年。从管理方式上看，因为原生资源非常丰富，对垃圾进行高水平精细化分类以获取再生资源的经济动因相对不足；另外由于土地面积辽阔，垃圾填埋成本低，故成为垃圾末端处置的主要途径。美国的填埋处理量占最终处置量的 50% 以上，焚烧处理量则不到 15%。加拿大的垃圾填埋率超过 60%，焚烧率低于 5%。

2. 源头适度分类、工厂深度分选、末端资源化利用为主的模式

德国、荷兰以及韩国等国家是这一模式的代表。该模式要求在生活垃圾的源头投放端进行适度的分类，除干、湿分离外，还需对可回收物加以区分（一般在 3 类以上）。以德国为例，很多城市的垃圾桶分为黄、绿、蓝、橙、灰等不同颜色，黄色垃圾桶投放金属、塑料等包装废弃物，绿色垃圾桶投放玻璃制品（不同颜色的玻璃还有不同的投放口），蓝色垃圾桶投放可回收利用的废纸，橙色垃圾桶投放有机垃圾（湿垃圾），灰色垃圾桶则投放其他干垃圾。包装废弃物和其他干垃圾收集后送到处理厂进行机械化深度分选，以分类回收更多的可再生资源。这种分类模式的产生，同样与上述国家（地区）的自然和社会经济背景息息相关。欧洲和东亚的国家和地区人口密度较高，自然资源人均占有量相对有限，同时经济和科技水平高度发达，绿色环保理念深入人心，因而形成了比较精细的资源循环利用模式。具体表现为人均生活垃圾产量相对较低，英国、瑞典的人均垃圾产量不到500 千克/年，法国、荷兰的人均垃圾产量约为 530 千克/年。同时生活垃圾的资源化利用水平高，英国的资源化利用率（包括材料循环利用、堆肥和焚烧回收能量）已达 78%，韩国超过 80%，德国、瑞典则超过 90%；同时垃圾的填埋处理率普遍在 20% 以下，德国、瑞典的填埋率甚至低于 1%。垃圾分类是一项系统工程，仅靠前端分类是行不通的。以德国为例，德国不仅前端进行分类回收，后端也有完善的分类处理系统。据统计，德国共有 15586 座垃圾处理设施，其中包括 1049 个垃圾分选厂、167 个焚烧厂、705 个垃圾能源发电厂、58 个机械—生物处理厂（MBT 厂）、2462 个生物处理厂、2172 个建筑垃圾处理厂。

3. 源头精细分类、全程精细处置和资源化利用模式

日本是垃圾全程精细分类、处置和资源化利用模式的代表，其人均生活垃圾产生量仅为 350 千克/年，是主要发达国家中最低的。垃圾资源化利用率（包括材料循环、堆肥和能量回收）达到 90%，与欧洲资源化利用的最高水平基本持平。与其他发达国家相比，日本垃圾源头分类更为精细，主要城市一般都在 10 类以上。在东京市中心的 23 个特别区（相当于上海中心城区），家庭源头分类能够达到 15~20 类。除可燃垃圾、废金属、废陶瓷、废玻璃、废纸、废塑料、废旧家电和大件垃圾等大类需要区分之外，废纸需要进一步细分为报纸、书籍、瓦楞纸板、饮料纸盒和碎杂纸，废塑料瓶还需取下瓶盖和标签，与瓶体分别回收，管理极为精细。日本的源头高度精细分类带来很多好处，是其他国家难以企及的。由于源头垃圾分类质量高，在垃圾处理厂可省去机械化分选过程，降低了设备投资和运营维护成本。进入末端处置环节的垃圾杂质少、热值高，有利于材料或能量的极大回收，焚烧后产生的有害物质也更少，环境质量能够得到更好的保证。

（二）国内先进城市垃圾分类经验做法

1. 上海垃圾分类经验

上海市尽管早在 2000 年被列入原建设部生活垃圾收集分类的试点城市，但全面实施垃圾分类是在 2010 年世博会举办期间，从可回收物的回收利用入手，以设计"绿色账户"的形式鼓励居民分类回收。2014 年 5 月，上海市开始实施《上海市促进生活垃圾分类减量办法》，确定了生活垃圾分为可回收物、有害垃圾、湿垃圾和干垃圾的分类标准，实施垃圾分类管理责任人制度。2018 年发布了《关于建立完善本市生活垃圾全程分类体系的实施方案》《上海市生活垃圾全程分类体系建设行动计划（2018~2020 年）》，在社区推行定时定点投放，实施干湿分开，构建分类投放、分类收集、分类运输、分类处理全程分类体系。2019 年颁布实施了《上海市生活垃圾管理条例》，上海市成了国内垃圾分类的引领者和标杆，截至 2019 年底，约 1.3 万个居住区（村）的分类达标达到了 90%，垃圾分类工作已取得了显著的成效，湿垃圾、干垃圾、有害垃圾的分出量逐步增加，干垃圾分出量逐步减少，"两网融合"成效逐步提高，2020 年 5 月湿垃圾日均分出量为 9796 吨。居民已形成了良好的分类习惯，建立了全程分类体系。

上海垃圾分类经验主要有以下几个方面：宣传发动得力，全市统一步伐；在小区的进出口、公共区域、宣传栏、垃圾厢房等区域，随处可见垃圾分类的宣传广告，垃圾分类知识深入人心，分类氛围浓厚。居委会工作人员在定时定点分类投放实施之前，至少提前 2 个月，积极发动小区内各楼组长、党员和志愿者进行宣传发动工作，宣传入户、宣传到人。宣传发动工作到位，条例实施前后统一行动。定时投放点的建设配套齐全，投放时间因地制宜，不搞"一刀切"；各小区根据其实际情况建设定时投放点，大部分小区的垃圾定时投放点采用垃圾厢房的方式，也有露天摆放一组垃圾分类收集容器。定时投放点设置开放与绿色账户扫描时间、垃圾分类投放点公示牌、垃圾分类管理职责告知书、两网融合回收服务等公示信息，张贴的公示信息由政府统一制作。投放点配置了照明、洗手和雨棚等。根据《上海市实施生活垃圾定时定点分类投放制度工作导则》，各小区每日设置的定时投放时长宜 3~4 小时，开放时间段和时长可根据小区定时定点推进的实际情况，适当调整及增减，根据居住区内人员情况，因地制宜的设置定时投放时间和时长，满足广大住户的需求。监督与巡查；各小区组建由楼组长、党员、业主等组成的志愿者队伍，在定时投放时间段内，在垃圾定时投放点、垃圾厢房进行轮流值守监督，对各个楼层进行日常巡查，发现乱投垃圾现象，及时溯源，入户进行沟通与引导。设立红黑榜，对分类好和分类差的做法，及时公示。分类收运接驳；湿垃圾和干垃圾，每日上午分开收运各 1 次，由专门的湿垃圾收运车和干垃圾收运车分别进行收运。可回收物的收运，委托企业运营，两网融合回收车定期每周开进社区，按稍高于市场的价格，对接回收可回收物，市民可以在此期间直接出售，也可以投放到改造后的垃圾收集厢房，换取绿色账户积分。有害垃圾收集后，由各区定期交由危险废物处理企业处理。

2. 厦门市垃圾分类经验

厦门市作为国务院于 2000 年指定的城市生活垃圾分类治理八大试点城市之一，着手开展治理。同其他试点城市一样，外来人口众多，城市生活垃圾产量大，土地不足，终端处理设施紧张，民众"邻避意识"强烈却缺乏参与积极性，经过十几年艰苦卓绝的探索，逐渐找到一条适合本土发展的道路。厦门市政府在垃圾分类治理工作中逐渐形成了以政府、企业、ENGOS（环保 NGOS）和民众为主要力量的多中心治理模式。

厦门市垃圾分类经验主要有以下几个方面：垃圾分类知识普及教育及宣传；在厦门市全面推进生活垃圾分类工作的大背景下，厦门教育系统对各中小学、幼儿园、职校、高校进行全面部署，通过各种方式将垃圾分类知识渗透进校园中，在校园中大力推广垃圾分类。随着垃圾分类知识渗透校园，厦门全市教育系统已经部署 45 所垃圾分类工作试点学校，其中市属学校 9 所，区属学校 36 所，涵盖了高校、职校、中小幼，包含公办和民办校，实现各类学校的全覆盖。知行合一，在厦门的校园内，师生们正充满热情和创造力地学习践行垃圾分类，绿色环保的风气正在养成。另外，垃圾分类宣传在社区大力推广，在垃圾集中投放点，督导员会为居民进行垃圾分类指导。为了更好地开展垃圾分类工作，为了提升垃圾分类的参与率、知晓率、准确率，社区还联合公益组织、教育机构、志愿服务团体，在环保驿站定期开展各类活动，宣传垃圾分类的知识，吸引并鼓励人们践行垃圾分类，促进群众化垃圾分类处理活动的开展。政府通过政策积极引入企业参与垃圾分类。在厦门市政府的支持下成立了一家环能公司，使其承担厦门市生活垃圾收运处理市场化机制改革中，政府剥离出作业的部分职能，该公司根据政府相关行业标准的建设，成立行业协会，为政府有效地监督管理垃圾处理企业运营提供理论依据，引领现有的环保行业的其他公司共同发展。厦门市通过实施生活垃圾分类治理相关的财政税收优惠政策，鼓励引导社会资本参与生活垃圾分类治理。厦门市通过多元主体共同参与的治理格局，初步形成了政府推动、市场运作、全民参与的生活垃圾分类治理格局。垃圾分类实施的奖惩制度。在垃圾分类的基础之上，厦门政府出台了"以奖代补"这项激励措施方案，奖励在垃圾分类过程中表现较为突出的个人。鼓励居民将生活垃圾干湿分离，并将垃圾分类投放到对应的垃圾桶中。由保洁员统一回收，对居民投放的垃圾进行开袋检查并收集，对正确分类的居民给予积分奖励。根据积分情况，各个家庭可以兑换相应的生活用品，也可以用于消费。此外，企业从事符合环保相关条件和规定的内容，可免征或减半征收企业所得税。对于向城市管理行政执法部门举报违反垃圾分类有关规定的个人和单位，经查实后依法给予奖励。厦门市人大常委会表决通过的《厦门经济特区生活垃圾分类管理办法》里面明确了违反垃圾分类工作的惩罚机制。首先，对于未按规定进行垃圾分类的单位，责令改正，拒不改正的，最高可处 5 万元罚款。其次，将多次被处罚的违规单位纳入执法"黑名单"系统，并且列为重点执法监督对象。同时，对于拒不履行分类义务的个人，最高可处 1000 元罚款。此举具有预防、改进、监督的作用，增强了居民和企业对垃圾分类环境保护的重视，提高了自觉性，完善了政府的职能，既能保证环境保护的合理实施，又能防止违规行为的发生，推进经济、社会与环境协调发展和实施可持续发展战略。

（三）国内外经验对合肥市的启示

合肥市真正垃圾分类是从 2018 年开始的，随着全国 46 个重点城市出台生活垃圾分类管理实施方案，合肥经过 3 年的努力，垃圾分类工作取得了很大的成绩，在全国 46 个重点城市中排名中游。通过调研国内外先进的垃圾分类经验得到以下几方面启示：

1. 应把厨余垃圾分类工作放在重点

合肥市近年来人口急剧增长，带动垃圾也爆发式增长，根据国内外的经验，合肥现阶段应采用源头适度分类、工厂深度分选、末端资源化利用为主的模式。垃圾分类应把厨余垃圾分类工作放在重点，厨余垃圾在生活垃圾中占比高、含水率高。厨余垃圾分类工作的成功与否，直接关系到垃圾分类工作的中端转运分拣和末端的资源化利用，是垃圾分类的关键。

2. 加强垃圾分类的指导和宣传

通过上海和厦门的经验，合肥应大力加强垃圾分类的指导和宣传工作，除在公共场所和社区加大宣传力度外，可以向厦门学习，让垃圾分类宣传工作走进校园，从小培养孩子的垃圾分类意识和观念，通过教育和宣传，使垃圾分类成为年青一代的行为习惯，这将为合肥市今后的垃圾分类工作奠定良好的基础。

3. 注重分类实效，不搞"一刀切"

在垃圾分类的实际操作过程中，可以学习上海的经验，对于垃圾撤桶以及垃圾投放时间和时长，宜根据合肥不同区域的人员情况，因地制宜地设置垃圾投放点以及投放时间和时长，以满足广大居民的实际需求。

五、合肥市城市垃圾分类的对策建议

（一）发挥政府的主导作用

在垃圾分类工作中，政府一方面要依靠立法、行政处罚与监督、强制收费等强制手段，将政府对于城市生活垃圾分类处理的强制性意志进行传递，建立垃圾处理新秩序；另一方面要重视宣传教育、多元主体参与等手段，对垃圾分类处理秩序进行维护，保障各项政策能够长期有效施行，同时降低秩序维护的制度成本。在现实操作中，政府两种工作模式并不是孤立存在、独自作用的。相反，两种工作模式需要联动起来适时配合，尤其是在市场、社会无法自发形成垃圾分类处理的科学秩序时，需要政府运用建立在法制和公共利益基础上采取强制手段，而当社会已逐步养成垃圾分类处理的好习惯时，且全社会开始自发互相监督时，政府的宣传教育等手段将会发挥主导作用。

政府在垃圾分类工作中除了制定合理的分类处理政策外，还要优化监督管理能力与水平。要对政府各职能部门的职责划分清楚，明确各部门在垃圾分类工作的权利与责任，完善健全垃圾分类的相关法律法规，杜绝出现多头管理的现象，提高对垃圾分类各环节的监督管理水平。

合肥市政府可以积极探索政商合作机制，如政府可以将垃圾分类相关管理工作移交给相关环保企业，与环保企业签订环保建设条约，再由相关环保企业负责该地区的垃圾分类处理工作，而垃圾分类处理所获得的相关收益归环保企业所得。另外，要完善参与合作环保企业的准入机制，政府与企业在签约之前要对环保企业相关条件因素进行考察。这种政商合作机制的运行不仅可以降低政府在垃圾分类处理上的压力，还可以提高相关环保企业的服务水平，以市场竞争机制带动垃圾分类工作的推进。

（二）加强垃圾分类处理中端深层分拣中心建设和新技术运用

合肥市垃圾分类采用四分法，垃圾分类前端适度分类，但是垃圾前端分类后并没有进行进一步深层的分拣分类处理，导致很多可以利用的资源被作为其他垃圾进行简单的焚烧处理。《"十四五"城镇生活垃圾分类和处理设施发展规划》要求提高垃圾资源化率，要提高垃圾的资源率，应该大力发展城市综合分拣中心，大力支持城市垃圾分拣收集技术研发创新，通过人工、智能机械和智能机器人等技术，挖掘垃圾中可利用资源，提高垃圾资源回收利用率，减少垃圾的焚烧量。这不仅减少了终端处置设备的损耗和焚烧过程的二次污染，还能减少政府在垃圾处置上的财政压力。

针对合肥可回收物分类回收以个体经营为主的特点，要逐步规范可回收物分类回收行业，引入规模企业进入，建立以政府为主导，由企业参与的大型综合分拣中心项目建设，形成集再生资源集中交易、分拣加工、仓储配送、废弃物处理、信息发布等多功能于一体的综合区。综合分拣中心将按照再生资源分类标准、品质状况，集中对再生资源进行专业分类、挑选、清洗、破碎、切割、拆解、打包等简单加工及加工处理，集中销售给加工企业，解决由分散污染变集中处理的问题，实现再生资源的高效利用。同时，填补合肥市缺乏专业分拣加工中心的现状，彻底解决以往小规模、零散、手工分拣带来的二次污染和效率低下问题，将合肥市再生资源回收行业引入规范化、连锁化、规模化时代。

（三）技术和终端处置技术的创新

加强城市生活垃圾处置技术的创新，针对产生量大、有回收潜力、可再循环利用的生活垃圾进行技术攻坚，开展技术研究，推动除焚烧和堆肥以外的技术创新，如垃圾热解气化、等离子裂解有机质制氢技术，为双碳战略和氢能源产业链提供有效的支撑，加大低值废弃物等"垃圾"资源循环利用及高值化的技术投入，通过终端处置技术的创新倒逼前端垃圾分类收集工作。

加快大数据、互联网等新技术在垃圾分类收集中的应用，建立城市生活垃圾分类收集信息管理系统，对城市生活垃圾的产生量、区域分布规律、居民投放习惯、后端处置反馈等进行大数据采集，推动垃圾分类收集效率提升，优化城市生活垃圾分类政策。支持通过新技术应用推动资源整合，放大垃圾分类空间。空间保障是垃圾分类减量的重要支撑，通过运用物联网、大数据等新技术，不断优化原有空间、整合其他空间、开拓新增空间，做大垃圾分类空间。一方面通过大数据分析城市区域人口、产业结构等变迁情况，优化垃圾的中转、处置等空间布局，实现运输成本最小化、资源节约最大化；另一方面通过云计算等技术应用释放环卫系统空间，将其拆分成垃圾存储空间和分类空间两部分，在各大居民区设立分类空间。

（四）大力发展低值垃圾综合处理并扶植相关综合处理企业

随着社会的不断发展，低值垃圾如玻璃、塑料包装物在生活垃圾中占比越来越高，如何分类处理低值垃圾是垃圾资源化利用的重要问题，低值垃圾单靠市场调节是很难得到有效回收处理的，需经过规模化回收处理，才能重新获得循环使用价值。由于低值垃圾分类回收利用的可持续关系到垃圾分类制度的持续建设和实施的有效性，因此，大力发展低值垃圾综合处理就具有较强的现实意义。

由于垃圾分类是一个新兴行业，其发展涉及技术、运营、经济政策等多方面因素，是一个复杂的系统工程，而过往对垃圾分类的研究主要集中在居民行为、政府政策、市场激励等单方面的因素影响研究上，很难对全系统进行全面的分析和解释，对政府实际工作的指导作用有限，考虑到垃圾分类工作属于环境保护行业的细分领域，其业务的开展除了固有的管理成本投入以外，还会对生态环境、社会环境产生一定的社会影响；另外，生活垃圾分类工作的开展对其上下游产业链都有一定的影响，因此，大力扶植垃圾分类和综合处理的相关企业将对垃圾循环再利用产业起到至关重要的作用。

（五）调动民众的积极性，配合完成垃圾前端分类工作

垃圾分类是一项庞大的系统工程，除了政府的主导作用，民众的参与是真正实现和完成垃圾分类的主导力量。垃圾分类收集的首要关口在于源头分类，改变居民长期形成的混合投放垃圾习惯是垃圾分类收集面临的第一个难题。合肥现阶段垃圾分类收集效果不尽如人意的一个重要原因就在于居民难以很快养成垃圾分类收集的良好习惯。有调查表明，合肥市对于垃圾分类政策和垃圾分类标准的了解程度从一般到非常不了解人数占比高达74.35%和77.21%，这说明大部分居民对于垃圾分类的认知非常模糊，即使短期的强制分类要求，居民也只是把垃圾分类当作临时行为，而不是习惯行为。基于这种情况，首先应该加强垃圾分类的相关知识的宣传和普及，使居民知道如何进行垃圾的分类工作；其次应该统一垃圾分类标准，使居民在实际的操作过程中不会有疑惑，从而养成稳定的垃圾分类习惯；还应该提高家庭垃圾分类收集设施与城市垃圾收集设施的匹配程度，打通家庭分类到社区收集的最初一公里；最后应该加强法律法规的建设，加强条款的实质性，明确实施细则在实际案例中的可操作性。

（主笔人：李舒羽　张梦宁　陈凤）

合肥市全面推进乡村振兴研究

安徽大学课题组

乡村振兴是指农村经济、社会、教育、生态等多方面的振兴。全面推进乡村振兴是脱贫攻坚取得胜利后"三农"工作重心的历史性转移。高质量全面推进乡村振兴，必须以习近平新时代中国特色社会主义思想为指导，按照产业兴旺、生态宜居、乡风文明、治理有效、生活富裕的总要求，坚持农业农村优先发展的总方针，健全城乡融合发展的体制机制和政策体系，加快推进农业农村现代化。自党的十九大提出乡村振兴战略以来，合肥市大力发展都市现代农业，扎实推进乡村建设行动，奠定了乡村振兴从启动实施到全面推进的坚实基础。但对照党中央部署要求，对标先发城市发展现状，合肥城乡发展不平衡问题依然明显，全面推进乡村振兴仍存在不少短板和不足。立足万亿元 GDP、千万人口的新发展阶段，加快农业农村高质量发展，全面推进乡村振兴，对合肥"十四五"持续争先进位、在全省率先基本实现农业农村现代化具有重大的现实意义。

一、现实基础和成效

（一）农业供给侧改革取得新进展

1. 确立产业链重点

实施种业、农产品加工等十大工程，重点发展蔬菜瓜果、渔稻综合种养、苗木花卉、中药材、种业、生猪、龙虾、草莓、茶叶等 12 条农业产业链。

2. 壮大都市特色农业

建成长丰草莓等省级特色农产品优势区 5 个，全市常年菜地约 35 万亩，人均蔬菜占有量达 247 千克，蔬菜自给率达到 68%①；家禽出栏位居全省前列，水产品产量持续领跑全省，粮食种植面积和产量 2021 年创历史新高，小麦、水稻优质率均达 65% 以上。

3. 推行绿色生产模式

推广绿肥+优质水稻模式，在环巢湖流域一级保护区实施水稻绿色种植 12.34 万亩，建设环巢湖绿色有机农业示范区；推广健康水产模式，引导发展循环流水养殖等高效绿色健康养殖；采取多层立体猪舍，推广集约养殖模式，节省土地资源。

---

① 按人口普查 936 万常住人口计算，远超人均 3 厘地（总量 25 万亩）最低要求。

4. 有效提升耕地质量

推进土地整治及高标准农田建设，2020 年完成 10 万亩高标准农田建设、2021 年启动建设 18 万亩，全市受污染耕地安全利用率达 94% 以上；加快面向"田间地头"的农产品仓储保鲜冷链物流设施等建设，提升长三角绿色农产品生产加工供应基地建设水平，建设省级示范基地 10 个。

（二）科技赋能带动作用有效发挥

1. 打造农业科技创新高地

建设农业类国家重点实验室 3 个，涉农国家高新技术企业 42 家。肥西、长丰、肥东、巢湖 4 县市入围"2021 年度全国科技创新百强县市"。

2. 发展智慧农业

建设全国首家可兼容市级智慧农机服务平台、在全省率先实现益农信息全覆盖，建成村级电子商务服务网点 1093 个，建制村快递服务网点共 1017 处，覆盖率达 88.8%。加快建设"合肥智慧农业谷"、加紧筹建"农业传感器与物联网国家技术创新中心"，投资建成农业大数据中心、农业机器人中心、农业传感器试验平台等项目。

3. 做大做强种业企业

全市持证种企 123 家，其中国家级育繁推一体化企业 8 家、上市种企 2 家。

4. 推进农产品标准体系建设

累计制定修订农业地方标准 210 余项，其中省级以上 38 项；创建市级以上标准化生产基地（区）402 个，其中省级以上 90 个，示范面积 60 万亩，农业标准化生产覆盖率达 90% 以上。全市有效"三品一标"产品达 738 个、地理标志农产品发展到 12 个，注册农产品商标突破 2 万个，农业类中国驰名商标、中国名牌产品 25 个。

（三）新型农业经营主体发展壮大

1. 构建政策支持体系

将新型农业经营主体列入目标考核，推动土地流转，有效带动农民从事现代农业。全市已有 97 万农户领到土地承包经营权证，土地流转面积占承包地 45%，共有家庭农场 17414 家、农民合作社 5709 个，带动农户超 100 万户。

2. 抓好农村产权制度改革

全市开展农村集体产权制度改革和"三变"改革的村分别达 94%、74.7%。

（四）农村新产业新业态蓬勃发展

1. 推广农业"四新"应用①

连续 3 年农业"四新"推广保持 300 个以上，应用面积占种植面积 90% 以上，居全省首位。创设农业首席专家工作室，50 个工作室覆盖 9 县（市）区带动 130 个生产基地，催生壮大一批如长丰草莓、大圩葡萄、合肥龙虾、牌坊杭椒、中埠番茄、巢湖大米、皖中

---

① "四新"是指新品种、新技术、新模式、新装备。

有米、庐江大米等"土字号""乡字号"特色品牌。

2. 培育壮大乡村产业新型业态

推动利用闲置宅基地及农房，发展适应城乡居民需要的休闲旅游、餐饮民宿、文化体验、健康养生、养老服务等乡村产业，推进农村一二三产融合，打造出三瓜公社、长丰马郢、庐江黄山寨等知名现代农业田园综合体。获批省级以上一村一品示范村（镇）51 个。

（五）农村人居环境持续提升

1. 推动美丽乡村达标建设

全市 606 个规划布点中心村美丽乡村建设全部达标，63 个乡镇政府驻地建成区完成"两治理一加强"①。农村生活垃圾无害化处理率达 100%，农村无害化卫生厕所普及率提高到 95%，乡镇政府驻地及中心村分别实现污水处理厂（接入城市管网）建设全覆盖，污水治理率达 80% 以上。

2. 塑造文明风尚

组织实施农村文明创建行动纲领，确保全市 60% 以上村镇达县级以上文明村镇标准，新型农村社区建设和公共服务法律站（窗口）实现全覆盖；全市已有 1089 个村将农村人居环境整治纳入村规民约，占比达 95%。

（六）农村农民更加富裕富足

1. 不断壮大村集体经济

每年安排专项资金 5000 万元，按每年 100 个村、每村 50 万元标准扶持壮大村集体经济，2021 年底，全市集体经营性收入 50 万元以上的行政村达 531 个，占比 45.3%。

2. 强化扶贫资产管理

建立扶贫资产总台账，推进 2016 年以来形成的扶贫资产确权登记入账，累计登记扶贫资产总规模达 57.06 亿元。

（七）基础设施建设不断完善

1. 构建高品质农村公路网

全市 81 个乡镇全部通达二级及以上公路，建制村通双车道占比 71.9%，14393 个较大自然村通硬化路 14348 个，占比 99.7%，实现与高速公路、国省干线公路、城市道路等相衔接，综合水平已赶超长三角邻近省会城市。荣膺首批全国"四好农村路"建设市域突出单位。

2. 启动乡村建设行动

目前省级美丽乡村中心村达 76 个、经济强村达 350 个，全市 1237 个行政村 17571 个村庄初步分类成果已形成，省级村庄规划编制试点 8 个，占全省 50%。推进乡村振兴项目累计达 251 个、完成投资 49 亿元，圩美·磨滩、十里长冲等成为网红打卡地。

---

① "两治理一加强"即治脏、治乱和加强基础设施建设和公共服务配套。

二、存在的短板和不足

（一）农业质量效益有待提升

1. 科技支撑作用不强

合肥市农业科技进步贡献率为62%，低于上海、江苏、浙江（分别为70%、70%、65%），农业科技水平仍待提升。

2. 现代农业园区数量不多

合肥现有市级以上现代农业园区46个，低于南京（52个），约相当于杭州的一半（85个）。

3. 龙头企业规模不大

全国农业企业500强，合肥仅洽洽食品、丰乐种业、荃银高科3家入围，不及南京（6家）、南通（9家）、济南（7家）等城市，迄今没有产值百亿元的农产品加工企业。

4. 亩均质量效益不高

蔬菜、草莓、龙虾等12条农业重点产业链虽有发展，但市场化、组织化程度不高。粮食生产存在"两低"现象：一是亩均产量低（767.4斤），与南京（956斤）存在较大差距，仅比杭州高20余斤；二是亩均产值低（910元），远低于南京（1500元）、杭州（1345.5元）。

（二）农业发展基础仍然薄弱

1. 产权流转不够顺畅

全市除8个省级试点村庄外，其余村庄"多规合一"规划均进展不快，农村闲置建设用地、闲置宅基地、闲置农房权能不完整，导致用地受限，休闲农业和乡村旅游建设项目等新业态难以获得建设配套用地许可。

2. 农田基础设施条件较差

高标准农田规模不大、质量不高，全市已建成高标准农田361万亩，占比约48%，比例低于南京（约84%）、苏州（约78%）、杭州（约58%）、上海（约74%）等市，亩均投资也远低于长三角先发城市。此外，江淮分水岭等部分区域农田机耕路年久失修，网络通信、仓储物流等设施未实现全覆盖。

3. 农村一二三产融合不足

合肥市具有旅游接待服务能力的村较少，与南京、杭州差距较大，缺乏小众类、精准化、中高端产品和服务。

4. 农村集体经济较为薄弱

2021年全市村均集体经营性收入55万元，348个村在30万元以下，占比29.7%，与长三角先发地区相比差距较大（2021年，南京市村均集体经营性收入434万元，杭州市为330万元，宁波市为162万元）。

（三）农业要素保障尚不牢固

1. 土地瓶颈制约较为明显

省里下达合肥市耕地保有量目标为 55.6 万公顷，全市现有耕地 48.6 万公顷，与省定目标相差约 7 万公顷。各地易于开发利用的地块已基本整治完成，叠加生态保护红线的划定因素，全市补充耕地后备资源匮乏，长远看将制约农业农村的发展。此外，农业项目投资强度、纳税能力、带动就业远不如工业，难以拿到用地指标。

2. 农业企业融资仍较困难

以农产品加工企业为例，企业需要一次收购、常年加工，流动资金压得多，特别是季节性收购资金贷款难，"有买原料的钱就没有生产的钱"。据估算，70% 以上的农产品加工企业存在资金缺口，大部分企业同时缺少长期资金和流动资金，而担保公司和银行在审核贷款过程中仍客观存在门槛较高、把控较紧等问题，企业获贷较难。

3. 农村人才外流现象严重

由于农业的创业环境以及基本公共服务水平相对落后，大批农村成长起来的优秀人才流往城市，几乎所有大专以上学历的劳动力都集中在城市，留在农村的大多数是低学历人群以及老人和孩子。

（四）有效衔接推进乡村全面振兴存在短板

1. 部分地区脱贫攻坚成果存在弱项

有的地方产业基础比较薄弱，产业项目竞争力不强。

2. 分类指导的制度保障体系需要完善

对脱贫稳定户、脱贫不稳定户和边缘易致贫户具体的分类标准和后续帮扶意见不够明确，因户施策、分类管理上可能出现"一刀切"的情况。

3. 农村低收入人口常态化帮扶机制有待进一步健全

存在劳动就业收入占比低、政策性收入占比高的情况，有些脱贫人口收入刚达标，超过贫困线不高。

（五）农业农村生态环保任重道远

1. 乡村人居环境整治任务仍然艰巨

全市 17571 个村庄，达到美丽乡村建设要求的只有 606 个，农村生活污水治理只覆盖到乡镇政府驻地、中心村及巢湖周边的较大自然村，已建成管网配套不足，污水收集率和处理率偏低。

2. 农业面源污染问题突出

污染分散性、不确定性及时空分布的异质性，导致集中监管和污染治理难度加大。

3. 财政用于农村污染治理和环境管理能力建设资金相对有限

农村生态保护补偿资金缺口较大，基层财政增长乏力，与乡村振兴需求不相适应。此外，农村安全饮水问题虽然解决了，但供水质量、时间保障、高效服务等方面与城市相比仍有较大差距。

（六）农村民生保障存在短板

国家"十四五"规划从加强农村基础设施建设、加快提升农村劳动力就业质量、增加农村公共服务有效供给三方面提出要进一步保障和改善农村民生，目前合肥市农业农村发展短板依然存在。

1. 部分基础设施建设不到位

部分县区生活垃圾无害化处理精细化程度不够，农村地区管理更为粗放；"四好农村路"实现了较大自然村通硬化路，但仍有相当一部分村没有实现户户通。

2. 农村劳动力就业质量不高

脱贫人口就业不稳定，转移就业渠道亟待进一步拓宽，乡村就业服务亟待进一步强化。

3. 公共服务供给存在不足

农村教育、医疗、养老等基本公共服务供给数量处于"紧平衡"，服务质量不高，对留守儿童、妇女和老年人的关爱亟须进一步提升。

三、思考和建议

（一）提升农业质量效益

坚持用工业化思维推动农业生产方式转变，实现粮食及重要农产品稳产保供，提高产业发展质量效益和竞争力。

1. 确保粮食及重要农产品稳产保供

实施藏粮于地、藏粮于技战略，严格耕地用途管制，接续开展高标准农田建设，牢牢守住粮食安全底线。

2. 培育若干优势特色农业产业

支持各县（市）区立足自身资源禀赋，紧盯市场需求变化，发展壮大1个农业主导产业和2个特色产业，大力发展有机农业、都市农业、互联网农业，重点突出草莓、苗木花卉等12条农业特色产业链，打造一批融入合肥元素的农产品区域公用品牌，提升品牌价值，增加市场竞争力。

3. 推动农村一二三产业融合发展

坚持粮头食尾、农头工尾，深入实施农产品加工"五个一批"工程，推进农产品初加工、精加工和综合利用，做大做强农产品加工业，着力培育百亿元级农业企业。破除"就农业抓农业"的思维定式，做精做优乡村休闲旅游业，做新做活农村电商，不断拓展农业新业态。

4. 发展多种形式的适度规模经营

积极培育家庭农场、种养大户、合作社、农业企业等新型农业生产经营主体，持续推进土地流转，推行土地入股、土地托管、联耕联种等多种经营方式，提高农业适度规模经营水平。

（二）强化农业科技和装备支撑

深入实施"两强一增"行动计划，培育壮大美亚光电等农机制造研发龙头企业，大力推广新品种、新技术、新模式、新装备，提高农业良种化、机械化、科技化、信息化水平。

1. 提升农业科技水平

借力合肥综合性国家科学中心优势，推进合肥"智慧农业谷"建设，加快发展数字农业、智慧农业、高效设施农业，推动农业降本增效提质。以庐江县为核心区，加快创建合肥国家农业高新技术产业示范区。着眼长远，编制合肥种业之都发展规划，建设种质资源库，打造大蜀山种业创新中心，不断完善现有种业政策，提高政策的实效性。

2. 提高农机装备水平

提高粮食关键环节的农机装备能力，强化粮油、畜牧、水产养殖、食用菌生产、设施农业等关键环节农机装备应用，提高农机设施装备的信息化、数字化、无人化水平。积极搭建农机服务与农机需求对接平台，打造一批"全程机械化+综合农事"服务中心，实现机械化综合农事服务中心乡镇全覆盖。

（三）推进乡村建设行动

统筹城镇和村庄规划建设，推进城乡基础设施和基本公共服务制度并轨、标准统一，持续改善农村人居环境，建设生态宜居美丽乡村。

1. 科学分类推进村庄规划

编制"多规合一"实用性村庄规划，以规划指导建设，避免大拆大建，注重通过微改造、精提升，逐步改善农村人居环境，强化内在功能，提高生活品质。用好乡村建设导则，因地制宜、分区分类设定建设标准，做到既保证质量又各具特色。

2. 加强乡村公共基础设施建设

把县域公共基础设施建设的重点放在农村，着力推进往村覆盖、往户延伸，重点推进通自然村道路、冷链物流等既方便生活又促进生产的基础设施建设，全面改善农村水电路气房、防汛抗旱等条件，逐步实现乡村生产生活条件与城镇同步。

3. 实施农村人居环境整治提升行动

坚持"求好不求快"，扎实推进农村环境"三大革命"，加快普及农村卫生厕所，加强粪污无害化处理与资源化利用，推进农村生活污水和黑臭水体治理，健全农村生活垃圾收运处置体系，推动村容村貌整体提升。

（四）强化乡村振兴要素保障

全面推进乡村振兴，离不开资金、人才、土地等要素的强大支撑，必须着力解决好乡村"人"的问题、"地"的问题和"钱"的问题。

1. 保障用地需求

完善农业用地保障机制，优化存量，大力挖潜、节约集约，拓展集体建设用地使用方式、盘活存量建设用地资源；县域新增建设用地指标，设定一定的比例，保障农业项目用地。

2. 加大金融支持

对机构法人在县域、业务在县域、资金主要用于乡村振兴的地方法人金融机构，加大支农支小再贷款、再贴现支持力度，实施更加优惠的存款准备金政策。支持各类金融机构探索农业农村基础设施中长期信贷模式，积极发展农业保险和再保险。优化完善"保险+期货"模式。

3. 强化人才支撑

引进一批科技人员和社会资本下乡创业，鼓励吸引更多的农村大学生、退伍军人和在外务工经商人员返乡创新创业，发掘一批"田秀才""土专家"和"能工巧匠"在乡创业，营造农村创业兴业良好环境，培养一批经营现代农业的新型职业农民和新型经营主体，不断增强乡村振兴活力。支持党政机关、企事业单位工作人员和离退休干部保留身份待遇，到农村创业或参与乡村治理，不断增强乡村振兴活力。

（五）加快共同富裕步伐

在"蛋糕"做大做好的基础上，把"蛋糕"切好分好。

1. 构建防范返贫动态监测和帮扶长效机制

针对国家和省出台的脱贫攻坚和乡村振兴衔接政策，出台配套政策文件，保持政策总体稳定和有序衔接。严格落实"四个不摘"，健全防止返贫动态监测和帮扶机制，持续巩固提升"三保障"和饮水安全成果，扎实开展防止返贫动态监测，防范化解返贫致贫风险，坚决守住不发生规模性返贫底线，把来之不易的脱贫成果巩固住、拓展好。分类优化调整现有帮扶政策，提升脱贫地区产业发展的技术、资金、人才、市场等支撑基础，逐步实现由集中资源支持脱贫攻坚向全面推进乡村振兴平稳过渡。加大产业、就业帮扶力度，提升低收入农户特别是刚脱贫农户的内生发展能力。

2. 发展壮大村级集体经济

实施扶持壮大村级集体经济的"百村示范、千村提升"工程，开展"百企兴村"专项行动，加强对村企联建的统筹谋划，找准村企共同利益和需求的结合点，多形式、多模式、可持续推进村企联建共赢。鼓励跨村实施片区综合开发项目、农业示范区项目和现代农业园区建设项目。优先发展农村教育事业，推进健康乡村建设，提升农村养老服务能力，促进公共教育、医疗卫生、社会保障等资源向农村倾斜，逐步建立健全全民覆盖、普惠共享、城乡一体的基本公共服务体系。

3. 提升农村公共服务水平

优先发展农村教育事业，推进健康乡村建设，提升农村养老服务能力，促进公共教育、医疗卫生、社会保障等资源向农村倾斜，逐步建立健全全民覆盖、普惠共享、城乡一体的基本公共服务体系，推进城乡基本公共服务均等化。

（六）激发乡村治理活力

发挥好乡村治理中"人"的核心作用，做好"人"的工作，推动乡村治理真正走进民心。

1. 选优配强村"两委"班子

加强镇村两级干部选配，把政治素质硬、致富能力强、群众口碑好的优秀党员干部选进村"两委"班子，重点选好党组织书记。同时，把发展农村党员与村干部后备力量建设结合起来，拓展选人视野，严格入口把关，提高党员发展质量，增强党员队伍活力。加强新进入村班子成员的教育培训和管理，更多关心爱护农村基层一线干部，让他们办事有条件、干事有劲头、发展有奔头。

2. 发挥农民主体作用

在基层党组织的领导下，发挥村民在乡村治理中的主体作用，健全完善以村民自治和村务监督组织为基础，以集体经济组织和农民合作组织为纽带，以各种社会组织为补充的乡村治理体系。强化村民主人翁意识，让村民主动说事、议事、主事，真正实现"民事民议、民事民办、民事民管"，发挥村规民约在乡村基层治理的"土宪法"作用。

3. 引导树立文明风尚

农耕文化留下了诚信明礼的文明乡风、邻里守望的淳朴民风、耕读传家的良好家风，直到今天仍在乡村发挥着不可替代的作用。新时代乡村治理要注意保护传承传统文化，坚持以社会主义核心价值观为引领，不断注入新的现代文明要素。摒弃传统文化中的糟粕，破除高价彩礼、人情攀比、薄养厚葬、铺张浪费等陈规陋习，推进农村移风易俗。

（主笔人：英义　张小松　储节旺）

第三篇

储备性课题

▶ 合肥市租赁住房市场发展现状及对策研究

▶ 合肥市打造营商环境标杆城市研究

合肥市租赁住房市场发展现状及对策研究

合肥区域经济与城市发展研究院课题组

住房是安居之本、民生之要。国内外实践证明，中低收入居民家庭住房问题无法通过市场机制彻底解决，需要政府的合理干预和扶持，而保障居民生存权和居住权是政府的应尽责任，也是政府公共服务的重要内容，对经济发展和社会稳定具有重要作用。我国作为一个人口大国，住房问题也十分突出，中华人民共和国成立后特别是在经济体制改革之初，居民的住房问题就成为了政府最为关切的民生问题之一。

1998 年 7 月国务院颁布《关于进一步深化城镇住房制度改革加快住房建设的通知》，明确提出政府或单位为最低收入家庭提供"廉租住房"；1999 年 4 月建设部发布《城镇廉租住房管理办法》，首次将廉租房列入单项管理并出台相关办法，明确廉租房的概念、来源、定价和帮助对象；2004 年出台的《城镇最低收入家庭廉租住房管理办法》，针对廉租房的住房面积、补贴标准、准入机制以及用地保障等作出明确规定；2013 年住建部、财政部、国家发展改革委发布《关于公共租赁住房和廉租住房并轨运行的通知》，我国住房保障制度进入制度并轨阶段，公共租赁住房和廉租住房实现并轨，统一为公共租赁住房；2016 年中央经济工作会议上，中央财经领导小组首次提出"房住不炒"；2017 年中央经济工作会议又强调"要发展住房租赁市场特别是长期租赁，保护租赁利益相关方合法权益，支持专业化、机构化住房租赁企业发展"，同年住建部等九部委联合印发《关于在人口净流入的大中城市加快发展住房租赁市场的通知》要求大中城市加快发展住房租赁市场；2018 年中央经济工作会议再次强调"房住不炒"的定位；2019 年中央经济工作会议上又着重强调"大力发展租赁住房"。从"要发展"到"要大力发展"，意味着住房租赁市场特别是长租市场将迎来新的机遇和使命。同年，财政部、住房和城乡建设部发布《关于开展中央财政支持住房租赁市场发展试点的通知》，提出中央将分批支持部分人口净流入、租赁需求缺口大的大中城市发展住房租赁市场。2021 年是"十四五"开局之年，租赁住房相关政策进一步上升到国家战略层面，国家再提"房住不炒、租购同权"，国办印发《关于加快发展保障性租赁住房的意见》，提出通过完善土地支持政策、简化审批流程、给予财税支持、加强金融支持等方式，促进解决新市民、青年人等群体住房困难问题，加快完善以公租房、保障性租赁住房和共有产权住房为主体的住房保障体系，促进实现全体人民住有所居。如何完善我国住房保障制度，如何引导租赁住房市场更加健康有序发展，不仅对于完善我国社会保障体系具有重要影响，而且对于我国的改革进程更是具有全局性、战略性意义。

一、合肥市租赁住房市场发展现状

"十三五"以来，合肥市坚持"房子是用来住的、不是用来炒的"定位，加快建立多主体供给、多渠道保障、租购并举的住房制度，先后承担全国首批住房租赁试点、利用集体建设用地建设租赁住房试点、全国首批中央财政专项资金支持租赁住房市场发展试点和政策性租赁住房试点四项国家级试点工作，取得阶段性试点成效，制度健全、服务规范、渠道多元、总量平衡、结构合理的住房租赁市场基本形成，住房保障体系更加完善，受到住建部等高度肯定，形成住房租赁"合肥样板"。2022年2月住建部《发展保障性租赁住房可复制可推广经验清单（第二批）》将合肥相关经验做法收录其中。合肥市住房市场体系住房发展向住有所居目标大步迈进，总体来看，目前合肥市租赁住房以公租房为主，包含2014年之前建设的廉租房，统一归入公租房进行管理，公租房主要提供给包括本市户籍双困家庭和产业园单位无房工人等。2017年以来作为国家多项住房租赁试点城市，始终高度重视发展保障性租赁住房，但合肥市租赁住房市场仍处于起步阶段。

（一）政策体系逐步形成

合肥市围绕增加供应、培育企业、财税金融、规范整顿、健全机制等方面，先后制定出台了一系列支持政策，仅2020年就出台相关制度约20项，涉及租赁住房市场发展和保障性租赁住房的各个主要方面，形成了相对完备的政策体系，涵盖市场发展、权益支持、市场监管等方面，特别是房源核验、地方财政奖补、信用考评、开发企业配建自持、非住宅改建和成套住宅改造等力度较大，受到财政部、住建部高度肯定。主要政策包括：2017年出台《合肥市住房租赁试点工作实施方案》《关于推进合肥市住房租赁试点工作的通知》《合肥市盘活政府投资公共租赁住房工作方案》等；2018年出台《合肥市利用集体用地建设租赁住房试点工作实施方案的通知》等；2019年出台《合肥市公共租赁住房管理办法》《合肥市公共租赁住房管理实施细则》等；2020年颁布《合肥市完善住房保障体系试点工作方案》《关于加快发展和规范合肥市住房租赁市场的通知》《合肥市支持住房租赁市场发展中央专项资金管理办法》，修订印发《合肥市促进住房租赁市场发展财政奖补资金管理办法》，并且根据国务院办公厅、住房和城乡建设部等文件精神，结合合肥市实际，发布《关于非住宅改建为租赁住房的通知》等。同时为进一步加强住房租赁行业管理，制定出台《合肥市住房租赁企业信用信息管理办法（试行）》。

（二）管理机制基本建立

1. 建立领导机制

成立由市长任组长的住房租赁试点工作领导小组，统筹推进、指导调度全市租赁住房工作。设立领导小组办公室，具体牵头日常协调、制定配套政策、督导检查和考核评估。各相关部门依职责完善相关政策措施，协同配合和工作衔接，确保各项工作任务有效落实。

2. 健全管理体系

2018年，成立合肥市住房租赁服务管理中心，负责全市租赁住房的合同备案、交易监管、平台建设和保障性住房的建设、分配、后期管理等事务性工作。各区（开发区）相应成立管理机构，各乡镇（街道）落实专门工作人员。将住房租赁管理与文明城市创建、流动人口管理、出租屋治安管理、物业服务管理等基层工作相结合，纳入社会综治范围。2018年，成立第一、第二、第三级市级公租房运营管理中心，通过市场化购买服务，包括入住和退出管理事项、租金收缴和房屋使用管理事项、维修养护事项以及综合管理事项四大类，完善政府购买公租房运营管理服务的制度与流程，形成一批可复制、可推广的试点效果，为提升公租房运营管理能力提供有力支撑。

3. 强化督查考核

（1）建立考核评比机制。将试点工作纳入各区（开发区）年度目标管理绩效考核，市房产局会同有关部门组织对租赁住房工作进行监测评价，对工作不力、进展缓慢的单位，领导小组办公室实行月度通报、季度评比和年终综合考核。

（2）建立企业信用档案以及守信激励和失信惩戒机制。在全国率先出台住房租赁企业信用管理办法，将全市住房租赁企业分为6个信用等级，细化住房租赁企业信用评价标准，开展信用评价，形成企业档案。对信用等级较高的住房租赁企业，实行信用激励，对AAA级、AA级和A级的企业，分别按80万元、60万元和40万元进行奖补。对信用等级较低的住房租赁企业实行信用警告和信用惩戒，并引导企业规范发展。

（三）房源供给较快增长

1. 灵活调整土地政策

增加用地供给，先后出台保障性租赁住房用地占商品住房用地约15%、竞自持租赁住房、竞配建租赁住房等用地支持政策。已累计供应国有建设用地约2100亩，集体建设用地231.5亩。缤纷公寓（花园大道项目）就是全国首批集体建设用地建设租赁住房试点项目。放宽规划条件，为有效增加租赁住房供给，放宽盘活存量土地和存量房屋方面的规划设计条件。对产业园区配套用房，将配套用地面积比例由7%提高到15%，用地性质不变，不需补缴土地出让价款，增加部分用于建设租赁住房。对存量商办、厂房等非住宅，在不改变原有建设用地规划性质、房屋类型和建筑容量等控制指标前提下，支持改建为租赁住房。新建、配建保障性租赁住房约3.4万套，例如新站高新区的维信诺公寓是利用园区配套用地新建的典型范例。

2. 租赁住房供应主体增多

公租房建设方面，"十三五"以来，全市投资建设分配公租房120210套，其中市本级财政投资建设22个公租房小区，156万平方米、26736套公租房，保障市区户籍家庭的有13766套，分布在全市各区，包括蜀山产业园、山湖苑、永和公寓、皖水公寓、创新公寓、天门湖、惠园、竹园、和康居苑、蓝天公寓、龙腾家园等；企业投资39105套。保障性租赁住房建设方面，目前已盘活存量房源约20万套（间），新增加2万套（间）以上。例如，经开区在建保障性租赁住房类项目13个，保障性租赁住房达到5400多套。其中，人力资源产业园宿舍是经开区保障性租赁住房的特色试点项目之一，目前有两栋公寓，共

300 套。经开区已经在南区和新桥科创示范区各选定一处地块建设保障性租赁住房。

（1）培育国企引领市场。整合市区国有住房租赁资源，2019 年 12 月，成立合肥市住房租赁发展股份有限公司，注册资本 50 亿元。公司依托国家试点城市政策优势和中央财政强劲后援，通过"建、改、筹"等方式多渠道筹集房源。一是推进新建租赁住房项目 5 个，可建租赁住房约 4000 套。例如，承寓·和平路社区就是公司首个自建租赁社区项目。改建或筹划改建租赁住房项目 17 个，可改建租赁住房约 3000 间。例如，高新区长宁公寓是一个国有集中式租赁住房，可满足 2000 人的租住需求，目前的配租率达到 95%。二是整合盘活国有住房租赁房源。市区两级已划转各类国有房源约 7000 套。三是拓展"收房""存房"业务，提高国企在住房租赁市场的占有率，已盘活社会闲散房源约 1000 套。例如，公司分散式房源改造项目滨湖康园、瑞园、欣园、顺园等，满足滨湖新区刚需性住房租赁需求人群。目前，合房股份持有房源已达 1.5 万套/间，总体入住率达 92%。

（2）引导开发企业转型。合肥市先后推出租赁住房用地占商品住房用地约 15%、竞自持租赁住房、竞配建租赁住房等用地支持政策，鼓励房地产开发企业从传统的开发销售向租售并举模式转变。扶持龙湖冠寓、万科泊寓、孟邻公寓、悦客艾家、天泰公寓等专业住房租赁企业做大做强，合肥市专业化、规模化品质住房租赁企业超 20 家。目前，合肥市拥有房源 1000 套以上或者租赁面积达到 3 万平方米以上的租赁企业达到 20 家，累计提供已经 9 万套间租赁住房，为新市民提供不同层次的租赁产品，满足租赁群体不同的租赁需求。

（3）支持住宅改造非住宅改建。住宅改造的成本相对较低，由于原本是住宅，因此这类房源的面积、户型、装修、配套等往往更适合租住，宜居性较好。合肥市出台相关规定，对成套住宅在不影响居住安全的前提下，允许将使用面积 12 平方米以上的客厅改造成一间房间对外出租。例如，长宁家园的改造房源分散在小区的 5 栋楼，共计面积 4429 平方米。出台《关于非住宅改建为租赁住房工作的通知》，明确非住宅的改建范围、改建条件、改建程序和保障措施，对存量商办、厂房等非住宅，在不改变用地性质、建筑容量、承重结构等指标的前提下，支持改建租赁住房项目 93 个。

（四）保障水平明显提升

1. 新市民保障逐步提标扩面

在市级公租房小区保障本市城镇户籍的住房困难家庭 13792 套中，截至 2021 年 9 月底，保障本市户籍中等偏下收入住房困难家庭 13429 户，占比 72%，保障新就业、外来务工人员 5227 户，占比 28%。

2. 切实推进租购同权

承租人可以根据市租赁平台备案信息办理居住证，按照合肥市政府下发的《关于加快推进合肥市住房租赁试点工作的通知》，享有义务教育、基本医疗、公共卫生、健康促进、基本养老、就业服务、社会保障、社区事务、住房保障和公积金提取等方面的基本公共服务。如对本市无住房且租住商品住房的承租人，单身职工每年提取住房公积金支付房租的限额提高至 12000 元，已婚职工夫妻双方每年提取住房公积金支付房租的限额合计提高至 24000 元。在义务教育方面，2018 年首次实施义务教育网络报名中，单独提供了住房租赁承租人子女通道，只需提供住房租赁合同备案号即可入学。在中小学招生工作中确定，凡是具有城区户籍的适龄儿童少年，其父母以单独租赁的成套房屋作为唯一住房并登记备案，可统筹安排入学；符合"房户一致"条件的，可相对就近入学。非城区户籍的适龄儿童少年，可统筹安排入学；连续租住同一成套房屋并登记备案满3年的，可相对就近入学。

（五）财税支持力度加大

1. 地方财政奖补先行

合肥市于2018年在全国率先出台地方财政奖补政策，设立市级财政奖补资金，着力盘活社会存量房源，对完成住房租赁合同备案的个人业主，按照备案面积每平方米每年奖励18元；对提供住房租赁居间服务的企业，当年累计备案面积达到3000平方米的，每平方米每年奖励1.6元；对提供住房租赁信息采集服务的物业服务企业，按每套50元进行奖补，奖补标准以基本覆盖应纳增值税额作为参考。目前，累计已发放市级奖补资金约1100万元。

2. 实施中央财政奖补

合肥市获24亿元中央财政资金支持，专项用于支持住房租赁市场发展。中央专项资金通过注入资本金、财政奖补、贷款贴息、担保费补贴等方式，重点支持新建和改建租赁住房、盘活存量住房、提高住房租赁备案率、培育规模化住房租赁企业、升级改造住房租赁平台、开展住房租赁基础性研究和采购第三方服务等方面。符合条件的市场主体包括利用国有商品住房建设用地新建或配建租赁住房、利用集体建设用地新建租赁住房、企事业单位利用自有存量非住宅国有建设用地新建租赁住房、利用商业、办公、工业厂房等非住宅，按规定集中改建为租赁住房的进行奖补，只需通过平台，即可实现一键申请。目前，已累计发放奖补资金约12.5亿元，支持企业50家左右，惠及群众近万人。2021年以来，共发放中央专项奖补资金1.77亿元，主要用于住房租赁的项目建设、租赁合同网签备案、信用良好企业激励奖补，其中新建类12家项目、14个项目通过申请，奖补资金1.59亿元，未来可提供5500套租赁企业住房；备案类45家住房租赁在企业获得1326万元奖补金，备案面积156万平方米；信用类包括11家信用等级在A类以上住房租赁企业获得520万元奖补金。完成个人房东10149户、689万余元奖补资金发放。

3. 落实信贷税收优惠政策

与建设银行开展合作，推出住房租赁支持贷款、经营贷款等多种金融产品，贷款期限长达25年，贷款利率低至4%左右。同时，对符合条件的贷款，按其贷款利息给予50%贴息，采用融资担保的，按担保额的0.5%予以担保费补助。对个人出租住房给予税率优惠，对个人出租自有住房且月租金10万元以下的，个人出租自有住房3年零税率；月租金10万元以上的，实行8%综合征收率；对规模化住房租赁企业房产税由12%降为4%。

（六）服务平台有序运行

1. 搭建租赁平台

为管理租赁住房资源，合肥市投资建设统一规范的合肥市住房租赁交易服务平台，平台自 2017 年 12 月完成一期的上线运行工作以来,实现了集房源核验、搜房找房、网签备案、信用评价、数据应用等多功能于一体的一站式住房租赁服务。通过持续完善功能、接入第三方平台、大力宣传推广,已逐步形成"无忧租好房,就用'合肥住房'"的社会舆论。住建部多次肯定并推荐合肥市"实智明规"(房源真实、管理智能、流程透明、发展规范)政府租赁平台建设经验,天津、杭州、成都、济南、西安、郑州、长沙等城市,先后来合肥市考察学习调研。目前平台注册用户约 30 万人,纳管企业超 500 家,租赁平台房源总量累计突破 40 万套/间,房源核验量超 20 万套/间,挂牌房源达 17 万套,租赁合同备案 17 万宗。对接 14 家住房租赁企业信息系统,传输 2.1 万条数据;对接 58 同城、安居客、贝壳等主流第三方互联网信息发布平台,数据互通 1900 万余次。

2. 升级租赁平台

2021 年合肥市继续投入约 1000 万元改造升级平台,增加如下功能:建立智能化数据平台。新增地图找房、住房租赁热力图,该功能直观反映全市区域的租赁需求和热度,为解决供需错配、职住平衡提供有效技术支撑,开创"市场智慧化、服务智能化、管理智享化"的崭新局面。加强数据共享。通过租赁平台与公安等部门数据共享,实时将租赁住房出租和待出租信息推送至各区、街道、社居委和辖区派出所,与流动人口管理和基层综合治理等工作形成良性互动,推行"人房结合、以房管人"模式。完善第三方数据对接。与 58 同城、贝壳找房等 9 家房源信息发布平台实现对接,与 9 家租赁企业自有管理系统进行对接,交互传输数据超过 715 万条。与合肥市人才安居系统、公租房系统无缝对接,人才租赁合同备案 9000 多宗,保障房备案 17000 多宗。累计发放人才引进(新落户人才)租房补贴 2.4 万人,共计 2.18 亿元;人才安居(重点产业企业人才)租房补贴 4928 人,共计 2582 万元。实现全流程智慧办理。实行无产证线上登记、优化房源录入核验机制、升级消息管理,市民可以利用租赁平台和"合肥住房"手机 APP,实现自助式业务办理。

(七)社会组织作用显现

2018 年 8 月合肥市住房租赁协会正式成立,会员涵盖市及各区房屋租赁公司等国有公司,同时拥有万科泊寓、龙湖冠寓、红璞公寓、孟邻公寓、悦客艾家等品牌公寓,包括住房租赁企业、开发企业、运营商和第三方服务商等。定期举办行业培训交流会,涉及法律培训、业务技能培训、消防培训、风险防范等多个维度,提升会员企业经营能力。组织学习参观活动,带领会员企业前往本地品牌企业和广州、杭州等城市调研考察,学习先发地区、优秀企业的成功经验。号召发起多项公益活动,如高考期间暖心助考服务活动等。加强与媒体合作交流,组织特色宣传活动,如"寓"见最美租赁人、住房租赁行业中女性力量等系列专访等。搭建政企沟通平台,加强与主管部门、街道社区等部门沟通联系,及时传达政策文件及解读,组织企业参与市、区等主管部门座谈会,反映企业政策、融资等方面诉求,畅通企业意见建议反馈渠道,共同推动行业规范发展。建立月度调研机制,每月在全市范围内选定一定数量的集中式租赁住房项目,开展住房租赁指数调研活动,并定期发布集中式长租公寓市场月度运营简报,对行业数据进行剖析,为行业发展提供数据参考。

二、合肥市租赁住房市场发展的主要问题

（一）政策体系不够完善

1. 政策不够清晰

2021 年，国务院办公厅发布《关于加快发展保障性租赁住房的意见》，提出加快完善以公租房、保障性租赁住房和共有产权住房为主体的住房保障体系，把解决新市民、青年人等群体住房困难问题摆上重要议事日程。但该文件中并未对新市民、青年人两类群体范围给出界定和区分，有地方将青年人群体替换为高校毕业生。合肥市在相关政策文本中，对如何界定新市民和青年人的范围，存在一些过于定性而缺乏定量的表述，例如"解决外来务工人员的一张床、大学生的一间房、新市民家庭的一套房"的说法过于模糊，缺少关于面积大小的必要规定，给实际工作带来很大困扰。

2. 政策不够完善

针对保障性租赁住房新改建和运营过程中涉及土地、规划、消防、审批、验收、税费优惠、民用水电气等支持政策还比较欠缺。如目前合肥市出台政策允许商改租，水电气价格按居民标准收，允许个人将现有住房按照国家和地方的住宅设计规范改造后出租，但什么情况下可以改，什么情况下不可以改，缺少详细的规定说明。住房和室内设施应符合改建的标准是什么，如果违规，谁来管，如何管，如何管理租金价格，如何制定双方满意的租金水平，如果承租人涨租如何惩戒等没有具体方案，也缺少具体实施细则。对住房出租方给予金融支持贷款利率优惠、贷款期限等没有具体规定，推进房地产投资信托基金（REITs）也缺少具体措施；如何监管规范租赁市场，对违规行为如何惩戒均无具体规定。相关法规制度的不完善，租赁双方的违约成本低，造成了住房租赁市场中承租者群体和出租者群体的不规范行为，法规制度的法律约束力有待加强。

（二）工作机制不够完善

1. 领导小组作用有待进一步发挥

目前已成立由市长担任组长，常务副市长、分管副市长担任副组长的住房租赁试点工作领导小组，统筹协调全市住房租赁试点工作，发挥督促、检查和指导、监督的功能，协调多部门对全市住房租赁试点工作进行统筹协调，及时研究解决试点工作中存在的问题。合肥市目前领导小组作用仍有较大的提升空间。市、各区政府（开发区管委会）保障性租赁住房工作领导小组处于筹备阶段，真正发挥作用还需要一个过程。

2. 部门联动工作机制仍未建立

住房保障制度的实施和管理涉及多个行政职能部门，其中，房产局是住房租赁工作的行业主管部门，负责对住房租赁管理工作进行指导、监督，牵头落实各项住房租赁管理制度、试点工作任务和年度绩效目标任务考核等工作；网信部门负责加强网络信息平台管理，对网络信息平台存在未履行发布主体责任、未严格执行房源发布信息核验制度以及租赁房源信息"房码不一致"等违规行为的，根据房产管理、市场监管等部门的通报，视

情依法采取约谈、暂停相关业务和停业整顿等措施；公安机关负责掌握日常租赁房屋、租住人员信息，协助辖区政府开展住房租赁合同网签备案等工作，严格租赁住房社会治安综合治理，督促住房租赁企业、个人等租赁主体整改租赁住房治安隐患。应急管理、城市管理等部门负责群租房整治，依法查处涉及租赁住房管理的违规、违法行为；市场监管部门负责加强住房租赁企业注册登记管理，整治住房租赁企业违法广告发布、虚假宣传、无照经营等违反市场行政管理法律法规的行为。此外还涉及发改、人社、财政、教育、司法、城乡建设、自然资源和规划、国资、应急管理、城市管理、金融监管、住房公积金等多个政府部门，还包括从事住房租赁业务相关工作的单位自愿组成的住房租赁协会等社会组织。合肥市围绕租赁住房建设和市场发展，联动部门偏少、协调程度较弱、不定期、非常态等特点比较突出，全部门、常态化、高效率的联动工作机制尚未建立，在政策制定、资源整合、信息共享、跨部门沟通协调、工作统筹联动等方面，各自为政和多头管理两种弊端并存。

3. 不同主体缺乏沟通互动

与一般性的政府事务和政府行为不同，保障性租赁住房建设和租赁住房市场发展，必须依靠多元化主体积极参与和共同发力，要求在不同主体之间建立良性互动沟通机制，保证不同主体各尽其责，各展所长。但目前合肥市尚未形成不同主体之间协调互动的格局，引导市场主体和社会机构积极参与的工作机制仍不健全，造成政府积极作为，其他主体参与不够积极甚至不参与的不利状况。例如，《关于贯彻落实整顿规范住房租赁市场秩序的意见的通知》中提出符合条件的科研教育等非居住存量房屋允许改建为保障性租赁住房，但从调研情况来看，目前政府部门与科研教育单位之间仍未有实质性的联动和进展。

（三）供需矛盾比较突出

1. 供需问题比较突出

从数量方面来看，目前合肥市公租房的供应量比较充足，基本能够保障城镇住房困难群体住房需求。但是保障性租赁住房领域的供求矛盾比较集中。一方面，合肥市是人口净流入大城市，新增人口规模较大且呈加速增长态势。如合肥市"十四五"规划中提出今后5年平均每年吸引新增在肥就业高校毕业生不少于10万人，流动人口数的增长意味着租赁住房需求将会逐渐增加。如按照高校毕业生每人一间房的标准，以每套房三居室计算，则在理论上未来每年可能最多需要为高校毕业生提供3万套以上租赁住房。另一方面，合肥市保障性租赁住房建设处于起步阶段，按照计划，未来5年，合肥市将保障性租赁住房15万套（间），供应规模仍然比较有限，保障性租赁住房供应方面存在很大缺口。从结构方面来看，外来务工人员收入水平较低，主要需求是"一张床"；新就业大学生收入水平略高，注重社交和私密空间，主要需求是"一间房"；举家迁徙外来人口需要"一套房"来满足家庭基本居住需求。目前的政策设计与租赁住房建设并未充分考虑满足差异化的租住需求，并且新市民和青年人对租赁住房需求主要是希望周边交通便捷、离工作地近，对面积的要求并不高，但是对空间的独立性和隐私性的要求较高；此外，由于有相当比例的新市民和青年人以从事基础性服务业为主的群体构成，如快递小哥、家政服务人员、环卫工人、出租车司机、其他各类服务业从业人员等，这些人群的分布范围广，流动性也非常高，作为固定物的租赁住房，如何合理有效地满足差异化的居住需求，同样存在很大的优化空间。总之，造成数量和结构上供需失衡问题的重要原因是对合肥市租赁居住需求缺乏全面的了解和把握。由于目前合肥市还没有针对公租房和保障性租赁住房需求面的综合调查，也没有建立综合性的数据库，因此不仅结构性需求了解不多，即使是数量方面的基本需求规模也主要依靠估算。虽然也有一些机构团体（例如合肥市租赁住房协会）陆续开展了针对长租公寓的市场调研，但仍局限于特定类型的租赁住房，目前依然缺少市级、区县级的综合性调查结果。

2. 公租房品质仍需提升

目前合肥市 22 个市级公租房小区虽已全部分配入住，在整体上满足公租房租住群体的居住需求，有些公租房小区却和商品房小区的差别不大，居住环境较好，周边配套设施也比较齐全，如卓然居公租房小区配有地下车库；悠然居小区环境优美、空气清新、基础设施完善、绿化率高，园区内配套设施基本完善。同时存在一些有待解决的问题。在外部环境方面，合肥市多数公租房选址在市二环以外，位于城市边缘或近郊区地段。有部分公租房小区公共交通配套设施不足，出行不便，出行成本较高，尤其是原廉租房小区周边环境普遍较差。如天门湖公租房附近缺少基本生活配套设施，无法满足 15 分钟生活圈需要。在内部环境方面，有的小区因为建成年代较久，墙体脱落，楼道脏乱差，居住面积较小，占用安全通道住房品质较差，建筑质量不高，居住环境较差，存在较为严重的失修、失养、失管问题，难以满足基本居住需求。有的小区门禁形同虚设，甚至没有楼道门，没有设置门卡，公共活动设施严重不足。有的小区物业管理水平较低，车位管理混乱、绿化破坏严重、保洁不到位、垃圾处理不及时等问题比较严重。

（四）土地供应存在短板

1. 土地竞拍政策多变

土地是合肥市保障性租赁住房建设面临的突出问题之一，是加快推进保障性租赁住房建设的关键。目前，合肥市保障性租赁住房建设用地缺少持续长效的土地供应制度，土地竞拍方式从"价高者得＋最高限价时转为摇号"到"价高者得＋最高限价时转竞自持用于租赁的商品住房"再到目前的"价高者得＋竞装配率＋摇号"，土拍方式不断调整。如合肥市区 2021 年第二批次集中拍地，拍卖第一场经开 13 号地块，现场只有 3 家房企参与竞拍，这是合肥实行竞品质参拍的第一宗地块，许多企业持观望态度，对新规则还需要适应，从侧面反映出合肥市保障性租赁住房市场还在起步阶段，土拍政策需要不断探索长效模式。

2. 土地盈利周期长

目前土地起拍价提高，配建要求多，持有成本高。如经开区一处拍卖地要求竞得人须同步修建一所 15 班幼儿园，幼儿园相邻地块内建面积不少于 1500 平方米的街头游园，并向社会开放且须在本宗地内配建不少于住宅计容总建筑面积 25% 的保障性租赁住房。新房住宅限价且要求完善购地资金审查制度，这对很多自有资金不足、在规则之下无法确保盈收点的房企，无疑是极大的考验。尤其要注意的是，随着房地产市场调控力度不断加大，房地产行业进入下行通道的势头初步显现，房地产企业参与土拍和房屋建设的热情和能力都可能有所下降，民营房地产企业更是如此。在此背景下，房地产企业盈利周期延长、风险增加，这是当前和今后一段时期发展新建保障性租赁住房面临的现实问题。租赁住房需求往往集中于城市核心商圈，对于热点城市来说这类区域新建住宅用地本就稀缺，租赁住房用地更是"奢侈品"，若选择在相对偏远的郊区，则违背了"职住平衡"的原则，增加通勤成本。合肥市目前因位置、户型、租金和品质等因素，"租不到"与"租不出"的现实矛盾并存，园区内产业工人集聚，租赁需求旺盛，适租产品供给不足，职住平衡矛盾较为突出。利用集体土地建设租赁住房是近年来一直在试点的土地供应方式，合肥也已经成功实现项目竣工并开业，但相对国有建设用地，集体土地建租赁住房虽然破解了土地成本难题，但选址、与权益人关系的处理、收益分配等问题仍然需要破解。此外，采取新建方式，从企业拿地到规划设计再到建成投用，至少需要一两年时间才能形成有效的市场供应。对于"工改租"和"商改租"中如何进行土地用途调整、是否需要补交土地出让金、如何进行规划审批和消防验收等，没有明确的实施细则，职能部门顾虑改建审批安全监管责任，商改租、工改租政策落地难度加大，改建工作进展缓慢。此外，每个区的土地情况不尽相同，庐阳区几乎没有土地可拍，瑶海区以存量土地为主，高新区工业用地占比最大，如何将土地现状和租赁住房建设需要结合，推出相应的租赁住房建设措施，仍缺少必要的政策设计。

（五）资金保障有待加强

1. 资金使用要求较高

由于企业前期要投入大量资金进行住房建设、装修或改造，前期投入大、成本高。而对申请保障房项目的企业，要从前期投资竞拍、审批建设、后期配租运营管理进行审核监督，房屋建设审批手续周期长，保障房项目建设工作需要经过项目选址、立项、审查和设计招标、规划总平面审批、办理建设用地许可证、办理征地拆迁手续及拆迁委托、设计方案及扩初会审等十多个环节，程序繁复且有交叉，先后制约，而审查批准的职能又分属于不同部门，影响了整体工作效率。这与企业前期对资金的大量需求之间产生较大的矛盾。

2. 财政资金支持力度有待提高

合肥市共获得中央财政奖补资金24亿元，目前仅使用了其中的10.7亿元。根据财政部、住建部《关于发展中央财政支持住房租赁市场发展试点的通知》，示范城市可自主决定资金使用方案，且规定对相关企业的奖补金完全由中央奖补金支出，但后来又调整为中央奖补金仅占企业奖补的30%，由地方政府财政配套资金支付70%。

3. 资金来源仍较为单一

根据调研发现，尽管国家、省和市政府给予企业在用地、税收等多方面政策支持，但目前租赁住房企业参与保障性租赁住房建设的积极性并不高，社会资本对保障性租赁住房筹建存在"收益低、风险高、政策少、信息缺"的顾虑，吸纳社会资本参与建设运维进展不快。信贷支持力度不足，金融债券、企业债券、公司债券、非金融企业债务融资工具在租赁住房建设运营中的作用尚未充分发挥。

（六）监管机制有待健全

1. 准入管理存在不足

准入门槛依然较高。对最需要公租房过渡的往往是初次就业者和刚走上工作岗位的大学毕业生，合肥市规定新就业无房职工申请公共租赁住房，需同时符合下列条件：具有市区户籍或居住 1 年以上，持有全日制中专以上毕业证，从毕业当月计算起未满 5 年；在市区用人单位工作，有手续完备的劳动（聘用）合同（截至申请时，劳动合同剩余期限满 1 年）或人事部门证明，并正常缴存社会保险。对外来务工人员申请公共租赁住房需同时符合下列条件：申请人持有市区居住证；在市区用人单位工作，并签订正式劳动（聘用）合同（截至申请时，劳动合同剩余期限满 1 年），且连续缴纳社会保险 18 个月（含）以上。这些准入条件有可能将这些群体中一部分人排除在保障范围之外，导致公租房的覆盖面受限。居民收入难以准确查实。《合肥市公共租赁住房管理办法》中规定公共租赁住房的准入机制，即对于城镇中等偏下收入住房困难家庭采用的是严格控制收入标准的方式，固定具体收入线来划分住房困难群体。事实上申请人收入及居民家庭的收入通常难以精确统计，目前只对申请人予以家庭收入标准的审核，对申请人仅仅是形式上的审核，对其家庭的收入不能进行全面监控，其工资以外的隐性收入难以确定，如打短工短期收入、短期投资收入等则难以计算和精确确定。相关审核部分缺乏联动。对申请人资产审核涉及工商、社保、不动产、民政、银行、证券等众多政府和商业部门，因存在信息不对称现象，使合肥市大部分个人和家庭收入的审核难以及时、准确进行。部分单位出具的收入证明可信度通常较低，一些不符合条件的家庭在申报家庭年收入时弄虚作假，长期占用公共租赁住房。因此，低收入家庭的界定在实际操作中有很大困难，这也造成了公共租赁住房后期管理的困难。

2. 退出机制不够完善

信息更新不及时。目前合肥市公租房退出工作比较顺利，主要原因在于公租房租户以单位职工为主，租户单位有加强管理的意愿和能力，会主动清查不符合条件的职工租户，清退力度也比较大。但对原廉租房来说，由于租户情况复杂，且多为临时从业人员，收入情况难以跟踪统计，同时，房管部门缺少对这类租户收入变动情况摸底的积极性。这是目前对不符合条件租户清退不到位的重要原因。监管处理不严格。一小部分"钉子户"，虽然已经被查出资格条件不符合要求，但还是以各种理由拒绝退还房屋，有些工作人员也本着"多一事不如少一事"的态度，致使有些人违规占用住房资源，这对轮候的租房群体有失公平。近些年，合肥市房产局也在不断打击此类现象，但合肥市公共租赁住房管理机构编制有限，管理力量严重不足，对违规租户往往以"软性"劝退方式为主，导致一些租户不仅违规占房不退，还出现对所申请到的保障性住房进行转租的现象。

3. 行业监管有待加强

2020 年，长租公寓出现"爆雷"现象，合肥市也曾出现房屋租赁公司"跑路"事件，2020 年合肥市有 11 家房屋托管公司"跑路"，大批租户预付租金与押金索要无门，给租房市场带来很大的负面影响。合肥市房产局督查检查工作一直在进行，目前，已经对 500 余个房地产开发项目进行了单独或联合检查，一共约谈了 45 次房地产开发公司，下发了 13 份《限期整改通知书》，对 2 家失信企业采取了信用扣分的处理措施。合肥市住房租赁协会作用是加强行业自律，诚信守约经营，为行业发展提供服务，近日，市房产局（第二批）年度检查中发现，有 40 家住房租赁企业未向行业主管部门推送开业报告、未落实网签备案制度、不配合行业主管部门的行业管理和集中检查，发现开发企业的新建商品住房与买卖合同和广告宣传严重不符，配套设施"货不对板"。部分中介机构发布虚假房源和价格信息，哄抬房价。住房租赁企业单方面解除合同，暴力驱逐承租人。物业企业不按照合同提供服务，侵害业主合法权益等乱象，这说明租赁住房行业自查自检和自我监管效果不够理想，协会的作用还未得到充分发挥，整个住房租赁企业经营者及其相关执业者的整体素质水平有待提高，中介机构执业者的准入门槛偏低，缺少对相关企业和机构岗位培训，住房租赁企业队伍行业内部的自我管理水平和服务水平都有待提升。

三、合肥市租赁住房市场发展的基本思路

（一）住房保障工作面临的新形势

从总体形势看，"十四五"时期是我国开启全面建设社会主义现代化国家新征程、向第二个百年奋斗目标进军的第一个五年，也是合肥市聚力打造"五高地一示范"的重要时期。从住房保障形势看，近年来，习近平总书记在有关讲话及相关会议上多次提及要加大城市困难群众住房保障工作，大力发展保障性租赁住房，完善住房保障体系。因此，今后我国将长期坚持房子是用来住的、不是用来炒的定位，突出住房的民生属性，扩大保障性租赁住房供给，缓解住房租赁市场结构性供给不足，推动建立多主体供给、多渠道保障、租购并举的住房制度，推进以人为核心的新型城镇化，促进实现全体人民住有所居。从租赁住房市场发展形势看，国家层面明确以公租房、保障性住房和共有产权住房为主，把解决新市民、青年人等群体住房困难问题摆上重要议事日程，高度重视保障性租赁住房建设。

（二）住房保障工作呈现的新特点

1. 制度政策调整加快

目前，我国住房保障领域多项工作处在试点阶段，相关制度政策多处于探索期、多变期、整合期。要做到稳步积极探索，在变中求新求进，加快各项相关制度政策的横向衔接纵向贯通，深化思想认识。

2. 主体范围的纵横交织

与以往以政府为主要供给主体不同的是，新时期发展租赁住房市场的主体包括政府与非政府两大类，其中政府的有关部门单位比以前更多，仅就国家层面而言，涉及国家发展改革委、住建部、财政部、自然资源部、人民银行、税务总局、银保监会、证监会等部门和单位。从城市层面来说，涉及的有关部门单位会更多，部门单位之间协调联动的要求也更高。再考虑到省级、市本级、区县级政府的纵向关系，协调统一行动的难度更大。非政府主体一般包括市场与社会两块。主要包括农村集体经济组织、企事业单位、园区企业、

住房租赁企业、房地产开发企业等，呈现出明显的跨领域、多元化特点。

3. 保障对象的多样复杂

租赁住房保障对象既包括公租房的对象，城镇住房、收入困难的"两难"家庭，还进一步增加保障性住房的对象，即无房新市民、青年人，不设收入线门槛。这既意味着保障对象的数量规模的大幅度提升，保障对象范围的迅速扩大，也意味着保障对象的类型和结构呈现差异化和多样化。一方面，数量和范围的增扩需要更大量的资源投入；另一方面，类型和结构的复杂需要更有效的政策供给。

（三）基本思路

围绕建设长三角世界级城市群副中心城市和建设成为全国有影响力的区域性特大城市的发展目标，立足于合肥市租赁住房建设的现实条件、基本需求及主要任务，坚持以人民为中心的发展理念，以满足新市民、青年人住房需求为主要出发点，通过给政策、建机制、育主体、搭平台、筹房源、稳租金，充分调动企业、社会机构等各类主体积极性，探索建立政府引导、市场运作、多主体参与、多渠道保障、经营服务规范、租赁关系稳定的具有合肥特色的租赁住房市场发展体系，为推进合肥市经济社会高质量发展提供有力支撑。

四、合肥市租赁住房市场发展的对策建议

（一）健全多层次政策体系

1. 建立健全政策体系

借鉴上海市保障性租赁住房政策在管理、品质、标准、房源筹集以及充分调动企业参与等方面诸多创新点，充分发挥政策的导向、支持、帮扶、监管作用，切实履行政府引导职能。编制规划。编制"十四五"保障性租赁住房建设规划，并向社会公布。例如，新市民、青年人等就业较为集中的中心城区房源不足，导致职住不平衡。规划从全市产城人融合角度，提出促进职住平衡的规划思路和建设方案，争取"十四五"期间新筹集24万套间保障性租赁住房，缓解供需错配、结构错配、区域错配矛盾，实现产城人、人地房融合发展。出台办法。在征求吸纳社会各界建议基础上，印发《关于加快发展保障性租赁住房的实施意见》。加快研究制定保障性租赁住房管理办法，明确房源筹集、规划建设、准入管理、租赁管理、退出管理、监督管理和租金标准等具体规定。明确标准。深化品质建管理念，建立涵盖租赁住房规划设计、土地使用、建设筹措、改造利用、供应配租、运营使用的全周期管理标准，对租赁双方权利义务约定、房屋维保、合同规格、租金管理等给出明确规定。明确人均居住面积、改造住房租赁等标准，对利用集体建设用地建设的租赁住房（集租房）应进一步细化明确建设标准、装修标准、公共配套标准。明确住房租赁管理流程、服务标准、服务质量、服务承诺等规范性标准。政策衔接。梳理现有各类住房租赁试点支持政策，统筹纳入保障性租赁住房规范管理，对于土地、房源、金融、财税等涉及多部门、多方面、多环节的相关政策，进一步做好相近政策的协同和衔接，并在保

证各项具体政策前后统一前提下，对政策进行改进和优化。

2. 突出激励为主、规范管理的政策导向

应针对当前保障性租赁住房建设和租赁住房市场发展的难点、卡点，进一步突出引导、鼓励和扶持等激励型政策导向，坚持用发展的眼光和创新的精神，坚持以容错的环境和纠错的手段，充分激活各类主体的参与积极性，加快提升市场主体的多样性、专业化和规模化。其中，土地出让方式、奖补力度、租金水平是当前政策创新和突破的重点。此外，建立健全合格出租人、合格出租房和承租人权益保护制度，修订《合肥市住房公积金管理规定》，逐步优化公积金提取用于保障性租赁住房使用细则。广州市住房公积金管理中心在保障性租赁住房中，率先试点公积金"按月还租"，住房公积金缴存人可授权住房公积金中心，每月将所缴存的住房公积金直接划转给收租方，用于支付房租。目前合肥市公积金提取范围包括廉租房、公租房、商品房，将保障性租赁纳入公积金提取范围。加强规范化管理。建立房产、发改、自规、建设等部门联合会审出具保障性租赁住房项目认定书制度，企业凭项目认定书，办理立项、规划、施工、消防检查等手续，享受财税、金融、民用水电气等支持政策。制定地方性租赁住房建设管理规范，为承租人安全舒适居住提供制度保障，完善《合肥市住房租赁企业信用信息管理办法（试行）》《合肥市公共租赁住房管理实施细则》等，明确公租房、保障性住房管理使用等地方标准。

（二）培育多元化市场主体

1. 发挥国有企业引领示范作用

合肥市住房租赁发展股份有限公司应切实承担起住房租赁市场"稳定器""压舱石"作用。主动加大对接力度，通过新建、非住宅改建、盘活存量等方式，多元化筹集租赁房源，将闲置公有住房、可盘活公共用房、可改建非居住用房，在进行品质提升后对外出租，加快国有租赁公司的整合发展进度。对具备开工条件的租赁地块，要倒排工期、强化调度；对梳理适建租赁住房项目用地，要加大与自规部门的沟通力度，采取提前谋划、加快流程，推进落实租赁建设用地。探索特色住房租赁发展模式，合理确定重、轻资产比例。将智能化、智慧化管理深度融入租、管、食、行、娱、交等全租客生活场景，有力引领和规范住房租赁市场发展。兼顾经济效益的同时，大范围设立服务网点和经营门店，实现辖区全覆盖，扩大国有租赁公司市场规模，提高住房租赁市场占有率。努力建设国有租赁品牌，组织策划公司品牌宣传，当好引领住房租赁市场发展排头兵，打响合房租赁品牌。

2. 培育专业化住房租赁企业

支持住房租赁企业市场运营。扶持培育一批服务规范、信誉良好的住房租赁企业，鼓励开展连锁经营、跨区经营。引入国内规模较大的住房租赁企业入驻合肥市场，支持住房租赁企业通过合并、重组、合作等方式做大做强，如朗诗寓、碧桂园碧家国际社区、旭辉领寓、招商公寓、合景泰富、华润有巢等住房租赁企业。鼓励住宅租赁企业通过收储、转租、改建等方式，开展私人闲置住宅或非住宅房屋转为保障性租赁住房的代理经租业务，在房源核验、租赁备案、税务办理等方面开辟"绿色通道"。规范住房租赁企业经营行为。中央已明确提出要加快住房租赁市场立法，合肥市也应尽快出台配套的地方法规，尽快补齐法律法规的短板，促进住房租赁市场的长远发展。

3. 支持房地产开发企业转型发展

积极引导房地产企业转型。在政策上积极引导和鼓励房地产开发企业，变单一的销售方式为租售并举的营销方式。支持房地产开发企业拓展业务范围，利用已建成住宅或新建住宅开展租赁业务，引导房地产开发企业与住宅租赁企业合作，发展租赁地产。从投资开发的商品房中，按比例配置拿出一定数量的房源，满足房屋租赁市场需求，尤其是一些特别消费群体的租赁需求，如重大市政项目和重点旧区改造地块的动拆迁居民等。

4. 发展现代住房租赁服务业

拓展租赁服务范围。支持传统房地产经纪机构、物业管理公司和住房租赁企业，通过开展"管家式"服务，利用管理便利，拓宽服务领域，延伸服务链，为出租人和承租人提供房屋装修、餐饮、家政、居家养老以及代收租金、代为管理、代为维修等居间代理服务及相关专业化服务。催生一批优质运营服务企业。专业运营服务企业更有利于市场稳定，有更强的抗风险能力，能更高效地推动房源增加、运营服务提升。有更强的市场号召力，能吸引更多的资金、人才、土地等生产要素。相比包租模式，运营服务更符合行业规律，更有利于行业资管分离的大趋势，国家对保障性租赁住房的政策支撑，也可以通过专业运营机构传递，刺激行业增加更多有效供给。例如"乐乎"企业倡导"透明交易"，将盈利模式"摆到台面上""不吃差价""业主租客直签"。

（三）完善多样化供给方式

1. 完善土地供应方式

单列保障性租赁住房土地供应计划。在编制年度住宅用地供应计划时，单列租赁住房用地计划、优先安排、应保尽保。保障性租赁住房用地可采取出让、租赁或划拨等方式供应，其中以出让或租赁方式供应的，可将保障性租赁住房租赁价格及调整方式作为出让或租赁的前置条件，允许出让价款分期收取。涉及工业用地的容积率、建筑密度、建筑高度等指标调整的，经综合评估，按程序调整有关控制性详细规划，并依法办理相关项目审批手续。明确土地拍卖方式。继续施行"价高者得+最高限价时转竞自持用于租赁的商品住房"的拍卖方式，推动机构自持租赁住房，扩大集中式租赁住房供给。房地产开发企业通过竞自持建设的租赁住房应以整幢、整单元或整层为基本单位，不足一单元成一层的应在同单元或同层内集中布置。

2. 增加租赁住宅有效供给

结合合肥实际情况，扩大保障性租赁住房供给渠道有以下五种方式：①新建。吸引国有企业、民营企业投资参与建设保障性租赁住房；支持合理利用闲置的公共设施用地、利用城区、靠近产业园区或交通便利区域的集体经营性建设用地建设保障性租赁住房；农村集体经济组织可通过自建或联营、入股等方式建设运营保障性租赁住房，建设保障性租赁住房的集体经营性建设用地使用权可以办理抵押贷款。企事业单位依法取得使用权的土地，经合肥市政府批准，可用于建设保障性租赁住房，不补缴土地价款，原划拨的土地可继续保留划拨方式；允许土地使用权人自建或与其他市场主体合作建设运营保障性租赁住房，原则上应当独立成栋、可封闭管理、建筑面积不少于3000平方米或不少于50套

（间）。建议多考虑装配式住宅，建筑寿命为 20~30 年，能满足阶段性居住需求即可。②改建。深圳、天津两地发布非居住存量房改建保障性租赁住房的征求意见稿。合肥市可汲取各地优秀经验，对闲置和低效利用的商业办公、旅馆、厂房、仓储、科研教育等非居住存量房屋，在权属不变、满足安全要求、尊重群众意愿、两年内无征收计划的前提下，允许改建为保障性租赁住房，在此期间，不变更土地使用性质，不补缴土地价款。③配建。鼓励产业园区将部分工业项目配套比例对应的用地面积或建筑面积集中起来，统筹中小微企业需求，统一规划建设宿舍型保障性租赁住房，项目可由产业园区管委会投资建设或与工业项目企业联合投资建设。鼓励新建普通商品住房项目、产业园区及周边、轨道交通站点附近、地铁上盖物业项目和城市建设重点片区等区域，配建一定比例的保障性租赁住房。④改造。政府机关和企事业单位所有的住房、未纳入保障性安居工程计划任务的城中村安置房等闲置存量住房改造为保障性租赁住房；单套住宅内使用面积 12 平方米以上的客厅，可以且仅可隔断成一间房间出租供人员居住。⑤转化。支持各区（县）将部分人才公寓转化为保障性租赁住房，对房源不足问题进行暂时性补充。对各区（县）私人闲置租赁房源进行深挖，鼓励一批产权明晰、质量合格的存量房源进入住房租赁市场，政府以市场价将房屋租回，对各区房源实现信息统一归集、统一管理，再以保障性租赁住房价格租出，由政府承担中间差价。

3. 发挥货币补贴积极作用

解决新市民、青年人等群体住房困难问题的方式包括实物配租和货币补贴，其中，实物配租是当前的政策焦点，也是发展租赁住房市场的一种重要方式。但作为与实物配租并行的货币补贴也发挥着重要的甚至不可替代的作用，经过多年的实践和调整，货币补贴方式日益完善，与实物配租比较，具有成本低、风险小、效率高、见效快等明显优势，尤其是消费者可以根据自身经济水平和工作地点等实际情况，自由自主选择租住地点，并通过市场化方式，满足其居住、生活与生产的多样需求。此外，当前和今后一段时期，继续实行和改进货币补贴方式具有很强的现实性和必要性。其一，与合肥市快速增加的新市民和青年群体带来的巨大居住需求比较，保障性租赁住房仍处于建设初期阶段，建设规模仍比较有限，供不应求矛盾突出，实物配租压力大。其二，从有关研究结果看，合肥市房屋空置率达到 20% 以上，大量房屋资源处于闲置状态，可供租住的潜在房源数量可观。其三，在当前国家大力调控房地产市场的背景下，特别是民营房企拿地建设的积极性受阻，这可能在较长时间内，对合肥市租赁住房建设造成不利影响，这是充分挖掘存量房源的重要原因。因此，应充分认识到，货币补贴仍是发展租赁住房市场的重要方式。进一步探索"市场建房、居民租房、政府补贴、社会管理"的住房保障模式，以住房租赁市场为平台，盘活存量住房资源，由政府为不同收入的保障对象设立梯度住房租赁补贴，使其可以根据自身的收入水平、家庭结构、工作情况、社会关系和居住意愿等因素，自主地在住房租赁市场选择适合的住房，实现政府保障与市场保障的有效衔接，实现基本住房保障。

4. 探索先租后售新模式

先租后售模式既不同于廉租房"只租不售"，又不同于以前的经济适用房"只售不租"，其本质上是一种"先按揭，后首付"，将租赁保障房的租金转变为投资，但价格只是建设的成本。具体做法和步骤是：第一，政府用土地及房屋作抵押，从银行获得贷款建设租赁住房。第二，向保障对象出租。由于在居住期间没有产权，因此可以与商品房市场相区隔。第三，出租满一定年限后，政府将租赁住房以成本价出售给承租人，并将本息还给银行。其中，承租人在租住期间缴纳的租金作为房价的一部分加以抵扣（租金相当于"住宅公积金"）。一方面，这种模式实施的基本前提是租赁房源充足，保证满足租房需求之后，才能考虑将部分租赁住房进行出售。另一方面，这种模式具有特定对象，一般来说，应首先考虑为引进人才提供先租后买的机会，以发挥其引才留才的作用。在操作中，应制定严格的条件要求和周密的实施方案，确定具有先租后售属性的租赁住房房源并进行公示。

（四）构建差异化区域布局

1. 各区域主要户型配置

对于租赁住房的户型结构供应，租户偏好主要为两室一厅、一室一厅、一室户，面积偏好为50~70平方米，租赁方式更期望一人整租。未来几年，应提高小户型一室一厅和两室一厅的新建、配建数量，提高住房租赁市场的整租率。高新、蜀山、经开等区域以一室户和一室一厅为主，着重满足该区域高端人才特别是新就业大学生的租赁住房需求；瑶海、庐阳、包河、新站等区域以两室一厅为主，满足该区域产业工人和外来务工人员家庭的租赁住房需求。

2. 各区域房源供应配置

蜀山区，可盘活房源数量最多，新增租赁需求最多，供求差额较大，且住房租赁需求相对较大，房屋空置率低，应重点盘活一批存量住房，加快完善"商改租""工改租"实施细则，在需求集中的区域适度新建、配建租赁住房，利用非住宅改建租赁住房；瑶海区和庐阳区，由于商业圈发达，新增租赁需求较多，但土地基本饱和，可盘活更多现有存量住房用于出租，提升可盘活率，同时，对暂时闲置土地，新建少量临时租赁住房，以满足承租人的不同居住需求，有效解决保安、保洁、餐饮、物业等服务行业新市民租房难问题；包河区，特别是滨湖新区，由于土地市场尚未达到饱和，可将住房租赁土地供应纳入年度土地供应计划，允许单独出让用地建设的受让人在出让年限内整体持有并持续出租运营；新站区、高新区，两个存量住房空置率最高的区域，应以盘活存量住房为主要突破口，对于规范运营的 N+1 房源（将房屋中面积较大的客厅、起居室改造作为一间房单独出租使用），其运营主体、承租对象、产品品质、消防标准要高于群租房；经开区，可盘活房源数量最少，但新增租赁需求较多，供求差额较大，应重点利用国有土地、工业用地和集体建设用地，在产业园区、商务办公区等需求集中区域，新建、配建一定比例租赁住房，积极将非住宅改建为租赁住房，盘活现有存量住房用于出租。根据住房租赁需求情况，将部分产业园区中的工业项目配套建设行政办公及生活服务设施的用地面积占项目总用地面积提高到15%，坚持"只租不售"的原则，用于建设集体宿舍、员工宿舍；各县（市），合肥地域内县（市）住房租赁需求相对较小，房屋空置率高，应重点盘活一批存量住房，鼓励私人闲置房源进入租赁市场，利用非住宅改建租赁住房，在需求集中区域少量新建、配建租赁住房。

（五）提升全环节监管水平

1. 完善准入机制

严格项目准入标准。对于政府给予政策支持的租赁住房项目，项目在取得保障性租赁住房项目认定书后，方可纳入保障性租赁住房规范管理，享受保障性租赁住房相关支持政策。新开工建设的租赁住房项目，不纳入保障性租赁住房规范管理的，不得享受保障性租赁住房相关支持政策。严格承租人准入标准。规范保障性住房申请审核流程，优化以信息化手段为依托的居民住房状况和经济状况核对机制。进一步简化公共租赁住房申请材料，结合"一网通办"，推动保障住房申请供应流程再造，缩短供应周期，提高供应成效。逐步放宽申请范围，并实行年限由长到短的梯度化申请，既保证暂时性住房困难者过渡，又保证租赁住房的流动性保障。扩大申请范围的同时加大对虚假信息申报的查处力度，依法依规实行虚报处罚措施，杜绝扰乱保障房分配不良现象发生。

2. 强化退出管理

深化承租人政策意识，保障房相关管理机构要对保障房的申请人开展宣传教育，加深保障人对退出政策的理解；加强定期审核，严格审核管理，定期督促承租人及时主动申报家庭收入、财产、人员等变化情况，加强承租企业对入住员工定期审核；充分发挥社会监督作用，建立承租人违规违约行为的分类处理机制，并对违规违约行为进行小区公示、社区公示和媒体公示，鼓励和引导社会力量、组织社区志愿者、保障房租客共同参与保障性租赁住房管理，维护利益。为保证实物配租退出政策的有效性，增加保障房实物腾退率与保障覆盖面，住房保障管理部门可以在现有的制度框架内，制定针对承租人退出鼓励和后续保障政策，引导承租人在不符合保障条件情况下按时自觉退出。

3. 提高租金管理水平

横向比较看，大部分省市均明确"保障性租赁住房租金接受政府指导"，广州等地还明确定期公开周边市场租金参考价。合肥市采取政府牵头，由专业住房租赁管理部门结合市租赁住房现状和供求关系给予定价指导并分级分档，制定细则管理租金涨幅调整、支付等，租赁房屋的定价和涨幅管理等细节化、流程化运作。明确租金评定标准。山东、广州、厦门、合肥等地基本沿用"租金标准按低于同地段同品质的市场租赁住房评估租金执行"，上海等地则将租金标准进一步量化，数值区间大致低于市场价的 10%～15%。应由投资主体或运营管理主体委托房地产估价机构，根据建设方式、项目成本、区域供需、享受优惠政策等因素，分类评估，确定租金标准，申报保障性租赁住房工作领导小组。项目市场租金和保障性租赁住房租金标准根据市场供需情况同比例调整，年涨幅不超过5%。各区投资建设定向供应和企事业单位利用自有存量土地建设的保障性租赁住房，具体准入条件、租金标准由投资主体确定。归政府所有的低收入群体公租房租金价格由租赁者家庭收入动态评定。由单位集体租赁的公租房租金设置权力下沉至区政府，区政府根据区域经济、企业承租状况、形成公租房租金的权力主体，建立动态指导价格表。租金收缴管理。通过建设保障房小区数字化、集成化、智能化平台系统，将社区电子门禁、人脸识别系统等现代技术手段运用到保障房小区管理中，对长期催缴困难的保障房家庭，在办理续租手续时可要求提供单位或担保人担保，通过将租户的工资卡与租金缴纳挂接，以实现到期租金自动扣划，对于无担保的保障房家庭，可督促其办理银行信用卡，以"租金捆绑信用卡"模式来提高租金收缴率，违约者记入诚信档案，提高保障房家庭缴纳租金的自觉性。

4. 完善租赁交易服务平台

提升租赁合同网签备案率。促进住房租赁交易平台利用率，将国有租赁住房、集体用地建设租赁住房、商办改建租赁住房、开发企业自持租赁住房、个人出租住房等各类房源全部纳入租赁监管平台统一监管，受财政补贴的房源统一备案。建立数据库，继续完善租赁房源、租赁企业和经纪机构数据库，为企业和个人提供多层次、全方位租赁服务。对地图找房、住房租赁热力图等功能不断细化，为解决供需错配、职住平衡提供有效技术支撑。委托第三方专业调查机构开展合肥市租赁住房供求情况调查，对数据库进行实时动态更新。摸清各区域闲置整块、零星土地情况，不同群体人数及每年增长情况，不同群体目前居住情况和今后居住需求情况，使空置房源与租客需求实现及时有序匹配。审核租赁企业和从业人员信用信息，排查租赁交易中的不良行为，通过技术手段及时掌握风险企业名单，实现住房租赁市场"经营有秩序、主体有活力、权益有保障"的高质量发展。

（六）加强多渠道资金保障

1. 完善财税金融扶持政策

建立依法规范、权责匹配、运转高效的住房保障财政投入机制。将租赁住房保障资金纳入合肥市地方财政预算，从土地、财政、税收、工商等多方面给予保障性租赁住房项目具体支持。一方面加大财税支持力度，对依法登记备案的房地产企业，在落实国家相关税收政策的基础上，对达到一定标准、符合政策的住房租赁企业给予补贴；另一方面提供金融支持，鼓励金融机构按照依法合规、风险可控、商业可持续的原则，向住房租赁企业提供相关的金融政策支持，例如，加大住房租赁企业信贷力度、增强银行与企业合作力度、发行企业债券、申报专项资金，从根本上打消租售失衡的顾虑，让开发商得到切实的政策支持。出台融资激励措施。融资主体的拓展需要政府出台一系列激励措施，充分发挥政府资金"指示灯"和"风向标"的作用，各级财政部门应积极运用投资补助、贷款贴息、注入资本金、税费优惠等政策措施，鼓励相关企业参与保障性租赁住房建设和运营。政府相关部门应尽快出台具体细则和规定，量化补贴额度、注入资本金数额、税费减免条件以及贷款贴息幅度、贴息年限等政策，探索建立保障房投融资长效机制。在资金缺口较大的情况下，资金的运用和监管尤为重要，监管的核心在于信息的透明化和监管主体的责任明确化，对保障性住房的建设和资金的配给进行公开，提高资金使用效率。

2. 探索保障性住房建设融资模式

近年来，运用 PPP 模式（政府与社会资本合作）推进包括基础设施和公共服务设施在内的新型城镇化建设，已经成为重要融资手段。合肥市政府在保障性住房融资建设占主导地位，社会资金融资作为补充，尚未充分发挥市场融资作用。建立 PPP 项目库，政府出台有关保障性住房 PPP 融资项目法律文件，明确利益主体的权利义务，约束利益主体的相关行为，社会资本方也可以参照规范性法律文件，明确 PPP 融资项目准入退出条件，使 PPP 融资项目建设实现"有章可循""有法可依"。设立 PPP 引导基金，由政府出资，吸引更大规模的资本进入，成立 PPP 引导基金。由政府与大型房地产开发商联合成立保障性租赁住房建设有限公司，政府与房地产开发商按一定的比例入股公司，公司独立负责保障性租赁住房的融资、建设、分配、管理和维护，自负盈亏，但是受到政府监管，保障性租赁住房建设有限公司需建立信息平台，实时公布租赁住房的供需情况，公示分配名单，动态监管家庭申购条件。探索 PPP 资产证券化，由政府将保障性租赁房打包放入资产池，把项目收益权做成资产支持证券（ABS），提高 PPP 项目公司的盈利能力，降低政府成本，这对推动保障性租赁住房 PPP 融资模式的发展有积极作用。此外，还可以探索房地产信托基金模式，就是通过公开发行基金的方式，吸纳社会投资，降低项目运行过程中可能存在的风险，将项目收益发放到投资者手中，进而吸引更多的投资者。

3. 优化中央专项奖补金使用细则

明确基础配套补贴标准。利用非居住存量土地和非居住存量房屋建设的保障性租赁住房，取得保障性租赁住房项目认定书后，住房租赁企业可享受增值税、房产税税收优惠政策，其用水、用电、用气价格按照居民标准执行，保障性租赁住房项目免收城市基础设施配套费。动态调整补贴标准。适度降低改建、盘活、日常运营项目申报房源量要求，考虑到非居住房屋及城中村房屋的改建成本较高，为进一步引导企业按照主管部门制定的相关标准进行存量房源改建，保障建设施工质量，提升居住品质，应提高部分改建项目的专项资金发放标准并明确被认定为保障性租赁住房项目的额外补贴标准，提高由售转租商品房项目的专项资金发放标准。简化专项资金申报流程。优化网上申请逐级审核程序，对符合条件的企业，通过合肥市住房租赁交易服务平台线上不见面办理申请奖补。增设信息系统对接类补贴，完善住房租赁企业、中介机构的租赁信息系统对接平台，提高租赁平台房源覆盖率、企业运作的合规性和房源信息的真实性。

4. 拓宽保障性住房建设资金供给渠道

创新融资激励机制，健全融资制度，规范资金运用过程，设置资金退出渠道，是吸引社会资金持续投向保障性租赁住房建设的关键。改善融资环境。目前，对保障性租赁住房建设债券融资等筹资方式利用不够，应加快市场投资建设，创新金融工具，拓宽融资主体，完善融资制度，为保障性租赁住房建设债券的发行、流通和退出提供良好环境。通过制度机制创新，积极吸引企业债券、商业贷款、保险资金、各类基金、VC/PE 等进入，丰富融资主体是解决保障性租赁住房建设资金难题的核心。加大"以奖代补"力度。以专项奖励基金或风险补偿基金的形式，鼓励地方法人金融机构以市场化的运行机制，向保障性租赁住房领域提供融资支持。如制定银行贷款风险补偿政策、创新农村金融产品和服务奖励政策、发放重点企业贷款奖励政策、小企业贷款风险补偿政策。

（七）建立多部门联动机制

1. 建立统筹联动工作机制

进一步明确合肥市住房租赁市场领导小组工作职责，建立领导小组牵头领导带动、责任单位推动、配合单位联动的协调工作机制，加强对各部门横向联系，打破条块分割，对租赁住房建设进行统筹管理，提高工作效率。各区参照市级成立保障性租赁住房工作领导小组，做好保障性租赁住房房源筹集、项目审批、建设运营、监督管理等工作。定期召开合肥市工作调度会，统一调度保障性租赁住房建设，协调进度，保持力度。对一般性日常事务，加强职能部门之间、职能部门与地方政府之间的沟通交流，如建立项目认定书各主管部门联合审查制度，减少不必要的汇报审批环节。对重难点问题，不定期地组织专题会议，找症结、想方法；对各项试点工作形成"任务清单"和"时间表"。

2. 落实基层管理责任

明确市、区（县）、街镇在住房租赁管理中的职责，将保障性租赁住房管理服务纳入社区综合治理工作。协调有关政府职能部门和街道，共同实现对保障对象的管理服务，进一步促进政府职能机构与社区管理组织延伸到保障性租赁住房小区，为保障对象提供劳动就业、社区安全、流动人口服务管理、残疾人服务等基本公共服务，将社会治安、低保申请、义务教育阶段适龄学生入学、基层选举等各项社会事务纳入保障性租赁住房小区的常态化管理，全面提升基层管理中的保障性租赁住房服务水平。

3. 建立纠纷调处机制

将住房租赁纠纷调解纳入基层治理常态化范围，司法部门开设房屋租赁纠纷专人专线，引导其理性开展诉讼维权，公安部门从严查处合同诈骗、经济犯罪等违法行为，强化警示惩戒效果。畅通举报监督渠道，组织多部门人员对举报违规使用保障性租赁住房的线索进行排查落实。加强监督检查，引入纪委监委参与，定期对保障性租赁住房分配情况进行检查，督促保障性住房主管单位工作人员尽职尽责，加强住房租赁市场动态监测。

（主笔人：陈俊峰）

合肥市打造营商环境标杆城市研究

安徽大学商学院课题组

营商环境是指一个企业在筹划、开设、贸易经营、缴税、关闭及合同执行等方面遵循政策与法规所需付出的时间和成本等条件，自 2002 年被世界银行提出以来，获得各个国家和地区的广泛认可，成为衡量综合竞争力的重要指标。2018 年以来，国家发展改革委立足国情、参考世行标准，牵头构建中国营商环境评价体系，连续 3 年组织开展 6 批次中国营商环境评价工作。本课题通过研究合肥在 2020 年中国营商环境评价中 18 个指标的表现，查找短板不足，为打造营商环境标杆城市提出对策建议。

一、中国营商环境评价基本情况

（一）评价体系框架

中国营商环境评价体系是由国家发改委牵头研究建立并不断完善的。该体系按照《优化营商环境条例》（国令第 722 号）有关要求，本着国际可比、对标世行、中国特色原则，在世界银行《全球营商环境报告》评价指标的基础上，以市场主体和社会公众满意度为导向，从衡量企业全生命周期、城市高质量发展等维度视角，构建设置包含 18 个一级指标和 87 个二级指标的营商环境评价指标体系框架，以综合反映各地营商环境的建设成效（见图 1、表 1），组织编写并公开出版《中国营商环境报告 2021》。

（二）标杆城市

2020 年全国共 80 个城市参评，其中北京、上海、广州、深圳、杭州、厦门 6 城市全部 18 个指标均入选前 20 "标杆城市"，共有 52 个城市有指标进入标杆[①]（见表 2）。

---

① 评价采用前沿距离法，得分范围 0~100 分，其中 100 分为参评领域最优水平（前沿），0 分为参评领域最差水平。依据得分排名将城市分为四档：1~25 名为优异、26~50 名为优秀、51~70 名为优良、71~80 名为良好。1~20 名为标杆。

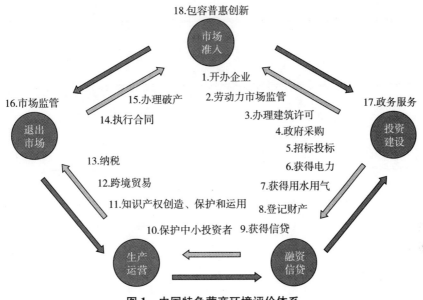

图1 中国特色营商环境评价体系

表1 中国特色营商环境评价体系

维度	一级指标	二级指标
企业全生命周期链条	开办企业	开办企业的流程、耗时、费用、便利度
	劳动力市场监管	聘用情况、工作时间、裁员规定、裁员成本、工作质量
	办理建筑许可	办理建筑许可的流程、耗时、费用、建筑质量控制指数、便利度
	政府采购	电子采购平台、采购流程、采购结果确定和合同签订、合同管理、支付和交付
	招标投标	"互联网+"招标采购、投标和履约担保、外地企业中标率、建立公平有效的投诉机制
	获得电力	获得电力流程、耗时、费用、供电可靠性和电费透明度指数、便利度
	获得用水用气	获得用水流程、获得用水耗时、获得用水费用、获得用气流程、获得用气耗时、获得用气费用、用水用气价格
	登记财产	登记财产的流程、耗时、费用、土地管理质量指数、便利度
	获得信贷	合法权利度指数、信用信息深度指数、企业融资便利度
	保护中小投资者	信息披露透明度、董事责任程度、诉讼便利度、股东权利、所有权和管理控制、公司透明度
	知识产权创造、保护和运用	知识产权创造质量、知识产权保护社会满意度、非诉纠纷解决机构覆盖面、知识产权运用效益
	跨境贸易	进口边境审核耗时、进口边境审核费用、进口单证审核耗时、进口单证审核费用、出口边境审核耗时、出口边境审核费用、出口单证审核耗时、出口单证审核费用、通关便利度
	纳税	纳税次数、缴纳税费时间、总税收和缴费率、报税后流程指数
	执行合同	解决商业纠纷的耗时、费用、司法程序质量指数
	办理破产	收回债务所需时间、债权人回收率、破产法律框架质量指数

维度	一级指标	二级指标
城市高质量发展	市场监管	"双随机、一公开"监管覆盖率、监管执法信息公开率、政务程度、商务诚信度、与国家"互联网+监管"系统数据共享
	政务服务	网上政务服务能力、政务服务事项便利度、政务服务满意度、与国家政务服务平台数据共享
	包容普惠创新	创新创业活跃度、人才流动便利度、市场开放度、基本公共服务满意度、蓝天碧水净土森林覆盖指数、综合立体交通指数

表2　2020年全国营商环境评价标杆城市情况

省份	标杆城市数	标杆总数	标杆城市及标杆项数
浙江	5	56	杭州18项、衢州16项、宁波11项、温州7项、舟山4项
广东	5	51	广州18项、深圳18项、东莞8项、佛山4项、珠海3项
江苏	5	42	苏州17项、南京16项、无锡4项、常州3项、南通2项
山东	5	37	青岛15项、济南14项、烟台5项、济宁2项、淄博1项
福建	3	25	厦门18项、福州6项、泉州1项
北京	1	18	北京18项
上海	1	18	上海18项
四川	2	16	成都15项、绵阳1项
天津	1	12	天津12项
宁夏	1	12	银川12项
重庆	1	11	重庆11项
辽宁	2	10	沈阳6项、大连4项
陕西	1	10	西安10项
湖北	1	9	武汉9项
湖南	1	7	长沙7项
安徽	2	6	合肥5项、芜湖1项
山西	3	4	太原2项、晋城1项、大同1项
广西	3	4	南宁2项、北海1项、贵港1项
河南	2	3	郑州2项、洛阳1项
贵州	2	3	贵阳2项、安顺1项
吉林	1	2	长春2项
云南	1	1	昆明1项
内蒙古	1	1	呼和浩特1项
海南	1	1	海口1项
新疆	1	1	乌鲁木齐1项

二、合肥市 2020 年营商环境评价排名分析

（一）总体情况

在 18 项指标中，合肥市有 5 项指标获评全国标杆，分别是劳动力市场监管、登记财产、纳税、政务服务和包容普惠创新，合肥总体位次优秀、未达到优异等次。此外，获得信贷、保护中小投资者和办理破产 3 项指标与最佳前沿差距较大（见图 2）。

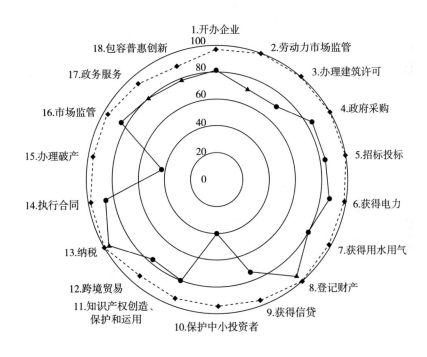

图 2　合肥市 2020 年营商环境 18 项指标得分及与最佳前沿差距

（二）逐项比较

从获得等次看，标杆等次指标 5 项，但排名均在 16 位以后，优秀等次 10 项，优良等次 3 项（见表 3）。从与最佳前沿得分差距看，差距在 15 分以内的有 9 项，15~30 分的有 7 项，保护中小投资者、办理破产 2 项分差超过 50 分。从评价维度视角看，城市高质量发展视角的 3 个指标中，政务服务、包容普惠创新两项进入标杆行列，市场监管仅为优秀；企业全生命周期链条视角的 15 个指标中，劳动力市场监管、登记财产、纳税 3 项指标进入标杆，执行合同、获得电力、知识产权创造保护和运用、跨境贸易、政府采购、招标投标、开办企业、获得用水用气、办理建筑许可 9 项指标为优秀，获得信贷、保护中小

投资者、办理破产 3 项指标为优良。

表3 2020 年合肥市中国营商环境评价体系 18 项指标得分情况

序号	指标领域	得分	评价	最佳前沿城市	最佳前沿得分	分差
	总体得分	78.49	优秀		91.73	-13.24
1	纳税	95.14	标杆/19	宁波市	99.19	-4.05
2	登记财产	93.77	标杆/18	广州市	99.85	-6.08
3	包容普惠创新	77.83	标杆/17	深圳市	88.85	-11.02
4	政务服务	79.78	标杆/19	深圳市	92.1	-12.32
5	劳动力市场监管	70.15	标杆/16	北京市	99.51	-29.36
6	执行合同	86.62		北京市	97.46	-10.84
7	获得电力	86.37		深圳市	97.85	-11.48
8	市场监管	83.86		杭州市	96.49	-12.63
9	知识产权创造、保护和运用	79.65		深圳市	93	-13.35
10	跨境贸易	77.63		上海市	92.56	-14.93
11	政府采购	82.95	优秀	深圳市	98.42	-15.47
12	招标投标	83.13		深圳市	98.8	-15.67
13	开办企业	80.47		衢州市	96.69	-16.22
14	获得用水用气	78.91		深圳市	96.81	-17.90
15	办理建筑许可	70.16		北京市	98.86	-28.70
16	获得信贷	73.05		北京市	95.9	-22.85
17	保护中小投资者	41.21	优良	上海市	93.75	-52.54
18	办理破产	42.65		广州市	95.55	-52.90

三、对策建议

(一) 总体思路

以习近平新时代中国特色社会主义思想为指导,以优化营商环境为目标,以系统思维理顺优化营商环境的整体谋划,针对合肥市在优化营商环境上的不足与差距,对标标杆城市,不断深化"放管服"改革。坚持市场化原则。尊重和保护市场主体,坚决破除有碍市场统一和公平竞争的做法;提升政务服务信息化、智能化水平,加强信息公开,降低制度性交易成本,完善政策评估机制,打造高效便捷的服务型政府;在坚守底线、管控风险的基础上,给予企业最大的便利,不断提高市场主体获得感,持续激发市场活力和社会创造力。坚持法治化原则。不断提高法治政府建设水平,深化府院联动机制,坚持依法规范市场主体和政府行为,为市场主体确立合法经营边界;提高司法审判质效,强力破解企业集中反映的痛点、难点、堵点,保障市场主体的合法权益,为市场主体提供更加稳定、公平、透明、可预期的营商环境。坚持国际化原则。更好利用国际国内两个市场、两种资源，主动对照世界银行国际营商环境评估标准进行检视，加强与国际通行经贸规则对接，好的指标要优中更优，不足的指标要主动拉高标杆；推进贸易投资便利化改革，加快本土企业"出海"，吸引更多的优质外资企业来合肥投资发展。

（二）对策建议

对照中国营商环境评价体系标准要求，借鉴标杆城市做法，针对18项指标的每一项差距不足建议如下：

1. 开办企业领域

依托政务服务平台，加强后台数据调用与实时校验，实现开办企业无人干预自动审批"秒批"；拓展电子营业执照、电子签章在各部门的应用；疏解企业注销难点，打通后台数据，健全企业注销风险管控制度，推动无风险企业简易注销，探索"套餐式"注销，实现营业执照和相关许可证件同步注销。

2. 劳动力市场监管领域

加快培育人力资源服务主体，进一步规范劳动力市场秩序，健全劳动力市场调解、仲裁、诉讼衔接机制，强化劳动纠纷预警，提高劳动争议处置质效；探索集成就业查询、创业指导、社保缴纳、技能培训、政策推送等业务的"一站式"在线服务，完善就业和企业工资监测机制，加强劳动者权益保障。

3. 办理建筑许可领域

规范流程，力争做到统一设立线上平台和线下窗口、统一公布审批事项清单和流程图示范文本、统一划分审批阶段、统一制定申报表单、统一项目代码；打通数据，优化"工改"系统，建设联合测绘系统平台，推动各部门信息共享、一键同享；创新制度，优化"承诺制"，深化"标准地"改革，探索工业项目"拿地即开工"，房建项目土地合同、建设用地规划许可可同步办理，"验收即拿证"等改革举措。

4. 政府采购领域

完善电子采购平台功能，推动政府采购"网下无交易，网上全公开"；探索建立与信用等级挂钩的准入制度，逐步减少或免收各类保证金；采取必要政策措施，提高政府采购中小微企业中标率。

5. 招标投标领域

建立统一的市场主体信息库，对交易数据进行及时存证并实时查验，同时开放信用信息库公开查询通道；推进全流程电子化，全面推广电子保函，推行招标不见面、投标不进厅、评标无纸化、合同网上签；提高投标智慧监管水平，实现对所有交易环节实时监控分析，及时发现并预警异常。

6. 获得电力领域

提升便利度，优化小微企业获电流程，探索"零资料""零审核"低压用电报装，重大项目接入政务信息共享平台、供电企业可提前规划建设；提升感受度，推动办电审批、故障报修、用电信息上网可查，服务质量在线评价；提升可靠度，加强配网故障停电治理，优化故障处理流程，推广"带电作业+零点作业"电网检修模式。

7. 获得用水用气领域

加强信息共享，办理用水用气业务时调用市数据中台数据，用户无须重复提交材料，实现水电气业务"一事通办"；优化工作流程，提高用户感受度，建立用户服务评价体系，探索实施用水用气客户经理服务制。

8. 登记财产领域

推进信息共享，基于数字政务平台，打通自然资源、公安、民政、司法等部门后台数据，建立对法院、银行数据接口，推动实现"不见面办理""全程网办""24 小时自助办"；建立企业专窗，整合不动产交易、登记、税务等事项，实现企业间不动产转移登记线上线下"一个环节""一窗办理""一网通办"；扩大减免不动产登记费覆盖范围。

9. 获得信贷领域

多措并举降低企业融资成本，构建多方联动和激励机制，引导金融机构降低企业融资成本，加大对中小微企业和民营企业的信贷支持力度；拓展"信易贷"融资服务平台功能，整合联动惠企政策兑现等功能，加快扩大融资规模，提供较为灵活的民营企业贷款保证保险服务。

10. 保护中小投资者领域

充分发挥司法职能，提高商事纠纷审判效率，加快中小投资者权利实现进程，探索证券类案件支持诉讼制度，鼓励由证券投资者保护机构代表投资者提起诉讼；提高投资者举证能力，提高中小投资者收集证据的能力；建立侵害中小投资者合法权益事件快速反应和处置机制，加强中小股东权利保护，促进公司治理规范化，增强社会投资的积极性；推动深化证券监管机构、司法机关、公安机关协作和信息共享，完善信息披露等工作机制。

11. 知识产权创造、保护和运用领域

优化知识产权创造环境，完善高价值专利培育机制、知识产权"一网通办"服务，大力发展知识产权服务业；完善保护机制，建立健全知识产权诚信管理制度，强化知识产权保护中心功能，设立知识产权维权援助工作站；拓展应用范围，深化知识产权证券化试点，创新知识产权融资模式。

12. 跨境贸易领域

加快口岸硬件升级，提高口岸信息化水平，推动集装箱封志集约化、电子化发放，对跨境贸易的贸易链、供应链等全程数据实现互联网大数据监管，提高口岸作业效率；提升通关便利化水平，推进预约通关和全程无纸化改革，深入实施"长三角海关特殊货物检查作业一体化"改革，推进庐州海关监管机制优化；提高企业感受度，推动降低口岸收费，加快出口退税办理进度，推动实现通关作业进度网上可查。

13. 纳税领域

借鉴宁波的"一键报送"、上海的"一表集成"、北京的套餐化办理等经验做法，打通后台数据，实现增值税及附加税费、消费税自动预填申报，切实缩减办税时间和环节；推广应用全国统一电子发票服务平台，推行非接触式办税；探索税收优惠政策精准推送、纳税人网上自主更正申报等，减少纳税人信息获取成本和办税时间，实现全流程网办业务全面覆盖。

14. 执行合同领域

推广诉讼服务数字化，探索网上立案、电脑自动分案、电子送达、线上审判；推进执行事务中心建设，完善繁简分流、简案快办，压缩审理周期，提高执行质效；探索建立针对买卖合同、委托合同等商事案件的网上直接立案，降低诉讼成本，缩短办案期限；加强法院系统民商事审判团队建设，完善信息共享机制。

15. 办理破产领域

建立简易案件快速审理机制，在坚持依法审理和不损害利害关系人合法权益的前提下，借鉴北京、深圳、上海市经验，设立专门破产法庭，集中有限的破产审判资源，进一步提高破产审判质效；强化破产管理人队伍建设，实施动态考核管理，建立有效的优胜劣汰监督约束机制；构建常态化府院破产联动协调机制。

16. 市场监管领域

完善监管平台和"两库"建设，探索"一业一查""审慎监管""触发式监管"等模式，执行柔性监管，实行轻微违法免罚、异常名录移除"网上办"等模式；进一步推进信息公开，探索实施行政许可和行政处罚信息定期公开，并归集分析共性问题，不断优化监管模式。

17. 政务服务领域

建强政务服务数字底座，整合打通后台政务数据，实现个人事项"一窗通办"，加快"一屏通办"服务升级；推进"一网通办"个性化页面精准服务，完善惠企政策"精准推送""免申即享"服务；完善"好差评""办不成事"闭环流程。

18. 包容普惠创新领域

整合人才政策，完善人才评价和服务机制，提高人才"留合肥率"；优化创新环境，加快"双创"载体建设，完善创新创业全流程支持体系；改善绿色生态环境，创建宜居宜业之城。

（主笔人：胡本田　王汝雯　房后启）

第四篇

白皮书

合肥人口扩张与公共品供给时空匹配度研究

合肥区域经济与城市发展研究院课题组

随着合肥经济总量成功晋级万亿元城市行列，如何提升人口承载力，实现人口与经济协调发展，迈向共同富裕，成为关注的焦点。研究表明，在制约城市人口承载力的诸多因素中，公共服务产品供给尤其是"一老一小"群体的公共服务应该是其中最重要的因素。本课题从时空匹配视角，通过研判"十四五"人口规模扩张的趋势和特征，重点分析人口扩容与养老托育公共服务的时空匹配现状与挑战，提出优化时空匹配的路径和建议，为提升匹配效率建设全龄友好型城市提供决策参考。

一、人口扩张趋势研判与特征归纳

（一）人口扩张趋势研判

1. 规模扩张势不可挡

课题组通过线性外推、城市首位度以及经济—人口匹配方法，分别对合肥市未来人口的承载规模进行推算预测（见表1）①。基于三种方法的预测结果，保守估计2025～2030年合肥市常住人口规模将突破1100万，意味着合肥市需要在目前公共服务供给水平基础上整体提升15%，仅教育、养老、卫生3项需增加支出约58.7亿元，相当于2020年全年一般财政支出总规模的5%②，才能确保公共服务供给与人口规模协调同步。

表1　合肥人口规模预估结果　　　　　　　　　单位：万人

预估方法	线性外推法	城市首位度法	经济—人口匹配法
类别	低水平	中水平	高水平
规模预估	1128～1260	1250～1357	1584～1610

---

① 线性外推法测算合肥的人口规模在1128万~1260万（低水平）；城市首位度方法测算的人口规模在1250万~357万（中水平）；经济—人口匹配方法测算的人口规模在1584万~1610万（高水平）。

② 合肥市统计局官网的2021年统计年鉴。2020年合肥市全年一般财政支出总规模为1164.3亿元，其中教育、养老、卫生三项支出合计为391.39亿元。

2. 主城区人口扩张日益凸显

结合人口规模预测，对各区县的未来人口承载分布状况进行两种模拟推算：一是模拟设定各区县 2030 年人口空间占比与 2020 年相同（以第 7 次人口普查数据为基准），则主城区和 5 县市①中分别有 3 个区县人口将突破 100 万人（见表 2 第 3 列），人口规模集聚效应日益明显。二是模拟设定 2030 年各区县人口占比系数主城区增加、5 县市降低②，推算结论（见表 2 第 5 列）发现 5 县市人口规模超过 100 万的将会减少到 1 个，4 城区人口超过 100 万的将会保持不变。两种模拟结果均表明，4 城区将会成为合肥人口的主要承载地。

表 2　合肥人口空间分布模拟预估

地区	2020 年比重	2030 年	调整后的比重	2030 年
全市	100	1100	100	1100
瑶海区	9.2	101.2	10	110
庐阳区	7.44	81.84	8.24	90.64
蜀山区	11.18	122.98	11.98	131.78
包河区	12.99	142.89	13.79	151.69
高新区	2.88	31.68	3.48	38.28
经开区	5.95	65.45	6.55	72.05
新站区	4.98	54.78	5.58	61.38
长丰县	8.37	92.07	7.37	81.07
肥东县	9.44	103.84	8.44	92.84
肥西县	10.33	113.63	9.33	102.63
庐江县	9.48	104.28	8.48	93.28
巢湖市	7.76	85.36	6.76	74.36

（二）人口扩张特征归纳

1. 地域分布加速城市化

人口持续向城市集聚，城市化率迅速增加。"七普"数据显示，合肥市居住在城镇的常住人口为 771.22 万，占全市人口的 82.28%，比 2010 年提高 19.52%，户籍人口中 55% 为城镇人口。其中，4 城区城市化率较高（普遍高于 90%），5 县市城市化率较低（平均低于 70%）。

---

① 主城区：是指 4 个老城区（简称 4 城区）和三个开发区；5 县市是指肥西、肥东、庐江、长丰以及巢湖市。

② 主城区增加 5 县市降低的原则，是指 5 县市人口占全市比重同比下降 1%，4 城区人口同比增长 0.8%，3 大开发区人口同比增长 0.6%。

2. 年龄趋向老龄化少子化①

抚养比方面，少儿（0~14岁）抚养比占比显著下降，由2011年的61%下降到2020年的52%，老年（65岁以上）抚养比占比快速提升（由2011年的39%提升到2020年的48%），老年人口占全市比重快速提升（由2010年的8.5%提升到2020年的12%）。其中，主城区承载更多的少儿人口（0~3群体人口比重普遍高于全市5%的平均值，4~6岁群体人口的比重普遍高于全市3.62%的平均值），5县市承载更多的老年人口（60岁以上人口占比普遍高于全市15.26%的平均水平）。

3. 空间分布集聚化

人口首位度快速提升，"六普"时合肥人口首位度仅为9.58%，到"七普"时人口首位度已提高到15.36%；主城区人口占比已经提升到54.6%，增长10个百分点，增加近175万人，5县市人口占比从"六普"时的55%下降到"七普"时的45%；2010~2020年十年间主城区人口密度②提升幅度显著大于5县市，其中，4城区人口密度增幅普遍高于14%，最高超过60%（蜀山区），3开发区人口密度增幅普遍翻倍，5县市人口密度增幅普遍低于12%（除长丰县外③）。

4. 扩张来源日益转向人口流入

近5年人口抽样调查数据④表明，合肥市迁移人口占当年人口增长的比重高于70%，自然增长占比维持在30%附近，表明人口扩张逐步由自然增长转向人口迁入。其中，4城区人口呈净流入趋势，净流入人口占全市流入人口比重普遍超过10%，包河、瑶海和蜀山3区分别为32.21%、24.01%和23.28%；经开、新站和高新3开发区呈现不同程度的人口净流入，净流入人口占比分别为18.33%、16.97%和9.67%；5县市人口呈现净流出（除肥西县），其中庐江、肥东净流出人口占比分别为20.59%和12.80%。

二、人口扩张与公共服务供给的时空匹配现状与挑战

（一）人口扩张与养老服务的匹配现状与挑战

1. 养老服务供给总量滞后于老龄化进程

"七普"显示⑤，合肥市60岁以上人口达到143万、65岁以上人口达到112万，相比"六普"，占全市人口比重分别提升1.56个百分点和2.8个百分点；65岁以上老龄人口规模年均增速超过8.8%，老年人口基数大、增速快，高龄化、空巢化趋势明显。同期，养老机构数、机构在院人数、养老床位数等指标年均增速普遍低于人口占比老龄人口增速。

---

① 老龄化少子化是老龄化与少子化的简称。老龄化是指总人口中因年轻人口减少，年长人口增加导致的老年人口比例相应增长的动态过程（国际标准是60岁以上人口占比达到10%，或65岁以上比重超过7%）；少子化指的是由于出生率下降造成的儿童数量减少的现象。

② 人口密度是指人口规模/行政区面积，数值越大表明人口越密集。

③ 5县市人口密度增幅情况：长丰县（24.53%）、肥西县（12.65%）、肥东县（2.65%）、庐江县（-8.81%）和巢湖市（-6.89%）。

④ 合肥市统计局公布的年度1%人口调查数据。

⑤ "六普"时65岁以上老龄人口规模为48.3万，"七普"为112.3万，年均增速8.8%。

数据表明，全市社会救助经费[1]年均增速为 8.49%，主城区增速仅为 3.49%，5 县市增速超过 9%；结合老龄人口数据，测算发现目前合肥市养老机构服务供给水平大致维持在每个养老机构服务 100 人，提供 200 张床位，配套 20~30 名专业服务人员。

2. 人口与养老服务供给空间错配明显

主城区"老人少，资源多"，具体而言，养老机构主要分布在 4 个主城区，其占全市总量的 60%~80%，却仅承载全市 54% 的老龄人口；3 开发区"老人少，资源更少"，60 岁以上人口占比分别为 2.27% 和 4.55%，养老机构配置数量占比分别为 1.2% 和 2.9%，人口占比显著超过养老机构占比，存量养老资源供给更加不足；5 县市"老人分散，资源集中"，其中，人口老龄化占比和规模大致相当，人口均匀化分布特征突出；养老保障机构主要分布在肥东、肥西和长丰县，集聚化特征明显。各县市社会养老救助经费年均增速超过 6.4%，主城区年均增速维持在 3.46%。

3. 供需结构矛盾依然突出

养老需求差异化极大，合肥市 60 岁以上人口占比为 15.26%，65 岁以上人口占比为 12%，65 岁以上占老人群体比重达到 78.5%，高龄老人增加，老年人失能比例提升，对专业化照护服务需求凸显。优质资源供给尚不充分，目前合肥市三甲医院数量为 15 家[2]，以"七普"人口 937 万为准，意味着每家三甲医院需要服务 67 万人。设定 2030 年合肥市人口总量为 1100 万人，医院—人口匹配比例保持不变，则需要增加至少 3 家三甲医院，若参照全国省会城市平均标准（47.8）[3] 则需要新增 8 家三甲医院。社区养老服务设施布局亟须优化，老旧小区养老服务设施配建不足，养老机构建设用地供给不足，存在项目选址难、落地难，老旧城区养老服务设施限期配建困难较大。2020 年，合肥市养老机构达到 163 家，养老机构床位 3.3 万张，养老机构护理型床位 1.6 万张，护理型床位占比 48.3%。全市建成居家养老服务指导中心 12 家、街道养老服务中心 59 家、社区养老服务站 455 家[4]，城市三级中心覆盖率达到 100%，但运营效应尚未完全发挥。城乡养老服务发展水平存在差距，截至 2020 年底，全市医疗机构共计 3498 家[5]，其中，医院数量占全省比重为 15.2%，同期 60 岁以上老人为 143 万，占全省老年人口 12.4%。医院、卫生院占比较大的为主城区，且主城区占比在显著提升，优质医疗资源、医疗技术人员、医疗床位和病床使用等同样集聚在主城区，农村养老服务能力较为薄弱，养老服务人才存在缺口，服务质量有待提升，养老事业化、产业化、信息化水平有待提升。

（二）人口扩张与托育服务的匹配现状与挑战

1. 潜在托育需求规模大，托育供给规模不足

基于"七普"数据，0~3 岁群体规模为 46.75 万人，大致可以估测 2~3 岁阶段合肥

---

[1]　合肥市统计局公布的历年《合肥市人力资源和社会保障事业发展统计公报》。
[2]　百度百科。
[3]　百度百科，推算各省会城市人口与三甲医院数量比值为 47.8，即每家三甲医院需要服务 47.8 万人。
[4]　合肥市民政局。
[5]　合肥市统计局 2021 年统计年鉴——医疗健康服务数据库。

的托育阶段教育需求规模为 15 万人①，需要托育的家庭 10 万~15 万户，占全部家庭总数（321.76 万）的 5%。截至 2021 年 9 月底，全市可提供托育服务的托位 1.63 万个，仅满足全市 2~3 岁群体的 10%。对标合肥市"十四五"发展规划目标（千人口托位数达到 5.6 个），大致可推算当前合肥市应当配置 5.25 万托位，但现实距离该目标存在 3.6 万个缺口。预计 2030 年合肥市的托位仍面临较大的供给压力。

2. 公办占比低，收费标准差异悬殊

经统计，截至 2021 年 9 月底，全市托育机构 373 家，其中：公办 3 家、民办 344 家、企业自办 26 家。调研发现，市区内"早教+托育"收费标准一般在 2500 元/月左右，最高达 4000 元/月，"纯托育机构"收费标准一般在 2300 元/月左右，最高约 3000 元/月，"幼儿园+托育"收费标准一般在 1600 元/月左右，最高约 2600 元/月，相较于合肥居民收入而言，托育成本高的难题依旧存在。

3. 托育机构参差不齐，托育服务内容单一

目前托育服务供给大多停留在托管层面，内容服务单一，缺乏孩子的培育服务供给，"托"和"育"相结合的发展模式有待形成。社会性托育机构缺乏行业规范、服务标准，托育人员良莠不齐，婴幼儿照护专业人才如育婴师相对缺乏；部门监管重叠与缺失现象存在，属地管理与行业监管的有效体系尚不健全；照护服务机构管理制度、登记备案制度、安全管理制度及日常监督制度体系有待建立。

4. 托育供给压力大，空间差异凸显

比较各区县人口在全市占比，以及 2~3 岁群体占各区县的比重，可发现合肥市托育服务供给压力比较大的地区集中在包河区、蜀山区和瑶海区，以及 4 县 1 市中的部分区县（肥西县和长丰县，见表 3），空间布局错配。

表 3　合肥市 2~3 岁托育群体的空间分布情况　　　　　　　　单位:%

区县	2~3 岁群体规模占比			"七普"人口占比
	2020 年	2021 年	2022 年	
瑶海区	5.31	5.34	5.35	9.20
庐阳区	6.41	6.40	6.20	7.44
蜀山区	9.67	9.52	9.33	11.18
包河区	9.98	10.29	10.45	12.99
高新区	2.29	2.37	2.32	2.88
经开区	5.18	5.38	5.00	5.05
新站区	3.27	3.36	3.35	4.98
长丰县	11.33	11.97	12.02	8.37
肥东县	12.94	12.50	12.57	9.44
肥西县	11.93	11.48	11.40	10.33

---

① 合肥市统计局。0~3 岁群体规模为 46.75 万人，假定各年龄段人口相同，则 2~3 岁人口约 15 万人。

区县	2~3 岁群体规模占比			"七普"人口占比
	2020 年	2021 年	2022 年	
庐江县	13.89	13.59	13.91	9.48
巢湖市	7.81	7.62	7.89	7.76

三、人口扩张与公共服务时空匹配的优化路径与建议

顺应人口扩张趋势，深化改革创新，发展供给，构建形成居家社区机构相协调、医养相结合的养老服务体系，政府主导、家庭为主、多方参与、教学医相结合的托育服务体系，整体推进健全"一老一小"相关供给机制。

（一）顺应人口扩张趋势，扩大供给补齐短板

1. 补齐资金投入的短板

基于目前合肥市幼教养老投入占 GDP 比重偏低的现状，对标全国平均水平争取短期内补齐历史欠账；长期建立公共服务 GDP、人口规模的刚性挂钩机制，确保教育投入来源的可靠和稳健。

2. 补齐人才队伍的短板

着力解决编制、结构不合理及师资队伍资源不足问题，补齐师资"短板"；强化从业人员技能培训，开展职业技能等级认定；完善人才激励保障政策，培育养老托育产业发展。

3. 补齐基础设施的短板

支持有条件的企事业单位、园区、商务楼宇等，利用各类资源新建或改扩建托育服务设施；完善保基本养老机构建设，适当优化房型设置；在新区和老年人口密集地区新增养老床位，建立保基本养老床位统筹利用机制；增加护理床位和认知障碍照护床位。

（二）结合人口扩张特点，优化公共服务结构

1. 提高公立性、公益性机构占比

增加公办托育幼教机构和公益性、公立性养老机构数量，加快民办机构普惠化转型；鼓励新建和改扩建公办幼儿园开设托班；以"一老一小"为重点，完善社区养老服务和普惠托育服务，扩大群众家门口的公益性、基础性服务供给。

2. 多渠道降低托育成本

加大财政投入，分等次给予专项奖补；落实托管机构水电气和场地租金的优惠政策；发放家庭育儿补贴、专用消费券、落实育儿假等方式，减轻家庭成本。

3. 提高市场化供给比重

鼓励商业保险机构开发商业长护险产品；坚持全龄友好理念，以家政进社区为牵引，积极发展社区教育、健康、文化、体育、维修、助餐、零售、美容美发等社区服务，构建

24 小时生活链和 15 分钟生活圈。

4. 动员社会力量丰富服务供给种类

探索发展社区托育服务，提供临时托、计时托等普惠托育服务，大力发展社区助餐、助洁、助浴、助医等服务；促进"一老一小"融合发展，发挥工会、共青团、妇联等群团组织作用。

（三）立足人口空间分布，提高资源配置效率

1. 强化服务空间管理

整合服务资源，主城区加密、5 县市集中，合理布局服务点，采取共建共享的方式提高使用效率，强化资源的空间均衡管理，推动优质资源辐射升级。

2. 增加人口密集区资源供给

重点在主城区和老年人口密集地区新增养老床位，建立基本养老床位统筹利用机制，为老年人跨区域养老提供便利；分阶段有差异调整供给比例。在短期内，增加 5 县市养老服务供给，长期持续关注主城区养老；托育服务供给短期应重点关注主城区。

（四）创新服务供给，打造全龄友好型城市

1. 内容创新

鼓励各类资本投资养老服务业；鼓励家庭制定科学育儿指导和上门托育服务；拓展智慧养老机制，推动托育服务场所智慧化改造；改造老年人居家适老化改造，推进多层住宅加装电梯。

2. 模式创新

鼓励模式创新，打造"互联网+养老"服务新模式，深化医养康养结合，探索组建区域医养结合联合体，实现养老服务的质量升级。

3. 机制创新

常住人口与财政支出挂钩机制，增加财政投入；完善服务收费机制，实现公开透明；建立激励机制，鼓励全民参与服务供给；强化用地用房保障、强化金融支持、落实税收优惠政策、营造良好环境等。

（主笔人：韩正龙）

合肥市生物医药产业蓝皮书（2021）

——大数据视角下的合肥生物医药产业链图谱构建

合肥产投、火石创造课题组

生物医药是合肥市重点发展的先导产业之一，也是合肥综合性国家科学中心建设的重点领域之一。课题组结合本市产业现实基础，深入调研走访，基于数据洞察，对生物医药全链条开展诊断分析，绘制产业链、创新链图谱（见附件1、附件2），并提出工作路径，以期推进生物医药产业链强链补链延链发展。

一、重点领域产业链扫描

合肥市生物医药产业体系完善，形成了覆盖研发创新、生产制造、流通销售和服务支撑等全产业链条，在化学药、生物药、现代中药、医疗器械、前沿技术等领域呈现"多点开花"的格局。

（一）医药领域：化学药企业数量突出，生物药规模突出，现代中药品牌突出

1. 化学药领域：产业结构侧重于仿制药

目前，全市共集聚59家化学药企业，包括立方制药等24家仿制药企业、兆科药业等7家创新药企业、华恒生物等12家原料药企业、硕健医药等17家医药中间体企业[①]。在产品结构中，心脑血管疾病药物占比最大。全市企业累计获得596个化学药批准文号、开展162项化学药临床试验，心脑血管疾病类药物分别占比20%、29.6%。大品种及创新优势明显。低分子量肝素钙、枸地氯雷他定等品种年销售额超2亿元。合肥医工医药产品吡拉格雷钠注射液获国家科技重大专项支持，兆科药业产品ZKY001生发肽滴眼液有望成为"同类首创"产品。

2. 生物药领域：产业体系完备，疫苗赛道成为产业规模提升的驱动力量

全市集聚安科生物、智飞龙科马等13家生物药企业，包括1家疫苗企业、9家重组蛋白和多肽药物企业、4家抗体药物企业、1家血液制品企业，各细分领域均有布局。其中，疫苗领域龙头企业智飞龙科马以年度84亿元营收带动全市生物药产业规模实现快速

---

① 因生物医药企业存在多领域布局情况，故本文统计每个领域企业数量时会有重复统计。

增长。产品结构集中在重组蛋白药物领域，市场竞争优势显著。全市累计获得 61 个生物制品批准文号，其中重组蛋白药物占比 19.7%，安科生物重组生长激素药物国内市场占有率位列第二。研发管线以疫苗为主，新产品布局加快。全市共有 24 个生物药产品处于临床试验阶段，其中疫苗占比 50%。

3. 现代中药领域：产业链聚焦以中成药为代表的价值链高端环节

目前，全市拥有 13 家中药企业，包括 8 家中成药企业、4 家中药饮片企业、1 家中药提取物企业。面向消化系统疾病治疗的产品优势较为突出。全市累计获得中药批准文号 168 个，依托立方制药等重点企业培育了一批特色产品，包括被列为国家中药保护品种的"温胃舒""养胃舒"等。

（二）医疗器械领域：医疗设备、医用耗材、体外诊断三大领域形成集聚，多款产品打破国外垄断

全市近 10 年获批的二、三类医疗器械批件中，医疗设备、医用耗材、体外诊断三大领域产品占比合计高达 95%。

1. 医疗设备领域：离子治疗设备、智能医疗设备等领域竞争优势尤为显著

全市共有 90 家医疗设备企业，其中离子治疗设备、智能医疗设备、影像设备和激光治疗设备等领域企业数量合计占比 53%。产品结构侧重 XR（X 线成像设备）和 CT（电子计算机断层扫描），拥有多款重磅特色产品。全市累计获批的 31 个医疗器械三类批件中，影像设备产品占比 41%。其中，德铭电子的微创治疗设备属于全球首创医疗器械产品，科大讯飞、影联云享等企业在智能医学影像辅助诊断系统研发、应用领域形成特色亮点。

2. 医用耗材领域：产业结构以低值耗材为主

全市集聚 41 家医用耗材企业，其中低值耗材 36 家、高值耗材 8 家。产品结构以一次性医用耗材为主，眼科耗材具备比较优势。全市累计获批医用耗材注册证 788 个，一次性医用耗材占比 50% 以上。在已获批的三类医疗器械产品中，共有 3 个高值耗材产品，均为欧普康视的眼科耗材产品。

3. 体外诊断领域：生化诊断和免疫诊断占据主导，部分企业布局分子诊断和 POCT（即时检验）

全市共有 52 家体外诊断企业，其中生化和免疫诊断领域企业数量占比 50% 以上；分子诊断领域集聚了欧创基因、达徽基因等企业；安科生物、欧创基因等企业布局下游医学检验所和基因检测服务。生化诊断和免疫诊断领域培育多个创新产品。全市共有二、三类体外诊断批件 567 个，占全部二、三类器械的 60.6%，且全部为生化诊断和免疫诊断产品。其中必欧瀚的胃泌素 17 的检测试剂盒属全球首创产品。

（三）前沿技术领域：细胞和基因治疗、合成生物学步入商业化，结构生物学、脑科学处于高校研发阶段

全市在细胞和基因治疗、合成生物学等前沿技术领域集聚 15 家企业，其中细胞治疗企业 10 家、基因编辑企业 3 家、合成生物学企业 2 家。

1. 细胞和基因治疗领域：覆盖细胞采集存储、研发生产和应用环节

在细胞采集存储层面，中盛溯源建立科研级和临床级 hiPSC 细胞库，聚焦干细胞技术研究和药物研发；瑞达健康依托田志刚院士团队着力研发 NK 细胞高纯度、千倍级、规模化培养扩增技术。在细胞疗法开发和生产层面，博生吉安科建立 CAR-T 细胞 GMP① 制备车间、质粒与慢病毒 GMP 生产与纯化车间，两款 CAR-T 产品正进入临床阶段。在应用与服务层面，星眸生物和华明太合等企业布局基因编辑技术，在技术服务环节向产业链中上游辐射。合成生物学领域，华恒生物利用合成生物技术从事氨基酸及其衍生物开发；一兮生物为国内首家采用生物合成方法量产天然母乳寡糖的企业。

2. 以结构生物学、脑科学等为代表的硬科技前沿领域主要依托科研平台开展基础研究、应用研究

在结构生物学领域，中科院合肥微尺度物质科学国家研究中心建设微尺度结构生物学实验室，开设结构生物学二级学科。脑科学领域，中国科学技术大学、安徽医科大学、安徽大学等在肥高校不断深化脑科学领域的校企合作和产教融合。

二、全链条问题诊断

（一）研发创新环节，有平台、少支撑

1. 公共研发服务平台建设滞后于产业发展水平

合肥市对生物样本库建设、CRO② 服务平台引进关注度不够，缺乏类似上海张江药谷建设的国家新药安全评价中心、国家新药筛选中心等具有全国影响力的平台。

2. 动物实验平台支撑不足

缺乏动物实验中心专业平台，全市 8 家具备实验动物许可资质的企业以自用为主，仅诺明药物 1 家取得 GLP③ 资质并对外提供服务；同时缺少类似泰州医药城等布局建设的医疗器械大动物实验中心。

3. 临床试验缺乏平台支撑

现有 GCP④ 机构对本地企业支撑不足，近 3 年全市生物医药企业开展的 114 项临床试验仅 39 项在本地 GCP 机构中进行。市内抗肿瘤新药等企业主要选择北上广等地开展临床试验。临床试验激励机制不健全，在职称审评、绩效考核等制度之下，医生更注重科技成果的产生，而对成果转化并未重视。

4. 亟待建立注册审评常态化合作机制

与国家、省审评中心合作紧密程度不够，市级层面缺乏诸如在南京挂牌成立的国家医疗器械技术审评中心江苏服务站等国家级服务站，重点园区缺乏省级药检、药审分支机构等注册服务平台。检验检测专业服务能力支撑不足，目前全市药械产品检测主要依托安徽

---

① GMP：全称 Good Manufacturing Practices，即药品生产质量管理规范。
② CRO：全称 Contract Research Organizations，即医药研发外包服务。
③ GLP：全称 Good Laboratory Practice，即药物非临床研究质量管理规范。
④ GCP：全称 Good Clinical Practice，即药物临床试验质量管理规范。

省食品药品检验研究院，受设备和能力制约，企业的产品检测需求难以满足，化学药、抗体药物、体外诊断等企业均在外地进行产品检测。

（二）生产制造环节，有产业、少高端

1. 全市存量企业大多处于产业链低端价值环节，缺乏新兴赛道布局

企业获批的药品 90% 以上为仿制药，获批的医疗器械大多为隔离衣等低附加值医用耗材。此外，在抗体偶联药物等新型抗体药、AI 辅助新药研发等新兴赛道尚未有企业布局。

2. 缺乏国内外顶尖大型合同定制研发生产服务机构（CMO/CDMO①）布局

问卷调研显示，38.8% 的合肥市企业具有 CMO/CDMO 服务平台的需求，可见企业未充分利用和发挥 MAH② 政策效用，在一定程度上增加了生产成本。

3. 关键原材料供应自主可控程度不高

目前，全市重点生物药领域企业生产使用的培养皿、生物反应器等核心生产设备和材料，医学影像设备领域企业生产所需的 X 射线管等核心零部件主要依赖进口，议价能力弱、供应链自主可控程度低，存在断供风险。

（三）流通销售环节，有企业、少政策

1. 市场主体方面，缺乏市土培育的医药流通龙头企业

合肥市尚无企业进入商务部 2020 年药品批发企业主营收入 TOP100 榜单，仅安徽省医药集团 1 家全国性医药流通行业龙头，对产业链闭环支撑不足。

2. 政策方面，缺乏支持企业开展研发用耗材、产品便利化、柔性化政策

市级层面尚未出台研发用试剂耗材等特殊物品进口通关便利化政策。然而，北上广等地均已建立一站式生物医药特殊物品出入境检验检疫监管平台，并推出 SPF 鼠隔离期缩短等先行先试政策，加速本地科研机构及研发企业创新进度。

（四）产业支撑环节，有要素、少生态

1. 市级基金生物医药领域投资少，尚无生物医药专项基金

市级层面设立了投促创业引导基金、天使投资基金、创业投资引导基金等，但基金规模较小，仅少部分天使、引导基金投资市内生物医药企业，融资事件在对外投资中占比较低，且尚未设立生物医药领域市级专项基金。

2. 高技能人才普遍缺乏，人才招引和留存困难

调研发现，较多企业在技术创新、新产品研发方面缺少专业技术带头人，也急需高级技术研发人才、高级管理人才、生产技术人才以及多学科交叉的复合型基础专业人才。另外，企业也存在自主培育人才留存难，培养出的人才大量流向苏州、南京、杭州等长三角

---

① CMO：全称 Contract Manufacture Organization，即医药生产外包服务；CDMO：全称 Contract Development Manufacture Organization，即医药研发和生产服务。

② MAH：全称 Marketing Authorization Holder，即药品上市许可持有人制度。

生物医药产业集聚区。

三、生物医药产业链强链补链延链工作路径建议

以坚持"创新驱动、政策保障、要素完善"为发展原则，以打通产业链堵点、痛点、卡点为主线，围绕"强平台、新体制、优结构、集服务、强环境"五大方面，开展系统工作部署，加快将合肥市打造成为生物医药产业的核心枢纽和研发高地。

（一）强化源头创新，建设"硬核支撑"技术平台

1. 完善公共研发服务平台，补足前期研究和临床前研究服务能力

一是在合肥地区医疗机构目前已有的样本资源库基础上，建设全市统一、开放、共享的生物样本库。二是引入药物筛选公共技术服务平台，为企业提供靶点发现、药物设计和药物制备等前期研究阶段的服务。三是谋划建设国家级新药安全性评价中心，打通药物从临床前走向临床的关键环节。

2. 建设符合 GLP 标准的动物实验公共服务平台

积极申请联合安徽省食品药品监督检验研究院在重点园区落地建设动物实验公共服务平台，建议谋划开展 2 期建设。其中，1 期规划药物临床前小动物实验服务平台，开展药效药理、毒理、动物疾病模型等研究；2 期规划医疗器械临床前动物实验服务平台，提供临床前安全有效性评价服务、产品研发与医学研究等解决方案。

3. 加快补齐临床平台资源

一是在全市现有药物和医疗器械临床试验机构基础上，探索以多种合作方式建立临床试验协同网络，解决临床试验病床等资源不足问题。二是依托国家健康医疗大数据中部中心，推动临床医疗数据标准化建设，探索推动院际间数据开放互通。

4. 引进建设审评审批检验服务平台

一是依托安徽省食品药品检验研究院，着重提升疫苗、抗体药物等重点领域的药品检测能力。二是协助争取引进创新医疗器械省级服务站，开展医疗器械产品的注册检验工作。三是引入专业第三方注册检验服务机构，加速计量质量检测等第三方服务机构集聚。

5. 完善第三方专业化研发服务体系

重点引入医药临床前 CRO、医疗器械临床前 CRO，建议重点关注维亚生物、药明生物等具备一体化新药研发创新服务平台的头部 CRO 企业，打造"服务+资本"双轮驱动的 CRO 模式。

（二）创新体制机制，构建"科研转化"生态通路

1. 搭建全市生物医药科技成果交易平台

一是线上开辟 MAH 品种信息服务、临床批件信息转让服务、国际国内创新 IP 转化三类交易渠道，实现市内及全省药企产能与药品持有人需求的精准对接，高附加值在研产品与市内药企产品线丰富需求的有效衔接。二是线下建设国际技术转移转化服务基地，引入

国内外研发成果在本市重点园区落地转化。

2. 强化科创要素保障，完善成果转化生态

一是完善生物医药产业孵化体系，加快建立"新型孵化器+产业加速器"等全链条专业孵化培育体系，探索"院士+高效率孵化""孵化+创投+辅导+链接"等多元孵化服务新模式。二是探索设立生物医药科研成果转化专项基金，发挥财政资金杠杆作用，吸引社会资本更多投向种子期、初创期和成长期企业。三是建设医学成果转化金融超市，提供资金支持、融资担保、专业咨询等全方位金融服务。

（三）优化产业结构，力保"五年翻番"规模目标

1. 开展大数据精准招商，强化供应链自主可控与产业链升级

一是聚焦重点企业核心需求，梳理相应上游关键原材料、零部件和试剂耗材清单，开展大数据产业链招商，推动龙头项目、配套项目、关联项目和填补空白项目的强链补链精准招商，形成供应链自主安全可控的产业链生态。二是布局建设一批企业技术中心和重点实验室，围绕关键核心技术、原材料、零部件等集中攻关，推动相关技术产品工程化放大和转化应用，突破一批关键共性技术、研制一批新产品。

2. 鼓励龙头企业通过投资并购实现创新升级，支持引进优势产品管线落地产业化

一是以政策扶持、资金补助等形式，鼓励现有龙头企业围绕自身产业生态在产业链上下游进行并购重组和项目孵化，实现现有技术的升级和产品线的延伸；二是聚焦创新化药、改良型新药、高仿和首仿药、抗体药物、细胞和基因治疗药物等方向，支持龙头企业遴选具有市场竞争力和发展潜力的优质产品管线在本市落地产业化。

（四）践行精准施策，打造"聚焦感受"服务体系

1. 加快打通供应链通路，完善流通销售闭环服务体系

一是搭建一站式生物医药进出口通关综合服务平台，组建政府平台公司或引入专业进出口通关服务机构，整合海关（检验检疫）、药监等审批机构，引入税务清算、报关等中介机构，提供报关、报检、查验等集成服务。二是加强医药冷链物流设施建设，打造涵盖保税仓储、多温仓储、双温查验仓储等多功能、智能化医药冷链物流基地。三是提升生物医药物流服务能力，联合九州通等国内龙头企业合肥分中心，布局区域药械物流中心，重点围绕疫苗等产业冷链运输需求，打造区域疫苗物流中心。

2. 争取审评审批、进出口通关先行先试政策

一是优化二类医疗器械审评时限，向国家局和省局申请并支持建立深化药品和医疗器械审评审批制度改革试点区域，将第二类医疗器械产品首次注册、创新医疗器械产品首次注册、许可事项注册变更的办理时限分别压缩至50个、40个、30个工作日。二是促进前沿科技领域发展的政策创新，支持医疗机构在自贸区进行细胞和基因治疗等新技术研发和转化应用。三是建立"研发单位分类管理+产品风险分级"的检疫监管体系，建立本市生物医药试点企业和物品"白名单"，进一步优化进口审批流程，提高通关效率。

（五）营造最优环境，形成"超强磁吸"资源集聚

1. 健全产业资市体系，强化财政资金、国有资金支持力度

一是设立市级生物医药产业专项基金，设立总规模不少于100亿元的市生物医药产业发展母基金，采取"子基金+直投"的运行模式，其中子基金包括种子基金、创新孵化基金、科创基金等各种类型。二是加大国有资本对产业支持力度，构建"投资+服务"的产业孵化模式，充分发挥合肥国有资本优势，设置专业化服务团队，提升产业全链条服务能力，打造综合性创新投资孵化平台。

2. 健全人才体系，着力引进创新人才、产业技能人才

重点关注长三角科研院所、生物医药知名企业，开展"安徽籍"专业人才引进计划，吸引一大批生物医药硕士、博士等专业型研发人才集聚。聚焦工艺放大、质量管理等人才需求，重点依托市内企业和项目，建设一批示范性人才培养与实训基地，培育产业化技能型人才。

附件1

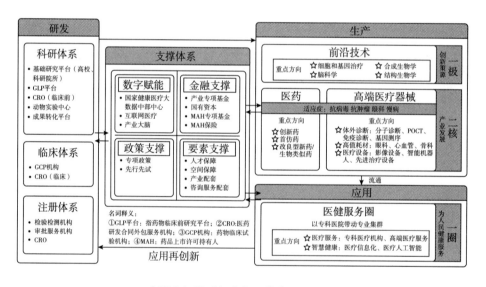

合肥市打造千亿生物医药产业链图谱

附件2

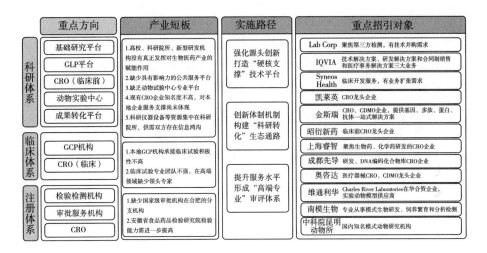

合肥市生物医药研发创新链实施路径图

（执笔人：王晴　刘淑静　白玉静　李静芸　俞益秀）

后　记

　　本书是安徽大学与合肥市政府共建的合肥区域经济与城市发展研究院发布和管理的合肥市政府年度开放式课题研究成果汇萃，也是合肥市政府政策研究室支持，以及安徽大学创新发展战略研究院资助的第七本 REUD 智库系列丛书《区域经济与城市发展研究报告（2020~2021）》。

　　这两年获得立项的课题组构成面广，在相关领域均有不俗的实力，近些年持续关注并研究合肥市快速发展过程中亟待解决的问题。本报告由 5 篇重大课题和 9 篇重点课题研究报告以及 4 篇储备性课题、4 篇白皮书组成，主题多样，但都聚焦于合肥当前现实问题，有较强的针对性和可操作性。其中不少已获市政府主要领导和分管领导的充分肯定，有效发挥了合肥区域经济与城市发展研究院作为合肥智库的咨政建言作用。

　　本书的出版要感谢合肥市人民政府政策研究室、安徽大学创新发展战略研究院和人文社科处的大力支持；感谢各课题组的辛勤付出；感谢韦伟老师为本书欣然作序。同时，也要感谢经济管理出版社张巧梅老师的辛苦努力。最后还要感谢研究院办公室陈静、吴战强老师为本书出版做出的相关服务工作。

　　本书如有不足、遗漏甚至错误之处，恳请广大读者和同行批评指正。

合肥区域经济与城市发展研究院院长

安徽大学创新发展战略研究院副院长、教授、博士生导师

2022 年 7 月 10 日